KB208803

# 제자리로
# 돌아가라

# 제자리로 돌아가라

조윤제 칼럼집

혼돈의 대한민국 7년의 기록, 그리고 지금

일러두기

1 2008년부터 2014년까지 언론에 실린 글을 다듬어 엮고 필요에 따라 각 글에 후기(다시보기)를 덧붙였습니다.
2 '세계 질서 이끌 소프트파워를 키워라'는 동아일보, '재정지출 확대하고 금리 더 내려야'와 '금융위기, 장기전을 준비하자'는 조선일보에 실렸으며, 나머지는 중앙일보에 실렸습니다. 그 밖의 지면에 실린 글은 따로 출처를 표기했습니다.
3 각 글이 시작되는 부분에 표기한 숫자는 글이 실린 날짜입니다.

# 차례

## 2 불확실성 시대의 경제

# 책을 내면서

글자 수 맞추는 일이 가장 힘들었다. 대충 하고 싶은 얘기를 자판에 쳐놓고 보면 대개 3000자 가까이 된다. 아직도 논문 쓰는 버릇으로 칼럼을 쓰기 때문인가 보다. 그것을 2200자로 줄여야 하는데, 원고를 보내야 하는 시간이 다가오면 마지막 한 단어, 두 단어를 더 줄여보려고 요리조리 말을 바꿔보기도 하고 온갖 애를 쓴다. 글자 수를 맞추어 보내지 않으면 편집실에서 줄이게 되는데, 가끔 의도했던 바와 뜻이 달라지는 경우도 있어 그것을 피하기 위해서다. 결국 글을 쓰며 가장 많은 시간을 보내게 된 부분은 원고량 줄이는 작업이었다.

3주에 한 번씩 칼럼을 쓰다 보니 때로는 하고 싶은 말이 있어서, 때로는 해야 할 말을 찾아서 글을 쓰게 되었다. 칼럼 싣는 날짜가 정해져 있어 해외출장 중에도 호텔 방에서 글을 써 보내야 했다.

그렇게 지난 6년여 쓴 글이 꽤 모였다. 나름대로 정성을 들여 쓴 글들을 묶어 그동안 고마웠던 지인들에게 한 부씩 보내드려야겠다는 생각을 하고 있었는데 도서출판 한울에서 책으로 출판해주겠다고 해서 고맙기 그지없다. 출판사에서 출판을 기획하면서 그동안 썼던 칼럼들을 다시 돌아보며 지금의 관점에서 후기를 써달라고 주문했다. 다시 읽어보니 만약 지금 쓴대도 같은 내용을 쓸 수밖에 없는 글들도 있었고, 꽤 시간이 흘러 당시와 지금의 국내외 정치·경제 상황이 달라진 글들도 있었다. 독자들에게 과거 썼던 칼럼을 그대로 묶어 내놓는다는 것이 도리가 아닌 것 같아 대부분의 칼럼들에 다시 후기를 달았다.

후기를 달며 좋았던 것은 글을 쓰던 당시의 상황과 환경을 반추해볼 수 있고, 무엇보다 힘들었던 글자 수 맞추는 일에 얽매이지 않아도 되는 것이었다. 덕분에 원고량을 맞추느라 다 하지 못했던 말들도 이 기회에 푸근하게 널어놓을 수 있었으며, 신문이라는 공기公器에서 할 수 없었던 사적인 얘기도 풀어놓게 되었다. 지금 보아 시의에 맞지 않는 글들은 뺄까도 생각해보았으나, 그것도 한 시대의 기록인데 그대로 넣는 것이 좋겠다고 생각되어 지난 6년 넘게 썼던 칼럼들을 하나도 빼지 않고 다 넣었다. 그렇게 하다 보니 책이 꽤 두꺼워졌다.

내가 쓴 글들을 다시 읽어보니 나의 성향이 내 눈에 들어왔다. 매번 다른 주제를 잡아 객관적 관점에서 그 주제에 천착해 글을 써야 한다고 나름대로 원칙을 정하고 썼으나, 100편 가까이 되는 칼럼들을 모아놓고 읽어보니 영락없이 꼰대 기질이 나온다. 신문에 칼럼을 쓴다는 것은 쉽지 않은 작업이다. 격려와 칭찬을 보내고 싶을 때도 있으나 칼럼은 비평의 역할에 충실해야 한다. 정부가 하는 일, 정책과 제도에 대해서 자주 쓴소리를 하게 되었다. 과거 정부에서 일할 때 학자들이 쓴 칼럼들을 읽어보며 정책을 하는 입장에서 고민하는 것들을 이해하며 써주었으면 좋겠다고 생각한 적이 여러 번 있었는데, 아마 나의 칼럼을 읽은 정부 관계자들도 마찬가지였을 것이다. 누구든 대통령이 되고 정부정책을 책임지게 되면 역사와 국가에 대한 소명감, 국민 여론에 대한 중압감으로 최선을 다하고자 노력한다. 그런 입장에서 비판적 칼럼은 달가운 것이 아니다. 글을 써 보내고 나서 정부에서 일하고 있는 후배들의 얼굴이 떠오르고 미안한 마음이 든 때도 자주 있었다.

영국에서 귀국한 후 여러 곳에서 칼럼을 써달라는 요청이 있었으나 바로 그런 이유로 글 쓰는 것을 피하고 있었다. 당신이 정부에서 일할 때나 잘하지 이제 와서 웬 주제넘은 훈수냐고 독자들이 야단칠 것 같아 두렵기도 했다. 그러나 2008년 9월 리먼 사태가 발생해 세계 금융위기의 파고가 우리나라를 강타하게 되면서, 과거 외환위기 때 금융구조조정 작업에 직간접적으로 참여했던 경험들을 살려 뭔가 정부와 우리 경제에 필요한 얘기를 해야겠다는 생각이 들어 다시 칼럼을 쓰게 되었다. 그러나 칼럼을 쓰는 일이 얼마나 가치 있는 일인지는 지금도 잘 모르고 있다. 내 칼럼을 읽고 공감하는 분들은 아마 이미 그렇게 행동하며 정책을 폈을 것이고, 공감하지 않는 분들은 칼럼을 읽고도 생각이 바뀌지 않을 것이다.

칼럼을 쓰면서 좋은 일도 있었다. 언젠가 양재꽃시장에 꽃을 사러

갔었는데 가게 주인이 나를 알아보고 내가 찾던 화초를 싸게 팔아주었다. 아, 내 글을 읽어보는 분들이 내가 생각지 못하는 곳에도 있었구나! 좋기도 했고, 그 후 글 쓰는 일이 더욱 조심스러워졌다.

이 책을 선뜻 출간하기로 해주신 도서출판 한울의 김종수 사장님, 박행웅 고문님, 그리고 이 책의 구성에 대해 처음부터 끝까지 귀중한 제언을 해주고 매우 꼼꼼히 원고를 가다듬어준 최규선 씨께 감사를 드린다. 이분들을 만나게 된 것은 저자의 행운이다. 그리고 무엇보다 지난 6년간 이 칼럼들에 귀중한 지면을 허용해준 중앙일보에 이 기회를 빌려 감사의 마음을 전하고 싶다. 내가 쓴 칼럼들에 다 못 한 얘기들과 사적인 얘기들을 후기로 담아 책으로 묶어 내어놓으려니 부끄러운 마음이 든다. 하지만 이렇게 해서 또 삶의 한 장을 넘기는구나 하는 소회도 느낀다. 아무쪼록 독자들의 아낌없는 비판과 질정을 바란다.

2015년 4월
개나리가 피는 안산을 바라보며
북아현동 우거에서
조윤제

# 1

## 정치와 사회의 제자리를 찾아서

대통령에게 권한이 너무 집중되어 정치 보복이 계속되는 것인가? 분권형 권력구조가 답일까? 아니다. 그보다는 민주화된 사회에서 권력기관과 언론이, 학계와 시민사회가 절제를 익히고 각자 제자리를 굳건히 지켜주는 것이 비극의 재연을 막는 길이다. 검찰은 사회정의를 추구하는 데 여론이 아닌 실체적 진실에만 의존하는 절제를 지키고, 언론은 스스로 경기장에 뛰어들어 자신들의 입장과 목표를 관철하려 하기보다 냉정한 관전자와 비평자의 자리를 지킴으로써 민주화된 우리 사회의 건강한 규율과 균형을 세워주어야 한다. 학자들도 단체와 조직을 만들어 정치세력화하는 것보다 글로써 비평하고 대안을 제시하는 것이 본분이다. 민주화 이후 우리 사회에는 절제와 균형을 벗어난 매도와 기득권의 방어와 확대를 추구하는 소리만 높아져 왔다. 그 과정에서 우리 모두가 낮아졌으며 잃은 자가 되었다. 이번 비극이 전하는 메시지는 이제 각자가 지켜야 할 제자리로 돌아가라는 것이다.

2008

1130

# 채텀하우스 룰

금융위기는 신뢰가 무너진 결과다. 신용경색이란 상대방의 신용을 믿지 못해 금융거래를 기피하기 때문에 생기는 현상이다. 그 결과 경제 전반이 침체되고 경제주체들이 어려움을 겪게 된다.

더 나은 대안이 있음에도 신뢰의 부족으로 열등한 현실에 갇히게 되는 경우가 비단 금융시장에서만 나타나는 것은 아니다. 우리 사회의 많은 문제가 그렇다. 게임이론에서 배우는 것 중에 '죄수의 딜레마 prisoner's dilemma'라는 것이 있다. 두 사람의 공범이 체포되어 경찰에서 따로따로 취조를 받게 될 때 둘 다 자백하지 않고 경미한 처벌을 받는 것이 두 사람에게는 최선의 결과다. 그러나 둘이 서로 소통할 수 없고 상대방을 믿지 못하는 경우에는 각자에게 최선의 선택은 자백하는 것이 되고 그 결과 둘 다 자백하여 장기 형刑을 살게 된다는 것이 바로 죄수의 딜레마다.

경제나 정치가 흔히 죄수의 딜레마에 빠지는 것을 본다. 이에서 벗어나는 길은 소통과 신뢰를 쌓아가는 것밖에 없다. 그러나 소통이 활성화된다고 반드시 신뢰가 쌓이는 것도 아니다. 최근의 인터넷 사이트에서처럼 익명성에 숨어 근거 없는 말들을 소통하기 시작하면 오히려 사회 전반에 불신이 확산될 수 있다.

필자가 영국에 근무하면서 그곳의 제도와 관행 중에 우리나라에도 꼭 도입해 정착시켰으면 좋겠다고 생각한 것 중의 하나가 '채텀하우스 룰Chatham House Rule'이다. 이는 1927년에 영국의 싱크탱크인 채텀하우스에서 만든 것으로, 이미 영어권 국가에서 널리 확산되어 사용되고 있다. 간단히 말해, 회의에서 토론되거나 발표된 내용에 관해서는 보도나 인용이 가능하지만, 그 모임에서 의견을 발표한 사람의 이름이나 소속은 보도·인용해선 안 된다는 룰이다. 회의 참석자들은 그 회의에서 들은 이야기를 다른 사람에게 전할 수 있으나, "어디에서 일하는 누가 이런 이야기를 하더라"라고는 이야기하지 못한다는 것이다. 이것은 회의에서 토의되거나 발표된 내용 자체도 보도·인용해서는 안 된다는 '오프 더 레코드'보다는 느슨한 룰이다.

그러나 이 룰이 적용되는 회의에 참석한 사람들은 본인이 소속한 기관의 입장이나 지위를 떠나 자유로이 개인의 의견을 개진할 수 있고, 그렇기 때문에 토의에서 훨씬 더 깊이 있는 정보와 진솔한 의견의 교환이 이루어진다. 그리고 토론된 내용이나 정보는 그 회의에 참석하지 않은 사람에게도 전해질 수 있기 때문에, 전 사회적으로 더 많은 정보와 지식이 공유되고 깊이 있는 의사소통이 이뤄지게 된다.

우리 사회에서 토론과 소통이 부족한 이유 중 하나는 바로 진솔한 의견 교환이 본인에게 부담이 되어 돌아오는 경우가 너무나 잦다는 데 있다. 그래서 정책 담당자나 기업 경영인이나 가능한 한 말조심을 하게 되고 진솔한 의견을 내놓지 않으려 하게 된다. 여러 사람이 모이는 공적인 토론 자리에서 형식적 입장 표명만으로 겉도는 경우가 많다.

그러다 보니 언론을 통해 국민에게 제대로 소통되지 않았던 문제들이 어느 날 느닷없이 정책이나 시장의 현상으로 나타나게 되는 경우가 자주 있게 된다. 이와 동시에 익명성에 숨어 인터넷을 통해 책임과 근거도 없이 토해내는 주장들에 귀를 기울이고 그것을 사실로 믿고 싶어 하는 사회적 현상에 빠지게 된다.

'채텀하우스 룰'은 그것을 지키지 않은 사람에게 형사적 책임을 물을 수 있는 것이 아니다. 물론 그런 사람에게 다음부터 모임에 참석하는 문호를 닫을 수는 있다. 누가 그런 말을 퍼뜨렸는지에 대해 조사하기도 어렵다. 참석자들의 양식을 존중하고 참석자들은 그 룰을 지켜냄으로써 그 사회에서 더 많은 정보를 공유하고 지식을 전수하며 깊이 있는 토론으로 사회적 난제들에 대한 접점을 모색할 수 있게 된다. 바로 이런 것이 '사회적 자본'이다. 민주사회에서 각자가 다양한 의견을 가지고 이를 주장하는 것은 당연하다.

그러나 민주국가에서도 급변하는 국내외 정세하에서 시의적절한 정책 결정을 할 수 있어야 하며, 이를 위해서는 대화와 타협을 원활히 할 수 있는 이러한 사회적 자본을 축적해나가는 것이 꼭 필요하다. 우리도 모임이나 회의에서 '채텀하우스 룰'을 널리 적용해보면 어떨까? 물론 이를 위해서는 우리 각자가 시민사회의 룰을 지키는 절제를 몸에 배게 해야 할 것이다.

다시 보기 주영 대사로 3년간 근무하면서 영국 사회와 영국인들에 대해 감탄한 적이 많았다. 인류 역사상 최대의 제국이라는 대영제국을 건설하고 이를 경영해본 경험이 그 사회와 시민들에게 체화되어 전해 내려오고 있음을, 그리고 그러한 대영제국의 건설이 우연히 이뤄진 것이 아님을 영국에 있으면서 많이 느꼈다. 영국인들이 발전시키고 정착시켜온 여러 제도들이 매우 합리적이고 실용적이라는 인상을 받았다. 그리고 무엇보다 그 제도를 운영하며 수용해온 영국인들의 인내심, 관용성, 도덕성, 창의성 등에 깊은 인상을 받았다.

비단 오늘날의 현상만은 아니지만 지금 우리나라에서 '소통'이 주요 과제로 떠올라 있다. 대통령이 소통을 더 해야 한다고 늘 언론과 야당, 국민들은 요구해왔다. 그러나 우리 사회가 가지고 있는 소통의 환경에 대해서는 별로 돌아보지 않는다. 소통은 양방으로 이뤄지는 것이다. 진솔한 의견과 정보를 나누는 것이다.

영국에 있을 때 저녁 모임에 초청되는 일이 많았다. 단순히 파티가 아니라 소통을 위한 모임이었다. 영국은 클럽club 문화가 매우 발달한 나라다. 클럽은 그야말로 생각과 취향, 가치 및 목표를 공유하는 사람들이 서로 교유하고 정보를 공유하며 삶을 즐기기 위해 만든 동호회 같은 것이다. 이런 모임에서는 정기적으로 연사를 초청해 이야기를 듣고 담론을 나누기도 한다. 필자는 남북 관계, 한국의 대북정책, 한국 경제에 대해 이야기해달라는 초청을 여러 번 받았다. 이런 모임에서 채텀하우스 룰을 적용할 때 필자는 공식 연설이나 강연, 언론 인터뷰보다 훨씬 가벼운 마음으로 가서 진솔한 이야기를 나눌 수 있었다. 단순히 한국 정부의 공식 입장뿐 아니라 그러한 정책이 나오게 된 배경, 정부 내에서의 논쟁 및 정책 담당자들의 성향 등에 관해서도 솔직히 대화할 수 있었다. 자리에 언론인이 있어도 '조윤제 대사가 이런 이야기를 했다'며 보도된 적은 한 번도 없었다. 그러나 그들이 한국 신문 보도나 한국 정부의 공식 반응에 단순히 대응하지 않고 좀 더 균형 있는 시각을 가지는 데 이러한 소통은 상당히 도움이 되었던 것 같다.

채텀하우스 룰을 적절히 적용하고 이를 잘 지키면 모두에게 이익이 돌아온다. 이 룰을 개발하고 지킴으로써 영국 사회에서 더 많은 소통이 이루어지고, 더 원활한 정보의 흐름과 공유가 가능해짐으로써 사회의 전반적 지식수준을 제고할 수 있었다고 생각된다. 이 점이 몹시 부러웠다. 지금 박근혜 대통령은 어떤지 잘 모르겠지만 노무현 대통령은 관저에서 자주 정치인, 시민사회 인사, 그리고 사회 각계의 인사들을 불러 점심, 저녁을 함께하며 토론하는 것을 좋아했다. 노 대통령은 솔직하고 본인 생각을 잘 감추지 않는 성격이었다. 소통을 중히 여기고 이를 위해 많은 노력을 했다. 이런 자리에서는 공식적인 자리에서 할 수 없는 솔직한 이야기들이 많이 오갔다. 그러나 참석자들이 밖에 나가서 그 자리에서 한 이야기를 전하고 그것이 곧 신문에 대문짝만 하게 나서 곤혹스러워한 경우가 많았던 기억이 난다.

우리 사회에 소통이 부족하다는 것은 다른 한편으로는 우리 사회에 타인에 대한 신뢰가 부족하다는 말이기도 하다. 소통은 쌍방으로 이뤄지는 것이다. 상대를 믿을 때 더 많은 소통이 이뤄질 수 있다. 채텀하우스 룰이 정착하면 그 사회는 더 많은 소통을 할 수 있다.

2009

0316

# 국가 지배구조, 이대로는 안 된다

지난 20년간 우리나라의 실질적인 권력구조에는 커다란 변화가 있었다. 변화를 주도한 가장 큰 힘은 민주화와 더불어 경제구조의 변화였다. 특히 외환위기 이후 기업·금융 부문에서의 대폭적인 구조조정과 글로벌 규준의 도입으로 금융 부문의 실질적인 자유화가 이뤄지고 대기업의 재무구조가 크게 개선되었다. 이제 대기업은 은행 대출에 생존을 의존할 필요가 없어졌고, 은행들도 정부의 대출 간섭과 통제에서 거의 자유로워졌다. 은행의 주요 대출 고객은 가계와 중소기업으로 변했으며, 대기업 대출의 비중은 이제 10% 미만으로 떨어졌다.

시장 진입에 대한 정부의 인허가 과정도 많이 투명해졌다. 과거에는 정부가 관치금융과 시장 진입 제한으로 기업의 사활을 좌지우지할 수 있었지만, 이제는 기업이 시장에서의 평판과 경영 분석을 더 두려워하게 되었다. 정경 유착의 기반이 허물어진 것이다.

과거 대통령들은 기업들로부터 거둔 자금으로 정당 운영과 국회의원 선거비용을 지원하고 공천권을 행사함으로써 정당을 지배하고 의원들에게 막강한 영향력을 행사했다. 또한 권력기관의 정치적 사용으로 의원을 비롯한 우리 사회 각계 주요 인사들의 사생활과 비리에 대한 징벌, 협박적 수단도 갖고 있었다. 그러나 관치금융에 의한 정경 유착과 지역 맹주에 의한 가신정치가 사라지면서 정당과 국회에 대한 대통령의 지배력은 이제 크게 위축되었다. 더구나 지난 노무현 정부에서는 대통령 스스로 권력기관을 정치적으로 이용하지 않겠다고 선언함으로써 대통령은 정당과 국회, 재벌, 언론, 법조에 대한 영향력을 크게 상실하게 되었다. 대통령은 더 이상 두려운 권력의 존재가 아니라 일상적인 조롱의 대상이 되었다.

반면 국회는 헌법에 명시된 권한이 그대로 살아나게 됨으로써 실질적 권한이 막강해졌다. 과거에는 대통령이 국회를 행정부의 시녀로 전락시켰으나, 이제는 오히려 대통령과 행정부의 정책 추진을 국회가 무력화할 수 있고, 실제로 그런 경우가 자주 일어나고 있다. 우리나라 국회가 가진 명시적 권한은 국정감사권 등을 포함해 어느 나라 의회 못지않게 막강하다.

민주주의 정치체제하에서 국가 지배구조의 요체는 대표성, 책임성, 효율성에 있다. 그러나 현재 우리나라의 지배구조는 이 세 가지 모두에서 문제를 안고 있다. 국민이 직접선거로 뽑아 민주적 정통성을 가진 대통령을 역시 국민이 직접 선출한 국회가 견제하게 함으로써 때로 국정이 오도 가도 못하게 되는 '이원적 민주주의 정통성dual democratic legitimacy'의 문제를 어느 나라보다 심각하게 앓고 있다. 국정의 궁극적 책임이 대통령에게 있는 것처럼 보이지만, 대통령은 입법 과정에 대해 무력하고, 국회는 국정에 대해 책임을 지지 않고 있다. 지금 같은 '여대야소'에서도 국정이 표류하고 있는데, '야대 여소'가 되면 국정의 비효율성은 더욱 심각해질 것이다.

1987년 민주화 이후 거쳐 간 네 명의 대통령 모두 실패한 대통령으로 평가받고, 그 정부들은 '물정부', '무능정부', '아마추어 정권'으로 불렸다. 우리 국민은 민주화 이후 한결같이 무능한 대통령만을 선출했단 말인가? 아니면 우리의 국가 지배구조에 근본적인 문제가 있는 것인가? 이제 이 문제에 대해 깊이 성찰해보고 새로운 시스템을 모색할 때가 되었다. 오늘날 국가 간의 경쟁은 바로 국가 지배구조 간의 경쟁이다. 급변하는 세계경제 환경에 적시에 대응하느냐 못하느냐에 따라 나라 간에 승자와 패자가 갈리게 된다.

우리나라의 경제구조는 과거로 돌아갈 수 없고 돌아가서도 안 된다. 또한 과거의 암묵적 정치 관행이 되살아나서도 안 된다. 권력은 투명하게 행사되어야 한다. 그럼에도 국가가 해야 할 일들을 적시에 해낼 수 있도록 이제는 헌법이 명시적으로 새로운 권력구조를 재구성해내야 한다. 그것이 의원내각제가 되든 대통령중심제의 강화가 되든, 지금의 무책임한 정치, 비효율적인 행정을 더 이상 지속해서는 안 된다. 이것이 18대 국회가 지금 감당해야 할 가장 큰 소명이라고 생각한다.

다시 보기 　이 글을 쓴 지 6년이 지난 지금, 국회는 19대 국회로 바뀌었다. 그러나 이 글에서 주장하는 메시지는 여전히 유효하다.

개헌은 국회를 통과해야 하지만 개헌 논의를 국회가 독점하는 것은 바람직하지 않다고 생각된다. 국회도 권력구조 개편의 당사자다. 국회에서 개헌을 주도하면 늘 대통령 권력의 분산이 주된 의제가 된다. 대통령의 행정과 인사 권력을 국회와 나누어 갖자는 것이다. 지금도 대한민국 국회는 막강한 권력을 가지고 있다. 국회의 동의 없이는 어떤 작은 정책도 현실화될 수 없다. 그리고 행정부에 대한 국민의 신뢰도 낮지만, 국회에 대한 신뢰는 더 낮다. 개헌이야말로 국회나 혹은 헌법 전문가들만이 아닌 국민적인 논의와 의견의 수렴이 필요한 과제다.

2009

0406

# 정당 개혁 없이 정치 발전 없다

우리 정치가 발전하지 못하는 근본 요인 중 하나는 정당의 취약성에 있다. 우리나라에서 정당은 지도적 인물의 거취와 정치적 편의에 따라 분당, 합당, 창당 등 존폐가 무쌍했을 뿐 아니라, 추구하는 가치나 목표가 무엇인지 분명치 않고, 정책 경쟁과는 유리된 권력투쟁에 몰두해왔다. 지난 60년 헌정사에서 동일한 명칭으로 10년 이상 존속한 정당은 민주공화당, 신민당, 그리고 현재의 한나라당뿐이다. 정당이 안정적으로 제도화되지 않고 무책임한 존재일진대, 소속 정당의 의사와 목표를 위해 활동하는 국회의원이 책임 있는 정치인이 되기를 기대하기란 어렵다.

대의민주주의 정치제도는 정당을 근간으로 한다. 정당을 중심으로 그 나라 사회가 추구하는 가치와 목표를 구체적 정책으로 제시해 선거를 통해 국민의 선택을 받고 이를 실현해나가는 제도다. 그러나 우리 정당들은 정책을 가지고 경쟁하는 것이 아니라 배타적인 지역 기반에 의지해 상대 당을 궁지로 몰기 위한 비방과, 반대를 위한 반대를 일삼는 정당정치의 전통을 고수하고 있다. 그러다 보니 정당이 제시하고 추구하는 정책에 일관성이 없고 정책 기능도 아주 취약하다. 자신들이 여당일 때 추진했던 정책도 야당이 되면 반대하기 일쑤다. 이러한 전통을 자랑하기는 지금 야당인 민주당이나 지난 두 정권에서 야당이었던 한나라당 모두 마찬가지다.

이런 정당들이 집권했을 때 정책을 입안하고 추진해나가는 일은 주로 민주적 절차에 의해 선출되지 않은 전문관료의 영역에 머물고, 정당과 행정부의 정책 추진에 대한 연결고리는 미약하다. 국정에 대한 집권 여당의 책임성도 부실하다. 정부 여당에 대한 지지도가 떨어지면 당명을 바꾸고 대통령과의 관계를 단절한 뒤 지역 정서에 기댄 채 선거에서 이겨보려 한다. 이러한 경향은 불행히도 민주화 이후 더욱 심해지고 있다. 노태우 정부 이래 집권한 지난 네 정부에서 모두 예외 없이 대통령이 당의 압력으로 임기 말에 탈당하여 우리나라에서는 지난 20년 동안 총 31개월간 여당이 없고 정당에 기반을 두지 않은 국가 통치가 수행되어왔다. 이는 정당이 하는 역할이 무엇인가에 대해, 그리고 과연 우리는 국정을 주도해갈 정부와 인사를 국민이 선출하는 민주주의적 권력구조를 가지고 있는가에 대해 의문을 품게 한다.

지금의 정당들이 지역정당에서 벗어나 전국정당으로, 그리고 정책정당으로 거듭나지 않으면 한국 정치의 발전을 기대할 수 없다. 그러기 위해서는 각 정당이 추구하는 가치와 국가정책에 대한 목표를 더욱 명료하게 제시하고, 이에 동조하며 이를 실현하려는 유능하고 젊은 정치 지망생들을 당으로 끌어들이려는 내부로부터의 개혁이 줄기차게 일어나야 한다. 당 주변에 여러 연구조직들을 만들어 활성화하고, 당이 추구하는 가치를 구체적인 전략과 정책으로 제시할 수 있는 능력을 키워야 한다. 당의 지도적 인사들은 지역 정서에 의존해 쉽게 당선되고 쉬운 정치를 하려는 유혹을 이겨내야 한다.

이러한 내부로부터의 개혁 움직임이 활발해진다면 국민은 우리의 현실에 비해 너무 협소하고 엄격하게 규정되어 있는 지금의 '정치자금법'을 다시 손질하는 것도 지지할 수 있을 것이다. 젊고 뜻있는 인재들이 정당으로 모이고 활발한 정책 개발과 토론이 이뤄지려면 '감옥의 담장 위를 걸어 다닐 수밖에 없는 정치인들의 현실'을 개선해주어야 한다. 재력 있는 사람들만이 합법적 정치를 할 수 있는 나라가 되어서는 안 된다. 지역정당의 고질적 병폐를 벗어나기 위해서는 중선거구제로의 개편이나 비례대표제의 확대도 고려할 수 있을 것이다.

'박연차 리스트'로 떠들썩하다. 불행한 일이다. 그러나 이번 일을 계기로 우리의 '정치자금법'이 현실과 괴리되어 있는 것은 아닌지, 그리고 가능성 있는 젊은 정치인들이 이 때문에 좌절해버리는 것은 아닌지도 돌아볼 필요가 있다. 정치의 수준은 궁극적으로 그 나라 국민의 책임이다. 드러난 불법행위에 고소해하거나 분노만 하고 내재한 문제에 대해 아무런 성찰도 하지 않는다면, 정권이 바뀔 때마다 되풀이되는 이런 푸닥거리를 바라보는 우리 국민이 너무 초라하게 느껴지지 않겠는가.

다시 보기 영국에서 근무하면서 매년 보수당과 노동당의 전당대회에 참석했었다. 주로 블랙번 같은 잉글랜드 중부 지방의 도시들에서 열리는 전당대회에 참석하기 위해 장시간 승용차를 타고 올라가 대개 하루나 이틀은 묵고 내려오는 여정이었다. 매년 전당대회에 참석한 것은 전당대회를 통해 여당과 야당이 추구하는 가치와 정책의 우선순위를 더 잘 이해하게 되고, 또 관련 행사들에 참석해 그곳에 모인 청중과 언론 기자, 연설자들의 연설을 들으며 정치 지형의 미묘한 변화를 감지할 수 있는 기회도 되기 때문이었다. 그리고 무엇보다 전당대회 기간에 열리는 각종 리셉션에서 평소 만나기 어려운 주요 정치인을 쉽게 만날 수 있고 그 기회에 한국과 관련한 일들에 대해 짧은 대화를 나눌 수 있기 때문이었다. 특히 내각책임제인 영국에서 여당의 전당대회는 총리를 비롯해 모든 각료들이 참석하는 자리이므로 영국 정부의 협조를 받아야 할 일들이 있을 경우 한꺼번에 여러 주요 인사들을 만날 수 있는 좋은 기회이기도 하다.

한 예로, 반기문 당시 우리 외교부 장관이 유엔사무총장 후보로 출마했을 때 유엔 안보리에서 거부권을 가진 상임이사국인 영국의 지지를 얻는 것은 절대적으로 필요했다. 그런데 영국은 영연방의 수장국으로서 당시 인도 등 영연방국가들에서도 유엔사무총장 후보를 냈기 때문에 지지를 부탁하기 위해 영국 총리나 외교장관을 면담하는 것은 결코 쉽지 않은 일이었다. 집무실로 방문하기도 쉽지 않았고, 면담 신청을 해도 이를 피하는 것은 당연히 이해할 수 있는 일이었다. 이때도 역시 전당대회에 참석해 리셉션 장소에서 혹은 연설을 막 끝내고 나오는 대회장의 복도에서 총리와 외교장관을 잠시 만나 지지를 부탁했던 기억이 난다.

영국의 전당대회에 참석하면서 느꼈던 점 중의 하나는 영국 정당들이 유능한 젊은 인재들을 많이 정당으로 끌어들이고 있다는 것이었다. 옥스퍼드나 케임브리지 대학을 갓 졸업한 젊은 정치 지망생들이 각기 자신의 가치관과 목표에 따라 선호하는 정당에 가입해 활동하는 것을 보았다. 이들은 주로 정당에 관련된 연구소의 연구원으로 활동하면서 자신의 정치적 감각을 키우고 또 각계 인사와의 네트워크를 키워간다. 현재 총리로 있는 데이비드 캐머런은 이튼칼리지(영국에서는 사립 중·고등학교를 칼리지로 부르기도 한다)와 옥스퍼드 대학 출신으로, 39세에 보수당 당수가 되었고, 43세에 총리가 되었다. 조지 오즈본 현 재무장관 역시 최고의 사립 고등학교 중 하나인 세인트 폴 스쿨과 옥스퍼드 대학 출신으로, 보수당의 연구원으로 출발해 35세에 보수당 섀도캐비닛shadow cabinet(야당이 정권 획득에 대비하여 구성하는 내각)의 재무장관이 되었다. 주로 당 주변의 연구원으로 출발해 의원 보좌관, 연설문 작성관 등을 거친 다음 지역구를 얻어 출마해 정치인으로 입신하는 것이다. 노동당의 토니 블레어나 고든 브라운도 이렇게 해서 40대에 총리, 재무장관이 되었고, 현재 노동당 당수인 에드 밀리밴드도 30대에 장관을 지내고 42세에 당수가 되었다. 밀리밴드 역시 옥스퍼드 출신이며, 노동당의 연구원으로 시작해 브라운의 보좌관으로 정치를 익혔다.

정치가 건전해야 나라가 발전한다. 우리나라는 민주주의의 역사가 짧고 정당 기능이 매우 취약하다. 이것이 우리나라의 정치 발전을 막는 가장 중요한 장애가 되어왔다. 정당이 유능하며 사명감을 갖춘 젊은이들을 많이 끌어들여 정책 기능을 강화하고 비전과 가치에 기초한 정당 간 경쟁, 선거가 이뤄져야 대의민주주의가 제대로 작동할 수 있다는 생각을 늘 가지고 있다. 이 글은 촛불사태 이후 다분히 정치적 보복의 목적으로 시작된 듯한 태광실업 박연차 회장의 세무조사와 뒤이은 검찰 조사 과정에서 나온 소위 '박연차 리스트'로 박진 의원, 이광재

의원을 비롯해 여야에서 촉망받던 젊은 정치인들이 좌절되는 것을 보고 아쉬운 마음을 깃들여 쓴 것이다. 정치자금을 투명화하는 것은 한국 정치의 투명화를 위해 반드시 필요한 일이다. 그러나 또한 정치만큼 세속적인 것이 없기도 한 만큼 우리나라의 일반적 문화와 관행에 견주어 지나치게 비현실적인 '정치자금법'은 조금 손댈 필요가 있을 것이다. 정치 후원을 투명화하고 엄격한 감시를 받게 하되, 현재 금지되어 있는 법인이나 단체의 후원금 등도 가능하게 하는 방안을 검토해볼 만하다고 생각한다.

2009

0608

# 제자리로 돌아가라

"이제 좀 일어섰다 싶으면 또 고꾸라지게 되고……, 그것이 아마 내 운명인가 봐요." 노무현 전 대통령은 탄핵 직후 참모들에게 이런 말을 한 적이 있다. 이제 다시 일어설 수 없는 길을 떠나면서 그는 다시 "운명이다"라고 적었다. 그 말 속에 그가 가슴에 지고 갔던 깊은 좌절감이 느껴진다.

'노무현', 이 석 자가 후세의 한국사에 어떤 자리를 차지하게 될지 아직 알 수 없다. 그러나 그에 대한 역사의 기록은 이미 시작되었다. 그리고 그 기록은 너무나 상반된 관점과 모순된 논리로 진행되어왔다. 필자는 참여정부 출범 초기 2년간 노 전 대통령을 가까이서 보좌하면서, 언론에 보도되고 세상에서 알고 있는 그와 실제 그의 모습에 너무나 큰 괴리가 있음을 느끼고 때로는 안타까워하고 때로는 깊은 좌절감을 느끼기도 했다. 그리고 그러한 느낌은 지금도 그대로 남아 있다.

그는 학벌은 낮았으나 학식은 높았으며, 언행에 격식을 차리지 않았으나 생각은 깊었고, 원칙을 굽히지는 않았으나 사람을 대할 때는 먼저 고개를 숙이는 분이었다. 그리고 무엇보다 상황을 종합적으로 이해하고 분석하는 능력이 뛰어났으며, 논리적 사고와 동시에 날카로운 직관력을 가진 분이었다. 역사와 자연에 대해 깊은 관심을 가지고 늘 책을 놓지 않고 탐구하며 사색하는 분이었다. 그를 대립과 갈등의 정치인이라고 하지만, 가까이서 본 그는 겸손하고 설득당하는 것을 주저하지 않았으며, 실용적 대안을 중시하는 분이었다. 언론과 정치권으로부터 그렇게 공격당하면서도 항상 농담을 잃지 않았던 그였기에 최후의 소식은 너무나 믿기지 않았다.

이제 우리는 자신 속의 감정과 입장을 떠나 그의 시대와 그가 하고 간 일들을 냉정하게 되돌아보고 그것이 남기고 있는 의미들을 정리해야 하는 과제를 안게 되었다. 그를 지켜주지 못했다는 미안함에 그를 진실 이상으로 미화하려 해서도, 그의 반대편에 섰다고 그가 한 일까지 외면하고 폄하하려 해서도 안 된다. 그리고 이는 국민들이 추모의 열기로부터 냉정한 역사적 시각을 되찾아갈 때 제대로 시작될 수 있고, 긴 시간을 두고 진행되어야 할 일이다.

그러나 이 시점에서 그의 안타까운 서거가 우리에게 남기고 간 메시지 하나를 찾으라고 한다면 그것은 '제자리 지키기'라고 생각된다. 그는 권력의 분산과 민주주의의 심화를 위해 애썼던 분이다. 그러나 스스로 내려놓은 권력은 이 사회에서 건전한 민주주의의 발전보다 국가경영의 효율성을 떨어뜨리고 갈등을 심화시켰다. 그를 막다른 선택으로 몰고 간 주요인은 대통령에게 집중된 권력구조 때문이 아니었다. 오히려 우리의 헌법에 규정된 권력구조상 대통령이 추구하는 바대로 국정을 운영해나갈 수 있는 공간이 협소하기 때문에 과거의 대통령들은 국회를 무력화하고 권력기관을 동원해 야당과 언론을 탄압하는 비민주적·초헌법적 수단에 의지해 국가 경영의 효율성을 기하려 했던 것이다.

노무현 전 대통령은 취임하자마자 권력기관들을 정치적 도구로 이용하지 않고 법에 규정된 본래의 자리로 돌려주겠다고 선언하고 이를 실천했다. 그러나 이 때문에 오히려 그의 재임 기간에 추진된 일은 많았으되 법제화된 일은 적게 되었고, 정국은 시끄러웠으며 자주 흔들렸다. 권력자의 장악에서 벗어난 검찰은 스스로가 절제와 균형을 잃고 정치화하지 않았는지, 독재자의 재갈에서 풀린 언론은 스스로가 정치권력화함으로써 우리 사회의 갈등과 편 가르기를 부추겨오지 않았는지 성찰해보아야 한다.

대통령에게 권한이 너무 집중되어 정치 보복이 계속되는 것인가? 분권형 권력구조가 답일까? 아니다. 그보다는 민주화된 사회에서 권력기관과 언론이, 학계와 시민사회가 절제를 익히고 각자 제자리를 굳건히 지켜주는 것이 비극의 재연을 막는 길이다. 검찰은 사회정의를 추구하는 데 여론이 아닌 실체적 진실에만 의존하는 절제를 지키고, 언론은 스스로 경기장에 뛰어들어 자신들의 입장과 목표를 관철하려 하기보다 냉정한 관전자와 비평자의 자리를 지킴으로써 민주화된 우리 사회의 건강한 규율과 균형을 세워주어야 한다. 학자들도 단체와 조직을 만들어 정치세력화하는 것보다 글로써 비평하고 대안을 제시하는 것이 본분이다.

민주화 이후 우리 사회에는 절제와 균형을 벗어난 매도와 기득권의 방어와 확대를 추구하는 소리만 높아져 왔다. 그 과정에서 우리 모두가 낮아졌으며 잃은 자가 되었다. 이번 비극이 전하는 메시지는 이제 각자가 지켜야 할 제자리로 돌아가라는 것이다.

다시 보기 2009년 5월 23일 토요일, 그날은 우리 대학원 후기 입학생 선발을 위한 면접이 있는 날이었다. 응시생들을 면접하고 있는데 옆에 있던 동료 교수가 필자에게 그의 핸드폰에 찍힌 문자를 내밀었다. 그의 부인이 보낸 문자라는데, "노무현 자살했대"라고 찍혀 있었다. 필자는 웃으며 그 핸드폰을 다시 그의 쪽으로 밀어놓았다. 당시 노 대통령에 대해 나돌던 온갖 루머 중 하나라고 생각했다. 오전 면접이 끝나고 동료 교수들과 점심식사를 하려는데, TV에서 문재인 전 비서실장이 노무현 대통령 서거 소식을 발표했다고 직원이 알려줬다. 연구실로 올라가 인터넷을 켰다. 그 충격을 지금도 말로 표현하기 어렵다. 오후 면접을 어떻게 했는지 모르겠다. 학생들 면접을 끝내고 집으로 돌아와 바로 집사람과 봉하마을로 차를 몰고 내려갔다. 밤늦게 도착해 차려진 빈소에 절을 하려니 목구멍에서 올라오는 통곡을 참기 어려웠다. 한 달 앞서 아버님께서 작고하셨는데, 그때보다 더 많은 눈물을 흘린 것 같다. 아버님 장례식이 마침 노무현 대통령이 봉하에서 서울로 올라와 검찰에 출두하던 날이었다. 김경수 비서관을 통해 위로를 전해 왔는데, 그것이 아마 그와의 마지막 교감이었던 같다.

2003년 2월 말, 그에게서 경제보좌관 임명장을 받았다. 그와의 첫 만남이었다. 2000년 12월에 과천의 재정경제부에서 김대중 대통령 주재로 다음 해 경제운영 계획에 관한 회의가 있었는데, 당시 해양수산부 장관이었던 그와 같은 엘리베이터를 타게 되어 악수를 나누면서 두꺼비 손 같다는 느낌을 받은 적이 있었다(당시 필자는 국민경제자문회의 민간위원이었다). 필자가 후에 청와대에서 근무하면서 노 대통령과 둘이 이야기를 나눌 때 그때 일을 언급했더니 그는 전혀 기억하지 못했다. 필자는 그가 어떤 인물인지도 잘 모른 채 보좌관 제의를 받고 그와 함께 일하게 되었다. 그로부터 2년간 청와대에서 그를 보좌하며 경제

정책뿐 아니라 역사, 사회 발전, 서양사상 등에 관해 수많은 대화와 토론을 나누며 그의 식견과 명석함에 놀라고 인간적으로 그를 좋아하고 점점 존경하는 마음을 갖게 되었다. 그는 사심을 갖지 않는 분이었다.

노 대통령은 장관이든 청와대 참모든 독대를 하지 않는 것을 원칙으로 삼았다. 반드시 관련 참모를 함께 만났다. 독대로 인해 잘못된 정책 결정을 내리는 것을 피하기 위함이라고 했다. 그러나 경제를 중시했고 참모들과의 토론을 좋아했기에 필자와는 많은 토론의 시간을 갖게 되었다. 필자가 그와의 면담을 원했을 때 그는 한 번도 응하지 않은 적이 없었다. 아무리 일정이 바빠도 관저나 집무실에서 짧게는 10분, 길게는 3시간의 시간을 내어 정책에 대해 보고받고 토론으로 검증하려 했다. 때로 관점과 견해가 서로 달라 긴 설득이 필요하기도 했으며, 그 과정에서 서로의 생각을 더 잘 이해하게도 되었다. 나는 그와의 토론을 통해 진보적 가치와 관점에 대해 더 많은 이해를 갖게 되었고, 아마 그도 개방과 시장 자율의 장점에 대해 더 많은 이해를 갖게 되지 않았나 생각된다. 그는 결코 그의 입장만을 고집하지 않았다. 새로운 사실을 배우고 확인하는 것을 좋아했다. 그를 보좌했던 참모의 한 사람으로서 언젠가 기회가 되면 그의 경제관, 경제정책에 대한 고민, 경제정책에 대한 접근 등을 나름대로 정리해 기록으로 남겨두어야겠다는 생각을 지금도 하고 있다. 그것이 후에 그와 그의 시대에 대한 역사의 평가에 도움이 되었으면 하는 바람으로…….

그가 그렇게 세상을 떠났을 때 비통하고 분했던 마음이 아직 다 마음속에서 사라진 것은 아니다. 그것이 다 재가 되고 난 후에 아마도 필자는 더 중립적이며 객관적 시각으로 그와 함께 나라 경제를 토의하고 운영해나가던 2년의 시간을 제대로 정리할 수 있을 것이라 생각한다.

2009

0629

# 화해와 포용 함께하는 '중도의 길' 되어야

보수와 진보의 갈등은 오래된 것이다. 원래 '진보주의liberal'는 자유주의적 가치를 추구하는 신념을 뜻했는데, 1823년 스페인혁명 중에 절대군주제에 반대한 파를 '리베랄레스liberales'라고 부른 데서 유래한 것이라고 한다. 그러나 시대가 변하면서 그 개념 자체도 변해 오늘날 진보주의는 대내정책에서 복지와 형평을 중시하고 대외정책에서 보호주의적 성향을 띠는 입장을 말하고, 보수주의는 평등보다 개인의 자유를 중시하고 자유경쟁과 개방, 작은 정부를 지향하는 입장으로 대략 구분된다.

지금 한국에서의 보수 진영과 진보 진영 간 대립과 갈등은 이런 신념과 관점의 차이에 기인하는 면도 있지만, 그보다는 우리 사회에 팽배한 편 가르기와 상대편에 대한 부당한 매도와 공격, 이로 인한 감정적 상처에 기인하는 면이 오히려 큰 것으로 보인다. 영남 사람들이 모두 보수가 될 수 없고, 호남 사람들이 모두 진보적일 수 없다. 한나라당 당원이 매사에 보수적이고, 민주당 당원이 매사에 진보적인 신념을 가진 것도 아니다. 따라서 우리 사회의 갈등과 분열을 치유하려면 대통령이 이념적으로 '중도의 길'을 표방하는 것도 중요하지만, 상대편에 대한 진정한 화해와 포용을 모색하는 것이 더욱 필요해 보인다.

필자는 지난해 경제 전문 시사주간지 «이코노미스트»(2008년 7월 15일 자, 945호)에 실린 특별기고를 통해 이명박 정부가 처한 곤경의 원인을 분석하고 정책 기조의 재설정이 필요하다고 제언한 적이 있다. 현 정부가 국민의 압도적인 지지로 출범할 수 있었던 것은 보수언론과 학계, 그리고 한나라당의 지난 정부에 대한 집중적인 비판과 공세에 힘입은 바가 크다. 지난 두 정부를 '좌파정부'로, 그 정책을 '좌파정책'으로 규정하고, 이 때문에 '경제 파탄'이 일어나고 '잃어버린 10년'을 보냈다는 비판이 많은 국민의 인식에 영향을 미쳤고 동조를 얻은 것이다. 이러한 '정치적 포장political framing'에 힘입어 정권 교체를 이룬 이명박 정부는 바로 자신을 출범하게 한 그 정치적 포장에 갇혀 국민적 지지 기반을 잃을 수밖에 없는 처지에 놓이게 되었다.

지난 두 정부는 이념적 성향과 정치적 수사에서는 진보적이었으나 실제 취한 정책 내용을 보면 좌파정부라고 할 수 없었다. 김대중 정부는 외환위기 후 자의든 타의든 자본시장 개방, 글로벌 스탠더드 도입, 금융 자유화 등으로 '신자유주의'에 가까운 경제정책을 추진했다. 노무현 정부에서도 이러한 정책 기조가 그대로 유지되었다. 김대중 정부에서 4대 복지제도의 체계가 갖춰지고 노무현 정부에서 복지예산의 비중이 높아졌으나, 이는 경제협력개발기구OECD 기준으로 보면 여전히 취약하고 최하위의 수준에 머무르는 것이었다. 종합부동산세 도입, 재산세의 강화는 분명 진보적인 정책이었으나, 법인세와 개인소득세율은 내렸으며, 적극적 자유무역협정FTA 정책으로 개방은 오히려 확대되었다. 정치적 수사와 정서야 어떠했건, 실제 정책 내용은 중도 내지는 보수적 조합을 취해온 것이다.

그러나 이를 좌파정부, 좌파정책이라고 규정한 공세를 통해 출범한 현 정부는 지난 정부가 취해온 바와는 다른 정책의 조합을 취할 수밖에 없었고, 그것은 결국 오늘날 세계적 관점에서 보건 국내적 관점에서 보건 극히 우파에 편향된 정책 조합에 국한될 수밖에 없었다.

이제 1년 반이 지난 지금, 초기의 정책 기조를 수정해 좀 더 균형 있는 정책을 시도하는 것은 이명박 정부와 국민을 위해 모두 필요하고 좋은 일이라 생각된다. 지금 한국이 서 있는 발전단계를 고려하면 국민의 복지와 형평에 대한 욕구는 높을 수밖에 없고, 지구촌 경제 환경을 보면 효율과 경쟁력 강화를 중시할 수밖에 없다. 이들을 조화시키는 정책 조합을 택해가지 않으면 어떤 정부도 대중민주주의 체제에서 정책을 제대로 추진해나갈 수 있는 정치적 세를 확보할 수 없으며 성공적인 정부가 될 수 없다.

그러나 정책 기조를 조정하고 서민 대책을 늘리는 것만으로는 부족하다. 이러한 변화의 시도가 국민들로부터 진정한 이해와 넓은 지지를 얻기 위해서는 과거의 정치적 포장에서 벗어나야 한다. 반대편과의 진정한 화해를 시도해야 한다. 반대편의 분노는 단순히 정책 기조에 따른 것만은 아니기 때문이다. 진보 진영도 똑같이 왜곡된 포장으로 상대를 공격하려 해서는 안 된다. 왜곡된 정치적 포장은 결국 국가정책을 왜곡하고 상대편의 응어리가 되어 대립과 분열이 심화되는 악순환을 지속시킨다. 그러니 만약 진정한 화해의 손짓이라면 그것에 화답해야 한다.

다시 보기 이 글은 이명박 정부가 2009년 중반 '중도의 길'을 표방하고 나오면서 쓰게 된 글이다. 조금 길기는 하지만, 참고로 이 글에서 언급한 2008년 7월 15일 자 «이코노미스트»에 쓴 글을 여기에 소개하고자 한다. 2008년 2월 말 필자는 영국에서 귀국해 서강대학교로 복직했는데, 5월부터 촛불시위가 일어나 취임한 지 3개월도 안 된 이명박 정부가 위기에 빠졌었다. 그때 이명박 정부가 정책 기조를 수정해 더욱 균형 있는 기조를 세워야 한다는 충고를 하고자 생각을 정리해서 쓴 글이다.

~

필자는 노무현 정부에 몸담았던 사람이다. 따라서 이 글을 쓰기가 조심스럽고 망설여졌다. 객관성이 없는 글로 받아들여지기 쉽기 때문이다. 그래도 쓰기로 했다. 이명박 정부가 성공하기를 바라기 때문이다. 이 정부가 성공하지 못하면 그 피해는 고스란히 우리 국민이 짊어져야 한다.

노무현 정부의 정책을 이념적인 잣대로 규정하려는 시각이 많았다. 언론과 학계에서 주로 그러했다. 그리고 흔히 좌파정부, 좌파정책이라고 규정했다. 그러나 이는 객관적이고 정확한 규정이 아니었다고 생각된다. 노무현 정부 5년간 추진한 경제·외교 정책을 볼 때 정치적 언어는 상당히 진보적인 성향을 띤 경우가 왕왕 있었으나, 실제 추진한 정책은 크게 보아 실용적이며 오히려 우파적인 위치에 더 가까이 서 있었다고 볼 수 있다. 물론 사회정책에서는 기득권 세력을 약화시키고 과거사 재조명 등 진보적이며 개혁적인 성향을 강하게 보여주기도 했다. 다소 무리한 지방 균형발전 정책도 크게 보아 진보적인 정책이었다고 할 수 있다. 교육정책에서도 새로운 진보적 개혁을 한 것은 별로 없으나 발언이나 접근 방식에서 진보적 성향을 보여주었다고 할 수 있다. 그리고 또한 여러 위원회에 진보적 성향을 가진 인사들이 많이 참여해 있기도 했다. 그러나 경제·외교 정책을 전체적으로 조감해보면 상당히 실용적이며 오히려 우파적 위치에 서 있었다고 볼 수 있다.

경제정책에서 진보적인 정책이 있었다면 종합부동산세 도입 및 부동산 관련 재산세제의 대폭적인 강화, 그리고 복지예산 지출의 비중 확대 정도라고 볼 수 있다. 그러나 후자의 경우 한국이 OECD 선진국들의 평균에도 크게 미치지 못하는 저복지재정을 가지고 있었으며, 유럽, 일본, 미국 등 선진국 기준으로 볼 때 지난 5년간의 정책적 노력이 있었음에도 우리나라의 복지정책은 여전히 크게 오른쪽에 서 있다. 그 외의 경제정책에서는 상당히 개방적이며 경쟁촉진적이고 거시안정적인 정책의 조합을 택해왔다. 초기 경제가 어려웠음에도 중앙은행의 금리정책에 대한 독립성을 존중해왔으며, 때로 민족주의적 정서와 일부 재계의 논리를 반영한 외국자본으로부터 국내기업을 보호해야 한다는 여론의 요구가 강했을 때에도 국내외 기업을 막론하고 시장 경쟁을 우선시해야 한다는 관점과 정책을 유지했다. 또한 국내 영화계의 강한 반발에도 불구하고 스크린 쿼터도 축소했다. 그리고 개방과 시장 경쟁을 통한 국가경제의 전반적 경쟁력 강화를 위해 미국을 포함한 주요 교역국들과의 FTA도 활발히 추진해왔다.

외교정책도 상당히 실용노선을 취해왔다고 생각된다. 물론 다소 잡음과 마찰의 소리가 났지만 이는 한미 간의 새로운 관계 정립을 모색해나가는 과정에서 불가피한 면도 없지 않았다. 지난 반세기 동안의 한국의 경제성장, 그리고 중국의 부상 등으로 인한 국제정세의 변화로 볼 때 새로운 한미 관계의 정립은 시대의 변화와 더불어 필요한 일이었다. 또한 미국은 그들이 추구하는 세계 안보 질서의 틀에서 북한 문제를 접근하는 반면, 우리는 같은 민족으로서 장래에 한 나라를 이루어가야 할 입장에서 북한 문제를 접근해야 하기 때문에 양 측의 입장이 반드시 같을 수는 없으며, 항상 이견의 소지가 있는 것이 대북정책이다. 물론 이를 좀 더 세련된 외교적 기술을 발휘해서 그리고 좀 더 정제된 언어로 추진하지 못했다는 비판은 받을 수 있다. 그러나 근본적인 한미 간의 공조, 협력 관계는 굳건히 유지되었다. 이라크 파병, 전시작전통제권, 미군 재배치 문제 등에서 미국 측의 요구를 거의 수용하여 정부 차원에서의 한미 협력 관계는 그 어느 때 못지않게 돈독함을 유지했다.

지난 두 정부의 대북정책을 두고 좌파정권이라고 규정하는 것에 대해서는 관점에 따라 그런 평가가 있을 수도 있다고 생각된다. 그러나 냉전 시대의 종식과 새로운 남북 관계의 모색이라는 큰 틀에서 보았을 때 남북의 화해 협력은 필요하며, 다만 접근 방법에서 어떤 접근 방법이 반드시 옳다고 판단하기는 어렵다. 관점에 따라 퍼붓기를 했건 협력 강화를 했건, 결과적으로 남북 간의 긴장 완화와 교류 확대는 이루어졌으며, 북한 경제의 대남 의존도와 북한 사회의 남한에 대한 호감도는 높아졌고, 그 결과 한국은 6자 회담 등 북한 문제에 대해 더 큰 발언권과 주도권을 확보하게 되었다. 물론 이것이 장기적 관점에서 볼 때 북한 주민의 복지와 자유, 그리고 궁극적 통일을 위한 최선의 접근 방법인가에 대해서는 여전히 토론과 검증이 필요할 것이다. 그러나 과거 냉전 시대적 남북 대결이 최적의 대안이 아닌 것도 분명하다.

어쨌건 주류 보수언론들은 이러한 노무현 정부의 정책을 통틀어서 줄기차게 좌파정권, 좌파정책으로 규정해왔으며, 그러한 좌파정권이 국가의 정체성을 무너뜨리고 경제의 파탄을 가져왔다고 주장하고 보도했다. 그리고 이러한 주류 보수언론의 보도는 국민의 인식에 큰 영향을 미쳤다. 김대중·노무현 대통령 집권 기간 10년은 좌파정책 탓에 '잃어버린 10년'이 되었다는 것이다. 김대중 정부 5년간도 경제정책과 외교정책에서는 오히려 신자유주의적 보수정책을 추진했다고 보는 것이 타당하다. 외환위기 이후의 환경이 진보적 성향의 정부에 신자유주의적인 정책을 선택하지 않을 수 없게 했다고 볼 수 있고, 또한 경제회복과 더불어 4대 복지제도를 구축했으나, 김대중 정부 5년간 취한 경제정책은 종합적으로 평가할 때 크게 오른쪽으로 기울어진 정책으로 평가해야 한다. 한미 관계에서도 대북정책을 놓고 다른 시각이 있었으나, 근본적으로는 친미적 또는 협력적 관계를 유지했다.

큰 그림으로 보아 지난 10년간 우리나라의 경제정책은 과거에 비해서도 훨씬 더 시장 경쟁과 개방을 확대하는 자유시장주의적 방향으로 추진되었다고 평가하는 것이 옳다고 생각된다. 물론 이 정책 방향은 오늘날 세계경제 환경 변화에 따라 거의 모든 나라가 따르고 있으며 우리의 현실에서도 타당한 것이었다. 오히려 이것이 사회안전망 구축이 미흡한 가운데 조금 급격하게 진행되어 소득과 부의 양극화를 심화시키고 실업자 문제를 악화시키는 부작용도 낳았다고 볼 수 있다. 외교정책도 한미 관계를 중시하며 우리의 최대 교역국으로 부상한 중국과의 관계를 강화하기 위한 실용적인 노선이 추진되었다고 볼 수 있다. 급격하게 진행되는 세계경제와 안보 질서의 변화에 나름대로 실용적으로 대처해왔다고 볼 수 있다.

그러나 그동안 국내 언론과 한나라당 그리고 일부 보수 학계에서는 이러한 정책을 통째로 묶어 좌파정책과 그에 따른 잃어버린 10년으로 규정했다. 그리고 그렇게 규정한 결과로 형성된 국민들의 인식으로 인해, 또한 성공적인 정치적 공세로 인해 선거에서 압도적인 표차로 새로 등장한 이명박 정부는 지난 정부가 취해온 바와는 다른 정책의 조합을 취할 수밖에 없는 입장에 놓이게 되었다. 그러나 지난 정부가 취하지 않은 경제정책은 결국 오늘날 세계적 관점에서 보건 국내적 관점에서 보건 극히 오른쪽에 치우친 정책의 조합이 될 수밖에 없게 되었다. 그리고 이러한 정책 조합으로써는 서민과 중산층을 아우르고 안정적인 국정 운영을 해나가기가 어렵다. 이것이 현재 이명박 정부가 가진 가장 큰 한계이자 딜레마라고 생각된다.

대다수 유럽 국가들은 지나친 시장자본주의의 폐해에 분개한 국민들에 의해 공산화하거나 이러한 시대적 조류를 맞아 20세기 초반 혹은 중반 이후 사회주의 정부나 노동당 정부의 집권을 통해 의료, 연금, 실업보험 등 복지정책을 크게 강화해왔다. 또한 기업의 공영화도 확대되어왔다. 미국은 이런 면에서 보면 예외에 속하는 나라라 할 수 있을 것이다. 그러나 미국도 대공황 이후 뉴딜정책으로, 그리고 1960년대 민주당 정부를 거치며 복지제도를 크게 확대시켰다. 그 결과 선진국에서는 재정 규모가 커지고 정부의 역할이 비대해져 경제의 효율성이 떨어지고 성장이 정체되었다. 동아시아 경제의 부상, 동유럽 경제의 시장경제체제로의 전환과 부흥, 그리고 세계화의 진전에 따른 국가 간 경쟁의 격화에 따라, 이 국가들은 효율성 향상과 과도한 재정 부담을 줄이기 위해 결국 더 작은 정부, 개방과 경쟁의 강화라는 우파적 정책으로 선회하고 있다. 신자유주의 정책이라는 말도 그렇게 해서 생겨났다. 이러한 세계적 경향으로서 정책의 우경화는 약 반세기 이상에 걸친 좌경화의 결과에 대한 회의와 반성, 그리고 급속한 세계경제 환경의 변화에 따른 국민적 공감대와 정치적 지지를 통해 이루어졌다.

그러나 우리나라는 건국 이후 바로 냉전 시대의 최전선에서 전쟁을 거치면서 사회주의 사상의 주장과 토론 자체가 금기시되었고, 1960년대 이후 경제개발과 성장이 정책의 최우선 과제가 되면서 재벌 기업에 대한 각종 특혜가 주어졌으며, 복지제도의 발전을 소홀히 해온 것이 사실이다. 그리고 그 당시 우리 경제 상황에 비추어 이러한 우선순위의 정립은 불가피했고 장기적 관점에서 빠른 경제 발전을 이루어낸 선택이었다고 할 수 있다. 그러나 당시에도 새마을운동 전개, 이중 양곡가 제도 등을 통해 도농 간 격차를 줄이고 균형발전을 위한 많은 정치적·경제적 배려가 있었었다.

정치 민주화 이후 한국의 경제정책에 대해서는 당연히 복지 증대, 형평, 사회적 약자에 대한 안전망 강화라는 강한 욕구가 분출할 수밖에 없었고, 정책도 그 방향으로 움직일 수밖에 없었다. 대중민주주의가 정착해나가는 어떤 나라에서도 공공정책의 결정은 중간투표자의 성향을 따라 결정되게 된다. 우리나라의 소득수준 향상에 비추어보더라도 국민 모두가 더욱 안정되고 공평한 생활복지를 누릴 수 있게 하기 위해 복지지출이 증가·확대되는 것은 필요하고 불가결한 일이다. 그리고 어떤 선진국의 기준으로 보더라도 이러한 복지제도의 확충 면에서 우리나라는 크게 뒤져 있는 것이 사실이다. 국민의 조세 부담도 낮으며, 오히려 세수는 간접세 비중이 높아 조세에 의한 소득 재분배 기능도 다른 어떤 선진국보다 크게 취약한 편이다. 우리 국민들은 따라서 아직도 과대 정부, 복지병을 경험해보지 않았으며, 오히려 복지정책에 대한 정치적 요구의 발전단계로 보면 산업혁명 후 서구의 20세기 초반이나 중반쯤에 놓여 있다고 할 수 있다. 선진국들과 비교할 때 정부 규모도 작다. 그리고 아직도 우리나라는 실제적인 좌파정부가 집권해본 적이 없다.

노무현 정부가 집권할 수 있었던 것도 바로 이러한 국민의 기대와 욕구가 만만치 않았기 때문이었다고 생각된다. 노무현 정부가 국민의 지지를 잃은 것은 이러한 정책들을 과다하게 추진해서가 아니라, 오히려 실용주의 내지 자유주의적 정책을 추진해 전통적 지지층을 잃었을 뿐 아니라 사실상 추진한 정책의 내용으로 볼 때 충분히 중간계층을 지지세력으로 끌어들일 수 있었는데도 정치적 수사에서의 진보적인 성향과 잦은 언어 사용의 부적절함, 그리고 주요 언론들의 좌파정권론에 매몰되어 중간층 지지세력도 끌어들이지 못했기 때문이라고 생각된다.

민주사회에서 정치적 공세와 포장은 항상 있는 일이고 그것을 통해 정당은 정권을 추구하게 되지만, 사회의 현실과 정부의 정책에 대해 객관적인 평가와 비판을 해야 하는 것은 언론과 여론을 주도하는 지식인의 몫이다. 언론은 스스로 추구하는 가치를 위해 사회현상에 대해 분석·평가하고 정부를 비판할 수 있다. 그리고 이는 주로 논설이나 사설을 통해서 할 일이다. 그러나 사실과 현상에 대한 보도에서는 냉철한 관점을 통해 국민들에게 사실에 대해서 좀 더 객관적인 평가를 할 수 있는 정보를 제공해야 한다. 언론은 국민들의 눈과 귀이며 언론을 통해 국민은 우리 사회와 정부에 대한 인식을 형성하게 된다.

한나라당과 이명박 정부는 주류 보수언론의 막강한 영향력에 힘입어 집권하게 되었다. 선거 과정에서 대운하 외의 종합적 정책 비전에 대한 검증 과정도 별반 없었으며, 다만 좌파정권을 심판하고 '잃어버린 10년'을 되찾아서 경제를 살리겠다는 말로 국민들의 압도적인 지지를 얻어 집권하고 출범하게 되었다. 다시 말해 노무현 정부가 한 것과는 완전히 다르게 하겠다는 것으로 국민의 지지를 얻고 집권했다. 그러나 이명박 정부는 바로 자신을 출범하게 한 그 정치적 포장에 갇히게 되어 지지 기반을 잃을 수밖에 없는 형국에 놓이게 되었다. 그것은 이명박 정부의 국민에 대한 약속과 정책 선택이 주류 언론과 보수 학계가 묘사해온 현실에 기반을 두었고 그것이 사실과 괴리가 있었기 때문이다. 중간 내지 우파의 중간쯤을 좌파정책으로 규정하고 그렇게 국민들에게 인식을 심어준 결과, 새로운 정부가 택해야 하는 정책의 공간은 지극히 좁은 오른쪽 끝으로 쏠릴 수밖에 없게 되었다. 다시 말해 경제정책 면에서 본다면 19세기부터 20세기 초까지 미국 및 서구 국가들에서 풍미했던 극단적 시장자유주의정책, 그리고 외교정책 면에서 본다면 원조 수혜국, 냉전 시대의 극단적 친미주의정책, 대북정책에서는 냉전 시대의 대결정책만이 선택 가능한 정책 조합으로 남게 되었다.

그러나 이미 세상이 많이 변했고 우리 국민이 다양한 관점과 욕구를 가진 상황에서 이러한 정책 조합으로 국민을 아우르고 설득하여 정책을 추진하기는 대단히 어렵게 되어 있다. 이러한 정책 조합은 과거에도 국민들의 저항을 샀다. 오로지 권위주의, 언론과 학원에 대한 사찰, 시민운동에 대한 억압에 의해서만 그러한 정책의 추진이 가능했던 것이다. 지난 10년간 진행되어온 서민경제의 어려움은 성장률의 저하에도 기인하지만, 소득과 부의 양극화 그리고 개방과 경쟁 심화에 따른 우리 경제의 구조적 변화에도 기인한다. 대형마트에 재래시장이 무너지고, 구조조정으로 비정규직이 늘며, 임금과 소득의 격차는 더욱 심해지고 있다. 양극화의 심화는 좌파정책에 기인한 것이라기보다 오히려 경쟁과 개방을 강화하는 보수적 정책에 기인한 것이며, 이는 또한 세계경제 환경에서 불가피한 선택이기도 했다. 바로 그런 데에 기인한 서민경제의 어려움을 극도로 우파적인 경제정책 기조로 살리겠다는 것은 잘못된 처방이다. 진단이 잘못되었으므로 처방도 잘못된 것이다.

지난 5년간 우리 경제의 어려움은 근본적으로 구조적 전환기의 문제에서 초래되었다고 볼 수 있다. 국가 주도 경제운영에서 기업 위주, 민간 위주 시장경제로 나아가면서 기업의 투자 리스크에 대한 인식이 높아지고 또한 기업들이 금융시장이 요구하는 글로벌 스탠더드에 맞추어 재무구조를 개선해나가는 과정에서 투자가 위축된 것이다. 더욱이 중국 제조업의 급부상으로 이윤을 남길 수 있는 제조업 투자 기회가 극히 축소되었기 때문이다. 또한 기업과 경제주체들이 안전성과 더 많은 여가 활동을 선호하고 젊은이들이 힘든 노동일을 기피하며 저축률과 노동 참가율이 떨어지고 있기 때문이다. 재벌 기업에 대한 규제 때문에 투자가 부진하고 그 규제들을 풀면 투자와 고용이 늘어나 국민의 삶이 좋아질 것이라는 것은 틀린 논리는 아니나, 우리 경제성장의 요인으로 볼 때 지금은 아주 작은 부분이다. 그것만으로 새로운 성장 동력을 찾을 수 없고 일반 국민들에게 살기가 좋아졌다는 느낌을 줄 수 없다.

노무현 정부가 반기업정책을 추진했다고 하지만, 세상에 반기업정책을 하는 정부가 어디 있겠는가. 사회주의 정부, 공산주의 정부에서도 기업을 사유화하느냐 공유화하느냐의 차이가 있을 뿐 모두 기업이 잘 성장할 수 있는 정책을 원하고 추진한다. 반기업정책이라는 표현과 규정 역시 정치적 공세를 위해 사용한 언어다. 반기득권 계층, 반재벌 가족경영, 반부유층 정서는 있을지언정 반기업정책이란 없었다. 이를 반기업정책이라 규정하다 보니 친기업정책은 그동안 시장 경쟁에서 공정 기반을 조성하기 위해 있던 규제를 철폐하는 것, 그리고 국내 대기업을 외국자본과 여타 국내자본의 M&A 위협에서 보호하기 위한 장치를 강화하는 것밖에 남지 않았다. 이는 재벌의 경영권 보호와 원활한 경영권 상속에는 도움이 될 것이나, 시장의 공정한 경쟁 질서를 유지하고 신생기업 그리고 비재벌 중견기업들이 공정한 환경에서 경쟁하여 시장에서 창의성과 새살이 돋아나게 하는 데는 오히려 걸림이 될 수도 있는 정책이다. 출자총액제나 금산분리 등이 새로운 금융 환경에서 재고되고 개선될 필요는 있다. 그러나 이러한 정책이 반기업 좌파 정책은 아니다. 만약 이러한 정책을 반기업정책이라고 규정하고 친기업정책을 추진하면 그러한 친기업정책은 결국 시장의 공정경쟁 기반을 약화시키는 반경쟁적·반시장적 정책이 되기 쉽다.

현상에 대한 인식이 잘못되거나 잘못된 인식인 줄 알면서 그 틀 속에 갇혀 있으면, 정부는 국민의 지지를 얻지 못하고 그 결과 어떤 정책도 성공적으로 추진할 수 없게 된다.

필자가 보기에 이 시점에서 이명박 정부에 가장 필요한 것은 바로 정책의 종합적인 기조를 재정립하는 것이다. 어떤 정부든 성공적인 정부가 되려면 정치적 세를 가져야 하며, 그 정치적 세는 국민의 지지에서 나온다. 정권을 취하기 위해 정치적 공세와 포장은 언제나 필요한 것이지만, 그것에 갇힌 정책 기조의 편향은 궁극적으로 그것을 추진하는 정부와 국민 모두 성공할 수 없게 만든다. 글로벌 시대에 시장의 기능을 강화하고 경쟁을 촉진하며 기업의 투자와 경영 환경을 개선하는 것은 반드시 해야 할 일이다. 옳은 방향이다. 그러나 사회적 약자를 보호하고 그들에게 인간적인 삶을 살 수 있도록 복지제도와 사회안전망을 확충하고 경제에 새살이 계속 돋아나도록 진입 장벽을 낮추고 공정한 경쟁의 기반을 조성하는 것, 그리고 국민들 삶의 질의 형평성을 도모하는 것도 정부가 해야 할 일이다.

이제 선거도 끝났고 한나라당이 원하던 정권 교체도 이루어졌다. 이제 정부 여당이 해야 할 일은 나라를 잘되게 하는 것이다. 이명박 정부에서 이런 정책에 대한 고려도 충분히 하고 있으리라 믿는다. 그리고 최근에는 단편적이고 임기응변적이기는 하나 그러한 일련의 움직임도 보여주고 있다. 그러나 이러한 정책의 기조를 종합적인 틀로서 국민에게 제시하고 이제 촛불을 끄라고 해야 한다. 세계 어느 나라에서나 정책 영역에서 진보와 보수의 이념 차이는 엷어지고 있다. 어떤 정부가 국민의 삶을 더욱더 안락하고 안정되게 하는 데 유능한가가 국민의 선택 기준이 되고 있다. 선진국 대열에 끼기 위해 갈 길이 아직 많이 남아 있는 우리에게는 성장이 중요하나, 복지도 중요하다. 이명박 정부에 서민을 위한 정책을 주로 하라고 하는 것은 아니다. 서민 대중을 위한 정책도 함께 펴나가야 효율과 성장을 중시하는 보수정책도 추진력을 받을 수 있다. 그것이 민주화된 사회에서 성공할 수 있는 정책 추진 방식이라고 생각한다.

«이코노미스트», 945호, 2008.7.15.

2009

0720

# 국가 기능 강화하는 개헌 되어야

민주화 이후 지난 20여 년간 우리나라의 국가권력은 분산되고 약화되어왔다. 대통령과 행정부에 집중되었던 권력이 국회, 법원, 검찰 등으로 분산되었고, '공적 권력'의 행사가 투명해지면서 전반적으로 국가권력은 약화되었다.

반면에 우리나라의 '사적 권력'(이 표현이 적절할지는 모르지만)은 오히려 집중되고 강화되어왔다. 시장에서 4대 재벌이 차지하는 비중은 더욱 커졌고, 노조도 기업노조로부터 산별노조, 전국노조로 힘이 집중되었다. 시민단체의 영향력도 확대되었다. 큰 그림으로 보아 국가에서 시장으로 권력이 이동했고, 시장에서의 권력은 집중되었다. 얼마 전 중앙일보와 동아시아연구원이 공동으로 실시한 조사에도 이는 잘 나타나 있다(«중앙일보», 2009년 7월 1일 자). 이 조사에 따르면 우리 국민들은 우리나라에서 가장 영향력 있는 파워 조직 10곳 중에 4곳을, 그것도 1위부터 3위까지 재벌을 꼽았다. 그리고 검찰, 법원, 청와대가 그 뒤를 잇는다. 가장 신뢰도 있는 파워 조직 1~4위 역시 재벌이었다.

국가권력의 분산에는 긍정적인 측면이 있다. 그것 자체를 꼭 민주주의의 심화라고 볼 수는 없으나, 권력의 상호 견제를 통해 행정권력의 독주에 의한 시민의 재산권이나 인권 침해를 줄일 수 있다. 그러나 상호 견제가 지나치다 보면 국정의 효율성이 떨어지며 국가의 주요 의사결정이 지연되고 길을 잃게 된다. 오늘날과 같이 세계경제 환경이 빠르게 변하고 국가 간 경쟁이 치열해지는 상황에서, 이는 국가 사회에 필요한 개혁과 변화를 적시에 이루어낼 수 없게 함으로써 국가의 경쟁력을 떨어뜨리게 된다.

더구나 이것이 집중화된 시장권력과 맞물리게 되면 국가정책이 시장권력, 혹은 사적 권력의 이익 추구에 자주 압도되는 '정치적 포획' 현상이 일어나게 된다. 민주화된 사회에서 정치와 국가정책은 시장권력에 포획되기 쉽다. 정치는 막대한 선거비용과 후원금을 필요로 하고, 공직자 역시 후원을 가장한 금전적 유혹에 취약할 수밖에 없다. 그 결과 국가정책은 특정 이익집단의 이익을 확대하거나 지위를 공고히 해주는 방향으로 왜곡되고, 장기적으로 일반 국민의 이익을 보호하고 시장의 건전성과 공정성을 확보하려는 국가의 정책은 파묻히기 쉽다.

미국 MIT의 사이먼 존슨 교수는 최근 논문에서 미국의 금융위기가 바로 이런 정치적 포획에서 비롯되었다고 주장하고 있다. 월스트리트 투자은행들이 미국의 선거 과정에서 막대한 후원금을 지원해 의회와 백악관에 영향력의 그물을 형성하고, 나아가 금융정책을 주도하는 요직까지 월스트리트 출신 인사들이 차지하면서 금융계에 유리한 규제 완화 정책을 이끌어옴으로써 결국 위기를 맞게 되었다는 것이다. 그리고 지금 오바마 정부에서 다시 1990년대 이후 이런 정책을 주도했던 루빈 사단의 인사들이 기용됨으로써 결국 이번 위기 극복 과정에서도 장래 일반 국민의 조세 부담으로 월스트리트의 투자 실패를 보상해주는 방향으로 정책이 추진되지 않을까 우려하고 있다.

1997년 한국이 외환위기를 맞게 된 것도 이런 정치적 포획 현상과 무관하지 않다. 재벌의 과도한 투자 확대를 막고 노동시장의 유연성을 확보하려는 이전의 정책 시도들이 없지 않았지만, 결과적으로 각각 재계와 노동계의 반대로 거의 모두 무산되었다. 결국 국제통화기금IMF 관리체제하에서 기업과 금융 부문의 구조적 개혁이 이루어질 수 있었으며, 노동 개혁은 아직도 부진하다. 외환위기가 극복되고 난 이후 지난 10년간 우리 경제의 과제들에 대한 정책 방향이 다시 어떻게 진행되어왔는지 되돌아볼 필요가 있다.

제헌절을 맞아 국회를 중심으로 개헌을 주장하는 목소리가 커지고 있다. 필자의 견해로도 지금 우리나라의 국가 지배구조, 권력구조는 개편이 필요하다고 생각된다. 지금과 같은 권력구조로는 급변하는 세계의 정세와 경제 환경에서 그동안 우리가 이룩해온 성과도 제대로 지키기 어려울 것이라 생각된다.

그러나 그 방향은 국가권력을 더욱 분산시키는 것이 아니라 오히려 상대적으로 집중시켜 정부의 정책 추진 기능의 효율화를 기하는 동시에 책임성을 더욱 강화하는 쪽이 되어야 할 것으로 보인다. 그리고 국가정책은 시장권력이 지금보다 집중되는 것을 견제하는 방향으로 이뤄져야 한다. 시장의 기능을 축소하자는 것이 아니다. 시장의 기능은 더욱 존중되고 확대되어야 한다. 그러나 시장 지배력의 집중과 확대는 견제되어야 장기적으로 시장의 건전성과 활력이 유지되고 국리민복을 위한 국가정책의 자율성이 확보될 수 있다.

다시 보기

앞의 글들에서도 언급했듯이 지금 우리에게 필요한 것은 국가 지배구조 혹은 권력구조의 개편이다. 국가 지배구조에 어떤 정형화된 모범답안이 있다고 생각하지는 않는다. 한 나라의 역사적·사회적·문화적 전통, 그리고 현재 그 사회의 실질적인 권력구조를 현실적으로 파악하고, 세계화와 더불어 날로 치열해지고 있는 국가 간 경쟁 시대에 그 나라에 필요한 개혁 과제를 잘 수행해나갈 수 있는 국가의 지배구조를 구성해나갈 필요가 있다. 그러한 관점에서 필자는 국가 지배구조의 개편은 행정부가 지금보다 더 국회의 견제를 받게 하기보다 오히려 더 효율적으로 일할 수 있는 공간을 넓혀주는 것이 바람직하다고 생각한다. 그리고 행정부의 역할을 언론이나 국회, 국민이 '제대로' '합리적'으로 견제해나가는 것이 중요하다고 생각한다. 오히려 필요 이상으로 많은 법률을 국회의 심의와 통과를 거치게 함으로써 국가의 행정이나 정책 과정이 제대로 검증받지도 않고 또 그 자체의 합리성이나 적절성보다 지나치게 다른 이유로 정쟁의 볼모로 잡히는 것을 줄여야 한다는 생각이다. 앞으로 국가 지배구조, 권력구조의 개편은 국민들의 의견을 널리 수렴하고 충분한 검토와 논쟁을 거쳐 이뤄지는 것이 바람직하다.

최근 영국 «이코노미스트»의 편집장인 존 미클레스웨이트가 에이드리언 울드리지와 함께 쓴 『제4의 혁명: 국가 개조를 위한 글로벌 경쟁The Fourth Revolution: The Global Race to Reinvent the State』(2014)에서, 필자가 2009년에 쓴 『한국의 권력구조와 경제정책』에서 주장한 글로벌 시대는 국가제도 간의 경쟁이며 제도의 적절한 개편과 개혁을 적시에 이뤄낼 수 있는 국가 지배구조의 경쟁이기도 하다는 논점과 매우 유사한 주장을 편 것이 흥미롭고 반가웠다. 미클레스웨이트 편집장은 필자가 영국에서 근무할 때 빌 에모트 편집장의 후임으로 약관 39세에 세계적인 간행물인 «이코노미스트»의 편집을 맡은 옥스퍼드 출신의 재사다. 필자는 그의 사무실을 두 번 방문했고 또 한국 대사관저로 초청해 저녁을 같이한 적도 있는데, 전형적인 영국 신사의 풍모를 지닌 사람이었다. 이번 책에서 그는 오늘날 서구 민주주의 위기를 말하면서, 오히려 중국이 많은 문제를 안고 있는 권위주의 정부체제하에서도 10년에 한 번씩 안정적으로 지도자를 교체해왔다는 점과 지도자를 선출하는 과정이 능력을 기준으로 하는 매우 경쟁적 과정이라는 점에 대해 긍정적으로 평가했다. 그는 서구 민주주의에서 국가의 개념은 세 번의 혁명과 혁명에 근접한 절반의 시도로 진화해왔다고 보고 있다. 17세기의 유럽 근대국가 탄생, 18~19세기의 자유방임주의, 20세기 초의 복지국가, 그리고 그것의 역작용을 줄이려 한 대처와 레이건의 신자유주의가 그것이다. 그래서 그는 이 책의 제목을 '제4의 혁명'이라고 붙였고, 지금도 혁명적인 국가 개조가 필요하다고 역설한다.

2009

0904

# 대북정책에서도 실용과 유연성을

우리에게 대북정책은 마치 풀리지 않는 방정식을 대하는 것과 같다. 6자회담을 통해 미국과 한국이 풀려고 했던 북핵 문제의 해법은 핵 포기와 안전 보장, 개방과 경제 지원을 교환하는 것이었다. 우리 측은 이것이 북한에도 최선의 해답이 될 것이라 생각했으나, 결국 뜻대로 풀리지 않았다. 북한 사회와 주민을 위해 최선인 것과 그 사회를 지배하는 김정일에게 최선인 것은 다르기 때문이다.

김정일이 풀어내야 하는 방정식은 북한 주민의 생활을 개선하고 그의 체제를 유지하는 것이다. 1980년대까지만 해도 이는 가능했다. 중공업 생산 확대에 매진하고 같은 공산국가와의 교역을 통해 에너지와 소비재를 수입하여 주민의 복지를 향상시킬 수 있었다. 그러나 '공산권 내 교역체제CMEA'가 붕괴한 1990년대 이후 북한의 대외 교역은 서방세계에 대한 개방을 의미했고, 이는 곧바로 체제에 대한 위협을 뜻하게 되었다. 이에 대한 거부의 결과가 극심한 경제난과 주민의 굶주림이었으며, 이는 다시 체제에 대한 위협으로 나타나게 되었다. 김정

일은 지금 풀리지 않는 방정식을 대하고 있는 것이다.

체제 유지를 위해 경제 발전이 필요하고, 경제 발전을 위해 개방이 필요하지만, 개방은 다시 체제를 위협하게 된다. 미지수 간의 관계만 나오고 답은 풀리지 않는, 두 개의 식만이 주어진 3원 1차 방정식과 같다. 금강산 관광, 개성공단 등 '차단된 개방'을 통해, 또 때로는 지폐 위조, 마약 거래를 통해 최소한의 외화 수입을 얻고 핵무기 개발을 통해 돌파구를 찾아보려 했으나, 이 역시 바른 해답이 아니다.

남한이 풀어야 하는 방정식은 이러한 북한을 상대로 평화 공존과 궁극적 통일을 추구하는 것이며 이를 위한 국제사회의 동의와 지원을 얻는 것이다. 국제사회의 동의와 지원을 얻기 위해서는 오늘날 세계가 추구하는 인권, 개방, 민주주의와 같은 보편적 가치에 기반을 두어야 하고, 북한과의 평화 공존과 협력을 위해서는 북한 체제와 지도부에 대한 포용에 기초해야 하나, 이 둘의 양립이 어려운 것이 '햇볕정책'의 한계였고 우리 대북정책의 딜레마다. 이러한 딜레마의 핵심적 요인은 바로 김정일 체제라는 지극히 모순된 북한 지도체제에 있다.

그러나 현 북한 지도체제가 바뀌지 않는 한 대북정책은 이러한 현실적 한계 내에서 최선의 대책을 찾아가는 수밖에 없다. '비핵·개방 3000'과 같은 답을 딱 정해놓고 이에 맞추어 대북관계를 풀려 하면 풀리지 않는다. 비합리적인 체제에서 어떻게 합리적인 행동을 구할 수 있겠는가. 따라서 지금의 상황에서 대북정책은 답을 정하고 관계를 설정해나가려 하기보다 관계를 관리해나가면서 답을 찾아가는 과정이 되어야 할 것으로 보인다.

장래 북한 체제에 변화가 생겼을 때 남북문제를 한국이 주도적으로 풀어갈 수 있기 위해 궁극적으로 중요한 것은 북한 주민이 남한에 대한 동경과 호감을 갖는 것이다. 또한 남북 간에 경제적 의존성이 높아져야 한반도 문제에 대한 한국의 발언권이 커진다. 이는 남북 간 대화와 교류를 확대함으로써만 이룰 수 있다. 북한을 길들이는 데 집착하면 과거의 냉전식 대결구도밖에 나오지 않는다. 한반도 상황도 변하고 세계도 변했다. 대북정책의 추진에서 과거 두 정부가 성과에 조급해하거나 보편적 가치와 원칙에 충실치 못한 면은 있었으나 방향은 옳은 것이었다.

한미 공조는 당연히 중시해야 하지만, 그것이 지나치게 강조되어서도 안 된다. 미국은 그들의 세계 안보 전략 틀 속에서 대북정책에 접근하게 되지만, 우리는 수도에서 불과 50킬로미터 거리에 있으며 역사와 핏줄을 함께 나누었고 또 나누어갈 민족으로 북한을 볼 수밖에 없다. 어떻게 입장과 전략이 같을 수 있겠는가. 미국의 입장에 반대하고 설득할 수도 있어야 하고, 중국과의 관계도 대미 관계 못지않게 중시해야 한다.

우리나라의 가장 중요한 외교 목표는 남북문제를 성공적으로 풀어가는 것이며 이를 위한 국제적 지원을 얻는 것이다. 대북정책과 외교정책은 둘이 아니고 하나다. 주변 4강, 그리고 국제여론에 강한 영향력을 미치는 유럽 국가들과의 상호 신뢰와 존중 관계를 구축하지 않으면 통일도, 항구적 평화도 기약할 수 없는 것이 한반도의 운명이다.

지금 한국은 세계 최고 수준의 외교력을 가지고 있어야 한다. 외교부의 정책기획 기능이 강화되어야 하고 대북정책이 정권에 따라 너무 크게 흔들려서는 안 된다. 외교나 대북정책이나 일관성 없이는 성공하기 어렵다. 지금 정부는 대내정책에서 실용과 중도를 중시하듯이 대북정책에서도 실용과 유연성을 발휘해야 할 때다.

다시 보기 이명박 정부에서 한국과 한국 사회, 그리고 대북관계가 움직여오는 것을 보며 안타깝게 생각한 적이 많았다. 대북관계는 특히 아쉬운 부분이었다. 이명박 대통령은 자주 태극기가 팔에 새겨진 가죽점퍼를 입고 군 시찰을 하거나 청와대 지하벙커에서 비상대책회의를 주재했다. 그가 국민들에게 주고자 했던 이미지가 무엇이었는지는 정확히 알 수 없으나, 이명박 정부 시절 남북 관계는 냉전 시대의 대결과 경색으로 크게 후퇴했다. 물론 모든 관계의 악화가 그렇듯이 그것이 이명박 정부 측의 잘못만은 아닐 것이다. 그러나 이 글에서 언급하듯이 남북 관계는 어떤 이상적인 틀을 정해놓고 갈 수 없는 한계가 있다.

필자가 영국에서 대사로 근무하면서 그곳의 상하원 의원들을 상대로, 또는 채텀하우스나 국제전략문제연구소IISS에서 남북 관계와 우리의 대북정책을 설명하는 것이 주요 업무 중의 하나였는데, 늘 고민스러웠던 것은 남북 관계, 한국의 대북정책에 대해 명쾌하게 논리적으로 설명하는 것이 쉽지 않았다는 것이다. 필자는 경제학자로서 늘 현상이나 정책을 수식이나 모델, 논리성의 틀에서 접근하고 설명하는 것이 체화되었었는데, 대북관계와 대북정책을 논리적으로 설명하기 쉽지 않았다. 필자 나름대로 이에 대해 많이 생각해보고 논문으로 정리해보기도 했지만 이를 외부에 발표하지는 않았고, 되도록 우리 정부가 외교와 대북정책에 대해 어떤 틀을 가지고 접근할 수 있도록 필자의 생각을 정리한 글을 노무현 대통령께 보내기도 했다. 이 시평의 글은 그 논문의 핵심을 요약해 당시 이명박 정부의 대북정책에 대해 조언해보고자 쓴 글이다.

아쉽게도 박근혜 정부 들어서도 남북 관계의 경색은 풀리지 않고 있다. 현재의 남북 관계 및 우리나라의 대북정책은 이 글을 몇 자 고치지 않더라도 될 만큼 상황이 별로 변하지 않았다. 특히 이번 정권 초부터 남북정상회의 대화록을 공개해 정쟁에 이용하려 했던 것은 매우 아쉬운 부분이다.

2009

1102

# 읽고 뛰게 하자

교육제도는 어느 나라에서나 논쟁의 대상이 되어 있다. 선진국일수록 더 그렇다. 선거에서는 단골 메뉴로 등장한다. 그러나 지난한 것이 또한 교육개혁이다. 교육제도는 그 나라의 역사, 사회문화, 계층 간 갈등, 교직자의 이해관계 등 복합적 요인의 결과로 현재의 모습을 갖추고 있기 때문이다. 우리도 마찬가지다. 요새 외고가 도마에 올라 있지만 그야말로 무엇을 어떻게 건드려야 지금과 같은 문제점들을 개선할 수 있을지, 제대로 건드릴 수나 있을지 엄두를 내기 어려운 것이 교육제도다.

그러나 지금과 같은 교육제도하에서도 우리나라의 중등교육을 개선할 수 있는 여지는 있어 보인다. 그것은 무엇보다 학생들에게 책 읽는 습관을 붙이게 하고 체육 시간을 늘리는 것이다. 학업성취도로 볼 때 우리나라 중등교육은 성공적이다. OECD의 국제학업성취도PISA 평가에서 우리 청소년들은 과학과 수학에서 최상위를 차지한다. 하지만 이는 엄청난 비효율을 통해 이룬 성과다. 최근 조사에 따르면 우리나라

청소년들이 공부하는 시간은 일주일에 49.4시간으로 OECD 청소년들의 평균 33.9시간보다 15시간 이상 많다. 2003년 PISA 조사를 비교하면 핀란드는 평일 평균 전체 학습 시간이 4시간 22분으로 우리나라(8시간 55분)의 절반에 불과했으나, 수학 점수는 544점으로 542점인 한국보다 높았다. 우리 학생보다 학습 시간이 2시간 33분 적은 일본(6시간 22분)도 538점으로 큰 차이가 없었다.

하루 학습 시간에서 두 시간을 떼서 한 시간은 독서 지도, 다른 한 시간은 체육 시간으로 돌릴 수는 없을까. 이는 공교육이 아니면 할 수 없다. 그 땅값이 비싼 강남의 중·고등학교 운동장은 텅 비어 있고 이웃 사설학원의 작은 방 속에 책상을 다닥다닥 붙여놓고 밤늦게 앉아 있는 학생들을 보면 안타까움과 함께 어른으로서 책임과 부끄러움을 통감하지 않을 수 없다. 국가가 전력을 제대로 공급 못 해 집집마다 발전기를 구해다 쓰는 아프리카 나라들에서나 보는 자원 사용의 비효율성을 우리의 교육 현실에서 본다.

중등교육의 목적은 지식습득뿐 아니라 인격의 함양과 장래 사회인으로서의 기본 소양을 가르치는 것이다. 오늘과 같이 지식과 기술, 살아가는 방식이 빠르게 변하고 개인 삶의 지평이 넓어지는 세상에서 중요한 것은 학생들로 하여금 스스로 배우고 평생 배울 수 있는 습관을 기를 수 있게 해주는 것이다. 독서 습관은 언제나 교육의 중요한 목표였지만 오늘날과 같이 인터넷과 게임 산업의 발전으로 청소년들이 책을 외면하기 쉬운 상황에서 그 중요성은 더해진다. 교사나 부모가 가르쳐주지 못하는 것을 책을 통해 배우는 습관을 길러주어야 한다.

체육이 중요한 것은 건강한 신체를 위해서만이 아니다. 스포츠를 통해 청소년기에 규칙을 지키는 것을 배우고 끈기와 협동, 자기절제를 배울 수 있다. 이는 사설학원에서는 할 수 없는 일이다. 19세기 대영제국을 건설하게 한 원동력은 영국 중등사립학교의 스포츠 교육에서 나왔다고 한다. 럭비, 축구, 크리켓 같은 단체운동을 교육의 핵심으로 삼은 것이다. 이런 단체경기를 통해 신사다운 행동과 희생정신을 습득하도록 했다. 어떻게 승리하는가와 더불어 어떻게 패배하는가를 배우는 것, 또한 초기의 실패에 좌절하지 않는 자질을 키우는 것은 스포츠건 공부건 돈벌이건 어느 영역에서나 중요하다. 웰링턴 장군은 "워털루 전투의 승리는 이튼Eton의 운동장에서 쟁취되었다"라고 했고, 19세기 말 해로Harrow의 교장이었던 웰던은 "용기, 에너지, 끈기, 자기통제, 기율, 협동, 단결정신 등은 단체운동을 통해 자라고 평화 시나 전쟁 시에 승리를 가져다주는 자질들이며 대영제국이 있게 된 것은 스포츠 교육의 덕분"이라고 기록했다.

법치국가는 경찰력만으로 이루어질 수 있는 것이 아니다. 국격은 홍보나 경제성장만으로 올라가지 않는다. 중등교육은 미래 한국 사회의 기풍과 국격을 정해나가는 것이다. 만약 지금 자라나는 청소년들이 하루 한 시간만이라도 책 읽는 습관을 익히고 스포츠를 통해 건강한 신체뿐 아니라 자기통제와 협동의 습관을 익힌다면 지금의 교육제도가 안고 있는 많은 문제점에도 불구하고 미래 한국에 대해 낙관할 수 있을 것이다. 전교조가 바로 이런 운동에 앞장서면 어떨까? 그리고 기왕에 정부가 재정 확대 정책을 편다면, 중·고등학교 도서관을 신간 서적들로 가득 채울 수는 없을까? 이런 일들이 일어난다면 미래 한국뿐 아니라 현재의 한국도 위대한 나라다.

다시 보기

영국에서 근무하는 동안 막내아이를 그곳의 기숙학교에 보냈다. 처음에는 근처 공립학교에 보냈다가 관저에서 거의 매일 손님들을 맞는 생활을 하다 보니 필자나 내자가 아이에게 신경을 써주기 어려웠던 탓에 나중에는 런던에서 약 2시간가량 떨어진 곳의 기숙학교에 보냈다. 주말에 아이를 데리러 가거나 데려다 주면서, 또 학부모 상담 시간에 학교를 방문해 선생님들과 대화도 하고 학생들을 만나보면서 영국의 중등교육 환경이 매우 부럽게 느껴졌다. 학생들이 각자 좋아하는 수업을 선택해서 듣게 하고, 오후에는 반드시 학생들에게 두세 시간씩 운동을 시키고 있었다. 위에 딸아이 둘은 미국에서 초등학교를 다녔는데 그때도 보면 학교에서 매일 오후에 운동을 시켰었다. 건강한 생활이었다.

한국으로 귀국하면서 영국에 머물고 싶어 하는 아이를 억지로 데리고 들어와 집 근처의 고등학교에 전학시켰는데 학교생활을 하는 모습이 영국과 크게 달랐다. 아이는 특례입학 대상이 되어 영어·국어·수학 시험만 치르면 되었는데, 필자가 사는 강북에는 특례입학생을 위한 학원을 찾을 수 없어서 대치동에 있는 학원을 찾아 등록했다. 그랬더니 아이는 아침 일찍 학교에 갔다가 하교해 집에서 급히 밥을 먹고는 버스와 전철을 세 번 갈아타고 학원에 갔다가 거의 밤 12시가 되어서야 돌아오는 생활을 하게 되었다. 얼마 지나지 않아 아이의 얼굴에서 핏기가 사라지고 지친 모습이 보였다. 그렇다고 학교에서 수업을 알차게 하는 것 같지도 않았고, 학생들 반 이상이 학교 수업 시간에 잠을 자거나 학원 숙제를 하고 있다고 했다.

강남에 사시는 부모님을 뵈러 낮에 가면 근처의 중·고등학교 넓은 운동장은 거의 매번 텅 비어 있었다. 지친 모습이 딱해서 가끔 밤에 아이를 데리러 학원에 가보면 작은 건물에 그야말로 콩나물시루처럼 책상을 다닥다닥 붙여놓고 앉아 한참 자라는 시기의 아이들이 분식점에서 끼니를 때운 채 강의를 듣고 있었다. 건강한 교육이라 할 수 없었다. 그 아이들이 그렇게 밤늦게까지 환기도 제대로 되지 않는 작은 방에 끼어 앉아 공부하는 것을 보고 우리나라 아이들이 저렇게 자랄 수밖에 없게 한 필자 세대의 책임이 통감되고 부끄러웠다.

초·중등교육은 단순히 지식교육이 아니라 공동체의 일원으로서, 훌륭한 사회인으로 성장해나갈 수 있도록 인성교육이 이뤄져야 하는 곳이다. 한국의 초·중등교육은 그런 면에서 큰 실패를 하고 있다고 보인다. 대다수 아이들이 학교보다 학원과 과외에 의존하며 대학 입시를 준비한다. 학원에 인성교육을 기대할 수 없고, 학원은 그것을 목적으로 하는 기관도 아니다. 인성교육을 해야 할 학교가 아이들이 저녁 과외 수업을 받으려고 미리 잠을 자는 곳으로 바뀌고 있는 상황이 너무 안타깝게 여겨진다. 한국교육과정평가원이 2007년 각국 초등학생을 조사한 바에 따르면, "교실에서 사회생활에 필요한 질서와 규칙을 배우고 실천한다"라고 답한 한국 학생은 18.4%에 그쳤다. 프랑스(63%), 영국(54.3%)과 비교하면 매우 낮은 수준이다. 한편, "교실에서 타인을 이해하고 존중하는 것을 배우고 실천한다"라고 답한 비율은 한국 학생이 15.9%인 데 비해 영국과 프랑스 학생은 60%였다. 한국의 중·고등학생은 그 비율이 훨씬 더 낮을 것으로 생각된다. 지금의 중등교육 환경이 바뀌지 않으면 우리의 공동체, 사회, 국가에 대한 관념과 인식을 제대로 갖춘 사회인을 배출하기 어려우며, 따라서 우리 사회가 밝고 건전한 사회가 되기보다 점점 더 팍팍한 사회가 될 것이라는 우려가 든다.

때마침 이명박 정부에서는 국격을 높이겠다며 '국가브랜드위원회'를 만들고 국내외 홍보에 많은 자원을 쓰고 있었다. 필자가 보기에 미래 국격을 높이기 위해서는 다른 무엇보다 예절과 폭넓은 교양을 갖추고, 자조와 협동 정신, 인내와 관용을 갖춘 건강한 시민을 양성하는 것이 중요하다는 생각이 들어 이 글을 쓰게 되었다.

2010

1116

# 세계 질서 이끌 소프트파워를 키워라

이번 서울 정상회의는 주요 20개국G20 정상회의를 위기 시로부터 평상시의 세계경제 최고협의체로 정착시키는 과제도 안고 있었다. 한국은 의장국으로서 금융안전망, 개발의제 등 장기적이고 구조적인 의제를 주도함으로써 위기 후 회의체로 안착시키는 데에 기여했다. 서울 정상회의에 대한 평가는 궁극적으로 이번 합의가 세계경제에 어떤 결과를 가져오는가에 따라 결정될 것이다.

이번 정상회의는 한국의 발전사에서도 큰 의미를 지닌다. 서울올림픽이 6·25전쟁으로만 기억되던 한국을 활기찬 신흥경제국의 모습으로 세계에 알린 계기가 되었고, OECD 가입이 선진국과 거의 대등한 산업국으로 한국을 자리매김했다면, 이번 정상회의는 한국이 세계경제 질서를 수동적으로 따르기만 하던rule taker 위치에서 이런 질서를 만들어가는rule maker 나라의 일원으로서 세계무대에 데뷔하게 한 것이다. 우리 국민은 이러한 위치에 오르기를 오랫동안 갈망했다. 이제 '지구촌 유지들 모임'에 우리도 한자리를 차지하게 되었다. 돌아가며 하는 것이지만 좌장의 역할도 해보았다.

우리가 갈망했던 자리를 어떻게 활용하며, 이 모임에서 어떤 역할을 할 것인가? 필자는 솔직히 우리가 아직 준비가 잘되어 있지 않다고 생각한다. 우리뿐 아니다. 중국, 일본도 크게 다르지 않다. 일본은 선진 7개국G7의 일원이었지만 미국과 유럽이 주도하는 세계 질서에 수동적으로 따라가는 모습을 보였다. 아시아 국가는 서구가 주도한 세계경제 질서와 국제기구에 대해 불평의 목소리를 낸 적은 많았지만 한국이, 중국이, 일본이 원하는 세계경제 질서는 무엇인가에 대해 뚜렷한 비전을 내놓지 못했다.

많은 사람이 21세기는 아시아의 시대가 될 것이라고 말한다. 경제적 비중으로 보면 이 예측은 맞을 것이다. G20 출범의 근본적인 의미도 아시아의 신흥세력을 세계경제 지배구조에 끌어들이는 것이었다. 아시아의 협력 없이 세계경제의 문제를 풀어나갈 수 없기 때문이다. 그러나 경제력을 넘어 새로운 세계경제 질서를 구성하고 주도하는 연성국력, 즉 소프트파워를 한국을 비롯한 아시아 국가가 갖고 있는지, 혹은 빠르게 쌓아갈 수 있을지는 분명치 않다. 우리가 이를 키우지 못한다면 '지구촌 유지들 모임'에 어쭙잖은 한자리를 차지하며 연례적으로 단체사진을 찍고 과제물을 받아오는 데 그칠 것이다.

지금 우리가 해야 할 일은 무엇인가? 첫째, 소프트파워를 길러야 한다. 글로벌 비전을 제시하고 글로벌 리더십을 발휘할 지식과 실력을 키워야 한다. 지식의 기반은 합리성에 있다. 사회의 합리성과 지적 풍토를 개선할 근본적이며 광범위한 제도와 관행의 개혁이 이뤄져야 한다. 우리의 경제력은 세계 13위라고 하지만 사회의 합리성, 지식수준은 지금 세계 몇 위쯤 될까? 대학과 언론, 관료 사회, 정당이 서구 사회와 대등한 학문의 수월성, 언론의 객관성과 절제성, 관료 사회의 개방성, 정치적 합리성을 추구해야 한다. 우리는 서구에 뒤지지 않을 정도의 산업화와 민주화에 성공했으나, 이러한 부문에서는 그렇지 못하다.

둘째, 외교력을 키워야 한다. G20을 위해서만이 아니다. 동북아 분단국가로서의 지정학적 위치로 보나 통일문제를 접근하기 위해서도 이는 필수적이다. 덩치가 크지 않고 강대국에 둘러싸인 나라가 새로운 국제질서 형성에 일정 역할을 하고 이익을 반영하기 위해서는 세계 최고 수준의 외교력을 가져야 한다. 지금 우리에게 주어진 과제는 미국과 중국이, 혹은 중국과 일본이 경제문제나 동북아 정치 · 안보 문제에서 갈등 관계를 보일 때 어떤 입장을 취하며 어떤 역할을 할 것이냐 하는 점이다. 이 점에서 정부는 미국, 중국과의 균형 외교에 소홀한 점이 없었는지 되돌아볼 필요가 있다.

셋째, 아시아가 추구하는 가치와 질서를 정리하고 국제사회에서 관철해나가는 데 한국이 적극적인 역할을 해야 한다. 라이벌 관계인 중국과 일본 어느 한 나라가 나서서 주도하기 어려운 일에 한국이 주도적으로 나서서 아시아의 공론장을 설립하고 세계 문제에 대한 토론을 선도해야 한다. 새로운 포럼을 만들고 아시아의 지식인과 정치인이 세계 질서의 비전을 키우도록 주도적 역할을 한다면 G20 안에서도 한국은 분명한 입지를 갖게 될 것이다.

다시 보기 G20 정상회의는 세계 금융위기 이후 세계 경제문제를 다루기 위해 출범한 포럼이다. 첫 두 해 정도는 세계 금융위기가 세계 대공황으로 치닫게 되는 공동의 두려움에서 거시경제 정책의 공조와 같은 실효성 있는 대책들이 여기서 논의되고 또 실천되기도 했다. 그러나 금융위기가 조금씩 회복되면서 이 포럼 자체의 유효성이 다시 비판받고 있다. 어쩔 수 없는 일이라고 생각된다. 오늘날 주권국가의 틀이 갖춰진 것은 17세기 말 베스트팔렌조약 이후였다. 그러나 세계화는 주권국가의 역할에 대해 정면 도전을 해오고 있다. 오늘날 경제문제는 거의 모두가 세계적 현상인데, 주권국가의 지도자는 그 국민에 의해 선출되며 그들이 할 수 있는 정책도 국내에서만 법적 유효성을 가지는 한계에 봉착해 있다. 따라서 G20과 같은 기구는 반드시 필요하다. 그러나 G7의 경우와 마찬가지로 G20 역시 공동의 위기가 없게 되자 정상들 간 사진 찍는 의례적 행사가 되어가고 있는 듯이 보인다.

우리나라는 2010년 G20 의장국으로서 역할을 훌륭히 해내었다고 생각된다. 아마 한반도 역사상 그때처럼 한국 정부가 세계의 중심에 선 적도 없었을 것이다. 그러나 G20의 일원으로서 지속적으로 제대로 된 역할을 해낼 수 있으려면 이 글에서 말하는 바와 같은 노력이 있어야 할 것이다. 결국 이 글에서 주장하는 바와 같이 우리 사회 전반의 토양을 업그레이드하는 과제를 풀어나가야 하는데, 이는 쉽지 않은 노력들이며 지속적으로 경주되지 않으면 진전이 어려운 분야들이다. 그러나 그러한 노력 없이는 앞으로 우리나라가 국제적 문제를 놓고 이루어지는 토의에서 어떤 역할을 해나가기도, 국제적 입지를 확보해나가기도 쉽지 않을 것이다.

지정학적 입지로 볼 때 우리나라는 세계 최고의 외교력을 가지고 있어야 한다. 필자도 한때 외교부 소속으로 외국에 나가서 근무했지만, 우리 외교는 지금보다 더 많은 노력과 발전이 필요한 상황이다. 그리고 외교야말로 일관성과 장기적 전략이 매우 중요하다. 그런데 때로 한국 외교가 지나치게 국내 정치와 여론에 휘둘리는 것이 안타깝다. 외교관의 역량과 자세도 매우 중요하다고 생각된다. 필자는 영국에 있으면서 한국 외교의 문제점을 어떻게 개선하고 역량을 어떻게 높일 수 있을지에 대해 여러모로 고민하고 나름대로 정리해보기도 했는데, 언젠가 다른 기회에 이야기할 수 있을 것이다. 국립외교원을 설립해 외교관 선발 방식을 바꾸고 훈련도 강화하고 있으니, 한번 기대해볼 만한 일이다.

2011

0101

# 공정사회, 일과성이 안 되려면

지난해 마지막 국무회의에서 이명박 대통령은 새해에는 공정한 사회의 국정 운영 기조가 정착되도록 노력해줄 것을 당부했다고 한다. 지난해 8·15 경축사를 통해 이 대통령이 공정사회 추구를 제시한 이래 '공정사회'라는 개념은 우리 사회의 주요한 화두가 되었다. 이것이 현 정권이 추진하는 많은 일에 대해 오히려 비판의 빌미를 주어 정권에 큰 부담으로 작용하리라는 우려도 여권에서 제기되었다. 실제로 지난해 그런 일이 자주 있었다. 그러나 현 정권에 대한 유불리를 떠나 공정사회의 추구라는 화두를 우리 사회에 던진 것은 의미 있는 일이라 생각된다.

우리 경제의 눈부신 발전에도 불구하고 국민의 상대적 박탈감과 사회적 불만은 줄어들지 않았다. 지난해 9월 중앙일보가 성인 남녀 1017명을 대상으로 실시한 창간 45주년 기념 설문조사에서 73%가 우리 사회가 불공정하다고 대답했다. 또한 지난해 7월 서울대 사회발전연구소가 성인 남녀 800명을 대상으로 높은 사회적 신분에 상응하는 도덕적 의무 수행을 뜻하는 '노블레스 오블리주' 지수를 조사한 결과 100점 만점에 26.5점으로 집계되었다.

공정한 사회를 추구해야 한다는 주장에는 누구도 반대하지 않을 것이다. 그러나 어떠한 사회가 공정한 사회인지, 어떠한 정책이 공정한 것인지에 대해서는 우리 국민 사이에 커다란 인식 차이가 존재한다. 현 정부는 특히 출범 초부터 정책 추진에서 공정성 시비를 많이 받아왔다. 이를 만회하기 위한 공정사회 정책을 서두른다면 이는 자칫하면 포퓰리즘으로 빠져 미래 세대의 부담을 키우며 따라서 이들에게 불공정한 정책이 될 수 있다. 공정한 사회를 위한 정책이 진정 공정한 정책이 되기 위해서는 먼저 공정한 것이 무엇이냐에 대한 사회적 토론과 설득이 있고, 어느 정도 공감대가 형성되어야 한다. 물론 이 문제에 대한 분명한 합의는 기대하기 어렵다. 이 문제를 놓고 갈등과 분란을 거듭하고 국가체제와 지배구조가 바뀌어온 것이 인류 역사다. 지금도 세계 모든 나라가 이 문제를 가지고 당이 나뉘고 진보와 보수로 갈라져 갈등을 겪고 있다.

따라서 이 과정이 결코 순조롭거나 조용하지는 않을 것이다. 그래도 이것이 우리가 선진 사회로 나아가기 위해 거쳐야 할 과정이다. 시끄럽더라도 충분한 토론과 설득, 타협의 과정을 거치는 것이 장기적으로 사회 통합에 도움이 되는 길이다. 서구에서는 산업화가 진행된 18~19세기에 이미 자유주의, 공리주의, 사회주의 등의 사상이 출현하고, 인권과 자유, 정의와 공정성에 대한 사회적 토론이 진행되면서 법과 제도도 그들이 공유하는 가치에 맞게 골격을 갖추고 뿌리를 내리게 되었다. 우리 국민은 서구의 법과 제도를 수용해 운영해오면서도 정작 그것이 바탕으로 하는 가치와 원칙에 대해서는 진지하게 묻고 성찰해보지 못했다. 한국의 경제·사회 정책, 나아가 통일·외교 정책에 일관성이 부족하고 그 방향이 자주 바뀌는 것은 아마도 우리 사회가 공유하는 가치와 철학의 뿌리가 깊지 못하기 때문일 것이다.

건국 이후 우리 국민은 너무 힘들게 살아왔다. 민족 간에 참혹한 전쟁을 치렀으며, 산업화에 매진하고 정치 민주화를 위해 투쟁해왔다. 편한 삶이 아니었고, 가치와 철학을 논하기에는 매일의 삶이 너무 급박했다. 동서 냉전 시대의 최전선에서 늘 안보에 위협을 느끼며 살았던 탓에 사상과 가치에 대한 토론도 자유롭지 못했다. 우리 국민은 이제 산업화에 성공하고 민주화에도 성공했으나 아직 선진 사회를 이루었다고 할 수는 없다. 우리 경제력은 세계 15위, 군사력은 10위권 내라고 한다. 그렇다면 우리 사회의 법과 제도의 적절성, 그리고 그 운영의 공정성은 세계 몇 위쯤 될까?

국가는 정의를 추구해야 하고, 정의의 기초는 공정성에 있다. 공정사회의 추구는 어떤 정권이 들어서더라도 국가가 항구적으로 추진해 나가야 할 과제다. 이것이 현 정권의 일과성 캠페인으로 끝나지 않으려면 이에 대한 국민적 토론이 깊어질 필요가 있다. 토론으로 견해차가 좁혀지지는 않을지라도 토론을 통해 사회 구성원 간에 이해가 높아지고 타협과 어느 정도의 공감대 형성이 가능해진다. 감세, 복지체계의 개편, 보건의료, 중소기업 지원, 병역의무, 수입 개방 등 거의 모든 국가정책에 공정성의 잣대는 개입되게 된다. 새해 들어 각 부처가 공정사회 정책을 쏟아내는 것보다 더 필요한 일은 이에 대한 공감대를 형성하기 위한 더욱 깊이 있고 열린 토론의 기회를 장려하는 것이라 생각된다.

다시 보기 2010년 말 이명박 대통령이 국무회의에서 새해 공정사회를 위한 정책을 주문하자마자 각 부처는 경쟁적으로 공정사회를 위한 정책이라는 이름표를 부친 정책들을 쏟아내기 시작했다. 무엇이 공정한 것인가에 대한 논의도 없었고, 공감대도 없이 '공정사회를 위한'이라는 상품명을 붙인 정책들을 쏟아내고 있었다. 실소가 나오기도 했고, 우려가 들기도 했다. 그래서 쓰게 된 글이다.

지금 되돌아보면 '공정사회'라는 슬로건도 이명박 정부가 내건 한갓 정치적 수사에 불과한 것이었다. 공정사회에 대한 본격적 토론도, 그에 대한 구체적 진전도 찾아보기 어려웠다. 그렇지만 이 글에서 말하고 있듯이 최소한 그것을 우리 사회의 화두로 던진 것은 의미 있는 일이었다고 생각된다. 국민들이 적어도 공정한 것이 무엇인가 하는 것에 대해 생각하는 계기는 제공해주었기 때문이다.

마이클 샌델의 『정의란 무엇인가』라는 책이 국내에서 100만 부가 넘게 팔렸다. 필자도 이 책을 정독했지만, 다른 고전 철학서들에 비해 그렇게 잘 쓴 역작이라고 생각되지는 않았다. 그러나 이 책의 제목이 한국 국민들에게 어필한 힘은 대단했던 것 같다. 그만큼 정의, 공정성에 목말라 있었기 때문일 것이다. 우리 사회는 왜 이렇게 국민들이 정의롭지 못하다고 생각하는 사회가 되었을까? 어떻게 하면 국민들이 받아들이기에 좀 더 정의롭고 공정한 사회를 만들어갈 수 있을 것인가? 우리 국민들은 이에 대해 냉정하게 토론을 이어가기보다 불공정한 사회에 대한 좌절감을 어떤 현상이 발생할 때 잠깐 분노로 표출하고는 곧 식어버리는 경우가 많다. 우리 사회에서 공정과 정의에 대한 토론이 앞으로도 깊이 있게, 체계적으로 진행되었으면 한다. 그리고 그러한 토론 과정도 좀 더 공정했으면 좋겠다는 생각을 하게 된다.

2011

0219

# 집단 사고, 지적 포획

IMF가 지난주 자아비판 보고서를 내놓았다. 세계 금융위기를 맞기까지 IMF의 역할과 관련해 IMF 내 독립평가국Independent Evaluation Office이 내놓은 이 보고서는 IMF가 국제경제의 위험 요인에 대한 경고 및 시정을 촉구하는 본연의 역할을 제대로 하지 못했다고 지적했다. 그중에 특히 눈에 띄는 대목은 바로 이런 실패를 가져온 요인으로 IMF 내의 '집단 사고group think', '지적 포획intellectual capture'을 꼽았다는 점이다. 과거 IMF에 근무한 적이 있는 필자에게 이는 바른 지적이라 생각된다. 길 건너 있는 자매기관인 세계은행World Bank에 비해 IMF는 조직과 업무집행의 효율성이 높은 반면, 직원들의 사고와 정책분석의 획일화라는 면에서 훨씬 강한 단점을 안고 있다.

그래도 IMF가 이런 '자아비판서'를 내놓은 것은 역시 훌륭한 조직이기 때문이며 이 기관에 대한 신뢰를 높이는 계기가 되리라 생각된다. 집단 사고는 어느 조직이나 빠지기 쉬운 함정이다. 그 조직이나 집단의 보편적 생각과 다른 의견을 내놓는 사람은 그 조직에서 커나가기 어렵거나 스스로의 적응을 위해 다수 의견에 동화해버려 소수 의견이 옳을지라도 조직적으로 외면받게 된다. 지적 포획은 지식인, 특히 오늘날 경제학자들에게 무거운 성찰을 요구하는 단어다. 어찌 보면 이는 집단 사고보다 장기적으로 우리 사회에 더 위험한 결과를 초래할 수 있다. 그 시대의 주류를 이루는 지식인들의 주장이 결국 그 시대 제도와 정책을 형성하는 데 결정적 역할을 하고 이는 장래 사회의 흐름을 결정짓기 때문이다. 오늘날 주류 경제학으로 자리 잡은 신고전파 경제학, 특히 영미의 주요 대학과 주요 학술지를 통해 경제학 훈련을 받은 사람들은 시장의 효율성과 인간의 경제적 선택행위의 합리성을 너무나 당연시해 시장 맹신주의에 빠지기 쉽다. 이러한 시장 맹신주의가 학계와 언론, 정부, 의회, IMF와 같은 국제기구의 핵심부를 포획하면서 1970년대 이후 금융시장에서 규제 완화를 가속화시켰고 이것이 지속된 결과가 세계 금융위기로 나타났다는 반성이 최근 금융경제학자들 간에 일고 있다.

주위를 둘러보면 이런 함정은 우리 곳곳에 퍼져 있다. 경제 분야뿐만이 아니다. 외교·안보·사회 정책 분야도 마찬가지다. 공공기관뿐만이 아니다. 기업과 언론사도 이러한 함정에 빠지는 경우가 많다. 특히 편을 갈라 싸우는 곳에 이러한 집단 사고의 함정은 깊다. 편이 나뉘어 싸우는 곳에서는 상대방을 제압해야 하고, 그 과정에서 상대방과 차별적인 생각으로 무장하고 그러한 주장을 되풀이하다 보면 스스로 그 주장의 틀에 포획되어가는 것이다.

대학이나 기업이나 언론사가 이러한 함정에 빠져 현실과 괴리된 비평과 제품을 내놓는 것은 그래도 사회적으로 볼 때 위험성이 덜하다. 시민들은 이들을 외면하고 다른 선택을 할 수 있기 때문이다. 문제는 시민들이 달리 선택할 수 없는 우리 사회의 중요한 공공조직들이 이런 함정에 빠질 때 초래되는 결과다. 우리나라의 정부 부처, 중앙은행, 금융감독기구도 이에 대처할 수 있는 제도적 견제 장치를 확대할 필요가 있다. 감사원의 기능을 바로 이런 면을 주시하도록 보완할 필요가 있고, 각급 보직에 외부 인사의 수혈을 늘리고 이들과 젊은 직원들의 새로운 사고를 조직이 흡수하는 장치들을 지금보다 강화할 필요가 있는 것으로 보인다. 오늘날과 같이 세상이 빠르게 변하는 시대에는 그 기관에서 훈련받고 자란 사람들의 시각만으로는 제대로 대처할 수 없는 일들이 너무나 많이 닥친다.

아마도 이런 집단 사고를 가장 경계해야 할 곳은 정권과 청와대일지 모른다. 선거를 통해 상대방을 매도하고 상대방과의 차이점을 부각해 표를 얻어야 하는 오늘날 민주주의 시대의 집권 과정은 그 과정에 참여하는 사람들을 쉽게 집단 사고의 그물망으로 끌어들이게 된다. 내 편과 네 편을 갈라 싸우면서 같은 편끼리 똘똘 뭉쳐 상대방의 생각과 의도를 제압해야 하는 과정을 거치며 더욱더 내 편의 보편적 사고의 포로가 된다. 집권 후 5년이라는 짧은 임기 내에 무언가를 이뤄내야 한다는 초조감은 이러한 성향을 더 부추긴다. 그러나 좀 더 길게 보면 이는 승리가 아닌 패배의 요인이 된다. 이것을 가장 경계해야 할 사람은 역시 대통령 자신이다. 팀워크도 중요하지만, 그것이 가져오는 효율성 뒤에 집단 사고라는 위험도 도사리고 있다. 지금 정부의 대북정책 접근이나 경제 운용 방식도 혹 이러한 집단 사고의 함정에 빠져 있는 것은 아닌지 돌아볼 필요가 있다고 생각된다.

다시 보기 필자는 IMF와 세계은행 두 기관 모두에서 근무했었는데, 역시 IMF가 회원국들에 더 획일적인 정책을 제시하고 직원들의 사고도 점점 더 획일화되는 분위기를 제공한다는 느낌을 받았다. 집단 사고는 어느 조직에서나 나타날 수 있다. 또한 이에는 장점이 있기도 하다. 집단 사고가 강한 조직은 조직에 대한 충성심이 강하고 효율적이며, 조직원들의 자부심 또한 강한 조직으로 발전하기도 한다. 그러나 그것의 단점은 이 글에서 언급한 보고서가 잘 지적하고 있다.

우리가 조직 생활을 하면서 배우는 덕목 중의 하나가 조직 내에서는 토론하되 밖으로 나가서는 딴 소리를 내지 말라는 것이다. 이는 필요한 일이다. 조직원들이 다른 소리를 하는 것으로 밖에 보도되면 그 기관이 하고자 하는 일을 그르치게 된다. 그러나 이를 지나치게 강조하다 보면 조직 내에서의 토론도 죽어버리는 경우가 많다. 획일적 사고, 집단 사고의 폐해가 자라게 되는 것이다. 특히 중요하고 힘 있는 기관일수록 이런 경우가 많다. 그럴 때 무엇보다 중요한 것이 지도자가 토론의 분위기를 만들어주고 토론에 귀를 기울이는 것이다. 그러지 못하면 집단 사고의 함정에 쉽게 빠진다.

이 글은 이명박 정부 당시 내각 인사가 있을 때마다 팀워크가 중요하니 같은 사고를 가진 사람들로 팀을 꾸려야 한다면서 결국 인물 선택의 폭을 좁히고 비슷한 성향의 사람들로 내각 팀을 구성하는 것을 보고 집단 사고, 지적 포획을 경계해야 한다는 취지로 쓴 글이다. 청와대도 하나의 조직이기는 하나, 국정의 중추며 최고 책임기관이다. 국정에서는 다양한 사고와 견해를 포용할 수 있어야 한다. 대통령이 팀워크를 강조할수록 실제 각료들은 팀워크보다 대통령의 뜻이 무엇인가에 더 관심을 쏟게 되며, '말씀'을 받아 적고 그 실천에만 집중하는 성향이 커진다.

2011

0514

# 언론, 정권, 재벌

인간 사회는 원래 힘 있는 자들에 의해 다스려진다. 정치의 본질은 힘에 의한 지배다. 외부의 침략과 내부의 소요로부터 국가 사회의 안정을 지키기 위한 병력과 치안력은 국가권력의 핵심적 기반이다. 정권을 잡는다는 것은 바로 이런 폭력 집단을 장악하고, 징세와 행정권을 행사함으로써 사회를 다스리는 것이다. 그러나 정치체제가 민주화되면서 정보와 여론을 주도하는 언론이 주요 권력으로 등장하고, 민주주의와 자본주의가 결합하면서 시장을 지배하는 기업과 부가 새로운 권력으로 성장했다. 이 세 권력이 견제하면서도 건강한 관계를 유지하면 국가가 안정되고 번성할 수 있으며, 그렇지 못하면 사회가 불안하고 발전이 정체된다.

건국 이후 우리나라에서 이 세 권력의 상대적 관계는 많은 변화를 거쳤다. 정치권력은 늘 언론과 기업을 지배하려 했다. 그러나 언론이 정치권력에 눌려 비판적 기능을 제대로 하지 못하면, 정치는 자만에 빠지고 사회는 부패하게 된다. 대기업이 정권과 유착해 지원과 혜택을 주고받는 데 몰두하면, 공정경쟁의 기반은 무너지고 시장경제는 궁극적으로 활력을 잃게 된다. 권언 유착, 정경 유착이 부정적인 말로 쓰이는 것도 이 때문이다.

군부독재 시절에는 언론과 기업이 정권에 의해 압도되었고, 기업은 정권에 의해 보호·육성되기도 했다. 그러나 민주화 이후 정권의 힘은 상대적으로 크게 위축되었고, 언론과 기업, 특히 대기업군을 형성하는 재벌의 한국 사회에서의 영향력은 크게 확대되었다. 외환위기는 이러한 관계의 변화에 결정적 전환점이 되었다. 관치금융이 종식되고, 기업의 재무구조가 강화되며, 경제 자유화가 확실히 자리 잡으면서 기업들은 더 이상 정권에 생존을 의존하지 않게 되었다. 반면 정치는 잦은 선거와 정당 간 치열한 경쟁으로 기업의 후원금과 자금력에 의존할 수밖에 없게 되었다. 재계는 광고 수주를 통해 언론에, 연구비와 각종 지원을 통해 학계, 사회지도층에도 막강한 영향력을 행사하고 있다. 어찌 보면 오늘날 한국 사회는 재벌이 여론을 주도하고 정치권력을 압도하는 상황이 되었다.

이 세 권력은 한국 사회를 이끌어가는 실질적 권력이다. 이 세 권력 간에 건강한 견제와 균형이 있으면, 우리 사회는 건전한 발전을 지속할 수 있다. 반면에 삼자 사이의 유착이나 심한 갈등은 국가의 정책과 사회의 흐름을 왜곡하기 쉽다. 이번 정부는 언론, 재계와의 거래를 통해 정권의 성공을 도모하려 했다. 종합편성채널을 내세워 언론과 거래하고, 금산분리 완화, 출자총액제도 폐지 등을 통해 재계가 원하던 것을 주고 그들의 협력을 얻고자 했다. 그 덕택인지 첫 3년간 언론은 정권에 대한 객관적 비판에 스스로 눈을 감았다. 재계는 이를 시장경제 체제에서 당연한 정책이라 반기며 정부를 칭송했다. 이것이 현 정권이 한국 사회의 흐름과 국민 생활의 실상, 그리고 민심의 소재에 대해 착시 현상을 갖게 된 요인 중의 하나가 되지 않았나 생각된다.

종편 선정이 끝나고, 정부가 물가 잡기를 위한 기업 팔 비틀기, 동반 성장을 들고 나오면서 정권과 언론, 재계의 밀월 관계가 식고 지금 집권 여당은 어려움에 직면해 있다. 다시 삼자 간의 힘겨루기와 긴장 관계가 시작된 것이다. 어찌 보면 이는 정상적 관계로 돌아온 것이다.

그러나 힘겨루기에도 절제가 필요하다. 그것이 지나치면 국가제도와 정책의 왜곡을 낳기 쉽다. 언론이 정권과 겨루기 위해 여론을 잘못 끌고 가면 국가제도와 정책이 왜곡되고 그 피해는 궁극적으로 모든 국민이 당하게 된다. 집값이 오르면 올라서, 내리면 내려서 민심이 떠났다는 식으로 비판하는 것은 곤란하다. 지난 정권에서도 언론과 정권의 힘겨루기가 결국 지난 정부의 경제정책과 대북정책을 좌파정책과 퍼주기로 몰았고, 이에 편승한 당시 야당이던 현 집권 여당은 지난 정부와 차별화된 정책을 택하다 보니 정권 초기에 지나친 친대기업, 대북 강경 기조를 취하게 되었다.

건전한 균형과 절제를 지키는 삼자의 관계는 국민을 위해 중요하다. 재벌의 영향력 확대는 견제되어야 한다. 그러나 그것은 정치적 표 계산이나 국민 정서에 기댄 대응이 아니라 시장 경쟁제도의 정립에 의해 이뤄져야 한다. 그리고 정부의 힘이 좀 더 강해질 필요도 있다. 1987년 이후 정치적 민주주의가 경제적 민주주의보다 더 빠르게 진행되면서 한국의 민주주의는 금권정치로 흐를 가능성을 안고 있다. 요새 권력 분산 개헌 이야기를 하지만, 오히려 건전한 국가 발전을 위해서는 지금보다 더 강한 정부가 될 수 있는 개헌이 필요해 보인다.

다시 보기

종합편성채널을 가지기 원했던 주요 언론들에서 이명박 정부 첫 3년간 정권에 대한 냉철한 비판의 목소리를 듣기는 어려웠다. 거의 비호 내지는 칭찬으로 가득한 기사들이 주류를 이루었던 것으로 기억된다. 그러나 종편 선정이 끝나고 상황은 바뀌기 시작했다. 과거 우리 주요 언론사들은 스스로 권력화하며 정권과 대립하고 정권을 길들이려 하는 경향을 보였다. 그 과정에서 정권과 정부가 하는 일에 대해 때로 객관성을 벗어난 공격을 하며 사실을 왜곡해서 보도하는 경우도 많았다. 이는 왜곡된 여론을 조성하고 나아가 왜곡된 정책 변화를 초래해, 궁극적으로 피해가 국민과 국가에 돌아가게 되는 것을 자주 목격하게 되었다.

그러한 언론에 막강한 영향력을 행사하는 집단이 재벌이다. 소유관계, 혼맥, 광고를 통해 재벌들이 주로 주류 보수언론들과 밀착 관계를 유지하고 있다는 사실을 부인하기는 어려울 것이다. 오늘날 정권, 언론, 재벌은 한국 사회를 이끌어가는 3대 권력 축이다. 이 세 권력이 건전한 관계를 이루면 국가 발전의 동력이 되지만, 권언 유착이나 정경유착, 언경 유착이 심해지면 우리 사회의 건전한 비판과 견제 기능이 위축되고 사회계층의 기득권화, 불공정경쟁이 심화된다.

이명박 정부 초기에 종편 허가, 금산분리 해제, 출총제 폐지 및 규제완화, 환율 개입 등으로 언론과 재벌의 협력을 얻어 정권이 순항하는 듯했으나, 후반기 들어 그러한 조치들의 약효가 다하자 과거 정권들에서 일어났던 정권, 언론, 재벌의 힘겨루기가 재현되는 것을 보면서 이 글을 쓰게 되었다. 우리나라에서 낮의 대통령은 청와대에 있지만 밤의 대통령은 어디 어디에 있다는 말을 자주 듣는다. 특히 한국의 주요 언론들은 재벌처럼 가족이 소유·지배하는 구조다. 이들이 사적 이익과 권력을 추구할 때, 5년 단임 정부가 이들을 당해내기란 어렵다. 여론을 주도하는 이들에게 쉽게 무너지게 된다. 그런 의미에서 국가의 힘이 더 강화될 필요도 있다고 이 글에서 주장한 것이다.

그러나 이는 우리 국민이 바른 지도자, 정권을 선택하는 것을 전제로 한다. 그러지 못한다면 강한 정부는 더 큰 폐해가 될 수 있다. 민주주의 국가에서 지도자가 선출되는 과정은 많은 한계를 노출하고 있다. 일시적 인기와 환상이 자주 선거를 지배한다. 그러나 늘 언론의 눈치나 보며, 재벌의 이익 보호에 끌려다니는 정부가 되풀이되는 것보다 한두 번이라도 제대로 된 정부가 들어서서 우리 사회에 필요한 많은 개혁들을 이뤄놓는 것이 장기적 국가 발전을 위해 더 필요하지 않을까.

2011

0604

# 질서와 국민 행복도

연구년을 맞아 한 학기 동안 일본에 와서 지내면서 제일 먼저 받게 되는 인상은 역시 일본 사람들의 예절과 질서의식이다. 이들은 연방 허리를 굽실거리며 남에게 폐가 되지 않으려 조심하며 살고, 원래 동방의 예의지국이었던 한국 사람들은 오늘날 자기 권익을 남들이 침범할까 봐 늘 경계하고 이를 지키기 위해 목소리를 높이며 살고 있다. 왜 이렇게 다른 문화가 일본에서, 그리고 한국에서 정착하게 된 것일까? 어떤 사회가 더 행복한 사회일까? 여기 와서 그런 생각을 많이 하게 된다. 늘 조심하며 살아야 하는 일본과 같은 사회? 아니면 당당히 기를 펴고 살자는 한국과 같은 사회? 필자는 전자가 더 행복한 사회가 아닐까 생각해본다.

문명의 발달이란 단순히 기술과 생산방식의 진보만을 뜻하는 것은 아니다. 사람과 사람 사이의 관계, 특히 사회를 이루고 군집 생활을 하면서 필연적으로 일어나는 각자의 이기적 욕구로 인한 충돌과 갈등이 구성원들에게 상처를 덜 주며 사는 방식을 발전시켜온 것이 문명이다.

예의와 절도는 서로가 좀 더 편하기 위해 발전시켜온 삶의 방식이다. 예절과 질서를 지키며 서로 상냥함을 보이는 것이 경계하며 충돌하는 것보다 심리적으로 편하다.

얻어맞는 공무원이 평균 하루 1.5명이고 이 숫자가 점점 늘어나고 있다는 보도가 얼마 전 있었다. 예사로이 받아들여지지 않는 보도였다. 사회계약의 가장 기본적 요소가 국방과 치안이다. 외적과 내부의 폭력으로부터 생명과 권리를 지켜달라고 국민은 국가에 세금을 내고 국민으로서의 의무를 준수한다. 경찰이 과잉 대응을 해서는 물론 안 되겠지만, 시민 폭력을 보고도 속수무책으로 방관하거나 심지어 얻어맞고 있을 수밖에 없다면, 이것이 제대로 된 경찰이라 할 수 없고, 그런 경찰을 가진 나라가 제대로 된 국가라 할 수 없다. 정부가 법과 질서의 집행에 주저하게 되면 시민들 각자가 스스로 나서서 자기 권익을 보호해야 하고, 그러다 보면 늘 경계하고 목소리를 높이며 몸싸움도 불사할 수밖에 없게 된다. 한마디로 점잖게 살기가 어려운 사회가 되는 것이다.

일본 사람들이 왜 질서를 잘 지키고 남에게 폐가 되지 않으려 그렇게 조심하겠는가? 잘은 모르지만, 추측해보건대 과거 질서와 예절을 지키지 않은 사람들은 가차 없이 일본도로 목을 치거나 순사들이 몽둥이로 다스려서 그런 생활문화가 정착되지 않았을까 싶다. 영국에서도 사소한 질서를 어긴 사람에 대해 손발을 묶어 오래 체벌을 가하는 데 사용한 옛 기구들이 지금도 시골의 성문 앞에 많이 남아 있는 것을 보았다. 그들도 처음부터 신사의 유전자를 타고난 것은 아닐 것이다. 오늘날에도 영국과 미국의 경찰이 시민 폭력에 어떻게 대처하는지는 여기서 더 말할 필요도 없다.

물론 정부가 시민을 매질로 다스려달라는 말은 아니다. 그러나 우리 정부는 있는 법을 좀 더 엄중히 집행하는 권위를 세워야 한다. 시민의 인권을 위해 경찰이나 공권력이 엄중히 대응하기 어렵다고 하는데, 이는 궁극적으로 그 주변에서 억울하게 권익을 침해당하는 시민을 보호하지 않겠다는 말과 같다. 지레 시민의 거친 항의를 두려워해 제대로 법과 규정을 적용하지 못하는 공무원도 얻어맞는 공무원과 똑같다. 번듯이 주차금지라고 되어 있는 좁은 동네 길에 차가 하루 종일 서 있는 것을 예사로 방치한다. 다른 차들의 통행이 불편해 구청에 단속 좀 해달라고 하면 주민들이 반발하기 때문에 곤란하다고 한다.

최근 한국 사회의 자살률이 급증하고 있다. 이는 물질적으로 풍요로워지는 이면에 살기 힘들어지는 그늘이 짙게 드리우고 있다는 현실을 말해준다. 시민들이 흉기와 주먹으로 공무원을 때릴 뿐 아니라 뚜렷한 근거 없이 심한 말과 댓글로 공인을 공격하는 것을 예사로 여긴다. 법과 질서와 예절이 지켜지지 않으면서 우리 사회는 점점 각자가 스스로의 권익을 험한 말로, 높은 목소리로, 때로는 몸싸움으로 지켜야 하는 불편한 사회가 되어가고 있는 것이다. 한 사회의 행복도는 1인당 국민소득의 크기로만 정해지지 않는다. 자기의 권익을 지키기 위해 각자가 늘 경계하며 몸으로 부대끼며 살아야 하는 고단함은 자주 삶과 사회에 대한 좌절감을 가져온다. 예의와 질서는 중요한 공공재다. 국민이 편안한 사회를 만들기 위해서는 토목사업이나 청사 짓기도 필요하겠지만 예의와 질서를 세우는 일에 좀 더 많은 장기적 투자가 필요해 보인다. 이것이 또한 초·중등교육의 주요한 과제가 되어야 한다. 노년층의 실업도 느는데 이들을 활용해 주차단속요원이라도 많이 늘려보면 어떨까?

다시 보기 북아현동에 있는 단독주택에 살면서 가장 불편한 것 중의 하나가 주차 질서다. 오래된 동네라 길이 매우 좁은데, 연로한 이웃들이 집을 팔고 나가면 어김없이 다세대주택이 들어서면서 동네의 주차가 점점 어려워지기 시작한 것이다. 약속 시간이 되어 급히 집을 나가려는데 누군가 주차장 앞에 차를 세워놓아 당황스러울 때가 많다. 차에 적힌 전화번호로 전화를 해도 받지 않기 일쑤거나 아예 전화번호를 남겨놓지 않은 차들도 있다. 집으로 들어오는 좁은 골목길 입구에 늘 주차하는 차량이 있어 회전을 하기 힘들고, 앞에서 마주 오는 차가 있으면 후진해야 하는데 이때 뒤따르던 차량이 있으면 차량이 뒤엉켜 오도 가도 못하게 된다. 딸애는 차를 끌고 나갔다가 좁은 길목에 주차된 차를 피하려다 사고를 낸 일도 있었다. 구청에 전화해 소방차가 못 들어올 수도 있으니 불법 주차 차량을 단속해달라고 하면 그저 건성으로 듣고 만다. 몇 번이고 연락해도 반응이 없어 따져 물으니, 이 동네 사는 주민의 차인데 단속하면 주민들이 반발해서 할 수 없다는 것이었다. 동네 길은 주민들의 세금으로 닦은 것인데 일부 주민들이 자신들의 사유 주차장처럼 사용해도 동사무소나 구청에서 아무런 조치를 취하지 않고 있다. 어떤 해 연말 무렵에 구청에선가 나와 전봇대에 붙어 있는 주차금지 팻말을 갈아 다는 것을 보았다. 왜 그러냐고 물어보니 팻말이 낡아서 그렇다는 것이었다. 아마 연말에 예산이 남았던 모양이다. 단속하지 않는 팻말이 낡은들 무슨 소용인가.

쓰레기도 힘들게 하는 부분 중 하나다. 주민들이 규격봉투도 아닌 것에 쓰레기를 담아 집 문 앞에 버려놓고 가는 경우가 많다. 각종 병이나 종이컵은 거의 매일 버려져 있다. 언젠가 고엽제전우회가 헌 옷을 수집하기 위해 만든 통을 우리 집 담 아래에 가져다 놓으니 주민들이 그 옆에 온갖 쓰레기를 버리기 시작했다. 고엽제전우회에 연락해 다시 원래 있던 자리로 옮겨달라고 몇 번 부탁한 끝에 원래 자리로 갖다 놓았다. 그런데 다음 날 새벽 우당탕하는 소리에 놀라 일어나 보니 다시 옮겨놓은 자리 옆의 집 주인이 그것을 끌고 와 우리 집 담 밑으로 다시 갖다 놓는 것이었다. 한국 사람들의 60%가 아파트에 거주하게 되는 이유를 조금 이해할 것 같았다.

여유 있는 사람들은 경비원이 있는 고급 빌라로 이사를 가든지, 아니면 대중교통이 불편해 다세대주택이 들어서기 어려운 평창동이나 성북동으로 가야 단독주택의 생활을 즐길 수 있다. 한편으로 중소기업 사장들처럼 집에 기사나 가사도우미가 있다면 이들이 나서서 대신 말싸움, 몸싸움을 해주며 주차나 쓰레기 문제를 해결하기도 한다. 하지만 보통 사람이 보통 동네에서 점잖게 살기가 어려운 것이 한국 도시의 모습이다.

재산세는 꼬박꼬박 물리면서 왜 주차 질서, 쓰레기 질서는 방기하는지 지방정부에 화가 날 때가 많다. 동네에서 이들이 주차할 공간도 마련하고 주차 위반 딱지를 어김없이 떼거나 견인을 몇 번 하면 금방 개선될 수 있는 일인데, 이미 길마다 차량이 넘쳐흘러 때를 놓쳤다는 생각도 든다. 진작 그런 방도를 찾았다면 대중교통 이용이 늘어나고 차량 소유도 줄어들었을 것이다. 거주자 우선 주차구역을 마련해놓고 도로의 불법 주차 차량을 단속하지 않으면 거주자 우선 주차권을 산 사람만 손해다. 집을 지을 때 주차 공간 마련을 강제해놓고 길거리 주차를 단속하지 않으면 주차장을 들인 사람만 손해다. 우리나라는 공공의 사용을 위해 정부가 소유한 도로를 일부 시민이 개인 주차장처럼 사용하는 것을 방관함으로써 차량 유지비를 낮추고, 그 결과 적정 수요 이상의 차량을 판매하게 된 국내 자동차 회사가 큰 혜택을 본 셈이다.

필자는 미국, 영국, 일본에서 생활하면서 주차 위반 차량에 어김없이 딱지가 붙어 있는 것을 보았다. 일본의 작은 골목길에는 차들이 어떻게 해서든 좁은 자기 집 주차장에 꽉 끼어 주차되어 있다. 주차장이 없으면 차를 소유하지 않고, 다시 주차하기가 힘드니까 웬만해선 외출할 때 차를 몰고 나가지도 않는다.

질서 유지야말로 중요한 공공재다. 시민들이 질서를 지키게 되면 서로에게 불편을 끼치지 않고, 몸싸움이나 말싸움이 없이도 모두 자신의 권익을 지킬 수 있다. 4대강 건설에 수많은 돈을 쏟아부으면서 주차 질서와 같은 일에는 별로 신경을 쓰지 못하는 아쉬움에서, 또 일본에서 약 반년을 보내는 동안 그곳의 좁은 골목길들에서 불법 주차를 찾아볼 수 없는 부러움에서 이 글을 쓰게 되었다.

오래된 집에 살다 보니 여기저기 고장 나고 망가지는 곳이 많아 골머리를 앓는 집사람에게는 좀 미안하지만, 그래도 봄이 되면 좁은 꽃밭에 심어놓은 수선화, 크로커스, 히아신스의 싹이 얼었던 땅을 뚫고 올라오는 것을 보고, 듣고 싶은 음악을 크게 들어도 되며, 진돗개를 키울 수 있어 아직 이 동네에 남아 단독주택에 살고 있다. 그리고 동네의 주차 질서, 쓰레기 질서가 좀 개선되었으면 하는 바람을 아직도 포기하지 않고 살아가고 있다.

2011

0716

# 5개년 계획이 필요하다

원래 사회주의 국가가 아니면서 '5개년 계획'을 처음 도입한 것은 일본이 세운 만주국 괴뢰정부로 보인다. 중일전쟁을 지원하기 위해 만주의 산업화를 꾀하면서 당시 만주국 정부의 산업청 차장이었던 기시 노부스케가 1939년 산업개발 5개년 계획을 수립해 시행하던 때다. 전후 일본은 이케다 내각에서 '소득 배가 계획' 등을 추진한 적은 있어도 5개년 계획 같은 것을 세워 추진한 적은 없었다. 오히려 우리나라가 1962년 시작된 제1차 계획부터 일곱 차례에 걸쳐 '경제개발 5개년 계획'을 작성해 시행함으로써 경제 발전을 추진하는 중요한 동력으로 삼았다. 제4차 계획부터는 '경제 사회 개발 5개년 계획'으로 이름이 바뀌었고, 민주화 이후 특히 1992년 시작된 제7차 계획은 김영삼 정부가 신경제계획을 세워 추진하면서 흐지부지되어 버렸다.

지금 와서 다시 '5개년 계획'이라는 말을 꺼내면 구시대의 낡은 단어로 들릴지 모르겠다. 그러나 지금 한국의 상황에서 새삼스레 필요성이 느껴지는 말이기도 하다. 우리나라 대통령 임기가 5년 단임으로 된 것은 1987년 개헌 이후다. 5년이라는 시간은 국정 실험을 하며 시행착오를 거듭하기에 충분히 긴 시간이 아니다. 성공한 정부가 되기 위해서는 첫째로 지도자가 뚜렷한 비전을 가져야 하고, 둘째로 그 비전이 시대적 요구와 맞아떨어져야 하며, 셋째로 이를 구체적 정책으로 재단해낼 수 있는 유능한 참모진을 가져야 하고, 넷째로 이를 밀어붙일 수 있는 충분한 정치적 세를 가져야 한다고 한다. 민주화 이후 정부들에서 이 네 조건을 모두 갖춘 정부는 찾아보기 어렵다. 그 결과 국정은 자주 표류해왔다.

5개년 계획을 다시 시작하자는 것이 아니다. 그러나 앞으로 대통령이 되고자 하는 사람은 그가 추구하는 가치와 비전을 임기 중 5년간 어떻게 구체적 정책으로 담아낼 것인지에 대해 미리 제시하고, 이를 소속 정당 내에서 충분한 합의를 거친 다음 국민의 지지를 호소해야 한다고 생각된다. 경제, 외교, 교육, 사회복지, 통일 안보, 정치제도 개편 등 국가 운영 전반에 대한 철학과 국정 기조, 구체적 정책을 제시하고 국민의 선택을 받아야 재임 중 일관성 있게 이를 실행해나갈 수 있다. 정부의 규모를 임기 중 어느 정도로 늘리거나 혹은 줄이겠다든지, 주요 국책사업으로는 어떤 것을 추진하며, 개헌을 하면 언제 추진하고, 복지 확대는 어느 계층을 주요 대상으로 하며, 그 재원은 어떻게 동원하겠다든지 등을 미리 제시해 국민의 심판을 받아야 집권 후 국정의 혼선을 줄이고 정책 추진의 힘을 받을 수 있다.

우리나라 정치제도의 가장 큰 취약점 중 하나는 국회의 권한이 크고 광범위한 데 반해, 정당의 정책 기능은 약하고, 여당과 대통령의 제도적 협력 기반이 취약하다는 것이다. 과거에는 대통령이 당 총재가 되어 공천권을 행사하고 당 운영비를 지원해 여당이 청와대에 종속적이 되었고, 다수당이 되면 자연히 정책을 추진할 수 있는 정치적 세를 가질 수 있었다. 그러나 민주화 이후, 특히 3김 시대가 종식되면서 이러한 대통령과 여당의 관계는 크게 달라졌다. 우리 헌법은 양자 간의 어떠한 제도적 협력 고리도 제공하고 있지 않다. 서로 공유하는 가치와 목표가 뚜렷하지 않으면 국정은 표류하게 된다. 따라서 집권 후 계획은 후보 개인의 사조직을 넘어 소속 정당 내에서 준비되는 것이 바람직하다. 후보와 소속 정당이 이를 공유하고 구체적 정책 과제를 함께 개발하고 제시하지 않으면 집권 후 정책 추진에서 정부와 여당의 긴밀한 협력과 공동 책임 의식을 기하기 어렵다.

과거 5개년 계획은 시작 연도의 2년 전에 이미 실무적인 작업이 끝났다. 물론 5년간의 일을 미리 다 예측할 수 없고 대내외 상황 변화에 따라 계획이 수정되는 경우도 자주 있었다. 이는 피할 수 없는 일이다. 경부고속도로나 중화학공업 건설 등은 5개년 계획에 포함되어 있지도 않았다. 그러나 그 계획은 정책을 추진하는 데 정권 내 공감대와 추진력을 갖게 하고 국민에게 앞으로의 정책 방향에 대한 예측성을 갖도록 했다.

새 정부가 출범하기까지 이제 1년 반밖에 남지 않았다. 대선 주자들은 5년간 이 나라를 어디로, 어떻게 끌고 갈 것인지, 어떤 가치를 추구하고, 어떤 성과를 이루어내고자 하는지 집권 후 5개년 계획을 지금쯤 제시해도 이르다 할 수 없다. 그리고 이를 당 내에서 함께 논의하고 검증하고 공감대를 넓혀 당의 확실한 지지를 받은 다음 국민의 심판을 받아야 그나마 집권 후 국정 표류를 어느 정도 줄일 수 있으리라 생각된다.

다시 보기 이 글 역시 2011년 일본에 체류하는 동안 썼다. 일본의 경제 발전사를 연구하면서, 재일 한국인 2세인 도쿄 대학 강상중 교수가 쓴 『흥망의 세계사(제18권): 대일본 만주제국의 유산 興亡の世界史(18): 大日本・滿州帝国の遺産』(2010)이라는 책을 보게 되었는데 일본의 만주 인맥과 박정희 전 대통령의 관계를 흥미롭게 기술한 부분이 나온다. 이 책은 기시 노부스케가 만주국 산업부, 총무부 차장(차관)으로 재직하면서 중일전쟁을 지원하기 위해 1939년 '만주 산업화 5개년 계획'을 만들어 실시했었다는 사실을 소개하고 있다. 이 5개년 계획이 실시되는 동안 박정희는 문경의 보통학교 교사직을 그만두고 당시 만주의 신경군관학교에 재학하고 있었다. 기시 노부스케는 일본으로 돌아와 1941년 도조 히데키 내각에서 상공대신을 지내고 전후 미국의 점령군에 의해 A급 전범으로 분류되었다. 이후 기사회생해 정계로 나가 1957~1960년 일본의 총리대신을 역임했다. '소화昭和의 요괴'로 불렸으며, 아베 신조 현 총리의 외할아버지이기도 하다. 기시 노부스케는 같은 만주 인맥으로서 1960년대 박정희와 친근한 관계를 유지하며 경제 발전전략에 대해 조언했던 것으로 책에서 소개된다. 강상중 교수의 이 책은 2012년 한국에서 『기시 노부스케와 박정희: 다카키 마사오 박정희에게 만주국이란 무엇이었는가』라는 제목으로 번역 출간되었다.

이 시평은 5년 단임 정부가 제대로 실적을 내려면 대선 과정에서 취임 후 5개년 계획을 미리 준비할 필요가 있다는 것을 강조하기 위해서 썼다. 청와대에서 일하면서 필자는, 대통령의 비전이 뚜렷하고, 이를 실행할 매우 구체적인 계획이 있으며, 당정 협의가 원활하게 이루어지고, 집권 여당이 충분한 정치적 세를 가져야 개혁 현안을 제대로 처리해낼 수 있다는 것을 느꼈다. 대통령이 뚜렷한 비전과 구체적 계획을 가지고 있어야 그에 적합한 인물도 기용해 쓸 수 있고, 국민들과 소통을 통해 설득할 수 있으며, 짧은 임기 내에 소기하는 정책의 실현을 이뤄낼 수 있는 것이다.

박근혜 대통령은 취임 후 2년 동안 국정 운영에 대한 뚜렷한 비전과 개혁 어젠다의 구체적인 진전을 보여주지 못했다. 지금 이 글에서 주장하고 기대하는 바는 결국 다음 대선 후보와 양당에 똑같은 내용으로 넘길 수밖에 없을 것 같다.

2011

0917

# 안철수 돌풍은 정당 개혁 요구다

오늘날 세계가 안고 있는 가장 근본적인 문제는 '제도의 실패'다. 지난 30년간 세계화의 물결은 지구촌 구석구석으로 밀려들었다. 반면 오늘날 국가의 형태, 정치제도는 17세기 웨스트팔리아조약이 규정한 주권국가의 골격을 그대로 유지하고 있다. 물품과 서비스, 자본과 인력의 흐름에서 이미 국경이 없어졌음에도 정책과 제도는 엄연히 개별 국가의 국경 안으로 제한되어 있다. 금융자본의 흐름은 이미 전 세계를 하나의 시장으로 통합했음에도 이를 관할할 세계 중앙은행이나 세계 금융감독기구는 아직 존재하지 않는다. 시장 현실과 제도 간의 이러한 괴리가 결국 세계 금융위기를 초래하고 지금의 경제 불안을 지속시키는 근본적 요인이다. 따라서 지금 세계는 새로운 제도의 출현을 요구하고 있다.

유럽 경제위기의 근본적 요인도 재정 통합 없는 통화 통합에 있다. 같은 통화, 같은 금리를 사용하기로 했지만 재정·사회 정책에서는 각국이 주권국가로서 독자적 정책을 고수하고 있는 제도의 모순이 낳은 결과다. 이제 시장은 유로존 국가들에 재정을 통합하든지 통화 통합을 포기하든지 양자택일을 요구하고 있다. 시장은 또한 세계에 대해 세계 중앙은행과 세계 금융감독기구를 설립하든지, 아니면 자본의 흐름을 제한하라고 요구하고 있다. 세계 금융위기 이후 이에 대한 세계의 대응은 시장의 흐름을 되돌리거나 주춤하게 하려는 것이었다. 자본과 금융 규제 강화가 그렇고, 또한 아마 유럽이 선택하게 될 일부 국가들의 유로존 탈퇴 허용이 그렇다. 그러나 이것이 근본적 해법이 될 수는 없다. 역사는 궁극적으로 시장의 큰 흐름이 승리했음을 보여준다.

국내 문제로 눈을 돌려도 마찬가지다. 지금 각국의 국민은 새로운 국가의 역할, 새로운 경제·사회 제도의 출현을 갈망하고 있다. 1930년대 대공황을 겪으면서 출현한 강력한 국가, 큰 정부는 시민의 복지 요구를 충족시켰지만, 경제의 파이를 늘리는 데는 실패했다. 1970년대 이후 출현한 신자유주의 물결은 경쟁을 유발하고 경제를 활성화하는 데 도움을 주었지만, 소득 격차를 심화시키고 경제의 변동성을 확대시켰다. 더 이상 큰 정부도, 시장만능주의도 바른 해법이 아니라는 인식을 갖게 된 국민들은 2010년대 들어 새로운 제도를 모색하기 시작했다. 이러한 새로운 세상, 새로운 제도에 대한 갈망과 기존 정치에 대한 실망이 최근 우리에게도 안철수 현상으로 나타난 것으로 생각된다. 무엇인지 아직 분명하진 않지만, 무언가 지금과는 다른 세상에 대한 갈망이 젊고 청량한 인물에 투영된 것으로 보인다.

그러나 안철수 현상이 반드시 이러한 갈망을 추구하는 바른 방도인지는 숙고해봐야 한다. 우리 국민이 혁명을 바라지 않는 한 지금과 같은 대의민주주의 정치제제하에서 새로운 제도의 도입은 정당과 국회를 통해서만 이뤄질 수 있다. 무소속 대통령, 무소속 시장이 할 수 있는 일은 극히 제한되어 있는 것이다. 안철수 현상이 나타난 계기가 된

서울시장 보궐선거도 야당이 지배하게 된 시의회에 맞선 시장 때문이었다. 국가 지도자는 소속 정당이 다수당이 되고 이의 일관된 지지를 받을 때 비로소 그가 가진 비전과 추구하는 가치를 새로운 제도로 실현할 수 있다.

따라서 안철수 현상을 통해 우리 사회가 읽어야 하는 중요한 메시지는 바로 정당 개혁이다. 우리 정당은 정책이나 이념, 가치에 기반을 두기보다 특정 지역에 기반을 두고 이에서 나오는 기득권에 안주하며 참신하고 유능한 인재를 정치로 끌어들이지 못했다. 실제로는 지역 정서에 지지 기반을 두면서도, 진보와 보수의 이념을 대표하는 듯한 이중성에 갇혀 있다. 정치가 무엇보다 중요한데도 유능한 인사나 뜻있는 젊은이들이 정치인이 되겠다는 결심을 하지 못하게 하는 것이 우리 정당들이다.

그럼에도 불구하고 오늘날 민주주의 국가 지배구조하에서 국가 통치를 제대로 할 수 있는 지도자는 오랜 정당 생활을 통해 검증받고, 동료 당원들과 가치와 이념과 비전을 공유하며, 당정 협력을 통해 정책과 제도를 개혁해나갈 수 있는 정치인이다. 정당이 미래 정책과 제도에 대한 대안을 제시하고 이를 현실화하는 산실이 되어야 한다. 안철수 교수든 누구든 개혁적 이상과 목표를 가지고 국가 지도자가 되려는 사람들은 정당에 들어가 자신의 비전과 가치를 실현해야 한다. 그리고 우리 정당들은 이러한 인재를 당으로 끌어들일 수 있는 내부적 개혁을 추진해야 한다. 만약 기존 정당들이 그런 개혁을 할 수 없다면 지금 시대가 요구하는 것은 이 정당들을 해체해 재구성하라는 것이다.

다시 보기 　이 글을 지금 다시 읽어보니 서론 도입부가 불필요하게 너무 길었다는 생각이 든다. 결국 앞의 글들에서도 주장했던 바와 같이 이 글은 대통령, 청와대가 집권 여당과 추구하는 가치와 정책 목표를 공유하고 긴밀히 협력하지 못하면 현재의 권력구조에서 제대로 국가 운영을 해나가기 어렵다는 인식에서 안철수 돌풍을 보고 있다.

안철수 씨가 그 뒤에 어떤 과정을 거쳐왔는지는 독자들이 잘 알고 있다. 신당을 창당했다가 결국 새정치민주연합에 둥지를 트고 있다. 그가 정당 생활의 경험을 통해서 더욱더 단련된 정치인이 되고 또 자신의 정치 활동을 오래 지켜본 이들의 지지를 얻게 된다면 언젠가 튼튼한 대선 후보로 다시 부상하게 될 수도 있을 것이다.

2011

1119

# 안철수의 기부는 민간복지다

복지 논쟁이 뜨거워지고 있다. 당연한 일이다. 우리 경제·사회의 발전단계로 보아 복지에 대한 요구가 높아질 수밖에 없으며, 이러한 논쟁은 오히려 때늦은 감이 있다.

최근에는 보수언론들도 관점을 바꾸고 있는 듯하다. 수년 전만 해도 좌파정책으로 몰곤 했던 정책들을 이제 특집기사를 통해 스스로 대안으로 제시하고 있다. 그러나 언론들도 지금 가치의 혼란을 겪고 있기는 마찬가지인 것 같다. 한편으로 자본주의의 위기와 복지 강화를 강조하는 특집기사를 내는가 하면, 다른 한편으로는 연일 그리스, 이탈리아의 복지 망국론을 대문짝만 하게 실어 복지 폐해를 경고하고 있다. 중앙일보의 남윤호 정치부장이 지난 화요일자 칼럼(시시각각)을 통해 "복지가 남유럽 위기 주범이라 하는 것은 보고 싶은 것만 본 과장된 주장"이라 지적한 것은 그런 면에서 의미 있는 논평이었다.

우리 사회의 복지 논쟁도 이제 이념적 굴레에서 벗어나 사실에 대한 분석에 기초해 진행될 필요가 있다. 실제로 우리나라의 각종 사회지표는 빠르게 악화되고 있다. 소득분배 관련 지표들이 악화되고 자살, 범죄가 급증하고 있다. 이러한 경향이 추세화된 것은 1990년대 중반 이후다. 소득 불균등과 사회지표의 악화, 그리고 국민들의 삶과 사회에 대한 좌절감은 서로 깊이 연관되어 있는 것으로 추정된다.

이러한 추세가 정착된 배경에는 세계화와 경제 환경 변화 등 여러 가지가 있겠으나, 어쨌든 오늘날 우리가 당면하고 있는 사회적 현상은 그동안 우리가 실행해온 정책과 제도의 소산이라고 볼 수밖에 없다. 따라서 이제 새로운 정책적·제도적 방안을 모색해야 한다. 각종 지표들의 흐름은 이미 10여 년 전부터 우리에게 이에 대한 좀 더 체계적 접근이 필요함을 말해왔다.

일단 정부의 역할이 강화되어야 한다. 노인 빈곤 문제, 빈곤층에 대한 사회적 배려, 유아교육 등에 대한 정부 지원이 확대되어야 한다. 또한 재정의 소득 재분배 기능이 지금보다 강조되어야 한다. 이를 위해서는 결국 정부 지출과 세수가 모두 늘어나야 하며, 따라서 전반적 세제 개편을 검토해야 한다.

제도적 개선도 필요하다. 1990년대 이후 대기업과 중소기업, 정규직과 비정규직 근로자 간 임금 격차가 확대되어왔다. 비정규직 비중을 줄이려면 역설적으로 대기업 정규직 고용의 유연성을 높여야 한다. 이번 정권이 보수정권이면서 고용 유연성을 높이기 위한 노력을 제대로 하지 않은 것은 의아한 일이다.

자영업자 간에도 소득 격차가 확대되어왔다. 전체적으로 상위소득과 하위소득 계층의 비중이 늘고 중산층이 줄어들고 있다. 가계동향조사에 따르면, 중위소득의 반도 안 되는 소득을 가진 인구가 차지하는 비중은 1990년 7.1%였으나 2010년에는 12.5%로 늘었다. 반면 중위소득의 1.5배 이상 되는 소득을 가진 인구가 차지하는 비중은 같은 기간에 17.5%에서 20.0%로 늘어났다. 그 결과 중산층이 차지하는 비중은 75.3%에서 67.5%로 줄었다.

소득 격차보다 가계의 교육비 지출 격차는 더 크게 확대되고 있다. 교육 기회의 불균등은 장기적으로 사회계층 간 이동을 줄이고 그 사회의 역동성을 떨어뜨리는 중요한 요인이 된다. 부모의 궁핍으로 교육 기회를 잃는 청소년을 줄이기 위한 국가적·사회적 노력이 절실하다.

그러나 정부가 모든 책임과 부담을 질 수는 없다. 오늘날 유럽 경제가 당면한 곤경이 바로 반면교사다. 복지 혜택은 늘리기는 쉬워도 줄이기는 지극히 어렵다. 단계적 검토를 거쳐 하나하나 신중하게 복지제도를 확대해나가야 한다.

세계화의 추세는 앞으로도 지속될 것이며, 지구촌 경쟁 환경은 더욱 팍팍해질 것이다. 기업에 과도한 복지 부담을 지우려 해서도 안 된다. 정부의 복지지출이 늘다 보면 기업과 개인의 세 부담도 늘어야 하고, 오늘날같이 기업과 자본이 자유롭게 이동하는 상황에서 결국 이는 장기적으로 고용을 줄이고 경제의 활력을 떨어뜨리게 된다.

따라서 민간 부문 내에서의 복지 지원 확대를 최대한 모색할 필요가 있다. 개인의 기부 행위가 문화로 정착되고 활발해지는 것이 가장 바람직한 길이다. 부유한 사람의 소득이 가난한 사람에게 이전되면 경제 전체의 유효수요를 늘려 성장을 높이는 길이 되기도 한다.

안철수 교수는 가난한 학생들의 교육 기회를 늘리기 위해 자신의 재산을 기부하겠다고 했다. 이를 굳이 정치적 행위로 해석하려 들지만 말고 그의 뜻을 고마워하고, 이것이 확산되도록 애쓰는 것이 지금 우리 사회가 해야 할 일이 아닌가 생각된다.

다시 보기

개인의 기부 확대로 우리 사회의 늘어나는 복지 수요가 상당 부분 충족될 수 있도록 개인의 기부 행위가 장려되어야 한다는 것을 말하려 한 글이 마침 가난한 학생들의 교육 기회를 늘리기 위해 재산의 일부를 기부하겠다고 발표한 안철수 교수를 또 글에 끌어들이게 되었다. 당시 언론들은 그의 기부를 대통령 출마를 위한 포석이라는 정치적 해석에 초점을 맞추었었는데, 그것이 정치적 행위건 어쨌든 기부 행위는 좋은 것이며 장려되어야 할 행위라는 의미에서 이 글을 썼다. 아마 6년간 필자의 시평에서 대통령들 빼고 개인의 이름이 가장 많이 등장한 분이 안철수 씨였던 것 같다. 이 글을 포함해 세 번의 시평 제목에 그의 이름이 들어가 있다.

2011

1210

# 정치인만의 잘못인가

되풀이되고 있다. 1987년 민주화 이후 다섯 정권 모두 임기 말에 이르러 대통령 지지율이 추락하고, 여당 내에서 분열과 파열음이 들리며, 국정이 표류하는 사태를 경험하고 있다. 5년 임기에 실질적으로 대통령이 국정을 주도하는 기간은 3년여밖에 되지 않으니 국가 지배구조가 지극히 비효율적인 것이다. 4년 차가 되면 정치권과 언론의 관심은 온통 차기 집권을 위한 싸움으로 이동하게 된다. 그리고 이 과정에서 인기와 여론 몰이가 되면 정책의 합리성과 효율성은 헌신짝처럼 내던져진다. 이것을 단지 대통령과 정치인의 자질 문제로 볼 수는 없다. 국회의원 개개인의 면면을 봐도 대부분 우리 사회의 엘리트 출신이다. 지난 다섯 대통령과 국회의원을 잘못된 사람들로 연속해 뽑았다면 그것은 우리 국민의 잘못인 것이다. 아니면 우리가 가진 제도가 잘못되었거나 그 제도를 운용하는 우리 사회의 문화가 잘못된 것이다.

이제 이에 대한 반성과 대책을 깊이 논할 때도 되었으나, 지금 정치권과 언론의 관심은 다시 내년 총선과 대선에 온통 쏠려 있다. 이번 정부 들어서도 초반에 국회를 비롯해 개헌에 대한 여러 연구모임이 활동했으나, 지금은 언제 그랬느냐는 듯 그런 소리는 전혀 들려오지 않는다. 우리 국민은 이런 상황을 모두 정치인과 대통령의 탓으로 돌리고 스스로 위로하고 싶을지 모르나, 실상 이 상황의 궁극적 책임은 국민에게 있다.

우리는 산업화와 민주화에 모두 성공한 나라라고 자부하나, 과연 그런가? 산업화에는 분명 성공했지만, 아직 진정한 민주화에 성공했다고 할 수는 없다. 산업화 과정은 서구의 기술과 생산방식을 도입해 서구와 똑같은 제품을 제조해내며 성공했다. 제품은 선진국 기술의 모방으로 생산이 가능하고 그 사회의 철학과 전통을 소화해낼 필요가 없을지 모르지만, 제도는 그렇지 않다. 우리는 해방 후 서구식 대의민주주의 제도를 모방해 도입했으나, 정작 이 제도는 우리 민족의 반만년 역사의 전통과 문화에 생소한 제도였다. 강영훈 전 총리는 그의 회고록에서 이를 "대나무에 소나무를 접목시킨 것과 같다"라고 기술했다. 아마 이 때문에 1960년대 '한국적 민주주의' 논쟁이 일어나고, 1980년대까지 독재체제가 지속되었을 것이다. 1987년 민주화 이후에도 우리 국민은 정작 우리가 원하며 추구하는 민주주의가 무엇인지에 대해 깊이 성찰하지 않았다. 그것을 가꾸기 위한 노력은 더욱이 부족했다. 민주주의를 개인의 자유와 권익의 확대로만 해석했지, 그에 따르는 책임에 대해서는 고민하지 않았다.

언론과 토론 문화의 절제와 공정성 없이 민주주의는 제대로 작동하기 어렵다. 서구에서도 언론의 절제와 공정성 시비가 많이 일고 있지만, 그래도 우리보다는 낫다. 아마도 민주주의와 언론 자유가 신장될 때 결투제도라는 것이 남아 있어 상대방을 부당하게 비판할 때는 자기 목숨도 걸어야 하는 부담이 절제를 익히게 했기 때문인지 모른다. 링

컨과 헤밍웨이도 상대를 비방하는 글을 실었다가 결투에서 목숨을 잃을 뻔했고, 잭슨 대통령은 결투에서 가슴에 관통상을 당해 평생 고생했으며, 해밀턴 재무장관은 결투에서 죽었다. 서구에서는 명예를 훼손당했을 때 일대일 결투를 신청하는 것이 19세기까지 사회적으로 용인되었다. 아마 지금 한국에 결투제도가 있다면 수많은 언론인과 정치인이 목숨을 잃었을 것이다. 민주주의 제도가 정착하는 과정에서 시민의 책임과 절제를 규율한 나름의 사회적 기제들을 서구 사회는 가지고 있었으나, 이러한 기제 없이 민주주의 제도를 받아들인 우리나라는 국민 스스로가 이에 대해 높은 경각심을 가져야만 한다.

정당은 대의민주주의를 받치는 기둥이다. 정당이 각자 추구하는 가치에 뿌리를 두고 국민의 갈망을 담아내 새 비전과 정책의 산실 역할을 할 때 혁명 없이도 국가 개혁과 발전이 가능해진다. 여당이 지지율이 떨어졌다고 해서 당을 깨거나 새로운 간판을 달고 선거에 나서려는 행태가 되풀이되는 한, 민주주의의 성숙을 기대하기란 어렵다.

차기만 중요한 것이 아니라 지금 이 시간도 중요하다. 정부와 국회가 남은 1년을 허비하지 않도록 힘을 실어주는 것이 국가와 국민을 위해 좋다. 차기 대선 주자들의 한마디 한마디에 확대해석을 달고 정치싸움을 부추겨 흥미를 끌기보다, 내년 총선과 대선을 통해 어떻게 국가 지배구조를 개선하고 새로운 정치·경제 시스템을 구축할 수 있을지에 대한 논의로 언론이 정치권을 몰아줬으면 좋겠다. 그리고 언론이 지나치게 상업성에 경도되거나 권력을 추구할 때 국민은 그런 언론을 외면해버리는 의식과 용기를 가져줬으면 좋겠다. 어떤 언론과 정치를 갖는가는 결국 국민의 책임이다.

2011

1231

# 지식사회와 생활문화

지난 4세기 동안 서구가 세계사를 주도해온 근원적 힘은 군사력도, 경제력도 아닌 지식의 힘이었다. 16~17세기 베이컨, 뉴턴, 데카르트 등에게서 시작된 과학혁명과 홉스, 로크, 흄, 칸트, 벤담, 밀 등으로 이어진 철학사상은 결국 유럽에서 산업혁명을 일으키고 합리적 사회제도와 효율적 시장을 정착하도록 했다. 오늘날 가령 영국과 같은 나라는 군사력과 제조업에서 이미 힘이 크게 기울었지만 여전히 지식의 힘을 바탕으로 세계의 금융과 법률, 자문용역 서비스를 주도하고 있다. 아시아에 밀려 경제력이 쇠퇴하고 있음에도 지식에 바탕을 둔 소프트파워가 여전히 서구로 하여금 오늘날 국제기구 운영, 세계 안보 및 환경, 무역, 통화금융 질서를 주도하게 하는 배경이 되고 있다.

아시아개발은행이 2011년에 발간한 「아시아 2050」이라는 보고서는 2050년에 아시아가 전 세계 총생산의 52%를 차지할 것으로 예측했다. 약 300년 만에 다시 아시아가 세계 총생산의 절반 이상을 차지해 세계 경제의 중심적 지위를 되찾게 된다는 것이다. 현재 아시아가 세계경제에서 차지하는 비중이 27%인 것을 고려하면, 앞으로 40년간 아시아는 엄청난 도약을 통해 세계경제의 중심으로 부상하게 되는 것이다. 아시아 50개국 중에서도 이러한 도약을 견인할 나라로 7개국을 꼽고 있는데, 여기에 중국, 인도, 인도네시아, 일본, 한국, 태국, 말레이시아가 포함되어 있다. 이들 7개국이 2050년 아시아 총생산의 90%, 전 세계 총생산의 45%를 차지하고 앞으로 40년간 아시아 경제성장의 87%, 전 세계 경제성장의 55%를 기여하게 될 것이라고 한다.

이보다 더 흥미로운 것은 현재 아시아의 선진국, 특히 한국과 일본이 이러한 아시아의 도약을 이끄는 과학과 기술혁신, 나아가 성장을 넘어 광범위한 복지사회 건설을 선도하는 역할을 할 것으로 기대하고 있는 부분이다. 우리는 과연 이 보고서가 기대하는 역할을 수행할 수 있을까?

그러기 위해서는 우리 사회가 변해야 할 것들이 너무 많아 보인다. 우선 우리 사회의 모임문화와 음주문화부터 바뀌어야 할 것 같다. 지식사회로의 발전은 읽고 사색할 수 있는 시간적 공간을 사회가 제공하고 또한 지식과 실력이 개인의 성공을 가늠하는 가장 중요한 요소로 작용할 때 가능해진다. '우리가 남이가' 하면서 몰려다니는 문화는 바로 실력과 지식보다 연줄이 더 힘을 발휘하는 사회라는 것을 말해준다. 교통 체증이 극심한 도시에서 수많은 경조사에 일일이 눈도장을 찍어야 하고 동창회나 친목회 등에 얼굴을 내밀며 연줄을 쌓고 유지해야 하는 우리 사회는 지식을 쌓고 발전시켜 나가기에 너무 바쁜 사회다. 한국 남성의 1인당 알코올 소비량은 세계 최고 수준이다. 다음 날 술 냄새를 풍기며 출근하는 것이 예사로 받아들여지는 우리의 근로생산성은 현재 OECD 최하위권에 머물러 있다.

특히 우리나라의 지식계층에서부터 이러한 문화를 바꿔나가려는 시도가 크게 일어나야 한다. 대학교수의 업적 평가와 연구기관, 중앙정부 및 각종 전문 직종에서의 직무 분석, 성과 평가 및 승진 기준이 지금보다 훨씬 엄격해지는 변화가 일어나야 한다. 고등교육의 질도 높아져야 한다. 반값 등록금보다 더 시급한 것은 대학에 대한 투자를 늘리고 대학 교육의 질을 높이는 것이다. 일반 기업의 직장문화도 바뀌어야 한다. 술 실력이 유능한 간부의 잣대가 되어서는 지식사회가 될 수 없다. 이미 우리 사회에서도 이공계 분야에서는 이런 변화가 빠르게 일고 있다. 우리나라가 일부 기술력에서 세계 최고들과 경쟁하기 위해 불가피한 변화였을 것이다. 인문사회 분야에서도 이러한 변화가 빨리 확산되었으면 한다.

폴 크루그먼 교수는 1994년 발표한 그의 논문에서 아시아의 경제성장은 '영감inspiration'에 의한 것이 아니라 '땀perspiration'에 의한 것이라고 했다. 저축과 노동 투입 증가가 끝없이 지속될 수는 없으므로 아시아 국가들은 과거 소련을 비롯한 사회주의 국가가 그랬듯이 곧 성장의 한계를 맞게 될 것이라고 주장한 이 논문은 아시아 경제위기 직후 많은 공감을 얻기도 했다. 그러나 이제 아시아로 세계경제의 중심이 이동할 것이라는 것을 의심하는 사람은 거의 없다. 그렇다면 향후 아시아는, 그리고 한국은 세계경제 질서를 주도해나갈 만한 지식의 힘을 갖추게 될 것인가?

오늘 우리는 기존 질서에 대한 실망과 가치의 혼돈이 어지럽게 뒤엉켰던 한 해의 끝자락에 섰다. 새해에는 우리 사회에서 새로운 질서에 대한 모색이 깊이 있게 진행되길 기대해본다. 그리고 이것이 우리 생활문화의 변화와 함께 시작되길 소망해본다.

다시 보기 외람되기는 하지만, 여전히 필자는 이 글에 쓴 이야기를 우리 사회에 더 자주 말하고 싶다. 우리 사회가 선진 사회로 발전하기 위해 매우 중요한 문제라 생각하기 때문이다.

필자도 실력 없긴 마찬가지이지만 필자가 보기에 아직도 한국 사회, 특히 인문사회과학계, 정계, 관계, 언론계의 지도층 인사들의 지식수준, 통찰력, 세계사 및 세계에서 일어나고 있는 일들의 추세에 대한 이해, 그리고 각자 전문 분야에 대한 지식수준은 미국이나 유럽의 선진국에 비해 크게 떨어진다고 생각된다. 우리나라의 소득수준은 이미 선진국에 근접해 있지만, 지식수준의 격차를 메워나가지 못하면 선진화는 한계가 있을 수밖에 없다. 지금 수준의 소득수준을 지켜내기도 어려울 것이라 생각된다.

필자는 미국의 대학에서 그리고 국제기구에서 근무하면서 15년을 보내다 귀국해 한국의 정부, 연구소, 대학에서 근무해왔다. 그동안 느낀 점을 말하라고 한다면, 솔직히 업무의 강도나 보고서의 내용, 일에 대한 책임성, 업무평가 방식 등에서 큰 격차가 있다고 말할 수밖에 없다. 훌륭한 전문인이 되기 위해서는 학교에서 배우는 소양과 직장에서 받는 훈련 모두 중요하다. 그런데 우리는 둘 다 약하다. 우리의 직장문화, 사회문화는 세계적으로 경쟁력 있는 전문인을 키워내기에 많은 한계점을 가지고 있다. 선배, 상사로부터 좋은 지도와 훈련을 받고, 동료들과의 치열한 경쟁으로 전문인은 성장해나간다. 한국은 아직 인간관계, 연줄이 각 분야의 전문성과 실력보다 더 중요한 요소로 자주 받아들여지고 있다.

미국의 직장에서 근무할 때 신문을 보는 사람을 찾아볼 수 없었다. 사무실에서 신문을 보게 되면 할 일이 별로 없는 것으로 인식되어 다른 자리로 전보되거나 다른 업무를 추가로 맡게 된다. 또 직장에 와서 신문을 보면서도 맡은 일을 잘해낼 수는 없을 만큼 강도 높은 업무량이 주어진다. 그러나 우리는 출근하면 탁자 위에 쌓여 있는 수많은 일간지들을 섭렵하고 여기저기 지인들에게 전화해 업무와 관련 없는 방담들을 나누기 일쑤다. 연구원에서 근무할 때는 젊은 박사들이 아침에 술이 깨지 않아 출근했다 근처 사우나에 가서 점심때까지 있다가 들어오는 경우도 자주 보았다. 아마 미국이나 영국에서 이런 경우가 일어나게 되면 그 사람은 업무평가에서 낙제점을 받아 얼마 견디지 못해 직장을 떠났을 것이다.

전문인에게 가장 귀중한 것은 시간이다. 미국에서는 교수들이 밤늦게 연구실에 앉아 열심히 읽고, 쓰고, 또 세미나를 열어 발표하며 자기 생각의 오류를 검증받는다. 한국의 대학도 점점 이런 분위기를 따라가고 있으나 아직도 많은 한계가 있다. 우선 한국의 교수들은 저녁 시간에 너무 바쁘다. 동창회나 이런저런 모임으로 저녁 약속이 많다. 여기에 한국의 음주문화는 단순히 모임에서 보내는 시간뿐 아니라 다음 날의 숙취로 이어진다. 교수들이 머리가 맑지 못한 것이다.

물론 한국 사회가 가진 구조적 요인 탓에 어떻게 하기 어려운 경우도 많다. 미국이나 영국의 경우 대개 유수의 대학은 캠퍼스타운에 위치해 있다. 교수와 학생들이 캠퍼스타운에 살며 하루 종일 캠퍼스에서 보내는 것이다. 연구와 독서, 토론에 보내는 시간의 절대량이 우리나라 교수보다 훨씬 많다. 영국에 있을 때 한국학 관계로 혹은 다른 일로 옥스퍼드나 케임브리지 대학 교수들과 연락을 하려 할 때 인상적이었던 것은 그들 중에 핸드폰을 가지고 다니는 사람이 거의 없다는 것이었다. 이미 7~8년 전의 일이니 지금은 어떤지 모르겠으나, 당시 그들 말로는 캠퍼스에 살면서 하루 종일 그곳에서 생활하는데 굳이 핸드폰이 있어야 할 필요가 없는 데다, 다른 일로 방해받고 싶지 않아서 일부러 가지고 있지 않다는 것이었다. 우리나라 교수들은 도시에 살며 주중에는 각종 저녁 모임, 장례식장에 얼굴을 내밀어야 하고, 주말에는 결혼식장에 다녀야 한다.

통계가 없어 잘 모르겠으나 아마 한국의 교수들처럼 골프 인구가 많은 나라도 없지 않을까 싶다. 특히 한국에서 골프를 치려면 골프장을 오가는 시간, 운동 후 함께한 사람들과의 식사 시간을 포함해 거의 하루를 통째로 들여야 한다. 영국이나 미국에서 연로한 교수들이 가끔 캠퍼스나 동네 골프장에서 골프를 즐기는 것을 본 적은 있지만, 극히 예외적인 소수다. 이들도 골프만 치고 햄버거 하나 먹고는 집으로 돌아간다. IMF와 세계은행에서 근무할 때에도 IMF가 소유한 '브레튼우즈 클럽'이라는 골프장에는 주로 한국인이나 필리핀인, 일본인이 나와 있었다. 주영 대사로 재직하던 시절 아시아 국가 대사들을 위해 여왕의전장이 골프 대회를 주선한 적이 있었는데, 영국 외무성에서 골프를 치는 사람을 찾기 어려워 겨우 한 사람이 나와서 같이 쳤던 기억이 난다. 영국은 골프의 발상지로 꼽히지만, 골프장에서 젊은 전문인을 보기란 어렵다. 골프장에는 대개 은퇴한 이들이나 주말에 일할 필요가 없는 근로자들이 많다. 영국에서 업무상 사람을 사귀기 위해서는 골프보다 테니스를 익히는 편이 훨씬 낫다. 상호 간에 시간이 훨씬 덜 드는 것이다. 반면 이들은 가족과 함께 주말을 보내며 아침식사를 하고 나면 신문의 두툼한 주말판을 읽는다. 영국의 «파이낸셜타임스»나 «더타임스» 등의 주말판은 그야말로 세상사와 역사, 과학, 문화에 대한 알찬 지식을 제공해준다.

2012

0121

# '돈봉투' 사회

박태준 전 포철 회장은 박정희 대통령이 준 금일봉으로 북아현동 집을 마련했다고 한다. 강창성 전 보안사령관도 그랬다. 부패하지 않고는 봉급으로 집을 마련할 수 없었기 때문이다. 박정희 대통령의 금일봉으로 집을 마련한 사람은 이들만이 아니다. 최근 황병태 전 주중 대사는 그의 저서 『박정희 패러다임』에서 그가 경제기획원 과장 시절 박정희 대통령이 그에게 AID 차관 독촉을 위해 워싱턴 D.C.로 장기 출장을 명하면서 금일봉을 주어 번듯한 호텔에 투숙하고 그곳 사람들을 괜찮은 식당에 초대해 일을 제대로 해낼 수 있었다고 한다. 정부 출장비 규모로는 불가능했던 일이다.

금일봉은 박 전 대통령의 용인술과 국가 통치에서 빼놓을 수 없는 것이었다. 금일봉으로 그는 사람과 당과 국가를 다스렸다고 해도 과언이 아닐 것이다. 전두환 집권 때도 그의 금일봉을 받아보지 않은 측근이 없었다고 한다. 측근뿐 아니라 유력 인사, 여론 주도층도 직접 혹은 그의 참모를 통해 금일봉을 받았으며, 전군지휘관, 여당 당료, 주요 공직자에게 수시로 하사금이라는 이름으로 봉투가 전달되었다고 한다. 노태우 전 대통령은 최근 그의 회고록에서 처음에 기업으로부터 돈을 받지 않으려 했으나 막상 집권해보니 '살필 데'가 너무 많았다고 한다. 김영삼, 김대중 대통령 시대는 잘 모르겠으나, 노무현 대통령 시대에 와서는 이 금일봉이 확실히 없어졌다. 필자는 첫 2년간 청와대 경제보좌관으로 일했는데 그로부터 금일봉을 받은 적도, 대신 전달해본 적도 없다. 다른 수석 보좌관도 마찬가지였던 것으로 안다.

한 사회를 움직이는 근본적 동력은 '보상체계'다. 이 보상체계에 따라 인재의 흐름이 결정되고 일에 대한 열성과 충성도가 달라진다. 높은 보상이 있는 곳에 인재가 모이고 성과급이 높으면 일에 대한 집중도도 높아진다. 그러나 후진 사회일수록 이 보상체계가 투명하지 않다. 겉으로 보이는 보상체계와 보이지 않는 보상체계가 다른 것이다. 그만큼 부패가 깊고 법의 보편적 적용이 어려워진다. 법의 징계를 받는 사람들은 운이 없어 그렇다고 믿는다. 보상체계에 관한 한 한국은 아직도 후진국이다. 겉으로 드러나지 않는 보상의 비중이 크다.

지금 정당들이 외쳐대는 쇄신이나 검찰 수사로 돈봉투 관행이 사라지리라 기대하는 국민은 많지 않을 것이다. 돈봉투 관행은 우리 사회에 깊은 뿌리를 두고 있기 때문이다. 이를 바꾸려면 결국 우리 사회의 전반적 시스템 개혁을 추진해야 한다. 많은 이들은 아직 돈봉투 관행을 우리 사회가 돌아가게 하는 윤활유라 생각하고 있다. 박정희의 용인술과 국가 경영을 칭송하고 노무현의 아마추어리즘을 조롱하는 사람들이 금일봉과 정경 유착, 권력기관의 사적 도구화의 폐해를 함께 논하는 것을 본 적이 없다. 그러나 세상일에는 늘 양면성이 있다. 어느 한 면만 보아서는 냉정한 평가도, 문제의 해결책도 나오지 않는다.

돈봉투 사회는 세계화와 민주화 시대에 맞지 않는 것이다. 바꿔야 한다. 그러나 이는 일과성 캠페인으로 될 수 있는 일이 아니다. '정치자금법', 정당 조직과 운영 방식, 공직자의 보수체계, 나아가 정치 시스템 등이 함께 바뀌어야 한다. 돈봉투 없이도 정당이 잘 운영되고 당정협조가 원활하며 공직자들이 그들의 지위와 노력에 상응하는 생활을 유지할 수 있게 해야 한다.

우리나라는 직업관료 시스템에 의존하면서 장관의 보수가 대기업 부장 수준도 안 된다. 주요 국가정책을 다루는 공무원으로 30년 가까이 일하는 동안 자녀교육과 가정생활을 희생하기를 국가가 요구하며 동시에 국가에 충성을 요구하는 것은 오늘날 시대에 맞지 않다. 부정의 유혹에 흔들리고 봉투의 관행에 젖도록 방조하는 것이나 마찬가지다. 과거에는 대통령이 기업들로부터 돈을 걷어 부정을 독점하고 당료, 관료에게 배분해 이들의 실질적 보수를 높이고 충성을 유도했다. 이것이 사라진 후 행정부·사법부·입법부의 공직자들은 사기업이나 산하 기관 변호인, '스폰서'의 후원에 더욱 취약하게 노출되었다. 이들의 공무 처리가 국가의 이해가 아닌 사적 이해에 좌우되는 사회는 오히려 대통령의 금일봉에 의한 사회보다 더 위험하고 부패한 사회다.

돈봉투 관행을 없애려면 우리 사회의 비현실적이고 비합리적인 제도를 개편하는 일부터 시작해야 한다. 그 위에서 부정을 엄격히 처벌해나가야 한다. 정치권이 진정 쇄신을 원한다면 국민 앞에 무릎 꿇는 사진을 돌리기보다 총선과 대선에서 전반적인 국가 시스템 개혁에 대해 현실적이고 구체적인 계획을 용기 있게 제시하기 바란다. 국민들이 세금을 좀 더 내더라도 정치인과 공직자를 국민의 공복으로 부리는 것이 이들이 기업과 돈 있는 자들의 이해를 좇아 움직이게 하는 것보다 낫지 않은가.

다시 보기 2012년 연초에 박희태 당시 국회의장이 2008년 한나라당 전당대회에서 대표로 출마했을 때 돈봉투를 뿌렸다는 사실이 보도됨에 따라 온 나라가 시끄러울 때 쓴 글이다. 한나라당의 어떤 의원들은 이 문제가 그해 4월 총선에 미칠 영향을 우려해 무릎 꿇고 국민하게 사죄하는 모습을 찍은 사진을 주민들에게 돌리기도 했다. 그리고 그 사진이 신문에 보도되기도 했다.

우리나라 정치의 많은 문제들과 마찬가지로 증세를 없애려면 병인을 치료해야 하는데, 당시 정부와 여당이 하루아침에 돈봉투 문화를 깨끗이 없앨 것처럼 내놓은 여러 공약에서는 그러한 관점을 찾기가 어려웠다. 이러한 관점의 문제는 최근 논의되고 있는 공무원연금 개혁에서도 이어지고 있다.

2012

0211

# 민주주의와 자본주의

연초부터 자본주의에 대한 논쟁이 뜨겁다. 영국 일간지 «파이낸셜타임스»는 자본주의의 위기에 대한 특집 칼럼을 연재했고, 1월 말 열린 다보스 포럼의 주요 의제도 '자본주의의 위기와 해법'이었다. 지식과 경륜을 갖춘 인사들이 논하는 견해는 다채롭고 흥미롭다. 이들 견해의 공통점은 지금과 같은 자본주의가 지속되어서는 안 되나 이를 대체할 마땅한 대안도 없다는 것이다. 중국식 국가자본주의를 논하는 이들도 있으나 그것은 어디까지나 개도국이 선진 경제를 추격할 때나 유효한 제도라는 것이다. 무너진 지 20년밖에 되지 않은 사회주의 체제를 다시 거론하는 이들은 거의 없었다.

지금으로부터 약 100년 전 영국의 저술가 노먼 에인절은 당시 유럽의 베스트셀러였던 『위대한 환상Great Illusion』(1910)이라는 저서를 통해, 이제 전쟁은 무용지물이 되었고 군국주의militarism는 끝났다고 했다. 19세기 후반에도 전신, 전화, 철도, 증기선 등 통신·운송 수단의 혁명으로 세계화의 물결이 거세게 일었고 상품 교역뿐 아니라 자본,

인력의 국경 간 이동이 급속히 확대되었다. 이처럼 각국 경제의 상호 의존도가 심화된 상황에서 상대방을 파괴하는 전쟁은 스스로의 피폐를 가져올 뿐이라고 단언한 그의 책이 베스트셀러가 된 지 몇 해 지나지 않아 세계는 제1차 세계대전으로 치달았고 곧이어 인류 역사상 최대의 사상자를 낸 제2차 세계대전으로 빠져들었다. 프랜시스 후쿠야마 교수는 20년 전 『역사의 종언The End of History』이라는 베스트셀러를 통해 인류는 오랜 사회문화적 진화를 거쳐 드디어 더 이상 좋은 시스템으로 발전할 수 없는 자유민주주의와 시장경제 시스템에 이르게 되었다고 했다. 그 시장경제 시스템이 오늘날 도마에 오르리라고 그는 상상하지 못했다.

역사의 종언이란 없다. 태양이 식고 지구의 종말이 올 때까지 인류의 역사는 갈등하고 모색하며 진화를 계속할 것이다. 자신의 시대에 일어난 일로 역사를 예단하기에 인생 70~80년은 너무 짧다.

시장경제 체제는 인간의 창의성과 혁신을 자극해 일찍이 보기 어려웠던 인류사회의 빠른 진보를 이루어낸 제도다. 앨런 그린스펀 전 연준 의장이 최근 그의 글에서 적시했듯이 시장경제 체제는 지난 두 세기 동안 지구촌의 1인당 실질소득을 10배 증가시켰고, 평균수명을 2배로 늘렸으며, 6배 이상의 인구가 지구에서 삶을 누릴 수 있게 했다. 물질적 풍요는 다시 학술 연구와 예술 진흥을 가능케 했고, 인류의 생활을 지적으로 그리고 정서적으로 더욱 풍요롭게 했다.

그러나 지금 이 시점에서 우리는 지난 약 4반세기 동안 우리가 해온 '시장경제'에 대한 해석을 다시 돌아볼 필요가 있다. 자유시장의 원조 주창자인 애덤 스미스도 '자유시장을 위한 정책'과 '기존 업자들을 위한 정책'은 다른 것이라 했다. 그는 특정 상인 단체나 기업 집단이 추구하는 이익은 자주 공공의 이익과 상반되는 것이라 보았다. 따라서 그는 "기존 업계에서 나오는 어떤 제언도 신중하고scrupulous 때로는 경계심suspicious attention을 가지고 긴 시간에 걸쳐 검토해야 한다"라고 기술했다.

오늘날 시장경제의 문제점은 기득권을 가진 시장세력에 의해 시장경쟁의 룰이 왜곡되어왔다는 것이다. 우리는 그동안 '친시장'과 '친기업'을 자주 혼동했다. 대기업 집단은 언론과 여론 주도층 그리고 정치에 막강한 영향력을 행사해 정책과 제도를 그들의 경쟁력을 지속·강화시키는 방향으로 결정되게 함으로써 경제력 집중, 소득분배의 불균등을 심화시켜왔다. 따라서 지금 우리가 해야 할 일은 시장경제를 버리는 것이 아니라 시장경제가 제대로 작동하게 해주는 일이다. 시장이 신규 진입자나 중소업자들에게도 공정한 경쟁이 될 수 있는 평평한 운동장이 되게 하는 것이다.

민주주의와 자본주의가 결합하면서 국가정책과 경제제도는 시장권력의 영향력에 쉽게 포획될 수 있는 취약성을 늘 안고 있다. 오늘날 우리가 당면하고 있는 자본주의의 위기는 동시에 민주주의의 위기이기도 하다. 시장경제가 제대로 작동하기 위해서는 국가가 강해져야 한다. 공정한 경쟁의 법칙을 만들고 엄정한 집행자가 되어야 한다. 언론은 스스로 기득 집단과 한패가 되어 운동장으로 뛰어들지 말고 관객석의 냉철한 비평자가 되어야 한다. 그리고 이것이 가능하기 위해서는 무엇보다 국민들이 경계심과 의식을 가지고 깨어 있어야 한다. 올해는 두 번의 중요한 선거가 있다. 그 결과는 앞으로 4~5년뿐 아니라 긴 시간 한국 사회의 향배에 영향을 미칠 것이다. 민주주의와 시장경제는 그냥 얻어지는 것이 아니다.

2012

0303

# 간이 나쁜데 쓸개를 이식한다?

진단이 정확해야 바른 처방이 나온다. 선거가 다가오면 상대방과의 차별화를 위해 현 상황에 대한 왜곡된 진단들이 득세한다. 그 결과 집권을 하더라도 스스로 이러한 왜곡된 진단과 주장의 포로가 되어버리고 만다. 그것을 바른 자리로 돌리기까지는 적잖은 시간이 흘러야 하고, 그동안 취해진 정책은 이미 경제에 비용으로 계상되어 뒷날의 시장 왜곡과 국가 재정의 짐이 된다. 이런 현상이 되풀이되면 국력의 내리막길은 멀지 않게 된다.

지난 참여정부의 경제정책을 엄격히 들여다보면 대체로 외환위기 이후 도입된 시장 개방, 자유화 등 보수적 정책 기조를 유지한 것이었다. 미국의 프리덤하우스에서도 이 기간에 한국의 경제 자유도가 6.91에서 7.34로 상승했다고 평가했다. 수도권 부동산 가격 폭등에 대응해 도입한 종부세가 좌파적 정책이라 할 수 있을지 모르나, 어차피 재산세는 강화되어야 할 것이었고, 복지지출 또한 늘어나야 할 분야였다. 금융기관의 자율성과 중앙은행의 독립성 존중, 권력기관의 정치적 이용 절제, 자유무역협정FTA 확대로 시장 개방과 자율은 확대되었다.

이명박 정권은 지난 대선 과정에서 이러한 경제정책을 '반기업', '좌파', '잃어버린 10년'이라는 정치적 포장을 통해 국민의 지지를 얻고 집권에 성공했다. 그 결과 이 정부 초기에 취하게 된 정책은 지극히 친親기업적, 우파적 정책이 될 수밖에 없었다. 중간 혹은 다소 오른쪽을 왼쪽이라고 해놓다 보니 차별화된 정책은 지극히 오른쪽으로 편향된 정책밖에 남지 않은 것이다.

대북정책에서도 마찬가지다. 참여정부에서 대북정책에 대해 원칙을 제대로 지키지 못한 면은 있었다. 북한 체제처럼 합리적 설명이 불가능하고 때로 국제적 범죄행위를 서슴지 않는 집단에 대한 포용정책이 가질 수밖에 없는 한계였다. 어쨌든 남북 간 교류 협력은 확대되었고, 북한의 대남 의존도와 실질적 개방도는 높아졌다. 이를 '좌파 퍼주기' 정책으로만 규정하다 보니 이와 차별화된 정책은 지극히 냉전 시대적인 대북정책으로 회귀하는 것밖에 없었다.

지금 다시 비슷한 현상이 일어나고 있다. 이쪽이든 저쪽이든 어느 편이든 쏠림 현상은 경계해야 한다. 이명박 정부는 초반의 친기업, 부자 감세 등 지나치게 오른쪽으로 치우친 경제정책을 펴다가 중반 이후에는 상당히 중도적인 정책으로 선회했다. 오히려 진보정권이라 불리는 앞선 두 정권보다 정부의 시장 간섭은 더 강해졌다. 이를 '극보수', '신자유주의'라고 정치적 포장을 하게 되면 앞으로의 정책 방향은 여야 할 것 없이 지나치게 진보적인 방향으로 쏠릴 수밖에 없다. 오늘날 이명박 정부에 국민들이 실망하는 것은 극보수적 경제정책을 취하고 있기 때문이라기보다 전반적으로 더 깊이 퍼진 부패, 주변 측근에서 벗어나지 못하는 인사, 단기 성과에 집착하고 진정성보다는 홍보 기술에 의존하는 듯한 국정 운영 스타일 때문이 아닌가 한다. 양극화 심화, 빈곤층 확대 등에 대해 국민들의 실망과 좌절이 깊지만, 이는 그동안 진행된 세계화와 세계 금융위기로 초래된 구조적 요인이 더 크다.

지금 우리 사회에 복지제도의 확대가 필요한 것은 사실이다. 과거 우리가 이에 대해 지나치게 소홀했기 때문이다. 빈곤층에 대한 사회적 지원과 재정의 소득 재분배 기능이 강화되어야 한다. 또한 이를 위한 전반적 세제 개편도 필요하다. 그러나 쏠림 현상처럼 지나치게 이 방향으로 경도되는 정책은 바람직하지 못하다. 우리 사회는 고령화가 빠르게 진행되고 있어 지금의 제도하에서도 복지지출이 빠르게 늘어나 재정을 위협할 여건에 놓여 있다. 그리고 아직 1인당 소득이 세계 30위권 밖에 머물러 있는 우리에게 성장도 여전히 중요한 과제다. 우리 경제는 더 많은 규제, 더 많은 정부 개입보다 더 많은 경쟁, 더 많은 자율을 추구할 필요가 있다. 우리 사회의 구석구석에 존재하는 경쟁 제한적 요인과 기득권에 의한 담합·유착 구조를 제거해 경쟁에 의한 생산성 향상과 창의력을 자극해야 날로 심화되는 중국 경제의 위협에서 살아남을 수 있다. 우리에게 필요한 것은 공정경쟁이지, 경쟁 자체를 제한하려 하는 것은 현명치 못하다.

포스터를 붙이고 사람을 동원하며 광고에 쓰는 비용만 선거비용이 아니다. 그것은 오히려 적은 부분이다. 5년마다 되풀이되는 집권 싸움에서 현상을 왜곡하는 정치적 포장을 함으로써 잘못된 정책 방향을 선택하게 되는 것이야말로 잦은 선거가 가져오는 더 큰 국민적 비용이다. 지금 무엇이 잘못되어 국민들이 새로움을 갈망하는지를 진솔하게 짚어야 한다. 간이 나쁜데 쓸개를 이식해 국가를 살린다? 그건 아니다.

다시 보기 집권 싸움에서 이기기 위한 왜곡된 정치적 포장이 결국 정책의 왜곡을 가져오는 것에 관해서는 앞서 "화해와 포용 함께하는 '중도의 길' 되어야"의 다시 보기에서 소개한 «이코노미스트»에 실린 필자의 글로 자세히 이야기한 바 있다.

2012

0324

# 지역정당 뛰어넘는 총선 되어야

후보 등록이 끝나고 오늘부터 본격적인 총선 일정이 시작된다. 지난 몇 달 동안 여야 정당들은 이번 선거를 위해 많은 준비를 했다. 그리고 이들이 보여준 노력은 대체로 긍정적이다. 새누리당이 당명을 바꿔 과거의 이미지와 단절하려 한 것은 구태를 보는 것 같아 아쉬웠으나, 그것이 변화와 쇄신을 위한 갈등에서 나온 것이라면 굳이 이해 못 할 바도 아니다. 민주통합당은 야권 통합에 성공하고 통합진보당과 총선 연대를 이루어냈다. 역시 과거에 보기 쉽지 않던 풍경이다. 공천은 늘 잡음이 있기 마련이다. 이번에도 예외는 아니었다. 그래도 여야 모두 겉으로나마 공천의 객관성을 갖추려 노력했던 점은 높이 살 만하다. 무엇보다 전문성을 갖춘 새 인물들을 영입하고, 젊은이들을 정당과 정치로 끌어들이려 애쓴 점은 칭찬할 만하다. 모두는 아니지만, 공천에서 탈락한 인사들의 처신도 과거와 달랐다.

주마가편走馬加鞭. 달리는 말에 좀 더 채찍질을 해보자. 대의민주주의를 떠받치는 기둥은 정당이다. 정당은 이루고자 하는 국가 사회에 대한 목표와 가치관이 비슷한 사람들이 뭉쳐서 정권을 추구하는 집단이다. 따라서 정당의 알맹이는 정책과 비전이다. 정책정당이 되기 위해 우리나라 정당들에 꼭 필요한 것이 지역정당에서 탈피하는 것이다. 실현하고자 하는 국가 사회와 정책이 영남인이기 때문에, 혹은 호남인이기 때문에 크게 다른 것은 아니다. 누가 이를 주도하는가에 대한 열망이 다를 뿐이다. 영남인이 모두 보수적 가치관을, 호남인이 모두 진보적 가치관을 가진 것이 아닐진대 우리나라의 정당이 지역으로 나뉘어 있는 것은 어느 모로 보나 정상이 아니다. 민주국가들에서 지역에 따라 정당의 지지도에 차이가 나기도 한다. 그러나 우리나라처럼 상대방 지역에서 한 석도 얻지 못하는 극단적 지역 기반의 차이는 찾아보기 어렵다. 호남에서 민주당, 영남에서 새누리당 후보가 무조건 당선되는 현상이 지속되어서는 우리나라 정당이 정책정당으로 발전하기 어렵다. 또한 정당들이 그것을 기대하고, 그것을 당연시하는 타성을 바꾸지 않고는 우리 정치가 발전할 수 없다.

우리 정치의 고질적 병폐인 무조건적 반대, 패거리 싸움으로 국정이 정체되고 정치가 희화화되는 것은 바로 정당의 존립이 정책과 가치에 기반을 두기보다 지역 정서에 기반을 두어온 데서 중요한 요인을 찾을 수 있다. 과거 자신들이 추구했던 정책도 여야가 바뀌면 무조건 반대해서 상대방을 곤궁에 몰아넣는 것이 정당의 할 일이라고 믿는다. 이는 지금 야당만의 행태가 아니라 현 여당도 과거 야당일 때 마찬가지였다. 정당이 정책과 가치를 추구하지 않고 지역에 세력 기반을 두고 정권만을 추구하는 집단임을 스스로 말해주는 것이다. 이런 상황에서는 아무리 훌륭하고 참신한 인사를 공천해 국회의사당에 들여놓아도 결국 멱살 잡고 떼쓰는 정치에서 벗어날 수 없다.

민주통합당은 그래도 이번에 적지 않은 노력을 보여줬다. 문재인,

문성근, 김부겸 같은 중진이 영남에서 의석을 얻기 위해 후보로 뛰어든 모습은 지역정당을 탈피하고자 하는 열망이 치열함을 보여준다. 이에 비해 새누리당은 지난 몇 달간 이미지 개선의 노력이라는 면에서는 민주통합당을 오히려 앞섰으나, 지역정당 탈피를 위해서는 거의 아무런 노력도 보여주지 않았다. 이번 총선에서 호남 지역 13개 지역구에는 아예 후보도 내지 않았다. 호남인이 보수적 가치를, 영남인이 진보적 가치를 추구하는 것은 너무나 당연히 있을 수 있는 일이다. 이런 이들이 자신의 출신 지역에서 국회의원으로 선출될 수 있어야 우리의 정치가 정상화될 수 있다. 지역 정서가 우리나라의 정치를 좌우하게 된 데에는 새누리당의 뿌리가 되어온 과거 집권 세력의 책임이 크다. 35년 영남 정권이 영남 인사들 중심으로 요직과 권력을 독점했기 때문이다. 김대중·노무현 정권을 거치며 이러한 응어리는 많이 누그러졌다. 그러나 아직도 남아 있는 지역 정서와 배타적 정당 선택의 벽을 이번 총선을 통해 허물기 위한 노력을 여야 정당들이 게을리해서는 안 된다. 그것이야말로 진정한 정당 개혁이며 변신이다.

정당과 정치를 바꾸는 것은 비상대책위원회도, 최고위원회도 아니고 결국 국민의 몫이라는 것이 이제 더욱 분명해졌다. 이번 선거에서는 국민 각자가 자신이 속한 지역을 대표하는 정당의 후보이기 때문이 아니라 인물의 됨됨이, 본인이 선호하는 가치와 정책을 추구하는 정당의 후보이기 때문에 표를 던지는 선거가 되기를 바란다. 여야 정당들이 지역정당을 탈피하는 것은 우리가 진정한 대의민주주의와 정당정치를 이루기 위해 반드시 뛰어넘어야 할 벽이다.

다시 보기 한국 민주주의가 지금보다 진화하고 발전하기 위해 꼭 개선되어야 할 부분 중의 하나가 정당이다. 이 글에서 적고 있듯이 현 여당은 영남, 야당은 호남의 지역구에 공천받기만 하면 거의 100% 당선이 보장되기 때문에 국회의원들이 국민을 상대로 가치와 정책을 두고 토론하고 경쟁하기보다 투쟁성으로, 소속 정당에 대한 충성심 경쟁으로 공천을 얻고 차기에 재선을 노리다 보니 오늘날과 같은 의회정치가 초래되지 않았나 생각된다.

지역의 맹목적 지지에 의존하는 정당 구조가 지속되는 한, 한국의 의회정치, 나아가 진정한 민주주의의 발전이 이뤄지기는 어렵다. 그러나 이는 단순히 정당, 정치인만의 책임이라고 할 수 없다. 바로 유권자, 국민의 책임이기도 하다. 그러한 각성 없이 우리가 건전하고 성숙된 민주주의를 이뤄가기는 어려우리라 생각된다. 앞으로 부산의 문재인, 조경태 의원, 순천·보성의 이정현 의원 같은 이들이 많이 나와야 한국의 정당이 정책정당으로서의 면모를 제대로 갖춰갈 수 있다고 생각된다. 정당을 그렇게 이끌어가는 것은 누구를 탓할 것이 아니라 바로 국민의 몫이다.

2012

0414

# 19대 국회의 과제, 개헌

건국 후 우리나라가 광범위한 제도 개혁을 단행했던 것은 1960년대 초중반이었다고 볼 수 있다. 수출과 산업 발전 지원을 위해 환율, 금융, 산업, 무역제도, 정부 조직에 걸쳐 광범위한 제도적 개편이 이루어졌다. 정책 수립과 행정 관리 방식도 달라졌다. 그리고 이러한 개혁은 이후 경제 도약의 발판이 되었다. 한국 경제 발전을 비교적 관점에서 연구한 외국 학자들은 1960년대에 한국이 이러한 광범위한 제도 개혁을 단행할 수 있었던 주요인으로 당시의 균등한 소득분배와 기득권 집단의 부재를 들었다. 개혁의 저항 세력이 약했다는 것이다. 일제 때 무너지기 시작한 지주계급이 해방 후 토지개혁으로 거의 몰락했고 그나마 조금 쌓여 있던 부와 산업 기반도 한국전쟁으로 거의 파괴되었다. 전후 인도나 남미 국가들에서는 소득 불균등으로 분배에 대한 사회적 요구가 강했던 데 반해 당시 한국은 정부의 막대한 산업 지원에 의한 개발정책을 과감히 추진할 수 있었다.

산업화에 성공하고 민주화를 이루어낸 1980년대 말 이후 그러한 사정은 많이 달라졌다. 재벌은 이미 산업과 시장을 장악했고, 노조가 힘을 휘두르기 시작했다. 이 시기에 세계는 규제 완화, 개방화, 세계화로 내달리고 있었던 데 반해, 국내에서는 기득권 세력에게 정치와 정책이 휘둘리면서 대내외 환경 변화에 따른 적절한 제도 개편을 이뤄내지 못했다. 그 결과 1997년 외환위기를 맞고 IMF와 외세에 의한 구조조정과 제도 개혁을 하게 되었다. 내생적 개혁이 아니었기에 이것이 반드시 우리에게 맞는 개혁이었는지에 대한 논의도 충분히 이뤄질 수 없었다. 외환위기 이후 우리나라의 소득분배와 각종 사회지표는 빠르게 악화된 반면, 5대 재벌의 시장 지배력은 더욱 강화되었다.

지금 이 시대는 다시 광범위한 정책적·제도적 개혁을 우리 사회에 요구하고 있다. 전 세계적으로도 시장경제, 자본주의, 국가의 역할에 대한 시민의 인식과 요구가 변하고 있다. 그러나 이러한 개혁은 엄청난 사회적 저항과 갈등을 수반하게 될 것이다. 그럼에도 이를 이뤄내지 못하면 내부 갈등은 더욱 깊어져 위기로 폭발할 수도 있다. 결국 인간 사회의 근본적 과제인 '생산과 분배'에 관한 제도를 어떻게 이 시대적 상황과 요구에 맞게 재편해내느냐 하는 것이다.

자본주의 시장경제에서 시장의 힘은 늘 집중화하는 경향이 있다. 미국은 산업화가 진행되면서 19세기 말과 20세기 초에 걸쳐 국가와 정치가 경제적 힘의 집중 문제에 맞서 이를 견제함으로써 공정한 시장과 사회를 건설하려 애썼다. '셔먼 법Sherman Act'이라고 불리는 반反트러스트 법이 1890년에 제정되었고, 1914년에는 '클레이튼 법Clayton Antitrust Act'이 제정되어 독과점 방지가 더욱 강화되었다. 이에 따라 록펠러가家가 소유·지배하던 스탠더드 석유회사가 해체되기도 했다. 대공황 이후에는 '글래스-스티걸 법Glass-Steagall Act'을 제정해 상업은행과 투자은행을 분리시켰고 금융 규제가 대폭 강화되었다. 그러나 1980년대 이후

월가의 대형 금융기관들에 정치와 정책이 포획되어 단견적 규제 완화가 진행됨으로써 2008년 금융위기가 초래되었다고 많은 학자들은 분석하고 있다.

산업화 50년, 민주화 25년을 지나오면서 지금 한국 사회는 또 한 번 광범위한 정책적·제도적 개혁을 필요로 하고 있다. 양극화, 빈곤층의 확대, 고령화의 빠른 진행, 금융 안정의 불확실성, 계층의 고착화 등 우리 사회의 안정적 발전을 위협하는 문제들이 점점 심각하게 부상해 왔다. 국가 경쟁력을 해치지 않으면서 이 문제들을 어떻게 풀어나갈 것인가 하는 무거운 과제를 우리 사회는 안고 있다. 여야는 이번 총선에서 경쟁적으로 복지 확대를 약속했다. 그러나 우리는 단순한 복지 확대보다 더 근본적인 제도 개편을 필요로 한다. 재정지출에만 의존하는 복지 확대는 장기적으로 재정 건전성과 근로 윤리를 해치고 미래 성장을 저해할 수 있다. 시장 지배력, 조직력, 기득권에 의해 왜곡된 우리 사회의 보상체계를 바로잡아 주는 것이 단순히 시혜적 복지지출만을 늘여주는 것보다 이 문제들에 접근하는 더 효율적이며 근본적인 대책이다. 또한 그것이 여야가 내세운 경제민주화의 길이기도 하다.

그러나 오늘날 한국 상황에서 이러한 개혁은 강력한 국가의 힘을 필요로 한다. 민주화 이후 재벌, 노조 등 시장권력은 더욱 집중되고 강화된 반면, 국가권력은 상대적으로 분산되고 약화되었다. 국가 지배구조의 개선 없이 한국 사회는 지금 이러한 막중한 과제들을 내부적 개혁을 통해 돌파해나가기 어렵다. 18대 국회에서의 개헌 논의는 흐지부지되어 버렸다. 19대 국회는 다를 것인가? 개원 후 곧바로 대통령중임제를 포함한 개헌을 합의한 후 12월 대선을 치르길 기대해본다.

다시 보기 국가 지배구조의 개편에 대해서는 필자의 졸저 『한국의 권력구조와 경제정책』(2009)에서 나름대로 매우 자세히 논했다. 이 글은 국가 지배구조 개편 없이 우리나라에 산적해 있는 개혁 과제를 적시에 풀어나가기 어려울 것이라는 관점에서 국가 지배구조, 또는 권력구조의 개편을 위한 개헌이 반드시 이뤄지기를 바라면서 썼다.

19대 국회가 출범하고 또한 18대 박근혜 대통령이 당선되고 정권이 출범한 지도 2년이 되었지만, 개헌은 아무런 진전이 없어 보인다. 박근혜 대통령 역시 처음에는 개헌을 약속했으나, 현재는 경제 살리기에 걸림돌이 된다며 이에 관한 논의 자체를 배제하고 있다. 전 정권들에서 진행되었던 것과 비슷한 패턴이 되풀이되고 있는 것이다. 개헌의 필요성을 인정하고 이를 약속했으나, 집권 세력은 개헌에 대한 열의가 없다.

필자는 지금과 같은 국가 지배구조, 정치제도가 지속되면 우리나라는 점점 경쟁력을 잃고 후퇴해갈 것이라 걱정하고 있다. 아마 필자가 '중앙시평'에 여태 기고한 글들을 주제별로 분류한다면 경제구조 개혁과 국가 지배구조 개편을 주장한 글이 가장 많으리라 생각된다. 다음 글에서도 바로 그 주장은 계속된다.

2012

0505

# 또 실패할 대통령을 뽑을 것인가

사실 우리나라 대통령은 별로 힘이 없다. 제왕적 대통령이라고들 하나, 과거 이야기다. 제왕적 대통령이라는 소리를 듣게 된 것은 우리 법에 규정된 대통령의 권한이 막강해서가 아니라 과거 대통령들이 정경 유착과 권력기관의 부당한 운영으로 초법적 권력을 행사하며 국가를 통치해왔기 때문이다. 당의 총재가 되어 정당 운영자금과 선거자금 지원, 절대적 공천권을 행사하면서 당을 장악하고 국회를 시녀화했기 때문이다. 권력기관을 이용해 말 안 듣고 미운 소리 하는 정적이나 언론인, 여론 주도층들의 뒤를 캐어 겁을 주기도 하고 때로는 회유하기도 하면서 국가를 통치했다. 혹은 오래된 정치 투쟁 생활을 통해 소위 가신 그룹이 생겨 이들의 절대적 충성으로 당을 장악했다. 당정 협의는 청와대와 정부가 원하는 정책을 국회 통과로 가져가기 위한 요식 절차에 불과한 경우가 많았다.

그러나 이제 그런 시대는 지났다. 외환위기 이후 기업, 금융 및 시장 환경 변화는 청와대가 더 이상 정당의 자금줄이 될 수 없게 하고 있다.

가신정치도 양김 시대와 함께 끝났다. 권력기관을 이용해 정권에 비판적인 세력을 눌러보려 했다가 지금 이 정부는 큰 낭패를 보고 있다. 이 모두, 우리 정치가 가야 할 길을 가고 있는 바람직한 현상이다. 그러나 이런 과정에서 한국의 실질적 권력구조는 크게 변했다. 대통령과 여당, 국회의 관계가 달라지면서 정부정책의 입법화 과정이 훨씬 힘들어진 것이다. 당은 대통령이 원하는 정책이 아무리 좋아도 선거에서 표가 되지 않으면 이를 외면하려 한다. 반면 국회의 권한은 법에 명시된 그대로 살아났다. 아마 우리 국회만큼 막강한 권한을 가진 의회도 드물 것이다. 국정감사권을 비롯해 다른 나라들에서 총리나 대통령령으로 처리할 수 있는 작은 일들도 모두 입법 과정을 거쳐야 하는 권한을 누리고 있다. 과거 국회가 청와대의 시녀화되어 있던 상황에서 국회에 형식적으로 이런 권한을 줘도 실제 국가 운영에 별 지장이 없었기 때문이리라.

대통령제하에서 국정이 원활히 진행되기 위해 필수적인 것이 대통령과 의회의 협력이다. 우리나라와 같이 국회의 권한이 방대한 나라에서 국회의 협력을 얻지 못하는 대통령이 할 수 있는 일이란 거의 없다. 그리고 이 둘의 고리는 정당이다. 현재 한국의 권력구조가 취약한 가장 큰 이유 중 하나는 바로 우리 정당의 취약성에 있다. 대통령과 여당이 국가 사회가 추구하는 가치와 원칙 그리고 정책을 함께 생산·공유하지 못하고, 정당의 존립이 정책과 비전보다 지역 기반에 의존하고 있다. 이런 상황에서는 여당이 선거에 불리하게 되면 당명을 바꾸고 대통령에게 탈당을 요구하는 무책임 정치, 야당이 되면 무조건적 반대로 국정 정체를 초래하는 상황이 반복된다. 며칠 전 본회의를 통과한 국회법 개정은 이를 더욱 심화시킬 것이다.

오늘날 국가 간 경쟁은 바로 국가 지배구조의 경쟁이다. 한 국가가 국내외 환경 변화에 따른 바른 정책과 제도를 적시에 채택할 수 있는지에 대한 판가름은 국가 간 지식 격차보다 그것을 채택해나갈 수 있는 의사결정 시스템의 효율성에 달려 있다. 지난 25년간 우리의 정치 민주화는 크게 진전되었지만, 국가의 정책 결정은 더뎌지고 필요한 제도 개혁은 지체되었다. 국내외 환경은 급변해왔으나 우리의 정책과 제도는 나날이 계속되는 정쟁과 시위에 갇혀 필요한 변화를 제대로 이뤄내지 못했다. 위기를 겪고서야 외부의 힘으로 이를 일부 풀어내고, 위기 극복 이후 주요 개혁 과제들은 다시 정체를 거듭하고 있다.

민주화 이후 지난 네 명의 대통령들이 모두 실패한 대통령으로 당과 청와대를 떠났고, 현 대통령도 지금 같은 운명에 처해 있다. 5년 단임제 대통령들이 제대로 국정을 주도하는 기간은 3년여에 지나지 않는다. 첫 1년은 대통령직의 학습 기간으로 보내고 마지막 1년은 레임덕으로 보낸다. 우리나라에서 정책이 준비되어 입법화 과정을 거치기까지는 평균 3년 이상이 걸리는 것으로 나타났다. 더구나 이 정책들이 효과를 내게 되는 것은 더 긴 시간이 지난 후다. 단임 대통령과 정부는 그들이 한 일에 대해 제대로 평가를 하지도, 받지도 못하고, 책임도 지지 않은 채 자리에서 물러난다.

또다시 이런 경험을 되풀이할 대통령이 누가 될 것인지에 대해 지금 우리 국민과 언론의 관심은 온통 쏠려 있다. 그러나 이보다 중요한 것은 바로 1987년 3김과 군부정권의 타협 산물인 이런 국가 지배구조를 지속해야 할 것인가가 아니겠는가. '누가 뽑힐 것인가'보다 '뽑혀서 무엇을 할 수 있을 것인가'가 더 중요하다. 지금 여야 주자들과 정당들, 국민이 함께 고민해봐야 할 과제다.

2012

0615

# 믿는 것과 믿고 싶은 것

믿음이 실리지 않는 정책은 성공하지 못한다. 유럽 위기가 그 많은 대책들에도 불구하고 잘 풀리지 않고 있는 것은 바로 신뢰성이 부족하기 때문이다. 정책에 대한 신뢰는 주어진 여건에서 그 정책을 실천할 수 있는 현실적 역량이 있다는 것과 그 정책이 추진되었을 때 그것이 의도하는 목표를 성취할 수 있을 것이라는 믿음이 합쳐질 때 생기는 것이다. 유럽의 위기가 단순한 경기순환적 혹은 일과성 요인의 결과가 아니라 구조적·제도적 문제의 결과라는 것을 시장은 알고 있다. 그리스의 유로존 탈퇴나 대폭적 구조조정, 또는 유럽의 재정통합과 같은 근본적 해결책이 나오지 않는 한 시장의 회의는 지속되고 위기도 지속될 것이다.

문제의 해결이 어렵고, 그것이 큰 고통의 수반을 요구할 때 사람들은 '믿고 싶은 것'에 기대보려 한다. 이때 누군가가 고통 없이 세상이 좋아질 수 있다거나 '이번은 다르다'며 새로운 이론을 내세워 현상 유지의 구실을 주면 대중은 쉽게 그쪽으로 쏠리게 된다. 그러나 이런 경우 대개 그 결과는 희망의 실현이 아니라 파국의 도래였다. 어떤 나라건, 어떤 시대건 정책을 준비하고 실행할 때 중요한 것은 '믿음'을 주는 정책을 택하고, '믿고 싶은' 유혹을 피하는 것이다. 이는 정책의 대상이 되는 대중이나 정책을 약속하고 채택하는 정책 당국 모두에게 그렇다.

2008년 세계 금융위기가 발생해 아직도 세계가 그 여파에 시달리고 있는 것도 결국 미국, 유럽의 대중과 정책 당국이 이런 믿고 싶은 유혹을 이기지 못했기 때문이다. 집값 급등, 영零에 가까운 가계 저축률, 이에 기초한 과소비 지속으로 전례 없이 오랜 기간 경제가 호황을 누리는 것을 정보기술IT 혁명과 세계화에 따른 신경제new economy의 도래 때문이라 믿고 싶어 했다. 알지도 못하는 신종 금융상품이 쏟아지고 저금리로 신용과 부채가 팽창해도 이를 금융시장의 효율성 덕분이라 믿고 싶어 했다. 만약 거품이 터지면 통화정책으로 이를 쉽게 연착륙시킬 수 있을 것이라 믿고 싶어 했다. 결국 거품과 시장은 붕괴되었고, 그러한 희망은 거품이 되어버렸다.

지금 우리는 반값 등록금, 보편적 복지, 무상보육을 확대해도 국가의 재정 건전성을 유지할 수 있다고 믿고 싶어 한다. 가계부채가 가처분소득의 약 150%에 달해 세계 최고 수준을 보이고 있는데도 이것이 충분히 관리 가능하고 금융기관들의 건전성에 문제가 없을 것이라 믿고 싶어 한다. 여기저기 끝없이 파헤치고 개발·정비하는 비용을 예산이 아니라 공기업의 빚으로 떠넘기며 앞으로 그런 공기업이 별문제 없을 것이라 믿고 싶어 한다. 대책은 실종되고 바람만 있을 뿐이다. 손수건이 돌아가고 있는데도 내게 와서 멈추지는 않을 것이라 모두 믿고 싶어 하는 것인가?

본격적인 대선 계절이 시작되면서 각 진영은 국민이 믿고 싶어 하는 것들을 경쟁적으로 제조해내기 시작할 것이다. '7·4·7' 등은 과거의 작품이다. 새로운 작품으로는 어떤 것이 나올 것인가? 이번 대선이 '믿음'을 주는 경쟁이 아니고 '믿고 싶은 것'의 경쟁이 되면 우리는 다시 5년을 뒷걸음질과 실망으로 보내야 한다. 지금 우리나라가 안고 있는 대부분의 경제문제는 장기적 대책을 요구하는 것들이다. 가계부채, 부동산, 자영업자, 비정규직, 소득분배, 중소기업 경쟁력, 공정경쟁 기반 등은 오랜 기간 일관성 있게 정책을 추진해야 비로소 해결의 실마리를 찾을 수 있는 과제들이다. 그것도 온갖 저항을 무릅쓰고. 반면 우리의 정권은 5년 단임에 그친다.

앞으로 수년간 세계경제 전망은 어둡고, 다음 정권은 이번 정권에서 해결하지 못하고 세계 금융위기를 이유로 오히려 더 키워온 과제들을 대거 물려받게 될 것이다. 가계부채 증가, 금융시장의 규율 해이, 비정상적 저금리의 장기화, 실질적 국가 부채의 급증, 대기업과 중소기업 간 임금 격차 확대, 부패 확산 등은 언젠가 우리 경제의 비용으로 현실화될 것이다. 따라서 다음 정권을 맡을 사람은 새로운 핑크빛 목표를 제시하기보다 내실을 다지고 부실을 처리하며 위기를 관리하고 경제의 건전성을 회복할 수 있는 정책들에 더욱 방점을 찍어야 한다.

믿음을 주는 것이 아니라 믿고 싶은 것으로 유혹하는 정당과 대선 후보를 가려내는 것이 이번 대선의 주요 관전 포인트다. 어떻게 구별하느냐고? 고통을 분담하고 어려움을 헤쳐가자고 하면 전자일 확률이 높다. 모호하며 근사한 구호로 임기 중 경제를 살리고 일자리를 해결하겠다면 후자일 확률이 높다. 대통령의 권한을 나누어 갖고 국민 모두를 위한 대통령이 되겠다고 하면 후자일 확률은 더 높아진다.

다시 보기 지난 대선에서도 역시 국민들은 믿고 싶은 것에 기댄 것이 아닐까? 민주주의의 한계라고 해야 할까? 우리는 벗어나기 어려운 함정에 빠져 있다는 무력감이 느껴질 때가 많다.

2012

0707

# 산업화 50년, 민주화 25년

1962년 제1차 경제개발계획에 시동을 건 지 50년이 되었다. 그리고 1987년 6·29선언 이후 25년이 지났다. 우리는 산업화와 민주화를 가장 압축적으로 이뤄낸 나라라는 평가를 받는다. 이러한 평가는 우리의 자긍심을 높여주지만, 정작 우리는 그 결과 우리 사회가 오늘날 어디에 서 있게 되었는지에 대해 깊이 성찰하지는 못했다.

우리가 산업화에 성공한 것은 분명하다. 조선, 전자, 반도체, 철강, 섬유, 석유화학이 모두 세계 5위 안에 들고 있다. 수출은 7위다. 삼성전자가 소니를 꺾었고, 현대자동차가 포드를 제쳤다. 1960년 당시 인구의 63%를 차지하던 농업인구는 이제 6%로 줄었다. 그러나 압축적 산업화는 경제력 집중, 부와 소득 격차의 확대, 계층의 고착화를 가져왔다. 세계 15위 경제대국이 되었으나, 우리 사회의 범죄율, 자살률은 오히려 크게 높아졌다. 민주화로 국민의 인권과 자유는 신장되었으나, 국가 기능은 위축되었다. 개인과 이해집단의 목소리는 커졌으며, 공동체의 방향에 대한 중요한 의사결정은 지연되고 자주 실종되었다. 위기를 맞고서야 외부 힘에 의해 겨우 필요한 개혁이 이뤄지게 되었다.

산업화의 전반기는 정부의 지원과 보호로 시작되었고, 후반기는 개방과 자유화로 깊어졌다. 그러나 이미 전반에서 국가의 지원과 보호로 얻은 기득권은 후반의 경쟁에서 유리한 고지를 선점하게 되었다. 후반 경기의 운동장은 평평하지 못했던 것이다. 결국 자유경쟁은 공정경쟁이 되지 못했고, 사회적 평등은 후퇴했다. 민주화로 약화된 공적 권력의 공간을 사적 권력이 점유하며, 우리 사회 각 부문에 재벌들의 영향력은 크게 확대되었다. 언론계, 법조계, 학계, 의회, 정부, 문화계 등 거의 모든 부문에서 그렇다. 산업화와 민주화의 심화는 결국 금권을 우리 사회의 가장 중요한 권력으로 부상시켰다.

산업화와 민주화는 서로 보완적이기도 하고 대립적이기도 하다. 이들이 공통적으로 추구하는 자유, 경쟁이라는 가치는 시장의 효율성을 높이고 혁신을 자극한다. 그러나 이는 또한 사회의 평등을 쉽게 무너뜨리기도 한다. 정치에서는 개인의 지식과 정보력, 판단력, 사회적 결정을 준수하는 책임의식 등에 상관없이 '1인 1표'로 대표된다. 그러나 시장에서는 자본력, 개인의 생산성, 계약을 실현할 수 있는 능력에 따라 생산과 분배에 대한 결정력이 달라진다. '1원 1표'인 것이다. 더구나 한국의 자본주의는 1원 1표보다 더 많은 권력을 재벌의 지배 가족들에게 부여하고 있다. 2010년 공정거래위원회 자료에 따르면, 35대 재벌의 총수 일가가 가지고 있는 평균 지분은 전체 지분의 4.4%에 불과하며, 1%에 못 미치는 재벌들도 있다. 이런 지분을 가지고도 전 계열사를 순환출자로 묶어 지배하고 그 경영권을 세습한다.

오늘날 시장자본주의의 실패는 대중민주주의의 실패이기도 하다. 미래 시민이 대표되지 않는 선거제도에서 정치인들은 늘 현세대에게 유리한 정책을 경쟁적으로 공약한다. 허리띠를 졸라매야 할 때 미래 세대의 부담과 고통을 늘리는 팽창적 재정금융정책, 구조조정의 지연, 빚 떠넘기기 정책을 채택한다. 쉬운 과일low-hanging fruit을 따 먹는 경제를 지속시키려는 것이다. 우리나라와 같이 선거가 잦을수록 이런 취약점은 더해진다. 과거에는 한국에서 국가권력이 시장권력을 압도하며 이들과 유착한 것이 문제였다면, 오늘날에는 시장권력에 압도되어 국가정책이 이들에 포획되는 것이 문제다.

한국의 시장권력은 이미 세습권력이 되었다. 반면 대통령은 5년마다 바뀌고, 정당의 간판도 수시로 바뀐다. 여야 정당 모두 지금의 간판을 내건 지 반년에 불과하고, 19대 국회의원의 60%가 초선이다. 산업화의 바탕인 자본과 기술은 빌려 쓰고 모방하면 되었다. 반면 민주화의 바탕은 제도, 규범, 전통이다. 타협과 절제의 문화가 있어야 하고, 튼튼한 정당과 객관적이며 엄정한 언론, 공정하고 정의로운 법원, 그리고 권위 있는 정부가 있어야 한다. 이것은 내부에서 자라야 한다.

산업화 50년, 민주화 25년. 이제 한국은 새로운 정치·경제의 틀을 찾아 나서야 할 때가 되었다. 1960년대 초반 우리는 경제제도, 정부 조직의 광범위한 개혁과 더불어 땀으로 산업화를 시작했다. 1980년대 후반 우리는 피를 흘리며 민주화를 이뤄냈다. 그것들이 합쳐져 오늘날 한국의 경제구조, 정치 형태의 모습을 갖추게 되었다. 그러나 지금 한국 사회는 여기서 또 한 단계를 뛰어넘어야 한다. 그것은 외부로부터의 단순한 모방이 아닌 새로운 국가 권력구조, 시장제도를 창출해나가려는 노력으로 시작해야 한다.

다시 보기

2015년 새해 첫날 저녁, 가족들과 〈국제시장〉이라는 영화를 보았다. 그리고 새해 이튿날 아침에는 친구가 보라고 추천한 〈광복 60년 특별기획 KBS 영상실록: 1949년〉을 보았다. 영상에서는 1949년 정부 수립 후 맞은 새해 첫날 이범석 국무총리가 말을 타고 중앙청으로 출근하는 모습이 나왔다. 조선총독부 건물이었던 당시 중앙청은 이제 사진에서나 볼 수 있는 건물이 되었다.

2015년은 광복 70주년이 되는 해다. 대한민국의 지난 70년은 영화보다 더 드라마틱한 역사와 국민의 삶이 담겨 있다. 이에 비해 두 시간짜리 영화는 너무 단조롭고 단편적이었다. 필자는 어렸을 때 부산에 살며 어머니와 국제시장을 자주 가곤 했는데, 영화에서 당시 국제시장의 풍물과 그곳에 살던 사람들의 애환을 보게 될 것으로 기대했으나, 재미있긴 했지만 영화의 거의 절반이 독일과 베트남을 배경으로 한 것이어서 개인적으로는 조금 아쉬웠다.

대한민국의 70년 역사는 세계사에 유례를 찾기 어려운 힘겹고 역동적이며 변화가 빨랐던 역사이다. 자랑스러운 역사다. 그러나 그 빠른 변화를 겪으면서 세운 오늘날 대한민국의 현재 모습 역시 그만큼 자랑스러운가? 많은 면에서 그렇다. 되돌아보면서 우리가 이런 위치에 있나 하고 스스로 놀랄 때가 많다. 중동과 아프리카 국민의 45%가 대한민국이 만든 휴대폰을 사용하고, 전 세계 바다에 떠 있는 배의 43%가 대한민국이 만들어낸 것들이다. 어느덧 수출 세계 7위, 무역규모 세계 9위의 나라가 되었다. 19세기에 우리와 비슷한 위치에 있던 나라들이 지금 대개 1인당 GDP가 5000달러 내외에 머물러 있는 데 비해 우리는 2015년에 3만 달러를 바라보고 있다.

그러나 너무 빨리 달려왔기 때문일까. 지금 우리 사회에는 배금주의와 사회적 불신이 깊이 스며들어 있다. 빠른 산업화와 민주화가 거의 동시에 추진되면서 금권이 이 사회의 가장 큰 권력으로 자리 잡게 된 것도 부정하기 어렵다. 약간만 건드려도 쉽게 폭발하고, 온 사회가 냄비처럼 들끓다가 금방 식어버리는 조급주의도 우리가 건전한 민주정치, 산업사회를 유지해나가기 위해 개선해나가야 할 부분이다. 그토록 국민들이 애도했던 세월호 사건 발생한 지 1년이 된 지금, 과연 한국 사회의 무엇이 달라졌는가?

2012

0818

# 올림픽 소고

우리 국민들을 잠 못 들게 하고 열광케 했던 17일간의 런던 올림픽 드라마는 끝났다. 유난히도 덥고 짜증났던 이번 여름 날씨를 국민들은 연일 터져 나오는 메달 소식으로 견딜 수 있었다. 종합 순위 5위. 한국이 이뤄낸 놀라운 성적이다.

이제 열광과 환호를 식히고 우리가 어떻게 이런 좋은 성적을 올릴 수 있었는지 잠시 돌아볼 필요도 있을 것 같다. 경제력 15위, 인구 25위인 한국이 어떻게 이런 성적을 올릴 수 있었을까? 한국인의 체력이 우수해서? 한국인이 특별히 우수한 신체 조건을 타고나서? 아니면 스포츠가 한국민의 일상생활에 더 많은 부분을 차지해서? 이 모두에 쉽게 고개가 끄떡여지지는 않는다.

실제로 스포츠의 생활화라는 면에서 우리 국민은 크게 뒤진다. 유럽과 미국의 청소년들이 매일 운동장에서, 체육관에서 쏟는 땀과 시간에 비해 우리 청소년들이 운동장에서 보내는 시간은 턱없이 짧고, 평균 체력은 많이 떨어진다. 한참 뛰어놀고 체력을 쌓아야 할 때에 온갖 과

외공부로 주눅 들고 중·고등학교 운동장은 텅 비어 있기 일쑤다.

우리의 올림픽 메달은 영국이나 미국, 독일, 프랑스처럼 학교 운동장에서 나온 것이 아니라 태릉선수촌에서 나온 것이다. 우리나라는 메달 획득을 위해 전략적 계획을 세우고 강력한 유인체계를 선수들에게 제공해왔다. 포상금과 연금 지급, 병역 면제 등이 그것이다. 펜싱, 양궁, 사격 등은 우리 국민이 흔히 즐기는 스포츠가 아니다. 그럼에도 우리가 이 분야에서 많은 메달을 획득할 수 있었던 것은 바로 메달을 위해 전략적으로 선수를 양성하고 이들에게 많은 투자를 했기 때문이다.

어찌 보면 우리는 올림픽을 순수한 스포츠 정신으로 접근했던 것이 아니다. 국가의 위상, 자긍심을 높이기 위해 전략적으로 접근했던 것이다. 어쨌든 좋다. 올림픽 5위로 한국의 위상이 그만큼 높아졌는지는 알 수 없으나, 그동안 땀 흘려 쌓은 기량을 있는 힘을 다해 발휘해준 우리 선수들이 국민에게 선사한 기쁨과 행복감, 자긍심을 그 무엇으로 비교할 수 있겠는가.

그러나 이번 올림픽을 통해 우리가 다시 분명히 확인한 중요한 사실은 바로 국가와 사회가 제공한 보상·유인 체계에 따라 우리는 다른 모습을 이루어낼 수 있다는 것이다. 우리가 이루고자 하는 미래 사회모습이 있으면 이를 유도할 수 있는 보상·유인 체계를 제공해 이를 일관되게 집행하면 국민은 반드시 이에 반응하고 결국 그 목표대로 움직여 갈 수 있다는 것이다. 태릉선수촌 설립과 올림픽 메달 포상제도가 바로 오늘날의 성과를 가져왔듯이. 따라서 지금 우리 사회가 겪고 있는 여러 문제를 해결하기 위해서는 먼저 이런 문제들이 오늘날 우리 사회에 자리 잡게 된 보상·유인 체계가 무엇이었는지를 분석해내고 이를 어떻게 바꾸어놓아야 할 것인지를 모색해야 한다.

오늘날 우리나라의 높은 경제력 집중, 널리 퍼진 부패, 지나친 과외 열기, 배금주의, 무질서한 주차, 양극화 심화, 불법 시위의 일상화 등은 결국 모두 그동안 우리 사회에 내재해 있던 보상·유인 체계가 낳은 결과다. 주민들이 반발한다고 불법 주차를 단속하지 않고, 민심을 고려해 불법 시위를 처벌하지 않으면 무질서한 주차, 불법 시위의 만연으로 시민 모두가 불편한 삶을 살게 된다.

학벌이 사회에서의 출세와 성공에 가장 중요한 변수가 되는 한 어떤 입시제도를 도입하든 과외 열기는 식지 않을 것이다. 세제와 복지제도가 부와 가난을 대물림할 수 있도록 되어 있으면 계층의 고착화와 양극화는 점점 심해질 것이다. 국가가 직업관료제를 채택하며 지나치게 낮은 보수를 제공하면 이들이 기업의 유혹과 각종 이권에 더 취약하게 노출된다. 법조인, 정치인의 경우도 비슷하다.

삶은 현실이니 이들의 작은 부패를 일일이 다스릴 수도 없으며 전관예우, 스폰서, 떡값이 사회의 관행이 되어버리면 정의와 공정성은 자주 뒤로 밀리고 유전무죄 무전유죄가 자리 잡게 된다. 돈이 사회의 가장 중요한 권력으로 부상하게 되는 것이다.

우리 사회가 지금으로부터 변해야 한다면 지금의 모습을 가져오게 된 보상·유인 체계를 먼저 바꾸고 이를 일관되게 시행하는 것이 무엇보다 중요하다. 따라서 정치가 중요하다. 정치가 제도와 법을 바꾸고, 거기에 따라 우리 사회의 보상·유인 체계가 달라지기 때문이다.

이번 대선에서는 이런 실질적 변화를 위해 후보들이 경쟁하는 모습을 보여주었으면 좋겠다. 모호한 구호들과 세 과시만으로는 우리 사회의 실질적 변화를 가져올 수 없다. 지금의 보상·유인 체계를 바꿔야 미래 우리 사회의 모습이 달라질 수 있다.

다시 보기 경제학자의 관점에서 보면 한 사회의 현재 균형상태 equilibrium state는 그 사회에 내재한 보상·유인 체계에 의해 결정된다. 또한 지금 주어진 보상·유인체계는 그 사회가 앞으로 어떻게 흘러갈 것인가에 영향을 미치는 가장 중요한 제도institution다. 그것은 인재의 흐름을 결정하고, 각 분야에서 일하는 사람들의 노력을 증진 혹은 퇴보시키며, 법을 준수하거나 혹은 무시하는 행동을 조장하고, 또한 부패에 대한 동기를 높이거나 혹은 낮추는 역할을 하게 된다. 한 사회의 현재 모습을 결정하는 것은 과거 그리고 현재 그 사회가 가지고 있는 인센티브 구조incentive structure다.

따라서 국가 사회의 발전을 도모하기 위해서는 이 보상·유인 체계를 어떻게 정립할 것인가를 구상하는 것이 가장 중요하다. 어떤 분야의 발전 혹은 변화가 현시점에서 그 사회를 위해 가장 긴요한 일인가에 대한 우선순위를 정하고, 이 분야들에 대한 현재 우리 사회의 보상·유인 체계가 어떠한가를 점검하여 이것이 우리 사회가 지향하는 바와 일치하는지를 확인하고 그렇지 않다면 일치하는 방향으로 교정해주는 것이야말로 국가 사회 발전의 관건이다. 만약 이러한 관점에서 현재 우리 사회의 보상·유인 체계가 왜곡되어 있다면 이것을 시정하는 것이야말로 바로 우리 사회의 개혁이며 혁신이다.

한 사회의 보상·유인 체계는 매우 복잡하게 구성되어 있다. 그리고 넓게 보면 그 사회의 거의 모든 제도들로 구성되어 있다. 조세제도, 사법제도, 행형제도, 주요 직의 임용 및 인사제도, 급여체계, 근무환경, 권력구조, 선거제도, 그 사회에서 부여하는 명예와 영향력 등으로 구성되는 것이다. 그리고 이러한 보상·유인 체계는 눈에 보이는 명시적 제도와 눈에 보이지 않는 암묵적(혹은 실질적) 제도로 구성되어 있다. 대개 투명한 선진 사회일수록 명시적 제도와 암묵적 제도의 거리가 좁고, 투명하지 않은 후진적 사회일수록 이 둘 사이의 거리는 넓다. 그리고 그 사이는 대체로 부패의 정도로 메워져 있다. 실제로 후진국에서 관료의 급여 및 연금 수준은 극히 열악하지만 부패가 만연하고 공공연히 이루어져 실제 관료들이 얻는 수입이 겉으로 드러난 급여 수준과는 비교도 되지 않게 큰 경우가 많다. 그런 나라는 대개 징세 기반이 열악하고 재정수입이 저조하며 또한 인플레가 높아 공무원들에게 적정한 보수를 지급할 여건도 되지 못한다. 그러나 국가경제가 발전하고 사회가 투명해지며 선진화되는 과정에서 부패가 축소되고 그 결과 공무원의 급여 수준이 정상화되면서 실질수입과 명목급여의 차이가 줄거나 없어져 가는 것이다. 또한 사회가 민주화·선진화되어 가면서 공직에 대한 높은 도덕성과 투명성을 요구하게 되는 것이다. 만약 이러한 사회적 변화를 거치면서 명목적 보상체계가 실질적 보상체계와 가까워질 때 명목적 보상체계를 적절히 교정하지 못하면 그 사회의 보상체계가 왜곡되고 인적 자원의 흐름도 그 사회가 의도하는 바와 달리 왜곡되게 된다.

우리나라는 고속 성장과 더불어 빠른 경제 자유화·개방화를 해오면서 경제 규제가 빠르게 줄고 그 결과 지대economic rent의 추구와 배분이 크게 줄어들면서 공무원의 부패 소지도 크게 축소되었다. 또한 정치 민주화가 빠르게 진행되면서 정부와 관료들에 대한 투명성 요구가 커진 반면, 실질적으로 공무원의 급여체계나 인사제도 등 전반적인 보상·유인 체계는 아직도 개발연대의 틀에서 크게 벗어나지 못하고 있다. 그 결과, 한편으로는 여전히 편법적 관행(예를 들어 전관예우나 스폰서)이 성행해 민과 관의 유착 관계 유지, 시장에서의 공정경쟁 기반이 저해되고 있으며, 다른 한편으로 우수한 인재들이 공직을 택하고 공직에 남아 있게 하는 유인이 점점 줄어들고 있다. 전관예우라는 관행을 지속하며 현직 판검사들이 퇴직 후 변호사 생활을 통해 높은 보수를 기대할 수 있고, 또 이를 통해 평생 소득과 노후 준비를 기약하는 법관들에 대한 실질적 인센티브 구조는 우리 사회의 행형제도의 불공정성을 낳고(유전무죄 무전유죄), 우리 사회 갈등의 한 요인이 되고 있다.

또 다른 측면에서 볼 때, 우리나라는 창업으로 성공할 확률이 낮은 반면 실패했을 경우 감당해야 할 비용(연대보증 등)이 큰 탓에 우수한 젊은이들이 대기업에 취직하는 것을 선호하며, 창업에 두려움을 느끼고 있어 현재 우리 경제에 필요한 창조적·혁신적 기업이 출현하는 데 장애가 되고 있다.

지난 60년간의 고속 성장 과정에서 우리 사회가 제공해온 실질적 보상·유인 체계에는 많은 변화가 있어왔다. 1950~1960년대의 투명하지 않고 국가재정이 극히 빈약하며 부패가 널리 퍼져 있던 시대에서, 이제 국민소득이 크게 늘고 재정 규모가 확대됨에 따라, 그리고 경제가 자유화·개방화·세계화됨에 따라 공공 부문과 민간 부문에서 부패가 크게 줄어들고 있는 것이 사실이다. 이러한 과정을 거치면서 우리 사회의 각 분야에서 제공하고 있는 명목적 보수체계와 실질적 보수체계 간 거리가 상당히 줄어들고, 그 결과 이는 다시 우리 사회의 인재와 자원의 흐름을 서서히 바꾸어놓고 있다.

지난 약 60년간 우리 사회의 실질적 보상체계의 변화와 흐름을 분석하고, 현재의 보상·유인 체계가 과연 우리가 지향하고 있는 미래 사회의 모습으로 인도해줄 것인가에 대해 더욱 깊이 있게 토론해나갈 필요가 있다.

2012

0929

# '안철수 현상'과 '안철수 후보'

안철수 현상은 과거 이인제, 정몽준, 문국현 현상과 달리 1년이 넘도록 높은 지지율을 유지하는 위력을 보였다. 그는 공직이나 정치를 해본 경험이 없다. 국민들이 지난 1년간 그에게 보내준 이 꾸준한 지지율은 기존 정치에 대한 실망과 동시에 새로운 사회에 대한 열망이 깊음을 보여준다. 그가 보여준 청량하고 순수한 모습이, 그리고 그가 여태 살아오고 이루어온 일들이 오늘날 우리 주위의 세태, 정치 모습과는 많이 달랐기 때문이다.

그러나 지난주 그가 대선 후보 출마를 선언하면서, 그에 대한 이 높은 지지율로 우리 국민들이 이루고자 하는 것이 과연 무엇인가 하는 것을 이제 물어야 할 때가 왔다. 그동안 국민들이 보여준 그에 대한 높은 지지는 기존 정치권의 행태에 대한 강한 부정적 의견의 표출인 것은 분명하나, 한국의 정치를 발전시켜 나가려는 미래지향적 의사의 표시라고 보기는 어렵기 때문이다.

민주주의의 발전 과정은 대의민주주의를 발전시켜온 과정이다. 최근 SNS의 급속한 확산으로 고대 그리스, 로마 이후 뒷전으로 밀려난 직접민주주의의 요소가 점점 부각되고 있기는 하지만, 오늘날 민주국가의 운영체계는 여전히 의회와 행정부, 사법부를 축으로 이루어지고 있다. 이 대의민주주의를 받쳐주는 기둥이 바로 정당이다. 우리 국민이 정당에 대한 실망과 불신을 표출하는 것은 충분히 이해가 된다. 우리나라 정당들은 그동안 추구하는 가치와 이루고자 하는 정책·제도를 중심으로 구성·발전되지 못하고, 정권을 잡으려는 혹은 잡은 특정 인사나 지역 기반을 중심으로 이합집산, 새 간판 달기를 거듭하며 지나친 당파적 싸움으로 국가 의사결정 과정을 왜곡·지연시켜왔다.

그러나 한국의 정치 발전, 민주주의의 성숙은 이러한 정당들을 국민이 외면해버림으로써 이루어지는 것은 아니다. 오히려 이들이 제대로 발전될 수 있게 감시하고 채찍질함으로써 이룰 수 있다. 민주주의는 정당의 뿌리와 전통이 깊어짐으로써 성숙하게 된다. 어떤 정치, 어떤 언론을 갖게 되는가는 결국 그 나라 국민에게 달려 있다. 우리는 민주화 이후 한 번도 제대로 성공한 대통령을 갖지 못했다. 이것이 반드시 정치인과 지도자만의 잘못이라고 할 수는 없다. 정치의 실패, 지도자의 실패, 정당의 실패는 바로 국민의 실패이기도 하다. 이를 외면함으로써 정당과 정치가 나아지지는 않으며 성공한 지도자를 배출해낼 수 있는 것도 아니다. 지난주 '안철수 현상'이 '안철수 후보'로 이어지면서 우리 국민들은 이제 스스로 중요한 시험대에 오르게 된 것이다.

어떤 시대인들 쉬운 시대는 없겠지만, 앞으로 5년간의 국정은 특히 많은 어려운 과제에 직면하게 될 것으로 예상된다. 경기침체의 장기화와 민생고의 심화, 동아시아에서의 역학관계 및 외교·안보 환경 변화의 가속화, 계층 및 세대 간 갈등의 심화 등이 우리 사회를 소용돌이에 몰아넣고 이를 헤쳐나갈 수 있는 국가 의사결정 과정을 더욱 복잡하게 할 것이다. 그럼에도 불구하고 국가는 발전해야 하며, 이러한 문제들의 실마리를 풀어가기 위해서는 대통령과 의회가 정당을 통로로 긴밀한 협의와 타협을 이루어나가지 않으면 안 된다. 이미 한국의 권력은 지난 20년간 의회로 크게 이동했다. 의회 동의 없이 해낼 수 있는 정책 개혁, 제도 개혁이란 없다. 그리고 지금 19대 국회는 99%가 특정 정당 소속 의원으로 구성되어 있다.

현실 정치와 정치인에 대한 실망의 의사를 표시하는 것과, 더 나은 정치, 성공할 지도자를 선출하기 위한 긍정적 의사를 표시하는 것이 같다고 할 수는 없다. 전자는 과거에 대한 평가이고, 후자는 미래에 대한 선택이다. 국민은 그동안 '안철수 현상'을 통해 전자의 의견을 표시해왔다. 그러나 '안철수 후보'에 대한 국민의 의사 표시는 이제부터 시작되고 있다. 안철수 후보는 기존 정치와 정당에 대한 국민의 실망에 지지 기반을 두고 있다. 그러나 그가 대통령에 선출된다면 무소속 의원이 1%밖에 되지 않는 지금의 국회에서 '식물 대통령'이 될 수밖에 없을 것이다. 만약 그가 제대로 일을 해나가기 위해 새로운 정당을 구성하려 한다면 결국 기존 정당 소속 의원들을 대폭 빼오는 수밖에 없어 이는 다시 국정을 마비시키고 한국 정당사에 또 하나의 이합집산을 기록하게 될 것이다. 정치의 발전이 아닌 퇴행을 가져오는 것이다.

안철수 후보는 지난주 그를 통해 표출된 국민들의 정치 변화에 대한 열망을 스스로 대통령이 되어 실현하겠다며 출마 선언을 하고 회견장의 단상을 내려왔다. 그가 대선 출마의 길을 선택하고 단상을 내려온 이상 이제 우리 국민들이 시험대에 올라서게 되었다. 무엇이 과연 한국의 정치 발전을 위하는 길인가?

다시 보기 안철수 현상은 한국 정치에서 언제라도 나타날 수 있는 현상이다. 이미 과거에도 새 정치에 대한 국민들의 염원이 다른 인물들을 대상으로 분출된 바 있다. 2012년 9월 안철수 교수가 기자회견을 한다고 하기에 필자는 그를 위해서, 또한 나라를 위해서, 그가 "국민들의 저에 대한 높은 지지는 저 개인의 능력에 대한 지지가 아니라 현 정치를 바꾸려는 열망이 투영되어 나왔다고 생각하며 안타깝게도 저는 그런 열망을 부응할 경험과 능력, 정치적 세를 지금 갖고 있지 못하니 국민들의 그런 열망이 뭉쳐져 앞으로 한국 정치와 정당을 개선시키는 힘으로 작용하게 되기를 바란다"라는 취지의 말을 하고 기자회견의 단상에서 내려오기를 바랐다. 그러나 그도 역시 과거 여러 사람들이 그랬던 것처럼 잠재적 대선 후보로서의 높은 지지율이 주는 유혹을 이겨내지 못하고 결국 대선 후보로 나서겠다는 의지를 발표하고 단상에서 내려왔다. 필자는 그가 대권에 도전할 수는 있겠으나 성공하지는 못할 것으로 예견했다. 결국 결과는 그런 방향으로 진행되었다. 한국 사회가 가져야 할 본받을 만한 인물 중 한 사람이 그렇게 정치인으로 등장했다가 존재감을 잃어가게 되는 것을 지금도 안타깝게 생각한다. 그는 지금 야당에 몸담으며 국회의원직을 가지고 있다. 아마 앞으로 약 10년간 정치인으로서 그가 과거 벤처기업인으로 성공한 만큼의 능력을 보여준다면 그때 다시 대권에 도전해도 좋으리라 생각된다.

2012

1020

# 사회 운영체계의 전반적 개혁 있어야

정치 개혁을 해야 한다고 하지만, 사실 정치는 그 사회의 거울이다. 오늘날 우리 사회의 문제점들이 정치의 모습으로 나타난 것이다. 지금 국회의원이나 정치인의 면면을 봐도 대부분 우리 사회의 엘리트 출신이다. 왜 그들이 그 정도의 정치밖에 못하겠는가? 어찌 오늘날의 정치가 그들만의 문제라고 할 수 있겠는가?

재벌 개혁을 말하지만, 이 역시 마찬가지다. 오늘날 국민에게 지탄의 대상이 된 재벌의 문제점은 그들 혼자서 만들어낸 것이 아니다. 국가 사회가 같이 만들어온 것이다. 그들이 법 위에 군림했다면 검찰과 사법부도 잘못된 것이고, 각종 특혜를 누리면서 불공정행위가 묵과되었다면 정책과 제도를 제대로 집행하지 못한 정부도 잘못된 것이다. 또 그들에게 유리하도록 경쟁의 법칙과 제도가 정해졌다면 이는 정치와 행정뿐 아니라 그들 편에 서서 그런 여론을 조성해온 언론과 학계도 잘못된 것이다. 우리 사회에 대한 총체적 접근 없이 어느 한 부문을 바꾸겠다고 아무리 외쳐봐야 실질적 변화는 일어나지 않는다. 일과성으로 끝나고 다시 원래대로 돌아올 뿐이다. 사회는 유기체와 같다. 한 부문을 바꾸려면 연관된 모든 부문을 함께 바꿔야 한다.

우리는 정치제도, 행정조직, 금융감독 등에서 선진국의 좋은 제도들을 도입했으나, 그 운영 방식은 아직 개발연대의 틀에서 크게 벗어나지 못했다. 예컨대 금융위원회나 공정거래위원회의 수장은 임기가 있다. 과거 선진국들에서 오랜 경험을 통해 이들 기관이 제 역할을 하려면 독립성이 꼭 필요하다고 인정했기 때문이며, 우리도 이를 따라 이 제도를 도입했다. 그러나 우리나라 감독기관 수장의 평균 재직 기간은 14개월에 지나지 않는다. 주요 20개국G20 국가의 평균 재직 기간은 8년이 넘는다. 경제부처 장관의 재직 기간도 마찬가지다. 한두 해가 멀다 하고 바뀌고 있다. 이렇게 해서 어떻게 재벌의, 시장의 변화를 추진해낼 수 있겠는가? 심지어 가장 장기적 시각과 접근을 요하는 통일부·교육부 장관도 한 정권에서만 수 명씩 바뀐다. 법조계에는 여전히 전관예우가 남아 있다. 전관예우가 있다는 것은 바로 법의 집행이 공정하지 못하다는 말이다. 그들이 현직을 떠나자마자 가는 곳이 로펌이고, 이 로펌의 주요 고객은 모두 대기업이다. 감독기관도 마찬가지다. 우리나라 금융기관 감사의 절반 이상이 금감원 출신으로 채워져 있다. 피감기관에 대한 감독이 제대로 이뤄질 수 있겠는가?

우리 사회는 아직도 뿌리 깊이 남아 있는 유착과 담합구조가 진정한 경쟁 사회가 되는 것을, 국민에게 공정한 경쟁 기회를 주는 것을 막고 있다. 이러한 사회의 관행, 국가 운영 방식이 지속되면서 우리 사회의 기득권 계층이 공고해지고, 계층 간 이동성이 줄어들고 있다. 이것이 오늘날 젊은 세대들이 우리 사회에 대해 좌절감을 느끼고 있는 가장 큰 이유 중의 하나다.

해방 후 대한민국 역사는 성공의 역사다. 과거 어떤 나라도 정치·경제 면에서 이렇게 빨리 국가의 발전을 이룬 나라를 찾아보기 어렵다. 이러한 성공이 있을 수 있었던 큰 요인 중의 하나는 우리 사회가 가지고 있었던 역동성이었다. 그런데 지금 우리가 잃어가고 있는 것 중 하나가 바로 역동성으로, 우리 사회 기득권의 담합과 유착 구조로 계급이 고착화되고 있으며, 이것이 우리 사회의 역동성을 줄여가고 있다.

사회가 지속적으로 발전하기 위해서는 젊은 세대에게 꿈과 희망을 주어야 하며, 기회가 공정하게 열려 있어야 한다. 진정한 경쟁 사회가 되어야 하는 것이다. 연줄이나 관계가 아닌, 실력으로 경쟁하는 사회가 되어야 한다. 부모를 잘 만나는 것이 성공의 결정적 요인이 되어서는 안 되는 것이다. 그러나 지금 우리 사회 구석구석의 모습은 우리 사회가 진정한 경쟁 사회가 아님을 보여준다.

노동인구가 줄고 저축률이 떨어짐에 따라 앞으로 우리 경제의 잠재성장률 유지를 위해서는 생산성 향상이 필수다. 이는 각자 직업에서의 전문성, 직장에서 일하고 경쟁하는 방식, 사회적 합리성이 제고되지 않고는 이뤄질 수 없다. 주말이면 예식장을, 주중에는 각종 회식과 장례식장을 찾아 연줄을 다져야 하는 사회에서 어떻게 자신의 인적 자산에 투자할 시간을 선진국 전문직 종사자만큼 가질 수 있겠는가?

이를 바꾸기 위한 국민적 성찰과 움직임이 일어날 때 우리 사회는 비로소 진정한 선진 사회로 진입할 수 있다. 젊은이들에게 꿈과 희망을 줄 수 없는 사회는 죽어가는 사회다. 이들에게 희망을 주기 위해서는 우리 국가·사회가 운영되는 소프트웨어의 전반적 개혁이 일어나야 한다. 이것이 지금 한국이 당면한 중요한 시대적 과제다. 경제민주화? 우리 사회의 전반적 개혁 없이는 이뤄질 수 없다.

다시 보기

2012년 대선이 다가오면서 경제민주화가 최대의 화두로 떠올랐다. 경제민주화란 말 자체가 모호한 단어이지만, 그보다 그것을 어떻게 실천할 것인지를 놓고 진행되는 논의들도 너무 피상적인 것 같았다. 증상만 가지고 갑론을박할 뿐 그러한 증상을 가져오게 된 병인에 대한 고찰과 처방은 충분치 않은 것 같았다. 그러한 갑론을박은 과거의 경험으로 볼 때 수명이 짧고, 세상의 변화를 가져오지 못한다. 대선은 경제민주화를 먼저 내건 박근혜 후보의 승리로 끝났다. 하지만 박근혜 정부는 출범 후 그 슬로건을 곧바로 접어버렸다.

대한민국의 성공 뒤에는 역동성이 있었다. 그리고 그 역동성은 해방 후 모든 사람들이 비슷한 처지에 있었던 상황에서 불이 붙었다. 오래된 조선 시대의 계급사회가 일제 강점으로 무너졌고, 건국 후 1949년 토지개혁으로 지주계급이 몰락했으며, 곧이어 발생한 한국전쟁은 그나마 있던 부의 차이마저 거의 파괴해버렸다. 모든 사람이 궁핍했으며, 부와 소득의 분배가 비교적 공평하게 이루어졌기에 우리나라는 1950년대 말에서 1960년대 초에 걸쳐 수출지향적 경제정책 개혁을 이뤄낼 수 있었다. 기득권이 약했기에 변화에 대한 저항도 크지 않았다. 이것이 남미나 인도 등 개도국과 우리가 크게 달랐던 점 중 하나다. 그러한 개도국에서는 대지주, 수입대체업자들이 이미 공고한 기득권을 행사하고 있어 소득분배가 사회의 주요 이슈 중의 하나였다. 하지만 우리나라는 모두가 가난해 소득과 부의 분배가 상당히 균등했으며, 따라서 경제정책도 다른 개도국과 달리 재분배정책redistributive policy에 집중할 필요 없이 성장과 발전에 집중할 수 있었다.

그러나 반세기가 지난 지금 상황은 많이 달라졌다. 성공의 결과라고 해야 할까. 이미 우리 사회에는 기득권이 공고히 자리 잡았다. 역동성도 사라지고 있다. 사회계급이 고착화되고 있다. 이런 사회는 젊은이들에게 꿈을 주기 어렵다. 젊은이들이 꿈을 펼치지 못하는 사회는 발전하기 어렵다. 돈 있는 부모와 없는 부모를 만나는 것은 개인의 운명이라고 치자. 그러나 그 때문에 교육받을 기회가 줄어들고, 건강하게 살지 못하며, 자신의 꿈을 이룰 기회가 줄어드는 것을 막는 것은 사회의 책임이다. 우리 사회에는 아직도 지대economic rent가 많이 남아 있다. 결국 '공정경쟁'의 강화가 우리가 추구해야 할 일이라고 생각된다. 우리 사회 거의 모든 분야에서 '공정한 경쟁'을 강화하고 지대를 낮추어 나가는 것이 우리 사회가 좀 더 역동성을 회복하는 길이 될 것이라고 믿는다. 기득권의 입장에서는 삶이 좀 더 피곤해질지 모른다. 그러나 그것이 우리 사회의 생산성을 높이고 경쟁력을 높이는 길이라고 생각된다. 경쟁 없는 경쟁력은 기대할 수 없다.

2012

1212

# 새 대통령의 과제

팽팽하던 대선경쟁은 박근혜 후보의 승리로 끝났다. 지금 승자는 기쁘겠지만 어깨는 중압감으로 눌리고, 패자는 아쉽겠지만 오히려 홀가분함이 느껴지지 않을까? 땅덩어리 10만 제곱킬로미터, 인구 4900만 명의 한국호가 당선인의 조타를 기다리고 있다. 박근혜 당선인과 함께 쓰일 5년의 대한민국 역사는 후세에 어떻게 남을 것인가?

과거 모든 대통령이 무거운 과제들을 안고 새 정부를 출범시켰지만, 박근혜 정부가 안고 있는 과제 역시 엄중하다. 물려받은 과제들과 시대가 요구하는 새 과제들이 만만치 않은 것이다. 당면한 수많은 과제 중에서도 새 정부가 마주해야 할 중요한 시대적 과제를 크게 세 가지로 정리해보고자 한다.

첫째, 위기관리다. 적어도 새 정부 초반, 혹은 임기 내내 세계경제가 침체 현상을 보이고 국내경제가 저성장을 지속할 가능성이 크다. 저성장은 양극화, 실업, 가계부채, 부동산 문제를 악화시켜 금융 안정을 위협하고 사회 갈등을 고조시킬 것이다. 경제의 지나친 위축을 막고, 새로이 균열이 생기는 부분에 대한 선제적 대응과 적절한 보수를 해나가는 기민한 경제정책을 구사해야 한다. 양극화 심화를 막지 못하면 머지않아 사회적 위기에 봉착할 수 있다. 선거 과정에서 공약한 경제민주화, 복지제도들이 일자리를 창출하는 동시에 장기적 잠재성장률을 해치지 않도록 설계해내는 것도 주요 과제다. 북한에 새로 등장한, 경험과 경륜이 부족한 지도자의 미숙한 국가 통치가 언제 촉발시킬지 모르는 한반도 비상사태에도 대비해야 한다.

둘째, 지배구조의 개선이다. 현 헌법과 권력구조는 민주화 25년을 거치며 많은 한계를 노정하고 있다. 우리는 과거 외부에서 수입한 제도와 우리 사회의 현실이 맞지 않는 공간을 불투명한 관행과 편법으로 메워왔다. 정경 유착, 부패, 권력기관의 이용 등 투명하지 않은 권력 행사로 이뤄졌던 국가 경영이 이제 투명하면서도 효율적으로 이뤄질 수 있도록 의회와 행정부 간, 그리고 행정부 내에서의 권력구조에 새로운 조정이 필요하다. 이번 대선에서 여야 모두 개헌을 약속했으나, 그 방향에 대한 논의는 충분치 못했다. 당선인은 19대 국회와 함께 개방적이며 건설적인 공론 과정을 통해 대통령 임기를 포함한 새로운 국가 지배구조를 위한 개헌을 이뤄내야 한다. 그러지 못하면 이제까지 경험해온 단기주의와 이익집단에 갇힌 국정의 정체 및 비효율성이 지속될 것이다.

지배구조 개선의 필요성은 기업에도 적용된다. 우리 기업들은 창업자의 세대를 거쳐 이제 2~3세의 경영 시대로 이어지는 과정에 있다. 하지만 아직 투명하고 정당하며 효율적인 지배구조와 승계제도를 정립하지 못하고 있다. 재벌뿐 아니라 공기업, 포스코, KT와 같이 소위 국민기업, 그리고 금융지주회사도 마찬가지다. 이런 기업들의 경영진이 어떻게 선정되고, 어떤 권한과 책임을 가지며, 어떻게 경영하는가는 한국 경제의 경쟁력에 매우 중요한 일이다. 민주화·세계화 시대에 부합하면서, 동시에 우리 고유의 상황, 관습, 전통으로 수용될 수 있는 기업 지배구조의 정립을 국가가 유도해나가야 한다.

셋째, 정부 운영체제의 혁신이다. 우리의 국가기관 및 정부의 운영 방식, 공직자에 대한 보수·유인 체계 등을 바꿔나가야 한다. 우리는 개발연대에 정착하게 된 현재의 관료제도와 행정 방식을 세계화 시대에도 그대로 답습하고 있다. 정부 부서와 보직자의 직무에 대한 권한과 책임을 명확히 규정하고, 각종 회의체의 운영 방식과 관료의 일하는 방식을 바꿔나가야 한다. 바쁘게 일하는 것보다 제대로 일하는 것이 중요하다. 민간에 넘겨야 할 부문은 과감히 넘기고, 정부가 해야 할 일은 확실히 할 수 있어야 한다. 엄격한 직무 분석과 평가로 유능한 사람은 빨리 승진시키고, 고위직을 맡으면 한 자리에 오래 근무하게 해야 한다. 아무리 우수한 사람을 뽑아 직업관료로 양성하더라도 오늘날과 같이 시장 환경이 빠르게 변하는 상황에서 민간의 인재들을 수시로 정부에 기용할 수 있어야 한다. 그러나 지금의 정부 운영 방식 및 보수 체계로 이는 어렵다. 대통령 스스로 의지를 가지고 혁신을 주도하지 않으면 이 과정이 성공할 수 없다. 정부가 효율적이고 합리적으로 운영되면 민간 부문에도 그 영향이 파급될 것이며, 그 결과 우리 경제·사회의 전반적인 생산성 향상과 잠재성장률 제고로 이어질 수 있다.

이번 대선에서 국민의 지지는 거의 반반으로 나뉘었다. 여야 정당, 의회 지도자, 시민단체를 설득하고 그들의 협력을 얻지 않고서는 국정의 진전을 이뤄나가기 힘들다. 박근혜 당선인은 선거 과정에서 말한 대로 대통합의 리더십을 발휘해 이 시대가 안고 있는 과제들에 커다란 진전을 이뤄나가는 대통령이 되길 바란다.

다시 보기

새 대통령이 선출되면 국민들은 기대와 주문을 쏟아낸다. 이 글도 그중 하나다. 이 글에서 기술한 세 가지 과제에 대해 이제 3년 차에 들어선 박근혜 정부가 어떻게 접근해왔는가에 대해서는 독자들이 판단할 것이다.

대통령이라는 자리는 매우 힘든 자리다. 어항 속 물고기처럼 개인 생활의 자유가 없고, 일거수일투족이 언론과 국민의 주시 대상이 된다. 언제 어디에서 무슨 일이 터질지 모르며, 그 모든 일들에 대한 최종적 판단과 결정은 대통령에게로 집중된다. 엄청난 스트레스를 이겨낼 수 있도록 신체와 마음, 정신을 매일 관리해나가야 하는 자리다. 언제 어떤 중요한 결정을 내려야 할지 알 수 없기 때문이다. 박근혜 후보는 청와대에서 자라고 오랫동안 퍼스트레이디의 생활을 해보았기 때문에, 문재인 후보는 대통령 비서실장을 지냈기 때문에, 그것을 잘 알고 있었을 것이다. 그래서 이 글 서두에서 두 후보의 대선 후 심경을 짐작해본 것이다.

2013

0202

# 정치 쇄신 방향 옳은가

정치 쇄신을 원한다면 정치인들이 좋은 정치를 위해 경쟁하고, 또 좋은 인재들이 정치로 몰려들게 해야 한다. 그러기 위해서는 정치를 하는 것에 대한 인센티브를 높여주어야 한다. 그런데 지금 정치권에서 이야기하고 있는 정치 쇄신안들은 정치를 하려는 인센티브를 오히려 줄이면서 좋은 정치를 위한 개혁을 하려고 한다. 모순이다.

물론 이렇게 된 데에는 이유가 있다. 워낙 정치인들이 지탄을 받아와 뭔가 정치인들에게 징벌을 가해야 국민들이 만족해하기 때문이다. 그러나 더욱 근본적으로는 우리 국민과 정당, 언론에 오늘날 정치의 책임이 있다. 우리 사회의 각계에서 성공한 인재들이 정계로 들어선 후에는 그곳에서 꽃피지 못하고 좌절해 나오는 것을 우리는 여러 번 보았다. 따라서 지금 우리 사회나 정당 내에서 제공되고 있는 정치인에 대한 전반적 인센티브 체계가 그들이 나쁜 정치를 하도록 왜곡되어 있지 않은지, 또한 훌륭하고 깨끗한 인재들을 더 많이 정치로 끌어들이려면 지금의 인센티브 체계를 어떻게 바꿔야 하는지에 대해 우리 사회가 진지하게 모색해봐야 한다. 열심히 발품 팔고 유권자들의 말에 귀 기울여 좋은 정책을 발의하면 언론과 국민은 별 주목을 하지 않는 반면, 강경 투쟁 벌이고 근거 희박한 사실들을 폭로하며 장관과 공무원에게 호통치면 언론에 대문짝만 하게 보도되고 당내 입지와 차기 선거에도 유리해진다면, 누군들 후자의 행동을 하려고 하지 않겠는가?

우리나라는 경제 발전 초기 막대한 금융적·재정적 인센티브를 제공해 산업화와 수출입국에 성공했다. 또한 올림픽 출전 선수들에게도 일관되게 강한 인센티브를 제공해 우리의 국력을 훨씬 뛰어넘는 올림픽 성적을 거둬왔다. 우리가 정치 발전을 원한다면 정치에도 인센티브를 제공할 필요가 있지 않겠는가? 물론 이는 물질적 보상뿐만 아니라 명예, 징벌 등이 포함되는 광의의 인센티브 체계를 말한다. 그러나 최근 여야 정당에서 거론되고 있는 쇄신안들은 인센티브를 줄이는 데만 집중하고 있다. 세비를 30% 깎고 특혜를 줄이면 더 많은 좋은 인재들이 정치권으로 몰려들고 좋은 정치가 이뤄지는가? 그렇게 하면 얼마나 많은 국가예산이 절감되는가? 아마도 저축은행 하나 구제하는 것의 10분의 1도 되지 않을 것이다. 좋은 정치를 만드는 것은 그 어떤 과제보다 국가의 우선순위를 차지하는 일이다.

국민들을 일시적으로 시원하게 하는 것이 반드시 좋은 쇄신 방안은 아니다. 좋은 인재들이 정치인의 삶을 지향하고 정계에 발을 들여놓을 수 있게 해야 한다. 세비를 깎고, 특권을 줄이기보다 오히려 지금과 같은 비현실적인 '정치자금법'을 좀 더 현실적으로 만들어주고, 제대로 의정 활동을 하도록 지원하려는 노력이 필요하다. 돈 많은 사람만이 정치를 할 수 있는 사회가 되어서는 안 되는 것이다. 나쁜 정치에 대한 징벌도 필요하다. 그러나 여기에는 국민과 정당이 담당해야 할 몫이 크다. 선거와 공천이 최대의 징벌 수단이다. 특정 정당의 공천을 받으면 그 지역에서는 '묻지 마' 당선이 되는 한, 정치 발전은 이루기 어렵다. 공천 방식, 당내 고위직을 위한 경쟁 과정, 당 운영 방식 등 정당 혁신이 무엇보다 중요하다.

과거 우리 사회는 투명한 사회가 아니었다. 우리 사회의 실질적 보상·유인 체계도 투명하지 않았다. 공무원과 국회의원의 보수가 월급봉투만은 아니었다. 대통령이 내려주는 금일봉, 상관이나 계파 보스가 내려주는 봉투, 친지나 아는 기업이 나서는 스폰서 그룹이 실질적으로 우리 사회의 보상·유인 체계를 구성했다. 그리고 그것이 인재를 쏠리게 하고 우리 사회를 움직여왔다. 그러나 이런 행위의 본질은 부패와 유착이다. 따라서 우리 사회가 선진화되고 투명해지려면 이러한 관행이 근절되어야 한다. 다행히 지금 우리 사회는 그런 방향으로 움직여가고 있다. 그러나 이와 더불어 우리 사회가 놓치고 있는 것이 있다. 그것은 투명한 보상·유인 체계를 재조정해 실질적으로 투명하면서도 우리 사회가 여전히 효율적이며 역동적으로 작동될 수 있게 하는 것이다.

이번 이동흡 헌법재판소장 후보자 청문회에서도 나타났듯이 공무원의 보수체계도 재정비할 필요가 있다. 소득을 보조할 필요가 있으면 봉급을 올려주는 것이 옳다. 특정업무경비라는 모호한 항목을 만들어 공무원에게 스스로 자괴감을 느끼게 하며 그 돈을 사적 용도로 쓰게 해서는 안 되는 것이다.

나쁜 정치와 정치인에 대해서는 제재와 징벌을 강화해야 한다. 그러나 그것만 해서는 안 된다. 좋은 정치에 대한 인센티브를 강화하는 것도 필요하다. 단순히 정치만이 아니다. 우리 사회 전반에 지금 시대에 맞는 새로운 보상·유인 체계를 도입해야 한다. 그것이 바로 개혁이고 쇄신이다.

다시 보기 2013년 초 여야는 국회에 '정치 쇄신 특위'를 설치하고 정치 쇄신안들을 내놓기 시작했다. 그 내용은 세비를 깎고, 면책특권을 줄이는 것 등이었다. 물론 이런 제안들이 성사되기도 쉽지 않을 것이었지만, 그렇게 해서 좋은 정치가 이뤄지리라고 기대되지도 않았다.

영국에 있을 때 옥스퍼드, 케임브리지 출신 등 똑똑한 젊은이들이 정당과 관련된 연구소로 들어가 정치 지망생으로 활동하는 것을 자주 보았다. 미국도 우수한 젊은이들이 의원 보좌관으로 들어가 일들을 한다. 반면 우리나라 우수 대학 졸업자들은 고시나 대기업 취직을 최우선 목표로 잡는다. 국회의원 보좌관이나 정당연구소를 원래부터 지망하는 학생들은 거의 보지 못했다. 그만큼 정치 지망생의 길이 험난하다고 생각하기 때문일 것이다. 비록 재력 있는 사업가나, 변호사 등 자격증을 가지고 생계의 수단을 가진 인사들이 아니더라도 유능한 젊은이들이 정치에 뜻을 품고 젊었을 때부터 직업으로서의 정치 훈련을 받고 성장해나가는 것이 한국 정치의 발전을 위해 도움이 되지 않을까 생각된다. 그러기 위해서는 정치인의 활동과 생활이 투명해져야 하고, 그러면서도 그야말로 교도소 담장 위를 걷지 않고도 직업으로서의 정치인이 될 수 있어야 하며, 그런 방향으로 정치, 정당 활동에 대한 보상·유인 체계가 이루어져야 하리라고 생각된다.

한 나라에서 정치는 무엇보다 중요한 것이다. 과거 우리나라는 특정 산업과 재벌들을 성장시키기 위해서도 국가가 나서서 엄청난 지원을 했다. 좋은 정치를 위해서라면 굳이 국가의 지원을 아낄 필요가 있겠는가.

2013

0316

# 박정희 시대와 박근혜 시대

버클리 대학의 아델만과 모리스 교수가 1967년 출간한 『사회, 정치, 경제 발전: 수리적 접근Society, Politics and Economic Development: A Quantitative Approach』이라는 저서는 한국의 1인당 국민소득이 1960년에 불과 79달러로 아프리카의 세네갈, 모잠비크보다 낮은 수준이었지만 교육수준, 문맹률, 소득분배율 등과 같은 사회지표를 다른 나라와 비교해보면 당시 한국의 1인당 국민소득은 적어도 그 다섯 배는 되어야 한다고 분석했다. 실제로 이들 지표를 대입해 예측한 한국의 향후 성장률을 1960~1985년의 실제 성장률과 비교해보면 전자가 후자의 약 90% 가까이를 설명하는 것으로 후속 연구들은 보여준다. 교육수준은 기술을 받아들이고 익히는 능력을 높여 성장을 촉진하고, 소득불균형은 사회 갈등을 심화하고 경제정책을 왜곡해 성장의 발목을 잡는다. 1960년대 초 한국은 아프리카 저개발국들과 비슷하게 못살았지만, 실제로 당시 인력 수준, 사회자본, 그리고 균등한 소득분배 등을 고려할 때 이후의 고속 성장은 이미 예견되어 있었다.

그러나 건축자재가 훌륭하다고 해서 바로 집이 들어서는 것은 아니다. 1960~1970년대 박정희 정부는 적절한 설계와 유능한 시공으로 우리 국민의 잠재력을 엮어내 당시 사회지표가 예측했던 성장률보다 더 높은 성장을 실현해냈다. 당시 정부가 한 핵심적 역할은 바로 기획조정coordination을 통해 시장의 실패를 극복한 것이었다. 국가가 나서서 인프라를 깔아주고, 재정·금융 수단을 동원해 수출산업을 일으키고, 생산의 집적화를 통해 종전에 개별 기업 입장에서 볼 때 사업성이 없던 사업들에 투자 가치를 불어넣고 돈을 벌 수 있게 되어 투자와 생산이 급속히 늘어난 것이다. 그러나 당시 숙련된 인력이 갖추어져 있지 않았다면 산업화가 촉진되기 어려웠을 것이고, 또한 소득과 부의 분배가 균등히 이루어져 있지 않았다면 막대한 국민 부담에 의한 기업 지원 정책에 국민들이 동의하지도 않았을 것이다. 이승만 정부에서 토지개혁과 초등교육의 보편화로 만들어낸 구슬들을 박정희 정부가 실로 꿰어 시대적 과제를 실천한 것이다.

지난달 동국대 김낙년 교수가 국세청 자료를 분석해 발표한 2010년 한국의 소득분배는 OECD 32개국 중 칠레, 멕시코, 터키, 미국에 이어 다섯째로 불균등한 것으로 나타나 있다. 또한 지난해 SBS가 서울대 사회발전연구소에 의뢰해 발표한 연구에서는 한국의 사회적 신뢰 수준이 터키나 독일보다 훨씬 낮아 그리스나 이탈리아와 비슷한 수준인 것으로 나타났다. 정부에 대한 국민의 신뢰 수준도 비슷했다. 몇 해 전 스위스의 국제경영개발원IMD은 한국이 대학 진학률은 세계 최고 수준이나, 대학교육의 '경제·사회 요구 부합도'에서 55개 조사 대상국 중 53위에 그친다고 발표했다. 또한 지난해 국제투명성기구에서 발표한 한국의 부패지수는 세계 45위를 기록했다.

2010년대의 한국은 1960년대의 한국과 달리 각종 사회적 지표들이 우리와 비슷한 소득수준의 국가들에 비해 앞으로 성장이 더욱 빠를 것이라기보다 오히려 더 지지부진할 수 있음을 시사하고 있다. 이는 박근혜 정부의 과제가 박정희 정부의 과제와는 크게 다름을 뜻하기도 한다. 박정희 정부가 내재해 있던 국민과 사회의 잠재적 역량을 결집해 이에 걸맞은 국가의 발전을 이뤄냈다면, 박근혜 정부는 잠재력 자체를 키워내야 하는 과제를 안고 있다. 박정희 정부가 밖에서 기술과 자본을 도입해 하드웨어 경제를 일으켰다면, 박근혜 정부는 안에서 기술혁신과 지식 창출 능력을 키워 소프트파워 경제를 일으켜야 하는 과제를 안고 있다.

이는 결국 지난 50년간의 압축성장 과정에서 우리의 산업, 노동, 교육, 언론 등 각 분야에 뿌리내린 기득권에 의한 장벽을 낮추고, 담합적 사회구조를 바꾸어 우리 사회가 진정한 경쟁 사회로 거듭나게 함으로써 이룰 수 있다. 정부가 기득권의 칸막이와 정면으로 맞서고, 우리 사회의 보상·유인 체계를 재정립해 치열한 공정경쟁을 이뤄낼 플랜이 없으면 이 시대의 과제를 실천해내지 못한다.

지금 세계는 18세기 산업혁명처럼 수 세기에 한 번 일어날 수 있는 대변혁기에 들어서 있다. 이 변혁기에 입지를 세운 기업과 국가는 앞으로 긴 시간 그 자리를 향유하게 될 것이다. 한국은 이 변혁기에 대응할 준비가 되어 있는가? 박정희 시대에는 기득권의 저항이 공고하지 않았고 그나마도 권위주의 통치로 억눌러 변화를 이뤄냈다. 지금의 환경은 크게 다르다. 그리고 5년이라는 시간밖에 가지고 있지 않다. 박근혜 정부가 박정희 정부처럼 시대적 과제를 실천했다는 평가를 받으려면 적어도 새로운 변화가 진행될 수 있는 사회적 분위기와 제도적 발판이라도 마련해야 할 것이다. 그러나 그런 그림은 아직 보이지 않는다.

2013

0406

# 보수체계, 이대로 좋은가

스위스는 지난달 국민투표를 통해 기업 임원들의 보수를 제한하는 법안을 통과시켰다. 그것도 68%의 압도적 지지로. 10년 전만 해도 상상치 못할 일이다. 프랑스도 비슷한 법안을 준비하고 있다고 한다. 금융위기 이후 영국은 한화로 약 4000만 원을 넘는 은행의 임원 성과급에 대해 50%의 특별세를 부과하고, 미국에서는 공적자금이 투입된 은행들의 임원 보수를 정부가 규제하고 있다.

보수를 결정하는 요인은 무엇인가? 어떤 것이 공정한 보수인가? 이는 인류가 공동체를 형성하면서부터 씨름해온 과제다. 인간은 누구나 협업 과정을 통해 생산 활동을 하고 있다. 어떤 생산 활동이든 처음부터 끝까지 남의 도움 없이 하는 것은 없다. 과거의 수렵 활동도, 오늘날의 기업 활동도 그렇다. 어떤 기업도 밖에서 생산한 원료나 제품을 사용하지 않고 혼자서 완제품을 생산해내는 경우는 드물다. 하청 제품의 값을 매기는 데 따라 부가가치와 수익이 이쪽에서 저쪽으로 넘나들게 된다. 이러한 그물망 같은 협업 체계를 관리해 생산을 증가시키고 거기서 나오는 소득을 적절히 나누어 갖게 하는 것이 바로 국가 경제 운영이다. 그리고 이것이 주관되는 방식에 따라 자본주의와 사회주의 체제가 나뉜다.

자본주의 분배이론의 기초가 되는 신고전파 경제이론에 의하면 보수는 생산요소의 한계생산성에 따라 결정된다고 한다. 다시 말해 시장에서 자유경쟁이 이루어지면 자본과 노동은 그것이 추가적 생산에 기여한 만큼 보상을 받게 되고 따라서 시장에서 이루어지는 분배는 공정하다는 뜻을 그 속에 내포하고 있다. 그러나 실제 세상은 신고전파 경제학이 가정하는 세상과는 많이 다르다. 사람들이 모래알처럼 흩어져 각자 생산 활동을 하는 것이 아니라 기업이라는 조직을 통해 생산하며, 또한 시장 경쟁이 늘 공정한 것도 아니다. 발생한 이익을 기업 내 임직원들 간에 혹은 임직원과 주주들 간에 어떻게 나누어 갖는가 하는 것은 대개 시장 프로세스가 아닌 기업 지배구조와 조직 내 역학구도, 그리고 사회적 환경에 의해 결정된다. 공무원이나 군인 등의 보수는 아예 시장이 아닌 정치적 과정을 통해 정해진다.

2007년 미국 주요 기업 최고경영자들은 일반 근로자보다 평균 344배나 많은 보수를 받았다. 1980년에는 40배였다. 그렇다면 30년 전 미국의 최고경영자는 지금의 최고경영자들보다 훨씬 적은 기여를 했는가? 최근 4년간 미국에서는 상위 1%가 전체 국민소득 증가분의 81%를, 상위 0.1%가 39%를 가져갔다고 한다. '1%와 99%'라는 불만이 터져 나오지 않을 수 없다.

한 사회의 보상·유인 체계는 그 사회의 현재 및 미래 모습을 결정하게 된다. 인재의 흐름을 결정하고, 맡은 일에 대한 노력과 그 사회의 부패 정도, 또한 계층 간 격차와 이동에 영향을 미쳐 사회 갈등 수준의 높낮이에 영향을 미친다. 따라서 무엇이 그 사회의 지금과 미래를 위해 긴요한 일들인가에 대한 판단과 그 위에 각 분야에 대한 현재의 보상체계를 점검해볼 필요가 있다. 만약 이것이 우리 사회가 지향하는 바와 일치하지 않는다면 일치하는 방향으로 교정해주는 것이 바로 사회 개혁이며 혁신이다.

이런 면에서 우리 사회가 지금 깊이 천착해보아야 할 적어도 두 개의 과제는 기업 지배구조와 공공 부문의 보수체계다. 우리는 외환위기 이후 미국식 지배구조를 도입했으나 이것이 과연 우리 사회에 적절한지, 제대로 작동하는지에 대한 확신을 주지 못하고 있다. 특히 공기업, 금융지주회사의 경우 임원의 보수체계, CEO의 승계 문제 등에서 이사회의 기능과 관련한 잡음이 끊이지 않고 있다. 신제윤 신임 금융위원장이 이를 재점검하겠다고 한 것은 잘한 일이다.

공무원의 보수체계도 재점검할 필요가 있다. 지난 50년간의 고도성장과 민주화, 세계화를 거치면서 우리 경제는 자유화되고 사회가 많이 투명해졌다. 민간 부문 엘리트의 보수는 급등한 반면, 공무원의 보수체계는 아직도 개발연대의 틀에서 크게 벗어나지 못하고 있다. 과거 개발독재 시대의 군과 정부 고위직의 실질소득이 봉급만은 아니었다. 그 사이를 부패에 뿌리를 둔 하사금, 촌지 등이 채워주었다. 다행히 이제 부패도, 그런 관행도 크게 줄어들었다. 그러나 전관예우, 낙하산, 스폰서 등 이들이 퇴직 후 생활을 준비하는 편법적 관행은 여전히 줄지 않고 있다. 그리고 이는 우리 사회의 불공정경쟁, 유착적 구조를 지탱시키는 주된 요인이 되고 있다. 이제 공무원의 보수체계도 세상의 변화를 반영해 조정할 필요가 있다. 그러지 않고서 우리 사회의 유착적·담합적 구조를 깨려는 노력은 성공하기 어렵다. 그들의 퇴직 후 행태만을 질타하는 것은 우리 사회의 위선에 지나지 않는다.

다시 보기 왜 임원은 얼마를 받고 직원은 얼마를 받게 되는가? 여기에 대한 경제학적인 답은 없다. 이 글에서 설명하는 바와 같이 신고전파 이론에 의하면 자본이나 노동에 대한 대가는 그들의 한계생산성에 의해 정해진다. 그러나 오늘날 생산단위는 주로 기업이며, 기업 내에서 생산된 제품의 가치 중 어느 정도가 임원의 기여로, 혹은 현장이나 사무직 직원의 기여로 창출되는 것인지 가늠하기 어렵다. 따라서 기업 내 임금체계는 기업 내 의사결정에 의해서 이루어지며, 이는 기업의 지배구조와 노사관계라는 역학적 구도에서 정해지게 된다. 또한 수익의 얼마만큼을 임금과 배당으로 나눌 것인지도 결국 기업 내 의사결정에 의해 정해지고, 이 또한 기업 지배구조의 영향을 받게 된다.

우리나라 공기업을 보면, 금융 공기업과 비금융 공기업의 CEO 보수가 큰 차이를 보인다. 예를 들어서 한국전력이나 무역진흥공사KOTRA CEO의 보수와 산업은행, 수출입은행, 신용보증기금 CEO의 보수는 큰 차이가 있다. 어느 공기업이든 CEO는 최선을 다해 일을 할 것이다. 반면 그 실적은 국내외 경제 움직임과 정부정책의 영향을 많이 받는다. 금리정책, 신용정책, 환율정책, 유가정책, 전기요금 책정 등에 따라 공기업의 실적과 수익성은 크게 좌우된다. 왜 금융 공기업 CEO가 비금융 공기업 CEO보다 더 많은 보수를 받아야 하는지 뚜렷이 설명하기란 어렵다.

금융 부문 임원과 CEO의 보수가 크게 오르게 된 것은 외환위기 이후다. 외환위기 이후 금융 부문 구조조정을 하면서 영미Anglo-American식 기업 지배구조를 도입했고, 스톡옵션 등을 도입하면서 보수 수준이 크게 오른 것이다. 금융 구조조정 이후 금융시장이 안정되면서, 그리고 은행으로 다시 예금이 몰리기 시작하면서 은행의 수익구조가 크게 개선되기 시작했는데, 그 결과 금융 부문 CEO의 보수가 큰 폭으로 올랐다. 우리나라 은행 CEO의 성과급 지급 방식을 보면 수익이 전년에 비해 늘지 않아도 연봉의 일정분을 가져가게 되어 성과급이 실질적으로 연봉이나 다름없는 경우가 많다. 외환위기 이후 국민의 부담으로 공적자금을 투입해 은행들의 재무구조가 개선되고 실적이 좋아졌는데, 그것을 왜 CEO들이 향유해야 하는가 하는 의문에는 답하기 어렵다. 그리고 금리정책, 국제 금융 환경, 금융 규제 환경의 변화로 금융기관의 실적이 나아지는 결과를 임원과 CEO의 성과급으로 나누어주는 것이 정당한 보상 방식인가 하는 의문이 있다.

우리나라가 영미식 보수체계를 굳이 따라가야 하는가 하는 의문도 든다. 런던이나 월스트리트에 있는 세계적 금융기관에서 임원과 CEO들이 높은 보수를 받는 것은 그런 스타 CEO들의 경우 국경을 넘나들며 스카우트되어 일할 수 있어 유능한 경영인을 유치하려는 국제적 경쟁에 따라 몸값이 올랐기 때문이다. 예를 들어 영국 바클레이스의 CEO가 미국의 JP모건 CEO로 옮길 수 있고 도이체방크의 CEO가 크레디트스위스의 CEO로 스카우트되어 갈 수 있는 것이다. 그렇기 때문에 세계적 금융기관은 국제 수준의 보수를 지급해야 유능한 CEO를 유치할 수 있다. 그러나 국내 금융기관의 CEO들이 그런 글로벌 은행의 CEO 마켓에서 얼마나 스카우트 대상이 될지는 의문이다.

얼마 전 우리나라 금융 당국이 '15배 룰'을 들고 나온 적이 있다. 이는 유럽연합EU의 금융사 보수 규제 사례에 영향을 받은 것으로 보인다. 유럽연합은 지난 2013년부터 공적자금이 투입된 은행에 대해 경영진의 보수가 일반 직원의 10배를 초과하지 못하도록 규정했다. 또 성과급은 기본급의 3배를 초과할 수 없고, 주주의 동의가 있어야 2배까지 증액할 수 있도록 했다. 국내에서도 금융회사의 CEO와 직원의 평균 급여 차이가 큰 편이다. 금융감독원이 2013년 65개 금융회사를 대상으로 CEO의 연평균 보수 현황을 조사한 결과, 10억 원 이상 급여를 받는 고액 연봉 금융 CEO는 직원보다 평균 20~26배가량 많은 연봉을 받는 것으로 나타났다. 유럽연합 규제 수준보다 높은 차이이다.

민간기업의 CEO 보수를 정부 당국이 규제할 수는 없다. 그러나 금융 부문의 경우 감독 당국이 어느 정도 가이드라인을 제시하는 것은 적절한 일로 보인다. 2008년 금융위기의 요인들 중 하나로 많은 이가 금융회사 임원들의 보상체계를 지적했다. 실적을 올리기 위해 위험자산에 대한 투자를 할 인센티브가 크다는 이유에서다. 만약 위험자산에 투자해 수익성을 높이게 되면 연말에 스톡옵션, 성과급 등으로 큰 보수를 받게 되고, 반면 손해를 보더라도 높은 연봉은 챙길 수 있기 때문에 위험자산에 대한 투자를 선호하기 마련이라는 것이다. 다시 말해 동전을 던져 '앞면이 나오면 내가 이기고, 뒷면이 나오면 당신이 지는' 게임이라는 것이다.

특히 금융 부문이 발달한 미국, 영국, 그리고 이른바 영미식 기업 지배구조가 정착된 나라에서 일본이나 북구 나라에 비해 상위 1%가 전체 소득에서 차지하는 비중은 1980년대 이후 빠르게 증가해왔다(그림 참조).

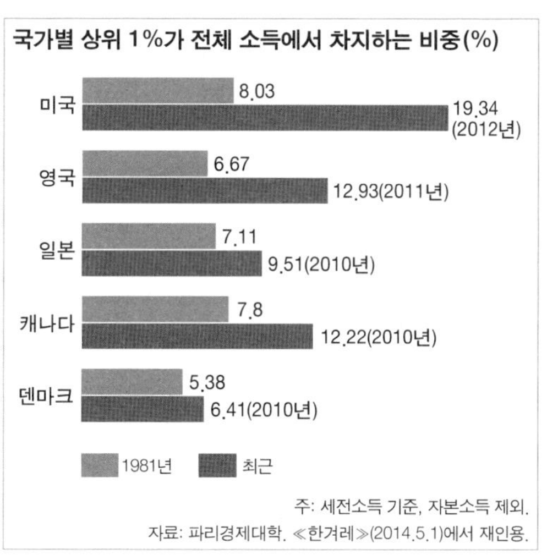

주: 세전소득 기준, 자본소득 제외.
자료: 파리경제대학. ≪한겨레≫(2014.5.1)에서 재인용.

2013

0629

# 창조경제와 사회문화

새 정부가 내건 창조경제의 정의가 무엇인가를 놓고 논란이 많다. 그러나 정부가 그것을 반드시 정의할 필요가 있을까? 이를 굳이 정의하려 들면 뜻이 좁아지고, 오히려 왜곡이 생기게 된다. 창조경제를 굳이 정의하지 않더라도 국민들은 대충 무슨 뜻인지 이해하고 있을 것이다. 과거와 같이 자본, 노동의 투입 증가를 통해 높은 성장률을 지속하는 것은 이제 한계에 달했으니 생산성을 높여 고성장을 지속하자는 뜻이 아닐까.

경제학에서는 이 생산성을 좀 더 구체적으로 총요소생산성total factor productivity이라 표현하는데, 이는 자본, 노동과 같은 요소 투입의 증가만으로는 설명될 수 없는 성장의 증가를 뜻한다. 즉, 자본과 노동 투입을 2%씩 증가시켰는데 경제가 5% 성장했다면 총요소생산성 증가에 의해 나머지 3%의 성장이 이뤄졌다고 본다. 일종의 '잔여residual' 개념이다. 이 속에는 생산기술의 혁신뿐 아니라 노사관계, 경영효율성, 법, 제도의 개선 등 모든 것이 포함된다. 따라서 우리가 '창조'라고 하는 것은 바로 이런 것들을 향상시키는 것이라 할 수 있다.

이렇게 볼 때 창조경제를 실현할 능력은 궁극적으로 우리 사회의 지식수준과 각종 제도의 합리성에 달려 있으며, 이들을 얼마나 높여갈 수 있는가가 창조경제의 성패를 가르게 된다. 선진국과 후진국을 나누는 가장 큰 잣대는 바로, 기술과 지식을 선도하고 있는가, 제도와 법 적용이 합리적인가 하는 것일진대, 오늘날 우리나라가 이 시점에서 창조와 혁신을 강조하는 것은 적절하고 필요한 일이라 생각된다.

그렇다면 우리 사회의 지식수준과 합리성을 어떻게 높일 것인가? 교육개혁이 중요함은 말할 것도 없다. 그러나 필자는 여기서 우리의 사회문화를 먼저 말하고 싶다. 지식은 독서와 사색, 그리고 토론과 실험을 통해 축적된다. 그리고 이는 절대적 시간의 양을 필요로 한다. 잦은 술자리와 경조사를 챙겨야 하는 집단주의 문화에서 지식이 자라기는 어렵다. 아마도 일제의 유산인지 모르나 오늘날 우리는 매우 집단적인 사회문화를 가지고 있다. 런던정경대학 교수였던 미치오 모리시마는 『왜 일본은 성공하였는가?』(1982)라는 저서에서 유교의 충忠이라는 말이 원래 중국에서는 스스로 마음의 중심을 가지는 것, 즉 자신에 대한 충실을 뜻했으나, 이것이 일본으로 건너와서는 자기가 속한 집단에 대한 충성이 더 강조되었다고 한다.

집단에 대한 충성을 지나치게 강조하는 사회는 양적 성장을 이루는 데에는 큰 도움이 될지 모르나 혁신과 창의에 의한 질적 성장을 도모하는 데에는 별로 도움이 되지 않는다. '미스터 엔'으로 잘 알려진 사카키바라 에이스케 전 일본 대장성 재무관은 2003년 브루킹스연구소에서 출간한 『일본의 구조개혁: 철의 삼각구조를 깨야』라는 저서에서, 일본 경제는 10%만이 자유시장경제이고, 나머지 90%는 사회주의경제라고 비판한 바 있다. 계열사나 협회를 통한 담합으로 보호와 진입 장벽을 쳐 시장에서의 공정한 경쟁을 막고 있기 때문이라는 것이다. 그리고 그는 이러한 담합주의, 특히 정부 관료와 각종 협회, 자민당의 결속으로 대표되는 철의 삼각구조 때문에 도요타, 소니와 같이 세계 경쟁에 노출된 약 10%를 제외한 대부분의 일본 경제가 묵시적 담합구조로 편안히 '나누어 먹기'에 안주했고, 일본이 1990년대 이후 더 이상 자본, 노동의 증가에 기댈 수 없게 되자 곧 잃어버린 10년을 맞게 되었다고 주장한다.

이러한 담합에 기대고, 이를 유지하기 위해 각종 모임에 빠지지 않고 경조사, 명절에 얼굴을 내밀며 바쁘게 뛰어다니는 일본 사회는 지식과 창의력 면에서는 여전히 서구 선진국들에 뒤지는 상황을 지속하고 있다. 그런데 오늘날 우리 사회는 일본 사회 못지않은, 아니 그보다 더한 담합적이며 모임을 중시하는 문화와 사회구조를 가지고 있다.

실력보다 연줄이나 관계가 중시되는 사회는 결코 지식사회, 창조경제로 나아가기 어렵다. 창의와 혁신은 치열한 경쟁에서 나오며, 그리고 그 바탕이 되는 것은 그 사회의 지식수준과 합리적 제도, 관행이다. 담합구조의 혁파, 실력에 의한 공정경쟁, 인사제도의 혁신이 바로 창조경제가 자랄 수 있는 토양을 제공한다. 미래창조과학부만이 창조경제의 주체가 될 수는 없다. 정부의 지원을 강화해 창조경제를 이루려 해서는 지대추구rent seeking 행위만 성행시킬 뿐이다. 모든 정부 부처가, 그리고 국회와 정치권이 현재 우리 사회에 내재하는 각종 제도와 관행의 합리성을 제고하고, 사회 전 분야에서 담합구조를 혁파해 공정경쟁 기반을 확대해나갈 때 비로소 창조경제를 이뤄나갈 수 있다. 그리고 우리 사회가 좀 더 개인주의적 문화를 존중할 필요도 있다.

다시 보기 창조경제라는 것은 훌륭한 목표다. 지금 한국 경제가 처해 있는 발전단계적 입지, 인구구조의 변화 등 구조적 한계성으로 볼 때 한국 경제가 지속적인 발전으로 선진 경제로 진입하고 또한 이에 안착하기 위해서는 창조와 혁신에 기초한 생산성 향상이 필수적이다. 그러한 창조성은 반드시 벤처회사나 창업으로만 고양되는 것은 아니다. 기존 대기업이 창조와 혁신을 주도해나갈 수도 있으며, 오히려 그러기에 더 유리한 위치에 있기도 하다. 그러나 창조성은 사회체제와 문화라는 근본적 토양을 먹고 자란다. 공산주의, 사회주의 체제에서 창조성은 시들어버린다. 자유민주주의, 시장경제, 공정경쟁 질서 환경이 주어질 때 창조성은 비옥한 토양을 만난다. 여기에 한 가지를 더한다면, 획일주의가 아닌 다양성, 인본주의humanism, 개인주의를 존중하는 문화적 전통과 관습을 들고 싶다.

대한민국이 아무리 창조경제를 위한 정부예산 배정을 늘리더라도 금방 캘리포니아처럼 될 수는 없다. 반바지를 입고 출근하고, 남녀노소가 격의 없이 토론하며, 합리성과 효율이 최고의 덕목으로 존중되는 환경에서 경쟁이 이루어질 때 창조력은 타오르게 된다. 거기에 실리콘밸리는 스탠퍼드 대학이라는 자유와 경쟁, 합리를 존중하는 전통을 가진 캠퍼스에 모여든 인재들이 밤낮없이 연구하며 공부해 지식을 창출하고 선도하는 지식센터와 접목되어 생겨났다.

2014년 12월 31일 백악관이 공개한 "2014: A year in Photos"에는 2014년 1년간 백악관 사진팀이 찍은 사진 중 대통령의 인간적인 면모를 담은 것들이 실려 있다. 이것을 지난 한 해 청와대에서 공개된 사진들과 비교해서 보면 미국과 한국의 문화 차이를 확연하게 느낄 수 있다. 다음 사진은 오바마 대통령이 백악관을 그만두고 떠나는 젊은 경호원 부부를 집무실에서 만나고 있는 와중에 부부의 아들이 소파에 얼

ⓒ The White House

굴을 박고 장난을 치는 모습을 담은 것이다. 한국에서는 아마 경호원이 그만둘 때 대통령이 부부를 초청하지도 않을 것 같고, 초청해도 아이를 집무실로 데리고 들어오지는 못하게 할 것 같다.

어느 사회에서나 나름대로 연줄을 쌓고 네트워크를 쌓기 위해 노력한다. 그러나 연줄과 네트워크가 사회적 성공에서 실력보다 얼마나 더 중요한 역할을 하는가의 정도에는 차이가 있을 것이다. 한국개발연구원KDI에서 2013년 5월에 발표한 「노동시장 신호와 선별에 기반한 입시체제의 분석과 평가」에서 학부모 대상으로 여론조사를 한 결과를 실었는데, 성공 또는 출세의 요인이 무엇이라고 보는가 하는 질문에 '학벌과 연줄'을 꼽은 학부모의 비율이 2010년에 48.1%였다고 한다. 더욱이 이 수치가 2006년에는 33.8%, 2008년에는 39.5%, 2010년 48.1%로 계속해서 올라가고 있다. 지난 소치 동계올림픽 때 쇼트트랙 러시아 대표선수로 나서서 메달을 휩쓴 안현수(빅토르 안) 선수의 경우를 보더라도 실력보다 연줄이 중시되는 한국 사회의 한 단면을 볼 수 있다.

2014년 노벨물리학상을 공동 수상한 일본인 나카무라 슈지 미국 샌타바버라 캘리포니아 주립대학 교수는 수상 소감을 발표하는 기자회견 자리에서 "미국에서는 무엇이든 도전할 수 있고 그것을 평가해주지만, 일본에는 여러 가지 속박이 있다. 연공서열이나 몇 년간 연구한 경력 같은 것이 중시된다"라면서 "일본에는 자유가 없다"라고 비판했다. 그는 이어 "일본은 벤처를 키우는 시스템이 거의 없고 (연구자가) 기업의 샐러리맨에 지나지 않는다"라고 말했다. 2000년 미국 국적을 취득한 나카무라 교수는 아메리칸 드림을 언급하면서 "재패니스 드림은 존재하지 않는다"라고 했다. 어려운 연구를 지속할 수 있었던 동기를 묻는 질문에는 "분노 이외에는 아무것도 없다"라고 말하기까지 했다. 그런 일본도 과학 부문 노벨상 수상자가 19명이나 된다. 한국은 제로다.

2013

0928

# 지배구조 개선 없이 선진 한국 어렵다

한국 사회가 지금 절실히 필요로 하는 과제 중 하나는 지배구조의 개선이다. 오늘날 우리 사회에서 표출되고 있는 여러 부정적 현상들의 밑바닥에는 지배구조와 승계의 문제점이 자리 잡고 있다. 이는 국가 차원에서부터 기업, 금융기관, 나아가 종교단체에 이르기까지 광범위하게 노정되고 있다.

서구가 근대화 이후 도입·운영해온 제도와 지배구조는 수 세기에 걸쳐 그들의 전통, 문화, 습속 위에 점진적 발전단계를 거치며 실용적으로 개편·확립되어온 것이다. 이와 달리 우리가 도입한 대부분의 제도와 지배구조는 전통과 문화의 단절 위에 이뤄진 것이다. 지금의 국가 지배구조는 해방 후 서구, 특히 미국에서 수입된 제도에 1987년 민주화 당시 처한 특수한 정치적 상황에 따른 타협의 산물이다. 수입된 제도가 현실에 적절치 않음으로써 과거에는 초법적 또는 편법적 수단에 기대어 이를 운영해오기도 했으나, 이제 민주화된 시대에 그것이 용납되지 않으면서 각 부문에서 심각한 마찰음을 내고 있다. 따라서 우리의 현실에 맞는 보다 실용적이고 효율적인 지배구조를 도입하지 않으면 지금 우리 사회가 당면한 많은 도전들을 헤쳐나가기 어렵다.

5년마다 정권이 바뀌고 주요 공직뿐 아니라 공기업, 금융기관, 각종 단체장들이 모두 바뀌게 되는 지금의 지배구조로는 격변하는 세계 환경 및 동북아 정세에 장기적 시각을 가지고 국가 경영과 기관 운영을 해나가기 어렵다. 국가와 기관의 목표가 수시로 바뀌고 정책의 시계가 짧으며, 심지어 국가정책과 경영 방향의 단절이 생기고 있다. 국가, 공기업, 주요 기관 경영이 단기적 목표에 매여 표류하며, 장기적 비전은 벽에 잠시 걸려 있는 장식물일 뿐 실종되어 있다. 정권이 5년마다 바뀌다 보니 정부 고위직의 평균 재임 기간이 매우 짧고, 공기업, 정부 관련 단체, 대주주 없는 기업의 장들도 대개 단임 혹은 그보다 짧은 주기로 바뀌고 있다. 이 짧은 재임 기간 중 사적 목표나 단기적 성과에 집착하다가 물러나기도 한다.

심지어 국가 미래에 대한 장기적 시각을 가지고 일관된 정책 방향을 제시해야 하는 정부 출연 연구기관에서조차 거의 3년 단위로 장이 바뀌고, 정권이 바뀌면 그 기간마저 채우지 못하고 바뀌는 경우가 많다. 금융지주회사들도 사정은 다르지 않다. 외국의 금융기관 최고경영자는 잘 정립된 승계 과정을 거쳐 대개 10년 혹은 더 길게 경영을 책임지며 단기적·장기적 관점 모두에서 경영전략을 구사하고 있다. 어느 쪽이 더 잘 경영되고, 장기적 경쟁력이 있겠는가?

다른 한편으로 우리나라 재벌 기업의 경우는 가족지배가 세대를 넘기면서 오너 경영의 장점이 한계를 보이고 있다. 주요 재벌들은 이제 3세 경영 시대로 넘어가는 과정에 있다. 경영 능력과 기업가정신이 반드시 대물림되는 것은 아니다. 외국의 경험을 보더라도 대개 창업주 시대를 함께한 2세까지는 기업이 번성하고 발전하나, 3세로 넘어가면서 쇠퇴하는 경우가 많다. 부유하고 안락한 환경에서 자라면서 선대의 도전정신이 줄어들고, 세상의 밑바닥 현실을 직관하고 돌파해나가는 능력이 떨어지며, 자금력을 바탕으로 쉬운 돈벌이에 안주하려는 경향이 많다. 자본주의 체제에서는 재산권이 철저히 보장되고 상속이 인정된다. 그러나 한국의 자본주의는 순환출자를 통해 재벌 가족이 재산권이 보장하는 지분보다 훨씬 큰 경영지배권을 전 계열 기업군에 행사하는 것을 보장해주고 있다. 그리고 이들은 일감 몰아주기 등 각종 편법과 소액주주들의 희생을 통해 세대 간 증여와 상속, 그리고 경영지배권 세습을 해오고 있다. 한국 경제의 미래에 지극히 중요한 이 대기업들이 경쟁을 통해 능력을 시험받은 최고경영자들에 의해 점진적으로 경영될 수 있도록 제도적 길을 터줄 필요가 있다.

지금 한국 경제의 큰 문제는 역동성이 빠르게 줄어들고 있다는 것이다. 경제 활력과 계층 간 이동성이 줄어들고 있으며, 계층 간 갈등이 심화되고 있다. 국가가 나서서 해결해나가야 할 많은 분야에서 국가는 제 기능을 발휘하지 못하고 있다. 우리는 어렵사리 2만 달러 시대를 열고 중진국 반열에서 벗어나려 하고 있으나, 지금의 각종 제도는 우리가 여기서 더 나아가는 동력을 유지하기에 더 이상 적절치 않다. 전반적 제도 개편 없이는 선진국의 난관을 뚫기 어렵다.

우리 사회 각 부문의 지배구조 개선은 지금 한국 사회가 해나가야 할 가장 핵심적인 과제다. 그리고 이는 국가 지배구조의 개선에서부터 돌파구를 찾아나가야 한다. 여야 대치 정국이 지속되고 있다. 지난 대선에서 여야 모두 약속한 개헌은 다시 실종되는 것인가. 이번 정부에서는 충분한 국민적 토론과 깊은 모색을 거쳐 국가 지배구조의 개선이 이뤄지길 기대한다.

2013

1019

# 독립적 연구기관들이 출현해야

영국에서 근무할 때 그곳의 재무부든 외무부든 국가기관 홈페이지에 들어가 보면, 먼저 그들이 추구하는 가치가 무엇인지를 명시하며 거기에 맞춰 원칙을 정하고 정책 목표를 제시하는 것이 인상 깊었다. 정책은 원칙에 바탕을 두고, 원칙은 가치에 바탕을 두는 것이다. 서구에서는 17~18세기부터 자유주의, 공리주의, 사회주의 등 사상이 출현하고 이에 대한 사회적 토론이 깊어지면서, 그들의 제도와 정책도 이러한 가치를 추구하기 위해 모양을 갖추고 뿌리를 내리기 시작했다.

그러나 한국은 서구의 제도를 도입하면서 한국 사회가 추구하는 가치를 충분히 논하지는 못했다. 제도와 정책은 추구하는 가치의 표현인데도, 우리는 제도와 정책을 도입하면서 그 가치는 제대로 체화하지 못하거나 혹은 우리의 내재하는 가치와는 다른 제도와 정책을 도입해 온 것이다. 한국의 경제·사회 정책에 일관성이 부족하고 그 방향이 자주 바뀌는 것도 우리 사회가 공유하는 가치와 철학의 뿌리가 깊지 못하기 때문일 것이다. 지금 여러 면에서 우리 사회는 길을 잃고 있다. 전통적 가치와 잣대는 소멸해가고 있는데, 새로운 가치를 정립하지는 못했다. 과거에 일상적으로 통용되고 용납되던 행위와 관행이 이제는 범죄가 되고 폄하의 대상이 되고 있다.

이제 우리나라가 도달한 지점에서 따라가서 배우기만 하면 되던 모델은 없어졌다. 경제개발 과정에서 우리가 제도를 도입하고 운영하는 데 주요 모델이 되었던 일본은 지난 20년간 정체를 거듭하고 있다. 우리의 국가 지배구조와 시장경제의 모델이 되었던 미국과 유럽에서는 금융위기와 소득 격차의 심화를 겪으면서 자본주의 시장체제에 대한 회의가 다시 일고 있다. 또한 서구에서도 나라마다 똑같은 제도와 정책을 추구해온 것이 아니다. 영국과 미국에서는 자유주의적 경제제도와 정책이 압도한 반면, 프랑스와 독일에서는 국가의 역할이 강조되고 사회적 평등을 중시하는 정책이 많이 추진되어왔다. 이는 그들이 각기 다른 사회적 변혁 과정을 겪으면서 토론과 설득, 조정을 거쳐 공유하게 된 그 사회의 철학과 가치관에 기초한 것이다.

해방 후 우리 국민은 전쟁의 참화를 겪었으며, 산업화에 매진하고, 민주화를 위해 투쟁했다. 편한 삶이 아니었고, 가치와 철학을 논하기에는 매일의 생활이 너무 급박했다. 과거 유럽 사회처럼 사상가를 배출할 유한계급이 있었던 것도 아니며, 명문가들의 후원을 받으며 사상가와 예술가가 배출될 토양을 가지고 있지도 못했다. 냉전 시대의 최전선에서 늘 안보에 위협을 느끼며 살았던 탓에 사상과 철학에 대한 토론도 자유롭지 않았다. 그러나 이제 우리 국민은 스스로 우리에게 맞는 발전 시스템을 창의적으로 만들어가야 하는 지점에 서 있다. 선진국이란 스스로 길을 개척하며 제도를 만들어온 나라를 가리킨다. 정치제도와 경제제도에 대해서도 과거 선진국들이 정착시켜온 제도를 잘 연구하되, 이를 맹목적으로 도입해서는 안 될 것이다. 산업화는 우리 국민의 열정과 땀으로, 민주화는 투쟁과 피로 이뤄냈지만, 선진화는 우리 사회의 지식과 지성의 제고, 그리고 차가운 합리성으로 이뤄내야 한다. 그리고 무엇보다 우리 사회가 추구하는 가치가 무엇인가에 대한 국민적 성찰이 필요하다.

이와 관련해 지금 우리나라에 꼭 필요한 것이 독립적 연구기관think-tank들의 출현이다. 선진국들에서는 연구기관들이 대개 추구하는 가치에 따라 설립되어 운영되고 있다. 미국에서는 미국기업연구소AEI, 헤리티지재단, 브루킹스연구소, 미국진보센터CAP 등이 각기 그들이 추구하는 보수적 혹은 진보적 가치의 스펙트럼에 따라 구분된다. 그러나 한국의 주요 연구기관들은 거의 모두 정부 부처에 소속된 국책연구원 아니면 재벌 소속 연구원들이다. 아마 이들의 예산을 합치면 세계 어느 나라의 연구소들 예산에 뒤지지 않을 것이다. 필자가 알기에 영국의 최고 싱크탱크라 할 수 있는 채텀하우스의 연간 예산은 한국개발연구원의 3분의 1 정도에 불과하다. 정부 혹은 재벌 산하 연구기관들은 우수한 인재들을 확보해놓고 주로 부처의 단기적 정책 현안과 정책 홍보, 혹은 기업의 입장을 대변하거나 뒷받침하는 연구 과제에 매달려 있다. 장기적 관점에서 국가의 미래를 보며, 가치를 토론하고 새로운 길을 열어가는 연구나, 우리 사회에 필요한 시대적 의제를 던지고 국민적 토론을 유도하며 제도를 정리해나가는 역할을 할 수 있는 독립성과 중립성을 갖추지 못했다.

이제 우리도 기부문화가 성해질 만큼 여유 있는 계층도 많이 생겼다. 민간 부문에서의 자발적 기부로 장기적이며 독립적 시각을 가지고 국가 미래와 제도에 대한 연구와 입장을 제시하는 민간 연구소들이 많이 출현하기를 기대한다.

다시 보기 필자는 독립적 싱크탱크들의 출현이 우리 사회의 중요한 과제라고 믿는다. 우리나라의 이른바 톱 싱크탱크들은 거의 모두 국책연구기관이거나 재벌 산하의 연구기관이다. 국책연구원들은 공식적으로는 총리실 산하 경제인문사회연구회에 소속되어 있으나, 실질적으로는 기획재정부, 산업자원부, 보건복지부 등 특정 부처에 소속되어 이들의 정책 연구와 홍보를 뒷받침하고 있다. 이 연구소들이 설립될 당시와 달리 지금은 정권이 5년마다 바뀌면서 이 연구기관들의 정책 연구와 제언의 시계視界도 점점 짧아져 왔다. 우리나라가 당면한 구조적이며 장기적인 과제에 대해, 그리고 앞으로 우리가 헤쳐나가야 할 국가적·사회적 난제들에 대해 이 연구기관들은 자유로이, 그리고 선제적으로 의제를 제시하지 못하고 있다. 자칫 정치적 논란에 휩싸이거나 야당 혹은 언론의 정부 비판에 빌미를 주는 것을 정부가 원치 않으며, 연구원에서도 이와 관련해 곤혹스러운 처지에 놓이기를 원치 않기 때문이다.

독립적 연구기관의 가장 기본적인 조건은 정부나 특정 기업 집단으로부터의 독립적 재정이다. 외국에는 성공한 기업인들이 재산을 자식들에게 전부 물려주지 않고 재단이나 학교, 연구소 설립에 기부하는 경우가 많다. 미국의 부자 존 록펠러는 시카고 대학을, 앤드루 카네기와 앤드루 멜론은 카네기멜론 대학을, 릴랜드 스탠퍼드는 스탠퍼드 대학을 설립했다. 캐나다의 피터 뭉크는 뭉크국제학연구센터를 설립했다. 한국에는 아직 그런 경우를 찾아보기 어렵다. 아산재단에서 설립한 아산정책연구원이 앞으로 그렇게 커나갈 수도 있을 것이다. 그러나 현대가家와 정몽준 의원 개인의 정치적 어젠다에서 얼마나 독립적일 수 있을지는 앞으로 시간을 두고 시험받아야 할 것이다.

2013

1109

# 민주주의의 위기

오늘날 세계의 보편적 정치제도로 자리 잡은 대의민주주의의 역사는 그리 길지 않다. 제대로 정착된 지 200여 년에 불과하다. 그것도 재산의 유무나 성별에 관계없이 일인 일표를 행사하는 보통선거에 의한 민주주의의 역사는 90년도 채 되지 않는다.

그런 민주주의가 지금 위기에 처해 있다. 오늘날 민주주의의 위기에 대한 우려와 경고는 과거처럼 신생국이나 개도국들에서가 아니라 바로 원산지인 유럽과 미국에서 터져 나오고 있다. 이러한 경고음들이 점점 커지고 있는 것은 바로 세계화, 고령화, 정보화라는 이 시대의 세 가지 큰 추세가 민주주의에 내재한 원래의 취약성과 접목되어 이를 점점 더 깊게 하기 때문이다.

오늘날 세계경제는 거의 단일 시장처럼 통합되었고, 정보통신기술의 혁명으로 지구촌은 하나의 공동체로 바뀌고 있다. 어떤 국가도, 경제도, 사회도 오늘날 이웃에서, 혹은 지구의 반대편에서 일어나는 일들로부터 자유로울 수 없게 되었다. 2008년 미국 금융위기는 24시간

내에 전 세계에 쓰나미 같은 파급효과를 불러일으켰다. 2010년의 유럽 재정위기도 마찬가지였다. 그리스는 작은 나라지만 유로존 경제를 위기로 몰아넣고, 이는 곧 세계경제를 뒤흔들었다.

반면 오늘날 주권국가라는 국체와 그 주권국가 내에서 이뤄지는 민주주의라는 제도는 세계 경제문제에 대해 어느 하나 제대로 해법을 내놓지 못하고 있다. 경제문제는 세계적global이지만, 그것을 풀어나가야 하는 지도자들의 권한과 책임은 국가적national이기 때문이다. 사람들은 오늘날 세계 경제문제를 '리더십의 부족' 때문이라고 하나, 근본적으로는 '제도의 실패'가 주요인이다. 그리스는 유로존 경제의 2%밖에 되지 않으나, 그리스 문제가 유로존을 위협하는 것을 유럽의 지도자들은 풀지 못한다. 메르켈 총리나 올랑드 대통령은 유로존이 아니라 독일과 프랑스 국민에 의해 선출된 것이며 그들 국민에게서 표를 얻지 못하는 어떤 정책도 추진하기 어렵다. 따라서 실질적으로 그들에게 요구되는 유럽 지도자로서의 역할을 해낼 수 없다.

민주주의 제도에 의해 선출된 오늘날 국가 지도자가 세계적 문제에 리더십을 가지고 풀어나가기란 어렵다. 미국의 슈퍼파워 시대가 지나가고 세계가 점차 다극화되면서 이러한 문제는 더 깊어지고 있다. 주요 20개국G20을 출범시켜 국가 간 공조와 협력을 추구해왔지만, 금융위기로 인한 공동의 위기의식이 사라진 지금, 이는 다시 유명무실해지고 있다. 세계정부의 부재와 국내 민주주의의 한계가 겹치면서 오늘날 세계경제의 리스크는 점점 커지고 있으며, 문제 해결의 실마리는 보이지 않는다.

고령화는 지금 전 세계 모든 국가에서 진행되고 있는 현상이다. 피임술과 의학의 발달로 출산율은 낮아지고 수명은 점점 길어지고 있다. 일찍이 인류 역사에서 이 시대처럼 노인 인구의 비중이 큰 적은 없었다. 이 추세는 앞으로 더 심화될 것이다. 민주주의의 큰 취약점 중 하나는 미래 세대가 오늘날 투표를 통해 대표되지 못한다는 것이다. 노령 유권자 비중의 증가와 젊은 유권자들의 투표율 저조로 각국에서 점점 더 미래지향적 정책이 퇴조하고 있다. 연금, 조세, 국가부채, 의료, 복지, 부동산 정책 등은 모두 세대 간 이해가 충돌하는 부문이다. 오늘날 대의민주주의하에서 이 분야들에 대한 정책 결정은 미래 세대의 부담을 늘리고 현세대의 이익을 보호하는 포퓰리즘 성향이 점점 강해지고 있다. 증세와 연금 개혁은 더 어려워지고 복지제도 확대는 더 쉽게 채택된다. 현세대에 고통스러운 구조조정은 뒤로 미룬 채 중앙은행의 저금리, 통화팽창에 기대어 쉽게 위기를 넘기려 하고 있다. 그러나 이러한 정책은 장기적으로 경제 활력을 떨어뜨려 경제성장률을 하락시키며 실업률을 증가시킬 수밖에 없다. 이는 다시 민주주의와 자본주의 자체를 위협하게 될 것이다. 인터넷 확산으로 언론매체들이 경쟁적으로 점점 자극적이고 일과성인 헤드라인을 쏟아내는 것도 정책의 단기화와 사회적 갈등을 부추기고 있다.

우리나라는 산업화와 민주화를 빨리 이뤄냈다고 자부해왔다. 지금 한국의 민주주의는 잘 작동하고 있는가? 민주화 이후 단임정부하에서 정책의 시계視界는 점점 짧아지고 있으며, 정쟁에 갇혀 미래지향적 정책들을 소화하지 못하던 국회는 소위 '국회선진화법'으로 점점 더 마비되어가는 것을 본다. 온 사회가 일과성 이슈에 몰입되고 정작 풀어야 할 과제들은 흘러갈 뿐이며, 구조적 취약성은 적체되고 있다. 민주주의의 위기는 밖의 일이 아니라 지금 우리 안에서 더 깊어지고 있다. 어떻게 이를 보완해 돌파구를 찾을 것인가? 한국은 지금 이 중요한 물음 앞에 서 있다.

다시 보기 오늘날 민주주의는 서구에서 대의민주주의 혹은 의회 민주주의가 발전한 18~19세기와는 크게 다른 환경을 맞고 있다. 그 가장 큰 요인이 바로 이 글에서 언급한 세계화, 고령화, 정보화라고 할 수 있다. 이러한 환경의 변화를 맞으면서 각국에서는 민주주의의 취약성에 대한 비판들이 자주 제기되고 있다. 필자는 현재 한영미래포럼의 의장을 맡고 있는데, 이 포럼에서 의회민주주의의 발상지라고 하는 영국의 하원의원들이 민주주의의 한계를 지적하며 이에 대해 강한 회의를 제기하는 것을 매우 흥미롭게 들은 적이 있다.

하버드 대학의 대니 로드릭 교수가 그의 저서 『자본주의 새판짜기 The Globalization Paradox』(2011)에서 주장하고 있듯이 세계화, 주권국가, 민주주의는 서론 공존하기 어려운 것이다. 그중 어느 하나를 희생하고서야 겨우 다른 둘을 제대로 지킬 수 있는 것이다. 그는 민주주의를 포기한 싱가포르와 주권국가를 포기한 EU를 예로 들었다. 아니면 셋을 모두 조금씩 포기하며 균형을 이루든지 혹은 개방의 속도를 늦추거나 주권을 좀 더 포기하는 것이다.

오늘날 세계 금융시장은 거의 단일화된 시장과 같다. 그러나 세계 금융감독기구도, 세계 중앙은행도 없는 것이 현실이다. 현실과 제도의 괴리institutional mismatch 혹은 제도적 실패institutional failure를 경험하고 있는 것이다. G20을 중심으로 이루어진 금융안정위원회FSB는 감독기구가 아니라 감독규제의 국제적 조화를 이루기 위한 협의체다. IMF는 설립 당시 일종의 최종 대부자lender of the last resort로서 세계 중앙은행과 비슷한 역할을 하도록 했으나, 지금 그 기능을 하기에는 여러모로 턱없이 부족하다. 우선 SDR(특별인출권)를 발행·분배할 수 있다고 하나 한계가 있고 이것이 국제통화의 역할을 하지 못하며, IMF가 사용할 수 있는 재원은 현재 중국 인민은행이 가지고 있는 외환보유고의 4분의 1

도 되지 못한다. 실질적으로 달러가 국제통화의 역할을 하고 있는 한 세계 중앙은행 역할을 할 수 있는 곳은 미국연방준비은행FRB이다. 그러나 FRB는 미국의 중앙은행으로서 미국법에 의해 미국 내에 법인을 둔 회원 은행들에만 최종 대부자의 역할을 할 수 있다. 그 결과 점점 개방화·통합화되는 세계 금융시장의 불안정성과 위기에 대한 취약성은 높아지고 있다. 경제학자들은 시장을 과도하게 신뢰하는 경향이 있다. 시장은 효율적이며 금융 혁신은 리스크를 가장 잘 감당할 수 있는 부문으로 리스크를 옮기며, 시장의 자율 규제가 정부 규제보다 훨씬 덜 해롭다는 것이다. 그러나 그런 주장은 세계 금융위기 이후 크게 위축되었다.

고령화는 어쩌면 오늘날 민주주의를 베이버부머들의 독재 시대로 이끌어가고 있는지도 모른다. 이들이 높은 유권자 비중을 차지하면서 선거에서 의제를 주도해가고 있는 것이다. 베이비부머들은 나라에 따라 조금씩 연령대가 다르지만 유럽과 미국, 일본에서는 제2차 세계대전 직후, 한국전쟁을 겪은 한국에서는 1955년부터 시작되었다. 우리나라의 베이비부머 세대는 지금 50대를 구성하며 이제 60대 초입에 들어서고 있다. 이들은 수적으로 많을 뿐 아니라 투표장에 가장 적극적으로 나타나는 사람들이다. 그러나 이들의 남은 인생은 20~30대의 절반도 되지 않는다. 그만큼 덜 미래지향적이고 국가정책의 시계를 짧게 할 수밖에 없다.

SNS 시대에 시민은 핸드폰이나 PC로 각자의 의견을 즉각적으로 표출할 수 있다. 굳이 멀리 떨어져 있는 의회에 자기 의견을 대변할 대표자를 뽑아 보낼 필요가 없다. 시민이 뽑은 대표자들은 시민의 의견을 대변하기보다 그의 직업으로서의 정치를 하고 그와 그가 속한 정당의 이익을 대변하는 경우가 대부분이다. 어찌 보면 의회와 대의민주주의는 18~19세기 교통·정보통신 환경의 산물이다. 아마 지금 민주주의를 다시 설계하라고 한다면 이와는 다른 구도가 나오지 않을까 생각된다.

지금 우리가 살고 있는 시대는 기술의 비약적 발전으로 과거에 도입하고 확립한 제도가 더 이상 오늘날 삶의 현실을 적절히 수용하지 못하는 상황이다. 제도와 현실의 괴리가 매우 큰 것이다. 국가와 시장, 소통의 개념이 바뀌어온 것을 현재의 제도가 충분히 반영하지 못하고 있다. 이 괴리(미스매치 혹은 갭)를 메우는 것이 오늘날 세계시민이 당면한 가장 큰 과제 중 하나라고 생각된다.

2014

0503

# 안전은 비용 없이 얻어지지 않는다

세월호가 침몰한 지 3주째, 온 국민은 충격과 애도 속에 잠겨 있다. 자식을 가진 사람들은 유가족들의 심정을 안다. 꽃 같은 나이의 학생들이 차가운 바다 속에 생매장되다시피 한 참사에 우리 모두가 공범이라는 인식이 국민들을 더 힘들게 하고 있는 것이다. 공범 맞다. 수많은 세월호 침몰을 만들 요인들을 지금도 우리는 주변 곳곳에 방치하며 살고 있다. 규칙과 질서를 무시하고 더 쉽게, 더 싸게, 더 빨리, 나 먼저가 일상화된 사회는 이런 참사를 되풀이 겪는 것을 각오해야 한다. 그럼에도 세월호 침몰에 이렇게 온 나라가 마비되다시피 충격에 빠지고 애도에 잠겨 있는 것은 아마도 이렇게 함으로써 우리의 집단죄의식을 조금이라도 덜어보려는 심정 때문인지 모르겠다.

그러나 지금 국민과 정부가 가책을 덜고 참사의 되풀이를 줄이기 위해 해야 할 일은 애도에 갇히거나 급조한 대책을 발표하는 것보다 중립적이며 전문적인 위원회를 구성해 이번 참사의 원인을 뿌리까지 냉철하게 조사·분석하고 이에 기초해 근본적 개선책을 도입해나가는 것이다.

그러한 개선책의 비용은 결코 만만치 않을 것이다. 쉽게 될 일 같았으면 진즉 하지 않았겠는가. 대통령은 '적폐'라고 했지만, 그것이 우리의 살아온 방식이며 발전의 역사이기도 하다. 상인은 과적으로 운송비를 줄여 물건값을 낮췄고, 물건값이 싸야 더 많이 팔고 수출할 수 있었으며, 회사는 안전수칙을 무시하고 안전장치에 덜 투자해 화물과 승객을 더 싸게, 더 많이 받아왔다. 정부는 생활물가라며 운임을 눌러왔다. 우리 모두가 그렇게 살며 번 돈으로 자식 공부시키고 여기까지 온 것이다. 관피아? 우수한 엘리트들을 공무원으로 채용해 30년 동안 민간기업보다 훨씬 낮은 봉급을 주며 나라 일을 시켰으면, 그리고 50대 초·중반의 나이에 퇴직할 수밖에 없는 시스템을 만들었으면 그들의 퇴직 후 생활을 위한 장치도 마련해놔야 하는 것 아닌가. 보수를 올리고 실질 정년을 늘리든지, 다른 출구라도 마련해줘야 그들이 퇴직 후 시민안전을 볼모로 민간기업들과 유착하는 사슬에 끼어들지 못하게 막을 수 있다. 국민이 공무원을 사기업의 이익이 아니라 진정한 국민의 공복으로 부리기 위해서는 세금을 더 내더라도 그들의 보상·유인 체계를 바꿔줘야 한다. 매도하고 소명의식을 강조하는 것만으로 상황을 개선할 수는 없다.

안전은 비용을 필요로 한다. 경제학에서는 부분균형partial equilibrium과 일반균형general equilibrium을 구분한다. 가령 특정 산업을 보호했을 때 그 산업의 생산과 고용 효과를 보는 것을 부분균형분석이라 하고, 그 결과 고용과 자금 수요가 늘어 임금과 금리가 올라가고 타 산업의 생산비용이 늘어나 다시 고용이 줄고 생산이 위축되는 연결고리를 추적해 경제 전체에 대한 효과를 보는 것을 일반균형분석이라 한다. 우리 정부와 국민이 이번 참사 후 개선책을 마련해나가는 데 일반균형분석을 하게 되기를 바란다.

어떤 사회의 현재 모습은 그 사회에 내재해 있는 보상·유인 체계의 결과다. 현재의 상태를 깨고 나오기 위해서는 기존의 보상·유인 체계를 바꾸는 노력과 결의가 필요하다. 선진 사회는 안전에 성장 못지않은 중점을 두고 이에 필요한 비용을 일상적으로 부담하고 있다. 후진국은 이런 비용을 줄여 경쟁력을 높이고 성장의 사다리를 오르게 된다. 우리도 과거 많은 국민의 희생 위에 오늘의 성장을 이뤘다. 때로는 독일인들이 들어가기 두려워하는 깊은 지하탄광에 우리 젊은이들을 보냈고, 월남전에서는 5000명이 넘는 꽃다운 생명들이 돌아오지 못했다. 그렇게 역사의 강이 흘러 오늘의 한국을 이룬 것이다. 부끄럽고 안타까운 희생 위에 부끄럽지 않은 성장과 발전을 이뤄냈다. 지금도 한 해 5000명 넘는 생명이 교통사고로 길 위에서 지고 있다. 이는 인구 대비, 차량 수 대비 선진국의 서너 배가 넘는 수치다. 그래도 10년 전 7000명에 비하면 나아지고 있다.

우리나라가 서 있는 지점은 이미 크게 바뀌었으나, 시스템은 아직 개발연대의 것을 바꾸지 못했다. 더 좋은 사회, 더 안전한 사회를 만들기 위해서는 이제 바꿔야 한다. 그러나 이를 위해서는 만만찮은 비용을 부담할 각오를 해야 한다. 참사에 한탄하고 관련자를 질타하는 것은 쉬운 일이다. 바꾸고 비용을 감당하는 것은 어려운 일이다. 우리는 그동안 쉬운 일만 하고 어려운 일은 피했다. 세월호에서 희생된 아이들의 영령을 위로하는 길은 어른들이 애도와 분노에 갇혀 마녀사냥 하듯 책임자들을 찾아 매질하다 금방 또 잊어버리는 것이 아니라, 이번 참사를 계기로 새로운 시스템을 확실히 정착시켜나가는 것이다. 눈물보다 결기가 더 필요한 때다.

2014

0524

# 국가 개조? 위선부터 벗어던지자

국가 개조론이 힘을 얻고 있다. 국가 개조란 나라를 뜯어고친다는 말이다. 국가는 결국 국민과 제도로 이뤄져 있다. 국가가 바뀌려면 이 둘 다 바뀌어야 한다. 바른 제도가 있어도 국민이 지키지 않으면 세월호 참사 같은 것이 수시로 일어나게 되고, 또한 제도가 잘못되어 있으면 국민의 바른 행동을 유인해낼 수 없다. 그러나 이를 위한 첫걸음은 우리 스스로를 성찰하는 것으로 시작해야 할 것 같다.

지난 66년의 대한민국 역사는 자랑스러운 역사다. 세계가 놀라워하는 경제 도약을 이뤘고 민주화도 이뤄냈다. 그런데 왜 국가 개조인가? 그것은 현재의 국가 사회 전반적 상황에 대해 국민이 깊은 불신과 불만족을 품고 있기 때문일 것이다. 우리 사회에 깊이 퍼져 있는 불공정, 부패, 반칙, 비합리성, 비효율성, 이런 것들이 정부와 지도자 그리고 사회 전반에 대한 국민의 불신을 낳고 있다. 그리고 여기서 나오는 분노와 좌절감이 대립과 갈등, 반목의 골을 깊게 하고 있다. 이를 고쳐나가기 위해서는 결국 전반적 국가제도와 운영체계의 개편, 관행의 변화,

그리고 국민 각자의 행동양식에 일대 변화가 일어나야 한다.

무엇보다 한국의 지도층과 엘리트들이 달라져야 한다. 우리나라의 지도층과 엘리트들은 필자를 비롯해 실력과 미래 세대에 대한 의무감, 도덕적 진지성이 부족하다. 다른 선진국에 가보면 계산대에서 거스름돈 계산을 제대로 못하는 국민이 수두룩하지만 회사와 시장, 국가기관은 매우 합리적·효율적으로 돌아가고 있다. 시스템과 운영 방식이 잘 설계되어 있기 때문이다. 오늘날 한국을 여기까지 끌어올린 힘은, 우수하고 근면한 근로자, 기술자, 기업인, 군인, 관료에게서 나왔다. 그러나 우리가 여기서 더 나아가 진정한 선진 사회가 되기 위해서는 정치인, 언론인, 학자, 관료들이 이제 선진국과 같은 식견과 역량, 합리성을 갖춰야 한다.

합리적이며 현실적인 제도를 만들지 못하면 음지가 자라 제도를 덮는다. 관피아를 개혁하려면 징벌도 필요하지만, 먼저 관료들에게 바른 보상과 인센티브를 제공해야 한다. 지금 우리 공무원들은 하는 일의 성격이나 그 일에 필요한 자격 요건에 상관없이 급에 따라 똑같은 보수를 받는다. 가령 경제부처 공무원들의 개인적 자질과 능력은 재벌 대기업이나 금융기관의 임직원에게 뒤지지 않는다. 그들과 가족들의 비교 대상은 이들이지 우체국이나 동회 직원은 아닐 것이다. 외국에서는 같은 공직자라도 맡은 자리의 성격에 따라 연봉이 다르다. 그러나 우리는 공정과 형평을 기한다며 중앙경제부처나 지방민원부서나 일률적인 봉급체계를 갖고 있다. 하는 일의 중요성이나 귀천이 다르다는 이야기가 아니다. 모든 직업은 숭고하다. 하지만 그 똑똑한 관료들이, 검사·판사들이 그런 보수를 받으며 평생을 보내고 말겠는가. 고위직에 오른 후 낙하산 타고 유관기관으로 혹은 로펌으로 가서 민관 유착의 채널이 되고 전관예우를 누리는 고리를 만들게 된다. 유착이나 전관예우는 바로 우리 사회에서 제도와 법이 공정하게 시행되지 않는다는 말이다. 결국 공정을 기한다는 것이 공정을 허무는 결과를 낳는 것을 알면서도 우리 사회는 그것을 고치지 못하고 공무원들에게 희생과 헌신만을 강조하고 있다. 교육도 마찬가지다. 교육 기회의 평등을 기한다며 평준화를 경직적으로 추진한 결과 공교육이 무너지고 부모와 아이들은 사교육과 조기유학에 더 의존하게 되었다. 교육의 기회는 평등해진 것이 아니라 부모의 경제력에 따라 오히려 더 불평등해졌다.

국가 개조를 위해서는 먼저 우리 사회가 위선을 벗어던지고 더욱 현실적이며 합리적인 제도와 보상·유인 체계를 도입하는 것으로 시작해야 한다. 지도자와 국민이 우리가 바꾸기를 바라는 바가 무엇이며 이를 위해서 어떤 조치를 취해야 하는가를 진솔하고 깊이 있게 토의해 하나하나 함께 실행에 옮겨야 한다. 그 과정은 결코 쉽지 않으며 긴 시간을 요할 것이다. 작은 집 하나를 제대로 짓는 데에도 건축가와 집주인은 수없는 토의를 거쳐 집의 설계도를 그리고 자재를 마련해 추운 겨울을 나며 집을 짓는다. 하물며 국가 개조이겠는가? 현실과 괴리된 급조된 설계도는 국가 개조를 또 하나의 구호로만 그치게 할 뿐이다. 국민들의 공감과 국민 모두의 참여를 얻지 않고는 한 발짝의 진전도 보기 어렵다. '신한국 창조', '제2건국'을 외쳐댄 것이 불과 20년도 안 된 일들이다.

지금 국민들은 대통령과 지도자들에게 눈물을 보이라고 요구하지 말고, 냉정하게 현실을 분석하고 냉혹하리만치 차갑게 국가의 운영체계를 고쳐나가기를 요구해야 한다. 또한 국민들 스스로가 그렇게 되어야 세월호 참사를 국가 개조를 위한 소중한 계기로 만들 수 있다.

2014

1220

# 우리는 어떤 행정관료 시스템을 원하는가

지난 약 반세기 한국의 근대화·산업화 속도는 18세기 이후 서구 선진국의 서너 배 이상 빨랐으니 이들이 2~3세기에 걸쳐 이룬 변화가 한국에서는 반세기 만에 일어난 것이다. 그런데 이러한 초고속 성장은 국민에게 심한 정서적·정신적 갈등과 가치관의 혼동을 가져왔다. 그 과정에서 국가와 타인에 대한 신뢰가 무너지고 관용과 인내, 절제를 잃게 된 것은 매우 아쉬운 일이다. 과거 선진국은 산업화 이후 6~7세대에 걸쳐 큰 시스템 개혁을 수차례 거치며 오늘의 선진 사회에 이르게 되었다. 한국 사회는 성장이 빨랐던 만큼 시스템 혁신도 훨씬 더 빨라야 하는 과제를 안고 있다.

근대화 과정에서 선진국이 고심하며 발전시켜온 것 중 하나가 행정관료 시스템이다. 행정관료제의 혁신은 국가가 위기를 맞이하면서 그에 대한 반성과 성찰에서 출발한 경우가 많았다. 국가의 위기는 국가 리더십의 위기이며 행정관료 엘리트는 이의 주요 축을 구성한다. 프랑스혁명 이후 나폴레옹은 국가 고위관료들을 양성하기 위해 그랑제콜을 만들었고, 드골은 책임감 있고 능력 있는 국가 지도자가 부족해 독일로부터 치욕을 당했다는 반성에서 '국가 지도자 양성소'로 불리는 국립행정학교ENA를 설립했다. 여기 출신들은 행정, 기업, 정치를 오가며 지도자 역할을 하고 있다. 독일 역시 나치와 같은 정권을 용인한 역사를 되풀이하지 않기 위해 아데나워재단, 콘라트재단 등 정당이 중심이 되어 후속 세대를 양성하는 아카데미를 세우고 일반 국민 대상의 시민교육부터 행정관료 엘리트 양성에 이르기까지 다양한 활동에 깊이 관여한다. 지난주 박태준미래전략연구소에서 주관한 미래전략연구위원회 포럼에서 고려대 박길성 교수는 행정관료 엘리트 양성에 관한 선진국 사례를 연구한 논문을 발표했다.

행정관료는 어느 시대, 어느 사회를 막론하고 국가 발전의 핵심으로 중요하게 인식되어왔다. 시장경제의 발전과 더불어 관보다 시장 우위의 추세가 강해지고는 있지만, 여전히 어느 나라에서나 정부와 관료의 역할은 막중하다. 개방화, 자유화, 세계화에도 불구하고 지난 한 세기 전 세계적으로 공공 영역은 오히려 점점 더 확대되는 양상을 보이고 있다. 20세기 초까지만 해도 국내총생산GDP 대비 약 10%에 불과하던 공공지출의 비중은 지금 많은 선진국에서 40%를 넘고 있다. 지난 10년 동안에도 이 비중은 지속적으로 증가했으며, 우리나라도 정부예산이 2004년 22.5%에서 2013년 24.4%로 증가했다.

21세기는 과거와 비교하기 어려울 정도로 행정관료로 하여금 새로운 식견과 전문성, 소명감을 요구하고 있다. 글로벌 시각, 창의적이며 복합적 문제에 대한 해결 능력을 갖춘 관료를 요청하고 있다. 이런 가운데 2014년만큼 한국의 행정관료가 곤혹스러웠던 적도 없었을 것이다. 지난 7월의 한 조사에 의하면 전직을 고려해봤다는 공무원이 80%에 달했다. '관피아'라는 용어는 마피아라는 범죄 조직의 이름에서 나온 것이다. 암적 결탁, 폐쇄적인 집단 결속, 검은 카르텔과 같은 반사회적 행위들의 표현이다(박길성, 상기 논문). 그동안 특정 부처의 행태와 관련해 비슷한 용어가 회자되기는 했지만, 행정관료 집단 전체가 언론과 정치인, 심지어 행정부의 수반인 대통령에 의해 범죄 집단의 이름을 빗댄 용어로 불린 적은 없었다. 그런 나라가 있었던가.

훌륭한 지도자와 소명감 있는 국가 엘리트를 갖는 것은 국민의 복이다. 그런데 이들을 키워내는 것은 국가와 국민의 책임이다. 최근 공무원연금 개혁 논의를 보면서 아쉬운 점은 대한민국이 앞으로 어떤 행정관료 시스템을 지향해나갈 것인가 하는 고려가 실종되어 있다는 것이다. 평균수명 60세 시대에 설계·도입된 제도가 평균수명 80세 시대에 적합할 수는 없다. 적자가 지속적으로 확대되는 제도는 제도 자체로서 당연히 개편되어야 한다. 그러나 연금도 보상체계의 일부이며 이를 국가 행정 엘리트들의 양성과 충원, 이들이 국가 사회를 위해 기여하고 헌신할 수 있도록 이끄는 보상체계, 인사의 규율과 관행에 대한 큰 그림 없이 단순히 재정적자와 국민의 혈세를 축낸다는 관점에서만 접근해왔다. 세계화 시대의 국가 간 경쟁은 국가 지배구조, 지도자들의 역량, 관료 시스템 간의 경쟁이기도 하다. 행정관료의 전문성이 강화되어야 하고, 그러기 위해서는 민간과의 교류가 더 활성화되어야 하며, 보수체계도 민간 부문과 더 가까워져야 한다.

지금과 같이 정당의 정책 기능이 취약하고, 또 5년 단임제 정부에서 한국의 관료 시스템마저 무너지면 국가의 장기적이고 일관된 정책은 누가 지켜나갈 것인가. 공무원의 보수는 어차피 국민의 주머니에서 나온다. 유능하고 소신 있는 관료 시스템을 가질 수 있는 그림이 제시된다면 국민은 지금과 같은 혈세 논쟁에만 매여 있지는 않을 것이다.

# 2

## 불확실성 시대의 경제

환율이 오르면 일반 소비자들의 주머니에서 돈을 빼내 수출기업을 도와주는 것과 같은 효과가 발생한다. 금리를 내리고 통화 공급을 확대해 인플레가 유발되면 근로소득자와 예금자의 주머니에서 빼낸 돈으로 부채가 많은 기업과 주택담보로 돈을 빌린 중산층 가계를 지원하고 재정적자로 빚을 진 국가에 세금을 내는 것과 같은 효과가 생긴다. 종합부동산세로 강남 주민들이 수백만 원 혹은 기천만 원의 세금을 더 내게 되었을 때 국가에 소송을 제기하고 정권 퇴진 운동까지 벌였으나, 환율이 대폭 올라 그들의 해외여행 경비, 자녀 유학비가 수백만 원 혹은 수천만 원 늘어났을 때는 조용했다. 만약 정부가 소비세를 징수해 수출대기업들에 보조금을 지원하겠다고 나섰으면 언론과 시민은 어떻게 반응했을까? 시장과 대중, 여론이 늘 합리적인 것은 아니다. 그만큼 국가는 스스로 정책의 정직성, 공정성, 건전성을 지키는 것이 중요하다. 경제정책은 대중을 호도하고 속이기 쉽다.

2008

1013

# 재정지출 확대하고 금리 더 내려야

아마 10년쯤 후에는 지금 세계가 겪고 있는 이 세기적 금융위기에 대해 족히 수만 편이 넘는 논문이 발표되어 있을 것이다. 지금 그것을 읽어볼 수는 없지만, 현재 우리의 정책 대응도 그것을 염두에 두고 구상해보면 도움이 될 것이다.

과거의 크고 작은 금융위기에 대한 경제학자들의 분석은 몇 가지 공통적인 결론을 제시하고 있다. 첫째, 위기는 항상 시장의 과잉에서 초래되어 군중의 불안심리에 의해 증폭되며, 이는 그동안 경제에 적체된 왜곡과 불균형을 시정하는 시발이 된다는 것이다. 둘째, 위기관리와 수습에서 가장 중요한 관건은 정책 대응의 적시성과 과감성이라는 것이다. 셋째, 위기는 늘 새로운 기회를 열어준다는 것이다.

이미 세계는 지난 10년 동안 진행되어온 미국과 아시아의 경상수지 불균형global imbalance 심화에 대한 우려의 목소리를 높여온 지 오래다. 다만 언제, 어떤 계기로 이러한 심각한 세계경제의 불균형과 이에 연유한 자산시장의 거품이 조정되기 시작할 것인지에 대해서는 누구도 정확히 예상하지 못했다.

이번 위기는 바로 이러한 불균형의 조정을 시작할 것이다. 산이 높으면 골이 깊듯이, 불균형이 심각했던 만큼 그 조정이 가져올 파장도 크고 오래갈 것이다. 미국과 일부 유럽 국가들의 내수 침체가 상당 기간 지속될 것으로 보이며, 이는 특히 한국을 비롯한 대외 의존도가 높은 나라들의 경기침체를 심화시킬 것이다. 그러나 이러한 조정 과정을 거치면서 아시아 경제의 위상은 강화되고 한국 경제에도 좋은 기회가 열리게 될 것이다. 그런 기회를 활용할 수 있기 위해서는 한국이 이 위기에서 상처를 덜 받아야 한다. 그러면 우리는 어떻게 해야 하는가?

우선 거시경제정책을 선제적으로 대응해나가야 한다. 이를 통해 위기에 따른 충격의 흡수력을 높여야 한다. 무엇보다 재정정책이 팽창적으로 돌아서야 한다. 다행히 이를 위한 여력은 있다. 아직도 우리의 재정 여건은 다른 나라와 비교할 때 양호한 편이다. 사회안전망을 점검하고, 재정 지원을 늘리며, 필요하다면 공공사업을 일으킬 준비도 해야 한다.

환율은 이미 과도하게 상승했다. 환율 불안의 진원이 우리 경제의 내재적 문제라기보다 세계 금융위기로 인한 외국자본의 이탈과 달러화 신용경색에서 비롯된 것이기 때문에 이를 수용해나가는 수밖에 없다. 환율의 상승으로 오히려 경상수지는 빠르게 호전될 것이다.

외환위기는 없을 것이다. 환율 방어를 위해 외환보유고를 지나치게 소진해서는 안 된다. 이 고비가 지나면 달러화는 곧 약세로 돌아설 것이다. 우리나라 기업들이 자산 가치가 하락한 외국 기업을 인수·합병해 세계시장에서의 입지를 높여나가는 데에 이 기회를 활용할 수 있도록 외환보유고를 지켜나갈 필요가 있다.

지난주 한국은행 금통위가 금리를 인하했다. 도움이 될 것이다. 그러나 앞으로 추가적인 금리 인하도 고려해야 한다.

부동산 가격이 지금보다 하향 조정되는 것은 장기적으로 사회 안정과 우리 경제의 경쟁력을 위해 바람직한 일이다. 그러나 하향 조정되어가는 과정에서 파생되는 문제들을 감당할 수 있도록 속도를 조절하는 노력은 필요하다. 지난 정부에서 가파른 상승을 막기 위해 동원한 비상한 수단들을 지금은 가파른 하락을 막기 위해 해제하는 것을 두려워해서도 안 된다.

지금은 정부와 관료들이 적시에 정책 대응을 해나갈 수 있도록 재량권을 넓혀주어야 한다. 일일이 국회에서 이에 대한 시시비비를 가리려 하는 것은 정책의 실기失機를 가져올 수 있다. 정부도 여론의 지지가 이러한 방향으로 돌아설 때를 기다려서는 안 된다. 그때는 이미 경제에 상처가 깊이나 실기를 했을 때이다.

경제정책은 늘 신중히 해나가야 한다. 그 효과가 시차를 두고 나타나기 때문이다. 그러나 때로는 과감한 것이 신중한 길이 된다. 지금이 바로 그런 때로 보인다.

다시 보기 직업외교관 출신이 아닌 정치적 임명political appointment에 의해 주영 대사직을 수행하던 필자는 이명박 정부 출범과 더불어 당연히 직을 사임하는 것이 옳다고 생각해 2008년 2월 말 정부에 사직서를 제출하고 귀국하게 되었다. 귀국 후에 여러 신문에서 인터뷰와 기고 요청이 있었으나 사양하고 있었다. 현직을 떠난 지 얼마 되지 않아 이런저런 이야기를 하는 것이 적절치 않다고 생각되었기 때문이다. 특히 청와대에서 2년간 경제보좌관으로 경제정책을 다루면서 정부에서 일하는 것의 고충을 익히 알던 터라, 새 정부가 하는 일에 대해 쉽게 비판과 훈수를 두는 일은 피하고 싶었다. 독자들이 당신이 직접 할 때나 잘하지 그랬냐고 야단칠 것 같은 생각도 들었다. 과거에 정부에서 일하면서 언론의 시평이나 논설을 읽다 보면 내부의 고민과 사정을 깊이 알지 못하는 글의 한계 같은 것을 많이 느끼기도 했다.

그러나 2008년 9월 서브프라임 모기지 부실화로 인한 미국의 금융위기가 리먼 사태를 촉발하고 곧 전 세계에 파급효과를 일으키며 우리나라도 다시 외환위기의 조짐을 보이자, 과거 세계은행과 IMF의 자문 역할을 하며 1997년 외환위기 극복과 금융 구조조정에 직간접적으로 참여했던 경험을 살려 정부와 언론 등에 필자의 의견을 내야겠다는 생각을 하게 되었다. 이 글이 2008년 주요 일간지에 기고한 귀국 후 첫 글이 되었다.

2008년 세계 금융위기가 발생한 지 이미 7년이 되었으나, 세계경제는 위기의 후유증에서 아직 벗어나지 못하고 있다. 위기 후 대부분의 국가들이 마이너스 성장을 기록했으며, 부채 조정으로 경기가 장기간 침체를 보여왔다. 그나마 미국 경제의 회복세가 가장 빨랐다. 경기침체로 세수가 줄고 실업이 늘어 각국의 재정수지가 급격히 악화되어 국가부채가 크게 났으며, 폴 크루그먼을 필두로 하는 재정팽창론자와 케네스 로고프, 카르멘 레인하트를 중심으로 하는 재정건전론자들 간의 재정기조에 대한 논쟁이 아직도 지속되고 있다. 미국과 유럽의 재정위기는 선진국들로 하여금 경기부양책을 주로 중앙은행의 통화정책에 의존하게 해 전대미문의 제로 금리, 양적팽창정책과 과감한 정책 대응이 이루어졌다. 미국 경제는 이제 다시 과거의 성장세를 회복하고 있으나, 유럽 경제는 아직 침체 국면을 지속하고 있다. 일본은 아베노믹스로 환율과 주식시장에서 일단 목표한 소기의 성과를 거두었으나, 향후 경제의 진로는 여전히 불확실하다. 필자는 아베노믹스가 장기적으로 성공하기 어려울 것으로 보고 있다.

2008년 위기 발생 당시 이 글에서 예측한 경과는 지금까지 대체로 맞아떨어졌다고 볼 수 있다. 과거의 예로 볼 때 큰 금융위기가 발생하면 경제가 완전히 정상화하기까지는 약 10년이 걸린다고 예측되고 있다. 미국의 금융위기가 2007년부터 심화되었기 때문에 이제 햇수로 9년째로 접어들었다. 최근에 선진국 경제의 회복으로 조금씩 세계경제가 정상화되고 있지만, 아직도 불확실성은 많이 남아 있다. 일본의 아베노믹스의 성공, 중국의 금융 안정성, 미국과 유럽 경제의 회복 지속 여부가 여전히 불투명한 상황이기 때문이다.

미국의 경상수지 적자와 중국의 경상수지 흑자로 대표되는 세계경제 불균형global imbalance은 아직도 지속되고 있지만, 그 규모는 위기 이후 상당 폭 조정되었다. 위기로 인한 미국의 소비 위축, 중국의 금융 및 재정팽창정책으로 인한 수입 증가가 그 주요인이 되었다. 미국의 경상수지 적자는 2006년 GDP의 약 6%에서 2014년 초 약 2%로, 중국의 경상수지 흑자는 2007년 GDP의 약 10%에서 2014년 초 약 2%로 줄었다.

한국은 이명박 정부에서 필자가 제시한 대로 재정과 금융에서 강한 팽창적 정책을 취해 위기에서 빨리 벗어날 수 있었다. 재정지출 확대를 통한 경기부양fiscal stimulus 정도는 당시 OECD 국가 중 최대치로 추정되었다. 또한 외환시장 불안으로 급격히 절하된 원화 환율과 중국의 금융팽창정책으로 인한 투자 붐이 우리나라 수출에 결정적 기여를 했던 것이 큰 힘이 되었다.

한 가지 아쉬운 점은 이 글에서 제시한 구조조정을 선진국도, 중국도, 한국도 아무도 제대로 하지 못한 것이다. 거시적 팽창정책에만 의존해 위기 탈출을 시도해온 탓에 한국을 비롯한 각국의 경제구조는 여전히 취약한 채로 남아 있다. 중국은 위기 이후 세계의 압력도 있고 자국의 경기 위축에 따른 실업과 사회 불안을 우려해 급격한 신용팽창을 한 결과, 지방정부와 국영기업의 부채가 크게 늘고 과투자와 과설비가 이루어져 그 후유증을 앞으로도 다뤄나가야 하는 과제를 안고 있다.

우리나라는 국회에서 정치적 이슈를 놓고 여야가 대치함으로써 경제와 관련한 법안의 심사와 통과가 지연되거나 국정감사, 부처 업무보고 등에서 지나치게 정략적인 관점에서 경제문제에 대해 시시비비를 따져 정부가 적시에 과감한 조처를 취하기 어려운 환경에 놓인 경우가 왕왕 있어왔다. 또한 정부 관련자들도 나중에 책임을 추궁당할 일을 기피하는 경향을 보여왔다. 이 때문에 금융위기 상황에서 위기 대처 정책의 시의성과 적정성에 차질이 있어서는 안 되겠다는 우려에서, 이 글 말미에 정부와 국회에 과감성과 적시성을 강조해보았다.

2008

1123

# 금융위기, 장기전을 준비하자

이번 금융위기는 좀 오래갈 것 같다. 전 세계적인 실물경제의 위축은 이제 시작 단계일 뿐이며, 이것이 다시 금융 부실을 확대 생산하게 될 것으로 보인다. 이제 우리의 실물경제에도 심각한 위축이 시작되었고, 이는 머지않아 금융기관의 부실화로 이어져 국내발 금융위기를 우려하지 않을 수 없는 상황이 되었다. 다시 말해 이번에 우리가 겪고 있는 이 금융위기는 단기전이 아니라 장기전이 될 가능성이 높다. 이와 관련해 최근의 정부 대응에도 숨 고르기가 필요한 것으로 보인다.

정부가 위기 대응을 '선제적으로, 과감히, 그리고 충분하게' 하겠다는 것은 옳은 말이다. 그러나 여기에 '원칙을 가지고'라는 것과 '종합적인 틀 아래에서'라는 것을 추가하기를 주문하고 싶다. 이는 특히 지금 우리가 겪고 있는 금융위기가 수개월 내에 '과감하고 충분한' 처방약으로 치유할 수 있는 것이 아니고 장기적인 투약과 재활치료를 요구할 가능성이 크기 때문이다.

미국과 유럽 국가들이 급한 불을 끄기 위해 화폐금융이론에서 일찍이 들어보지 못한 과감한 조치들을 취하고 있다 해서 우리도 마냥 이를 따라 해도 된다고 생각해서는 안 된다. 그 나라들은 외환위기라는 것을 걱정하지 않아도 되며, 또한 그러한 대책의 장기적인 효과가 검증된 것도 아니다. 그리고 그 나라들은 지금 정부가 할 수 있는 일들을 과감히 하고 있는 것이지, 시중 금융기관들의 신용 행위에 직접 개입하지는 않고 있다. 반면 우리 정부는 금융감독 당국의 장이 나서서 은행들에 중소기업에 대한 대출을 확대하라고 하고, 대통령이 시중금리가 높으니 이를 낮추라고 직접 지시하는, 이들 나라에서도 하지 않는 일들을 '과감히' 하고 있다.

지금의 상황이 비상한 대책을 요구하는 것은 사실이지만, 현재의 어려움을 극복하기 위해 장기적 문제들을 키우는 임기응변적이고 과거회귀적인 정책 대응을 구사해서는 곤란하다. 위기관리와 구조조정은 손실을 분담해나가는 과정이다. 정부가 일관된 원칙과 도덕적 권위를 가지지 못하면 앞으로 닥쳐올 일들을 제대로 헤쳐가기 어렵다. 현 정부는 시장 중심의 경제를 하겠다고 하지 않았던가. 그리고 금융산업을 선도산업으로 육성하겠다고 하지 않았던가.

10년 전 금융위기를 극복할 때에는 IMF와 세계은행의 전문가들이 정책 대응과 구조조정에 대한 기본 방안과 정책 틀policy matrix을 제시하고, 우리 정부의 대응이 이에서 벗어난다고 보일 때는 제동을 걸기도 했다. 그들이 제시한 방안이 다 옳았던 것은 아니지만, 어렵고 급박한 상황에서도 우리가 어느 정도 원칙을 가지고 위기 극복과 구조조정을 하는 데 큰 도움이 되었다.

지금 우리 정부가 완전한 자율권을 가지고 위기에 대응하게 된 것은 다행한 일이기도 하지만, 그만큼 조심스럽게 해야 할 일이기도 하다.

우리가 금융위기를 극복해본 경험이 있다고 하지만, 지금 일어나고 있는 상황들을 보면 정부나 금융기관들이 과거의 위기로부터 충분히 배웠다고 보기는 어려운 것 같다.

지금은 '과감한' 조치에만 의존할 것이 아니라 위기 극복을 위한 종합적인 정책 대응의 틀을 짜야 할 때다. 정부 내에서 팀을 만들고 연구기관 혹은 전문가 그룹을 조직해 그들에게 정부가 하려는 대응이 적절한지 아닌지에 대한 반응을 들어보는 이른바 '반향판sounding board' 역할을 부여해야 한다. 재원을 투입하더라도 궁극적 국민 부담을 줄이고 국가의 회수 가능성을 극대화할 수 있도록 순서와 방법을 미리 정해야 한다. 그러지 않으면 국민의 세금이 헛된 곳에 낭비되어버리기 쉽다.

급할수록 한 번 더 점검해보고 한 사람의 의견이라도 더 들어보려는 노력이 필요하다. 원칙을 허물면 지금 당장 어려움을 극복하더라도 장래 극복해야 할 어려움이 더 단단해질 수 있다. 그리고 위기 이후의 경제도 중요하다.

다시 보기 이 글은 세계 금융위기 직후 미국을 비롯한 선진국들이 일찍이 볼 수 없었던 초팽창적 금융·재정 정책으로 위기에 대응하는 분위기에서, 이명박 정부도 재정팽창뿐 아니라 초저금리를 대통령이 나서서 압박하고, 금융위원회에서는 은행들에 중소기업 대출을 포함해 기존 대출을 모두 연장하라는 지침을 내리던 상황에서 쓴 글이다. 이명박 전 대통령이 이른바 '경제대통령'으로서 위기를 극복하고 경제를 살리는 것에 지나치게 매달려 당시 상황으로 보아 무리한 시장 개입을 하려는 것에 대해서 경종을 울리고자 한 것이다. 당시 우리나라는 미국발 세계 금융위기의 여진으로 외환시장이 출렁이고 금융 불안이 우려되는 상황에서, 이미 크게 인하한 금리의 추가 인하를 압박하고 은행의 대출 행위에 정부가 지나치게 개입하던 상황이었다. 그전까지 우리나라는 외환위기 이후 관치금융을 종식하고 은행과 여타 금융기관의 자율적 자산운용을 존중하는 전통을 세워오고 있었는데, 2008년 위기 발생으로 이에 대응하는 과정에서 정부가 할 수 있는 재정·금리·통화 정책 외에 과거와 같이 금융기관의 대출 행위에 다시 간섭하고 나서는 것이 적절치 않다는 것을 필자는 지적하고자 했다.

금융 부문에서 규율과 관행은 매우 중요하다. 그런데 정부 스스로 이를 지키지 못하면 정부가 금융기관들에 대해 적절한 건전성 감독을 해나가기 어렵다. 외부적 충격으로 경제가 위기를 맞을 때에는 일차적으로 이를 잘 극복하는 것이 중요하다. 그러나 위기는 또한 경제에 필요한 구조조정의 기회를 제공하기도 한다. 그러한 기회를 이용해 적체된 구조조정을 하게 되면 후에 경제가 다시 활력을 되찾고 역동성을 회복하게 된다. 이명박 정부는 위기를 구실(?)로 임기 내내 그처럼 필요한 기업 구조조정은 미룬 채 4대강 사업 등 주로 공공지출 확대와 초저금리 압박으로 경제성장률 높이기에 집착해 수면 아래에서 구조적 취약성을 더 키우지 않았나 하는 아쉬움이 든다.

박근혜 정부 들어 그동안 적체되었던 기업들의 재무 취약성이 드러나 여러 재벌 그룹 기업들이 구조조정을 맞게 되었다. 또한 세계 금융위기 이후 대부분의 나라들이 민간 부문의 부채를 줄여왔으나, 우리나라는 위기의 진원지도 아니고 금융 부문이 정상적으로 가동되는 상황에서 지나치게 저금리를 압박하고 대출을 독려해 세계 금융위기 이후에도 가계와 기업의 부채가 꾸준히 늘어나 이것이 지금 경제 운용의 상당한 부담이 되고 있다. 지금도 경제정책의 무게가 부동산 경기를 살려 단기적으로 경제 활성화를 이루겠다는 쪽으로 기울어 있어 가계부채나 부실기업의 구조조정 문제는 상대적으로 경시되고 있는 것으로 보인다.

통화정책의 경우도 선진국들이 한다고 해서 이를 따라 하는 것이 우리에게도 최선의 정책이라고는 할 수 없다. 나라마다 거시경제적·구조적 환경이 다르다. 미국의 양적완화정책이 일단 성공한 것으로 보이지만 지금의 경기회복이 이 때문인지 아닌지는, 또한 향후 회복 국면에서 어떤 부작용을 나타내게 될지는 더 많은 시간이 흘러야 제대로 평가할 수 있다.

2009

0105

# 비상한 대책도 퇴로는 열어놓아야

정책 방향을 정할 때 두 가지 종류의 실수를 범할 수 있다. 첫째는 제시된 가설이 옳은데도 이를 무시하고 다른 방향의 정책을 채택하는 것이다. 둘째는 제시된 가설이 그른데도 이를 받아들여 그 방향으로 정책을 채택하는 것이다. 통계학에서는 전자를 '제1종 오류type 1 error', 후자를 '제2종 오류type 2 error'라고 부른다.

저금리 아래서 주택과 주식의 가격이 급등해 소비 주도 성장이 지속되고 신종 파생금융상품 개발로 머니게임이 진행되는 상황에서 '선제적 통화정책과 금융감독 강화로 거품 확대를 막아야 한다'는 주장이 제기되었었다. 그러나 정책 당국은 '아니다, 이는 정보통신혁명에 의한 생산성 향상으로 경제구조가 달라진new economy 결과이며, 새로운 금융기법으로 인해 시장에서 위험 분산이 이뤄지고 있으므로 저금리 정책과 규제 완화를 지속해 호황을 장기화시켜도 된다'는 정책을 채택했다. 그 결과가 지금 우리가 겪고 있는 세계적 금융위기다. '제1종 오류'를 범한 셈이다. 반면 9·11 테러 직후 주가가 급락하자 경기가 급

랭할 것을 우려해 전 세계적으로 금리를 대폭 인하해 이후 주택시장과 주식시장의 거품을 부추긴 것은 '제2종 오류'라고 할 수 있다. 경제가 지속적으로 충격을 받을 정도가 크지 않았음에도 마치 대단히 클 것이라는 가설을 받아들여 과도한 금리 인하와 이를 장기간 유지하는 정책을 채택한 것이다.

지금 전 세계는 금융위기에 대응해 전대미문의 재정팽창정책과 초저금리정책을 쏟아내고 있다. 여기서 뒤처지면 국제적으로는 마치 금융위기 극복을 위한 국제 공조에 비협조적인 것처럼, 국내적으로는 이 비상한 상황에 정부가 한가하게 앉아 있는 것으로 비판받는다.

그러나 '제2종 오류'의 가능성은 열려 있다. 금융시장에서 돈이 돌기 시작하는 시점에서 이는 불씨가 기름을 만나듯 강한 인플레의 압력으로 나타날 수 있으며, 이번 금융위기의 근본적 원인인 과잉 유동성 문제는 더욱 풀기 어려워질 수 있다.

그럼에도 불구하고 미국과 유럽에서 이러한 정책을 채택하고 이것이 여론의 광범위한 지지를 받는 것은 그러지 않았을 경우 지구 사회에 가져올 결과가 너무나 심대할 수 있기 때문이다. 그들은 대공황을 통해서 경제위기가 어떻게 정치를 변화시키고 어떤 재앙을 불러오게 되는지를 체험했다. 경제난이 지속되어 희망을 잃는 사람이 많아지면 잘못된 희망의 불빛을 비추며 다가가는 세력들이 나타나게 되며, 사회는 이 불빛을 따라 결국 재앙의 길로 들어설 수 있다. 1930년대의 대공황은 파시즘과 나치즘의 득세를 가져왔고, 제2차 세계대전이라는 엄청난 재앙을 불러왔다.

따라서 미국과 유럽의 중앙은행들이 지금과 같이 일찍이 경제학 교과서에 없던 정책들을 쏟아내는 것은 불가피한 조치라고 볼 수 있다. 제1종 오류와 제2종 오류의 가능성을 동시에 줄일 수는 없다. 디플레이션에 의한 실질 부채의 확대와 소비 침체, 실업 증가의 악순환으로 경제공황 가능성을 줄이는 대신 인플레이션의 가능성을 열어두는 것이 그 반대의 선택보다 낫다고 판단하기 때문이다. 그리고 미국, 유럽 등 주요 경제가 회복되어야 세계경제가 회복될 수 있기 때문에 국제 여론도 이를 환영하고 있다.

그러나 우리나라가 이를 그대로 답습하려 하는 것에는 신중을 기할 필요가 있다. 미국이 과감한 금리 인하를 주도하고 유럽과 중국, 일본이 이를 따라가는 데에는 신용 긴축을 막으려는 의도뿐 아니라 그동안 과도하게 절상된 그들 환율이 수출 경쟁력을 크게 위협하게 됨에 따라 환율의 약세를 유도하기 위한 의도도 있다. 개방된 자본시장에서 경쟁적 금리 인하는 환율 절하 경쟁과 같다. 지금 우리의 처지는 다르다. 환율은 오히려 과도하게 절하되어 있으며, 외환시장의 불안은 지속되고 있다. 당분간 디플레이션의 가능성도 없다. 내외 금리 차를 어느 정도 유지해 외화의 유입을 유도해야 경제 회복이 빨리 올 수 있는 상황이다. 또 하나, 지금과 같은 비상한 상황에서는 비상한 대책을 사용해야 하나, 출구와 퇴로를 열어놓는 배려는 필요하다. 재정을 팽창시키더라도 구조적으로 경직적이 되지 않는 한시적 지출을 늘리고, 유동성 공급을 확대하더라도 앞으로 이를 수축해야 할 때 시장에 쉽게 되팔 수 있는 채권을 위주로 해야 할 것이다.

다시 보기 지난 2014년 1월에 퇴임한 벤 버냉키 미 연준 의장은 언론과 학계의 찬사 속에 그 자리에서 퇴임했다. 그는 전대미문의 제로 금리와 양적완화정책으로 대공황 이후 최대의 금융위기에 대처함으로써 미국과 세계경제를 대공황의 위험에서 구해냈다는 칭송을 받고 있다. 제2종 오류를 범하지 않았다는 이야기다.

그러나 좀 더 긴 시계로 본다면, 게임은 아직 끝나지 않았다. 후임인 재닛 옐런 의장의 어깨 위에는 제로 금리를 어떻게 정상화할 것인가 하는 무거운 과제가 걸려 있다. 그와 미 연준이 인플레 유발 없이, 또한 주식시장의 붕괴 없이 이 과제를 적시에 해낼 것인가가 앞으로의 관전 포인트다. 과거의 예들을 보면 선제적 통화정책, 즉 경기가 한창 회복 중인데 긴축적 통화정책을 적시에 펴는 것이 결코 쉬운 일이 아니었다.

2009

0202

# 위기를 기회로 만들려면

위기를 성공적으로 극복하기 위해 중요한 요건은 첫째, 당면한 위기의 성격을 정확히 파악하는 것이고, 둘째, 위기 극복 이후 갖추어야 할 경제 모습에 대한 뚜렷한 비전을 가지는 것이다.

이번 위기는 우리 내부 문제로 발생한 것이 아니다. 미국에서 촉발된 세계적 금융위기가 대외 의존도가 높은 우리 경제에 외환과 무역이라는 통로를 통해 큰 충격을 가해온 것이다. 주택시장의 거품, 금융시장의 과잉과 탐욕으로 촉발된 세계적 경제위기는 미국, 유럽의 가계·금융 부문의 자산과 부채의 재구성을 초래했으며, 이미 과다 부채의 조정deleveraging이 가파르게 일어나고 있다. 이 과정에서 신용경색이 심화되고 가계 소비와 수입이 급감하고 있다. 그동안 신흥경제국으로 흘러들어 갔던 자금이 역류하면서 신흥국의 주식시장 폭락, 수출 급감으로 전 세계적인 생산과 소비의 위축을 가져오고 있다. 미국과 유럽을 중심으로 한 이러한 조정 과정이 안정적 기조로 접어들 때까지 세계경제는 회복되지 않을 것이며, 우리의 경제위기도 끝나지 않을 것이다.

지금 우리가 경제위기를 막고자 아무리 애쓰더라도 개방의 통로가 크게 열려 있는 한 결국 이를 피할 길은 없다. 오히려 경제위기는 지금부터 시작이다.

따라서 지금 정부가 해야 할 일은 위기를 막기 위해 온갖 수단을 무리하게 동원하는 것보다 앞으로 닥쳐올 더 큰 어려움에 대비하고 우리 경제가 그 과정을 통해 새로운 성장동력을 찾도록 구조조정의 틀을 짜나가는 것이다. 정부는 마치 비상대책을 짜내면 우리 경제가 위기를 피할 수 있을 것이라는 기대를 국민에게 주려 하지 말고, 이 위기를 겪어나가면서 우리 경제의 체질을 개선하고 구조조정을 가속화해 지금의 어려움을 미래 성장 창출의 기회로 만들자고 호소해야 할 것이다.

정부가 바라는 한국 경제의 미래 모습은 지금보다 더 개방적이고 더 효율적이며 더 시장자율적인 경제일 것이다. 그렇다면 지금의 위기를 피하기 위해 시장의 원칙을 허물고 도덕적 해이를 부추기는 정책은 가급적 자제해야 한다.

1990년대 이후 한국 경제구조 변화의 특징은 제조업 고용 비중이 빠르게 줄어드는 탈공업화와 제조업 내에서도 경공업 비중이 급격히 줄어들고 전자·중화학공업 등 일부 산업으로의 특화 현상이라 할 수 있다. 이에 따른 고용 감소는 실업률 증가보다는 불완전고용과 고용의 질 저하로 이어져 왔다. 이미 경쟁력을 상실한 다수 중소기업과 생산성이 낮은 음식·숙박업, 도소매업 등에서 과고용 혹은 불완전고용이 유지되어왔다.

이러한 상황을 종합해볼 때 한국 경제가 당면한 문제는 일시적 성과 저하의 문제가 아니라 구조적 문제다. 이는 1990년대 이후 급속하게 진행되어온 국내외 경제 환경의 변화에 대기업을 중심으로 한 일부 산업을 제외한 다수 산업에서 구조 변화에 적응하지 못했기 때문이다.

정부는 그동안 정부 지원에 의해 보호·유지되어오다 위기를 맞아 휘청거리는 많은 한계기업들을 다시 정부의 지원 강화로 다 살리려고만 하지 말고 이 기회에 고통이 따르더라도 근본적인 산업과 고용구조의 개편이 일어나도록 정책의 틀을 짜야 한다. 우리나라처럼 신용보증 규모가 큰 나라도 없고, 인구나 총생산에 비해 기업 숫자가 많은 나라도 드물다. 같은 예산을 쓰더라도 경쟁력을 상실한 기업을 살리기 위해 지원을 늘리는 것보다 그러한 기업의 근로자들에 대한 재훈련, 재취업, 실업대책에 지원을 늘리는 것이 더 바람직하다. 기업은 경쟁력을 잃으면 도태되어야 하고 그래야 새로운 산업, 새로운 기업이 성장할 길이 열리지만, 근로자는 우리 경제의 인적 자산으로 계속 남을 것이기 때문이다.

미국과 유럽에서는 대형 금융기관이 무너져 내리고 당장 디플레를 우려해야 하는 상황이라 비상한 금융 대책들을 쏟아내고 있다. 하지만 우리는 아직 그러한 상황은 아니다. 앞으로 그러한 상황이 왔을 때 부득이 써야 할 대책을 미리 다 쓰지 않는 것이 좋겠다. 지금은 재정정책을 더 적극적으로 확대하고, 금융정책에서는 과도한 개입을 절제하는 것이 좋다고 생각된다. 어차피 지금과 같은 경제 상황에서는 통화신용정책의 유효성은 제한적일 수밖에 없다. 그리고 장래 우리가 발전시켜 나가야 할 경제와 금융시장의 모습을 생각할 때 금융감독정책의 규율과 통화신용정책의 중립성을 확립하는 노력은 어떤 정책 목표 못지않게 중요하다.

다시 보기 　오래전 쓴 글을 다시 읽어보는 것은 흥미로운 일이다. 때로는 당시 상황을 떠올리며 쓴웃음을 짓게도 한다. 당시 이명박 정부는 위기 극복을 위해 상당 기간 매주 비상대책회의를 청와대의 지하벙커에서 대통령 주재로 열곤 했다. 매주 새로운 경제 상황이 전개되는 것도 아닌데 매주 여는 회의에서 매번 새로운 대책을 내놓고 언론에 발표하려다 보니 여러 가지 무리한 대책이 나오기도 했다. 이러한 비상대책회의로 무언가 경제를 살리는 가시적 효과를 보이려다 보니 결과적으로 시장 개입을 늘리고 과거에 절제해오던 정책들도 건드리게 되는 것이다. 정작 위기를 통해 조정되어야 할 한계기업들도 위기를 기화로 더 싼 금리, 더 많은 신용보증으로 연명할 수 있게 되었다.

우리나라는 일본을 제외하고 세계에서 GDP 대비 중소·중견 기업에 대한 신용보증이 가장 많은 나라다. 과거 노무현 정부에서 금융 대출의 도덕적 해이를 줄이고 중소기업 금융을 정상화·효율화한다는 차원에서 조금씩 줄여오던 신용보증액이 위기를 기화로 다시 크게 늘어났다. 그 결과 한계기업 수는 2배로 늘었으나 그 가운데 금융기관의 구조조정 대상 기업 비율은 2009년 29.3%에서 2012년 4.5%로 하락하기도 했다. 한계기업은 3년 연속 이자보상비율(이자비용/영업이익)이 100% 미만으

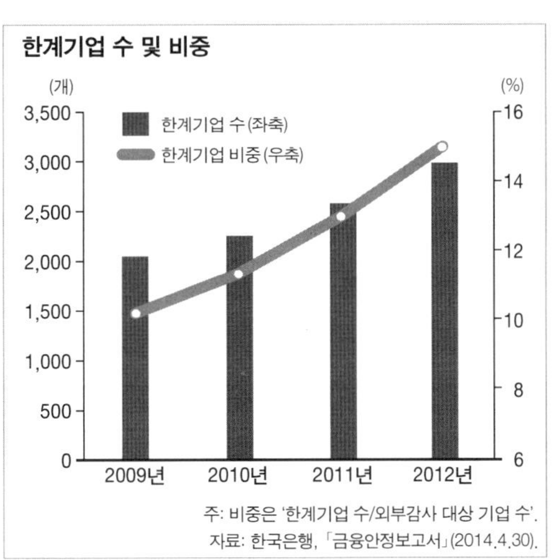

주: 비중은 '한계기업 수/외부감사 대상 기업 수'.
자료: 한국은행, 「금융안정보고서」(2014.4.30).

로 영업을 통해 번 돈으로 이자비용도 내지 못하는 처지의 기업을 말한다. 이러한 한계기업은 실물경제에도 부정적인 영향을 준다. 한계기업 비중이 높을수록 설비투자 증가율이 낮아지기 때문이다.

2009

0518

# 통화정책은 여론으로부터 자유로워야

"세계경제가 변곡점 근처에 도달했다", "세계경기의 자유낙하는 끝났다", "미국은 물론 유럽 일부에서도 확실한 회복 신호가 있다. 최악은 이제 끝났다는 분명한 신호가 있다." 지난주에 쏟아져 나온 경기회복세를 진단하는 발언들이다. 특히 이러한 발언들이 종전에 경기회복 가능성에 대해 비관적으로 보던 장 클로드 트리셰 유럽중앙은행 총재, 조지 소로스, 그리고 토머스 쿨리 뉴욕 대학 교수 등으로부터 나온 것이어서 시중의 경기회복에 대한 기대감을 부풀리고 있다.

반면 우리나라의 정책 담당자들은 훨씬 조심스럽다. "긍정적 요인과 부정적 요인이 혼재되어 있어 어느 한 방향으로 치우쳐 판단하기 어렵다", "지금 경제 상황은 경기후퇴 정도까지는 아니지만 현저히 살아난다고 말하기도 어렵다." 윤증현 기획재정부 장관과 이성태 한국은행 총재의 지난주 발언이다.

최근 들어 우리 경제의 제조업 가동률, 소비, 건설 투자, 은행 대출 등 여러 지표가 지난해 말, 올해 초와 비교했을 때 개선되고 있다는 신호를 보이고 있다. 그리고 이번 위기는 지난 1997년 외환위기와 달리 내수보다 수출에 큰 충격이 와 실업률이나 체감경기도 지난 위기만큼 심각하지 않다. 이를 반영하듯 증시와 환율은 연일 호조와 안정세를 지속하고, 강남 부동산은 다시 과열 조짐을 보이고 있다. 그러나 이번 위기는 외부 충격에서 비롯되었고, 세계 경제위기가 제대로 해결되려면 미국, 유럽의 금융기관과 가계 부문의 대차대조표 조정이 아직 더 진행되어야 하기 때문에, 최근의 회복세가 지속적으로 유지되리라고 결코 낙관할 수는 없다. 그런 면에서 우리 정책 책임자들의 인식은 오히려 믿음이 간다.

그런데 더욱더 중요한 것은 정책의 타이밍이다. 경기의 침체건 회복이건 그것의 신호가 확연해졌을 때는 이미 정책은 실기를 한 때다. 그래서 늘 거시정책의 선제적 대응을 강조한다. 선제적 대응이 현실에서 어려운 데에는 두 가지 이유가 있다. 첫째는 경기 흐름에 대한 판단이 쉽지 않을 때가 많기 때문이다. 경제 분석과 예측 모델을 꾸준히 발전시켜나가면 좀 더 정확한 판단을 내릴 수 있겠지만, 불확실성은 늘 따라다니게 마련이다. 지금 상황도 그렇다. 회복 조짐은 보이지만, 이것이 추세화할지는 아직 불확실하다. 둘째는 정치적 이유에서다. 하강 국면에서 팽창적 정책을 쓰기는 쉽다. 그러나 회복 국면에서 긴축적 정책으로 선회하기는 매우 어렵다. 파티가 한창 무르익어 가는데 밴드 연주를 중단시키는 것은 대단한 용기와 신념 없이는 하기 어려운 일이다. 그러나 정책 당국은 이를 해야 한다.

지난주 이성태 총재는 향후 통화정책 방향에 대한 기자의 질문에 "금리 결정은 국가적 문제인 만큼 여론과 분위기가 중요하다"라고 했다. 말 많은 나라의 중앙은행 총재로서 그의 고민이 엿보인다. 그러나 통화정책은 정부로부터도 독립적이어야 하지만 시장으로부터도 독립적이어야 한다. 의원내각제 국가에서도 선출된 정치인이 맡지 못하도록 규정하고 임기를 보장하는 국가의 주요 직책이 몇 가지 있다. 법원과 금융감독 당국, 그리고 중앙은행의 수장 자리가 그렇다. 그것은 그 자리에서 정부로부터, 그리고 여론으로부터 독립적인 판단을 내려야 국가가 장기적으로 건전하게 발전할 수 있기 때문이다.

증시가 내려가거나 경기가 꺼질 것 같으면 즉시 금리를 내려서 받쳐주곤 하던 소위 '그린스펀 풋'으로 앨런 그린스펀 전 연준 의장은 시장으로부터 열렬한 찬사를 받았다. 그러나 자산시장에 거품이 일고 과열 조짐을 보일 때도 이런저런 이유로 저금리정책을 지속시킨 결과, 오늘날 세계가 겪고 있는 위기의 근인을 제공했다.

스탠퍼드 대학의 존 테일러 교수는 그의 저서(*Getting Off Track*)에서 지난 10년간의 미국 통화정책 실패를 지적하면서, 만약 연준이 '재량'이 아니라 그가 제안했던 '준칙Taylor's Rule'에 의거한 통화정책을 추진했더라면 지금과 같은 심각한 위기는 오지 않았을 것이라고 주장한다. 그의 준칙에 따르면, 금리는 '인플레의 1.5배 더하기 추세성장률과 실질성장률의 차이 더하기 1%'가 적정 수준이라는 것이다.

한국은행은 지금까지보다, 지금부터 더욱 어려운 도전을 맞게 되었다. 원래 재정정책은 경직성이 큰 데다, 한편으로 이미 추경예산이 국회를 통과한 상황에서 통화정책의 기민성에 대한 부담은 더욱 커졌다. 이성태 총재는 그의 고뇌를 그렇게 표현했지만, 과거 그가 걸어온 길로 볼 때 실제 그의 결정은 그렇지 않으리라 기대한다.

다시 보기 지금 이 글을 읽다 보니 2009년 당시 일시적 경기회복의 기운이 보일 때 서구 언론과 정책 당국자들이 '푸른 싹green shoot'이 보인다며 기대어린 표현들을 쓰던 기억이 난다. 그러나 그 후 다시 유럽의 재정위기와 미국의 재정절벽 논란, 그리고 곧 더블딥double dip 우려가 나오기 시작했다. 지금 와서 되돌아보면 당시 윤증현 재정경제부 장관이나 이성태 한국은행 총재의 조심스러움이 오히려 돋보인다. 당시 이성태 총재는 이명박 정부 청와대로부터 추가 금리 인하 내지는 저금리 기조 유지의 압박을 많이 받고 있었다고 한다.

노무현 정부에서는 중앙은행의 금리 결정에 대한 독립성을 존중해주었으나, 이명박 정부가 들어서면서는 세계 금융위기라는 비상한 경제 상황의 이유도 있었겠지만 경기진작을 위해 특히 청와대를 중심으로 중앙은행의 통화정책에 많은 압력을 행사했던 것으로 알려져 있다. 이성태 총재는 이러한 어려움을 "금리 결정은 국가적 문제인 만큼 분위기와 여론이 중요하다"라고 에둘러 표현했던 것 같다. 이러한 정부와 중앙은행의 알력은 언제, 어느 나라에서나 있기 마련이다. 때로는 이것이 밖으로 불거지고 재무부와 중앙은행이 서로 불편한 소리를 내기도 한다.

정부와 중앙은행은 항상 공식적·비공식적 채널을 통해 거시경제 상황에 관해 긴밀하게 의견을 교환하되, 정부가 중앙은행의 통화정책 결정에 대해서는 독립적 판단을 존중해주는 관행을 지켜나가는 것이 좋다고 생각된다. 통화정책은 차기 선거를 의식하는 정부보다 더 긴 시계視界를 가지고 결정되어야 국가경제의 장기적 안정과 지속적 발전을 도모할 수 있다. 선진국들에서는 오랜 경험을 통해 이런 관행이 정착되었다. 전통과 관행은 인내 없이 정착되기 어렵다. 지난 정부에서 1998년 '한국은행법' 개정 이후 정착되어오던 관행을 다시 허물게 된 것은 아쉬운 일이다.

그렇다면 지금 박근혜 정부에서는? 좀 더 두고 볼 일이나, 출발이 그렇게 좋았던 것 같지는 않다. 더욱이 최경환 경제팀이 들어선 이후로 정부 초기 때보다 더 노골적인 압박이 있었던 것으로 보도되어왔다.

2009

0810

# 금산분리 완화, 금융지주회사 대형화 적절한가

'금융지주회사법' 개정안이 국회를 통과했다. 논란이 컸던 법안이다. 여야 간에, 전문가 사이에 견해차가 심했기 때문이다. 이번 개정안의 핵심 내용은 크게 세 가지다. 금산분리 완화, 비은행 금융지주회사의 산업자회사 지배 허용, 금융지주회사의 대형화와 겸업화 촉진을 위한 제도 개선이 그것이다.

이 법안이 추진되기 시작한 것은 세계 금융위기가 발생하기 이전이었다. 여기서 우리는 이 법안의 내용과 이번 세계 금융위기가 던져주는 시사점에 대해 생각해볼 필요가 있다. 이번 위기를 통해 각국에서 부각된 금융 부문의 주요 문제 중 하나는 그동안 진행되어온 '상호연결성interconnectedness'의 확대다. 금융그룹화, 파생상품 개발 등이 빠르게 진행되면서 금융기관 간 대차대조표가 밀접하게 얽히게 되다 보니 건전성 문제가 발생한 개별 금융기관을 분리해 처리하기가 과거보다 훨씬 어려워졌다. 또 대형화와 겸업화의 진행으로 특정 기관의 부실이 곧바로 전체 금융 시스템 위기로 연결되게 되었다. 2008년 9월 리먼브

러더스 파산 조치가 미국 내 전체 금융 부문과 전 세계 금융시장의 위기로 순식간에 파급된 것은 이를 보여주는 예다. 이처럼 커진 상호연결성의 결과, 투자와 경영에 실패한 특정 금융기관을 시장에서 쉽게 도태되게 할 수 없어진 것이다. 위험한 투자와 높은 부채 비율을 바탕으로 고수익을 추구하다가 결국은 경제 전체에 막대한 손실을 끼치게 되는 기업을, 그것이 금융기업이든 산업기업이든, 퇴출시키지 못하게 된다면 그것을 더 이상 건전한 경제라고 할 수 없다. 외환위기 이후 '대마불사大馬不死, too big to fail'의 신화를 깨고 나서야 우리나라 은행과 기업의 경영은 과거와 달라졌고 그 결과 기업과 금융 부문의 재무건전성이 크게 나아졌다.

결국 이번 위기가 주는 주요 시사점 중 하나는 금융 부문에서 시스템 위기systemic risk의 가능성을 높이는 산업구조 도입에 신중을 기해야 한다는 것이다. 국제 금융시장에서 경쟁력을 갖기 위해서는 대형화가 필요하고, 또한 겸업화를 통해 연계 영업의 시너지 효과를 얻을 수 있다. 정책이 고려해야 할 측면이다. 그러나 정부가 이러한 금융산업구조의 장기적 경제비용에 대해서도 깊이 점검해볼 것을 이번 위기는 요구하고 있다.

미국과 유럽 각국에서는 이미 이 문제와 전반적인 규제 개혁에 대한 논의가 시작되었다. 우리나라의 경우 금융기관의 자산 운용과 상품에 대한 규제가 과도했던 면이 있으므로 이에 대한 규제 완화는 확대해나가되 장기적인 산업구조의 방향에 대해서는 신중한 점검이 필요해 보인다. 이번 '금융지사회사법' 통과로 금융 부문 내에서의 상호연결성뿐 아니라 이에 더해 금융 부문과 산업 부문의 상호연결성이 확대될 수 있는 기반이 마련되었다. 이는 금융위기를 맞게 되었을 때(금융위기는 반드시 반복된다!) 국가가 취할 수 있는 정책 선택의 폭을 스스로 제한하고 국민이 부담해야 할 비용을 훨씬 키우는 결과를 초래할 수 있다.

외국의 경우 산업자본의 소유·지배를 법적으로 제한하지 않더라도 주요 금융기관에 대해서는 관행적으로 또는 암묵적으로 이를 허용하지 않는 전통을 가진 나라들이 많다. 이번 개정안에는 장점도 많이 있다. 재벌의 지배구조를 좀 더 투명하게 유도할 수 있고, 또한 사모펀드와 국민연금 등 연기금이 금융기관 소유에 참여할 수 있는 폭을 넓혀 은행 민영화의 현실적 가능성을 높이고 있다. 법안의 이러한 장점을 살리는 동시에, 산업과 금융의, 그리고 금융 부문 내에서의 상호연결성 확대를 견제하며 장기적으로 금융 부문과 국가경제의 안정성을 도모하는 것은 이제 온전히 정부의 인허가 판단과 정책적 비전의 몫으로 넘어가게 되었다. 법의 규제 뒤로 숨을 수 없게 된 정부는 그만큼 이에 대한 분명하고 일관된 정책적 기조와 비전을 준비해 이를 시장과 교감해나가야 한다. 용기가 필요하고 권위가 뒷받침되어야 할 일이다.

이번 위기가 주는 또 다른 교훈은 '거시적 감독macro-prudential regulation'의 중요성이다. 개별 금융기관에 대한 감독이 아무리 잘 이뤄지더라도 시장에서 거품 형성과 붕괴가 일어날 경우 금융위기를 막지 못한다는 것이다. 따라서 미시적 감독과 함께 금리 수준의 적절성, 과잉 유동성 여부, 거품을 부추기는 여타 정책적 요인은 없는지 등에 대한 통괄적·거시적 감독 기능이 중요하다는 것이다. 이것이 제대로 이뤄지려면 금융정책 당국 간 긴밀한 협의와 공조가 이뤄져야 할 뿐 아니라 이들이 정치적 고려나 압력에서 비교적 자유롭게 정책 결정을 할 수 있어야 한다. 이래저래 금융정책 당국의 역할은 더욱 중요해질 수밖에 없다.

다시 보기 이명박 전 대통령은 대통령 후보 당시 김대중·노무현 정부의 경제정책에 대해 '잃어버린 10년'으로 규정하며 경제를 살리는 대통령이 되겠다는 캠페인을 앞세워 집권했다. 집권 후 이명박 정부가 가장 강조한 것은 국가 경쟁력 강화와 친기업정책이었다. 친기업정책의 일부로 지난 수십 년 동안 우리나라 금융정책의 주요 근간을 이루어온 금산분리 완화가 추진된 것이다. 필자는 이에 대해 많은 우려를 품고 있었다. 우리나라의 짧은 금융사를 보더라도 금융기관이 대주주가 지배하는 그룹의, 혹은 그룹 내 회사의 금융창구 역할을 하다가 부실화된 경우가 많았다. 1950년대 미국 원조 기관의 압력으로 은행들이 민영화되었고 그 결과 이들이 소유 기업의 사금고화되었던 경험이 5·16 이후 은행들을 다시 국유화한 빌미가 되었고, 최근 동양증권이나 저축은행 사태도 이를 보여주었다. 과거에는 법으로 금산분리를 규제했으나, 그것이 완화되면 실제로 금융 당국이 구체적 신청 사례에 대해 판단을 내려야 하므로 금융감독 당국의 부담은 오히려 더 커졌다고 하겠다. 글에서 언급했듯이 법으로 금산분리를 규제하지 않더라도 미국처럼 관행으로 이를 허용하지 않는 나라들이 많은데, 이는 금융감독 당국이 정치적 압력에 휘둘리지 않고 권위를 가지고 대주주 적격심사 등을 엄격하게 하기 때문에 가능한 일이다.

한편 2008년 금융위기 이후 미국과 유럽에서는 대형 금융기관이 대마불사에 따른 도덕적 해이로 금융시장의 안정성을 해친다고 판단해 대형 금융기관에 불이익을 주는 움직임을 보여왔다. 시스템적으로 중요한 금융기관들SIFIs: Systemically Important Financial Institutions을 지정하고, 이들에 대해서는 작은 은행들보다 더 강도 높은 자본금·유동성 규제를 법제화하고 있다. 오늘날 대형 금융기관은 살아 있을 때는 세계화되어 있지만, 부실화되어 공적자금과 구제금융을 받을 때는 본부가 있는 국가의 국민에게 부담으로 돌아온다. 이 때문에 금융기관의 대형화와 세계화를 오히려 부담스러워하는 것이다. 그러한 추세와 달리 국내에서는 삼성전자 같은 금융기관이 필요하다는 주장으로 금융기관의 대형화를 추진하려는 움직임이 있어왔다. 필자는 이에 대해서 신중해야 할 필요가 있다는 뜻을 이 글을 통해 전하고 싶었다.

2009

0921

# 출구전략

지난 1년간 국제 공조에 의한 세계 금융위기에 대한 대응은 일단 좋은 결과를 얻고 있다. 금융시장은 안정되었고 세계경제는 회복될 조짐을 보이고 있다. 경제정책에서의 역사적인 대실험은 일단 성공했다. 지난 한 세기 동안의 경제학 발전이 이에 기여한 바가 적지 않다. 또한 벤 버냉키나 머빈 킹과 같은 뛰어난 경제학자들이 미국과 영국의 중앙은행 수장으로 재직하고 있었던 것도 경제학 연구의 축적이 실제 정책으로 즉각적으로 응용될 수 있었던 요인이 되었다.

여기까지는 좋았다. 그러나 앞으로 맞게 될 상황 또한 만만치 않다. 무엇보다 출구전략의 어려움이 당장 앞에 가로놓여 있다. 재정과 통화의 초팽창적 운용은 세계경제를 공황으로부터 구했으나, 향후 경제정책의 운용을 더욱 어렵게 하고 세계경제 진로의 불확실성을 높이고 있다. 유동성 과잉에서 비롯된 위기를 전대미문의 유동성 확장정책으로 대응한 것이다. 어느 나라에서나 금리를 내리고 재정지출을 늘릴 때는 시장의 환영을 받으나, 조이고 줄일 때는 여기저기서 압박을 받게 된다. 이자 부담이 늘어나는 서민 가계의 경제적 어려움뿐 아니라, 자금 조달에 쪼들리게 되는 기업이나 금융기관의 막강한 로비가 있게 되고, 중앙은행은 정부와 여론으로부터 압력을 받게 된다. 정치적 압력이 수그러지면 그때는 경기가 과열 국면을 보이기 시작해 이미 늦었을 때다.

1930년대의 대공황 때처럼 전쟁에 의한 유효수요의 창출을 기대할 수도, 기대해서도 안 되는 지금과 같은 상황에서 정책 당국은 쉽사리 재정지출 규모를 줄일 수 없고 유효수요 견인의 역할에서 벗어날 수도 없다. 이 경우 재정적자 확대, 확장적 통화정책은 상당 기간 지속되게 되고, 이는 결국 세계적 과잉 유동성 문제를 지금보다 더욱 악화시키게 될 것이다. 이는 다시 자산가격의 상승을 부추기고 부와 소득의 분배를 악화시켜 장래 각국의 사회적 불안을 심화시킬 가능성을 안고 있다. 선제적 조치의 필요성이 부각되고 있는 시점이다.

지난 가을 이후 우리나라도 일찍이 볼 수 없었던 확장적 재정·통화정책을 구사해왔다. 이러한 확장적 정책은 대폭 절하된 환율과 더불어 우리나라 경제의 빠른 회복에 기여했음이 틀림없다. 그러나 지금 우리나라는 다른 나라들보다 더 선제적인 출구전략을 구사해야 하는 과제를 안고 있다. 정부는 출구전략이 아직 시기상조라며 출구전략에서의 국제 공조를 강조하고 있다. 이러한 관점도 충분히 이해할 수 있다. 세계경제는 확장적 재정·금융 정책의 효과로 이제 겨우 안정을 찾았을 뿐이지 아직도 많은 불확실성을 안고 있다. 대공황 때나 1990년대 일본의 경험에 비추어볼 때 출구전략을 섣불리 꺼내드는 것의 위험성을 고려하지 않을 수 없다. 또한 내년도 G20 의장국으로서 국제 공조를 강조하지 않을 수 없다.

그러나 만약 미국이나 유럽이 지금 우리와 같은 경제 상황을 맞고 있을 때 그들은 어떻게 할 것인지도 생각해볼 필요가 있다. 국내 경기

선행지수는 벌써 7개월째 상승세를 이어가고 있다. 지난 8개월간 연속해서 나타난 주택담보대출 증가세는 위기 이전보다 훨씬 높으며, 시중에는 유동성이 넘쳐나고 있다. 다른 나라들에서는 주택시장이 아직도 침체되어 있거나 적어도 위기 전에 비해 가격이 크게 떨어져 있는 데 반해, 우리나라는 별로 떨어지지도 않은 상태에서 가파른 상승세를 보이고 있다. 지금과 같은 부동산 가격의 상승 기조가 이어지면 이는 부의 분배를 악화시킬 뿐 아니라 곧 소비 효과로 나타나 물가를 자극하게 될 것이다.

부동산 가격의 안정을 금리라는 정책 수단으로 대응하는 것에 대해서는 경제학에서 많은 논쟁이 있어왔다. 부동산뿐 아니라 실물경기에도 찬물을 끼얹기 때문이다. 그러나 비정상적으로 낮은 금리 수준을 지속하는 한 다른 어떤 대책을 도입하더라도 결코 부동산 시장을 안정시키기 어렵다.

확장적 통화정책이 요구되었지만 다른 나라들과 달리 디플레의 우려가 없었던 우리 경제의 상황에 비춰볼 때 올해 초 한국은행은 금리를 지나치게 많이 내린 면이 있다. 지금보다 다소 기준금리를 상향 조정하더라도 여전히 통화정책은 확장적 기조를 유지하게 될 것이다. 가계와 중소기업이 많은 빚을 안고 있는 상황에서 금리 인상은 정책 당국에 부담스러울 수밖에 없다. 그러나 이러한 여건은 기다린다고 나아질 수 있는 것이 아니다. 거시경제정책의 많은 부분은 국민의 현재 편익과 미래 편익의 상충에 대해 정책 당국이 적절한 선택을 하는 것이다. 재정은 당분간 확장적 기조를 지속해야 할 것으로 보이나, 통화정책은 이제 중요한 시험대에 놓였다.

다시 보기 어떤 정책이든 장단점이 있고 비용이 있으며 그 효과에 대한 불확실성을 안고 있다. 그래서 경제정책에는 늘 논쟁이 뒤따른다. 모두를 위해서 확실히 좋은 정책은 이미 입안되어 시행되고 있을 것이다.

2008년 세계 금융위기 이후 특히 거시경제정책에 대한 논쟁은 아직도 지속되고 있다. 통화·금융 정책과 관련해서도 국제결제은행BIS은 현재 일부 선진국에서 주식시장과 부동산 시장에 거품 조짐이 있으므로 더 이상 팽창적 통화정책을 펴서는 안 된다고 주장하는 반면, IMF에서는 1990년대 일본이 경기가 회복되는 시점에 너무 빨리 금리를 인상하고 긴축적 통화정책을 도입함으로써 경기회복의 불씨를 죽이고 잃어버린 10년을 가져온 예를 들면서 당분간 더 확장적 통화정책 기조를 유지할 것을 권고하고 있다.

미국에서는 벤 버냉키 연준 의장이 퇴임을 앞두고 이미 2013년 6월 양적팽창 축소 계획을 밝혀 시장에 신호를 주었을 뿐 아니라, 2014년 들어서도 미국 통화정책위원회FOMC 의사록을 통해 2014년 10월에 양적완화정책을 종료할 것임을 밝혔으며, 실제로 미 연준은 지난 10월에 이를 종료했다. 출구전략은 이미 시작된 것이다. 그러나 예상했던 대로 매우 완만히, 점진적으로 진행되고 있다. 이제 다음 과정은 지금 영퍼센트에 머물고 있는 정책금리를 조금씩 인상해 정상화하는 것이다. 그러나 연준은 이에 대해서도 매우 신중하게 접근하고 있다. 시장에서는 지금의 미국 경기회복세를 고려할 때 아마도 2015년 6월 이후에는 금리 인상이 시작되리라고 보는 것이 다수 의견이나, 이보다 더 늦어질 수도 있다.

통화정책은 순수하게 경제논리에 따라 장기적 시각을 가지고 채택·구사되어야 하나, 이는 현실에서 쉬운 일이 아니다. 때로는 여론에 맞서기가 쉽지 않고, 또한 지금이 과연 긴축을 시작해야 할 때인가에 대해 판단하기가 쉽지 않다. 세상일에는 늘 불확실성이 따르며, 1년 뒤 혹은 한 달 뒤에 어떤 돌발 변수가 발생할지 누구도 정확히 예측할 수 없다. 따라서 중앙은행 총재는 경륜이 필요하며, 금융정책의 적시성에 관한 이론적·경험적 문헌과 금융정책사에 대한 깊은 이해, 그리고 나름의 철학과 소신을 필요로 하는 것이다.

이 글에서 지적했듯이 우리나라는 2009년 빠른 경기회복을 보이고 있었음에도 정부가 이를 지속시키기 위해서 초저금리와 더불어 확장적 재정·통화 정책의 기조를 유지하려 했다. 2009년 2.0%까지 내렸던 기준금리를 2010년 10월부터 조금씩 올리기 시작했으나, 그 폭이 충분하다고 할 수 없었고 타이밍도 적절했다고 보기 어렵다. 곧이어 유럽 재정위기, 미국 경기 하강 등으로 국내경제도 위축되자 2012년 7월부터 다시 내리기 시작해 2014년 새 경제팀이 들어선 이후로는 정부와 시장의 인하 압력이 더 거세져 2015년 3월에 1.75%까지 인하한 상태다. 이러한 초저금리는 우리나라가 처음 겪어보는 현상이다. 이는 2009~2011년에 강한 인플레 압력, 부동산 가격의 지속적 상승, 가계부채의 빠른 확대라는 결과를 낳기도 했다. 물가와 부동산 가격의 상승은 2012년 이후 멈췄지만, 이 기간 중 크게 늘어난 가계부채와 부동산 가격의 앙등은 이후 전세가격의 상승으로 이어져 이는 지금도 경제 운용의 부담이 되고 있다.

경제는 늘 경기순환의 사이클에서 자유로울 수 없다. 크고 작은 경기 사이클이 경제에 온기와 냉기를 가져온다. 그중에는 매우 큰 폭의 사이클도 있고, 그저 일상적인 것도 있다. 1929년 미국 월스트리트의 주가 폭락으로 시작된 대공황Great Depression을 완전히 벗어난 것은 결국 제2차 세계대전의 발발로 인한 미국과 유럽의 엄청난 재정팽창과 군비지출 때문이었다. 2008년 리먼브러더스의 파산으로 촉발된 이번 세계적 경기침체는 대공황으로 불리지는 않지만 '대침체Great Recession'로 불린다. 그렇다면 오늘날 세계는 대공황 때와 같은 막대한 재정팽창 없이 이 대침체에서 벗어날 수 있을 것인가? 각국은 정치적 상황 탓에 적극적 재정팽창 대신 결국 막대한 통화팽창으로 대침체에 대응해왔다. 미국·영국·유럽연합·일본의 중앙은행들이 발행한 본원통화는 3배 혹은 그 이상 증대해왔다. 일찍이 없던 일이다. 그 결과 미국의 다우존스지수는 연일 새 기록을 경신하고 있다. 일본의 니케이지수도 지난 3년간 약 배로 뛰었다. 이를 거품이라 하지 않을 수 있을까? 거품이라면 언제 다시 조정을 받게 될 것인가?

과연 2008년 위기를 지금과 같이 큰 구조조정 없이 벗어날 수 있을까? 그렇다면 1930년대의 대공황은 단순히 경제학자들과 정책 담당자들의 무지로 인해 막지 못한 것인가? 아마 20년 후의 경제학 교과서에는 이에 대한 평가가 나와 있을 것이다. 지금 참기 어려울 정도로 그것을 읽어보고 싶다.

2009

1012

# 민주주의와 시장경제의 덫

환율이 오르면 일반 소비자들의 주머니에서 돈을 빼내 수출기업을 도와주는 것과 같은 효과가 발생한다. 금리를 내리고 통화공급을 확대해 인플레가 유발되면 근로소득자와 예금자의 주머니에서 빼낸 돈으로 부채가 많은 기업과 주택담보로 돈을 빌린 중산층 가계를 지원하고 재정적자로 빚을 진 국가에 세금을 내는 것과 같은 효과가 생긴다. 종합부동산세로 강남 주민들이 수백만 원 혹은 기천만 원의 세금을 더 내게 되었을 때 국가에 소송을 제기하고 정권 퇴진 운동까지 벌였으나, 환율이 대폭 올라 그들의 해외여행 경비, 자녀 유학비가 수백만 원 혹은 수천만 원 늘어났을 때는 조용했다. 만약 정부가 소비세를 징수해 수출대기업들에 보조금을 지원하겠다고 나섰으면 언론과 시민은 어떻게 반응했을까? 시장과 대중, 여론이 늘 합리적인 것은 아니다.

그만큼 국가는 스스로 정책의 정직성, 공정성, 건전성을 지키는 것이 중요하다. 경제정책은 대중을 호도하고 속이기 쉽다. 재정적자를 통해 지출을 늘리고 금리를 낮추면 당장 주머니에서 돈을 내게 되는 시민은 없다. 부담은 없으면서 일자리가 늘고 성장률이 올라가면 누구나 좋아한다. 그러나 시간이 지남에 따라 국민은 각종 세금을 통해, 혹은 인플레를 통해 이에 대한 청구서를 받게 된다. 혹은 자식 세대로 청구서를 넘기게 된다.

세계 금융위기를 맞아 경제학자들은 자성과 함께 새로운 인식을 찾아가고 있다. 과거 경제학이 기반을 두었던 합리적 기대 가설, 시장 효율성에 대한 가설이 얼마나 책상 위의 가설에 불과했던 것인가에 대한 목소리들이 터져 나오고 있다. 경제와 금융을 이해하기 위해서는 재무학이나 거시경제학과 같은 좁은 학문적 영역의 사고가 아닌 정치와 사회, 심리, 나아가 역사학적 통찰이 필요하다는 인식이 대두하고 있다. 18~19세기 경제학의 시조들이 철학, 도덕, 정치, 인성의 바탕에서 경제를 이해하려 했던 것처럼.

민주주의와 시장경제 체제하에서 정부와 이익집단 간의 담합으로 경제정책이 일반 시민과 장래 납세자의 주머니를 담보로 해당 집단의 이익을 챙겨주게 되는 것을 설명하는 새로운 논문들은 특히 흥미롭다. 1990년대 이후 미국 정부는 월스트리트에 좋은 것은 미국 경제와 미국에도 좋다는 등식을 당연시했다. 그런데 그 뒤에는 의회, 정부, 언론, 학계에 대한 월스트리트의 막강한 로비가 있었다. 감독과 규제는 완화되고 부채를 기반으로 한 대형화, 겸업화, 증권화는 촉진되었다. 미 연준의 최근 분석에 따르면 미국의 10대 은행의 시장 점유율은 1999년의 35.6%에서 2008년 53.9%로 늘어났다. 이들의 임직원 봉급은 같은 기간 중 308억 달러에서 749억 달러로 2.4배가 늘어났다. 반면 같은 기간 일반주주들에 대한 배당은 순자산의 0.8%에서 0.3%로 줄어들었다. 임직원들은 주주 배당의 4.3배에 해당하는 소득을 가져갔으며, 은행이 위기를 맞았을 때 손실은 고스란히 일반 주주들에게 돌아갔다.

위기 이후 미국은 또다시 엄청난 재정지출과 통화 공급을 월스트리트에 쏟아붓고 있다. 블룸버그의 추산에 따르면, 비우량 주택담보대출로 인한 손실이 약 1500억 달러였던 데 반해, 이로 인해 촉발된 금융위기에 미 정부와 중앙은행은 그것의 약 100배인 13조 2000억 달러를 금융가에 쏟아붓는 것으로 대응하고 있다. 일단 위기는 진화되었으나, 앞으로 이 엄청난 비용이 누구의 호주머니에서 나오게 될지는 정해지지 않았다. 아마도 다시 순진한 대중의 부담으로 전가되지 않을까 우려된다.

미국이 주도하고 국제 공조로 이뤄진 엄청난 재정·통화 팽창을 통한 이번 세계 금융위기에 대한 대응은 각국의 정치, 경제, 사회에 심대한 과제를 던져주고 있다. 우리를 비롯해 이들 나라의 정치와 정부정책의 공정성, 정당성은 앞으로 얼마나 적시에 출구전략을 구사할 것인지, 그리고 그에 따른 비용을 얼마나 합리적이고 공정하게 배분할 것인지에 따라 평가받게 될 것이다. 기득권 집단의 이익을 보호해주며 장기적으로는 무력한 일반 시민의 주머니를 터는 일이 당장 일자리를 늘리고 성장률을 높였다는 이유로 업적과 성취로 부각될 것인가? 당장 몇 년의 성장률을 높이는 반면 경제 곳곳에 도덕적 해이를 부추기고 구조적 취약성을 키우는 것이 여론에 의해 박수로 수용된다면 미래와 차세대를 걱정하며 신중한 정책을 채택하는 정부는 앞으로 다시 나오기 어려울 것이다. 그리고 이는 민주주의와 시장경제의 실패로 역사에 기록될 것이다.

다시 보기 경제운영, 경제제도란 기본적으로 인간들로 구성된 사회에서 어떻게 개별 주체에게 인센티브를 부여해 생산을 독려하고 이를 통해 창출된 부가가치를 구성원 간에 어떻게 나누어 갖는가 하는 것이다. 인류사에는 원시공동체에서부터 여러 경제체제가 출현했다. 때로는 판을 뒤집어엎는 혁명으로, 때로는 투표를 통해 선출된 정부와 의회의 점진적 개혁으로 자본주의, 공산주의, 사회주의, 사회적 시장주의 등 여러 형태를 이루며 발전해왔다. 그러나 그 저변에는 늘 인간의 탐욕과 이기적 동기, 담합, 게임, 투쟁, 기만 등이 자리 잡고 있었다. 어찌 보면 근사한 포장으로 합리화해 속이고 속는 것이 경제정책이라 할 수 있을지도 모르겠다. 그런 면에서 재정정책과 금융정책에는 편의성과 자의성에 큰 차이가 있다.

인플레이션세inflation tax라는 것이 있다. 정부가 중앙은행에서 돈을 마구 빌려 쓰면 중앙은행은 돈을 찍어 이를 대는 수밖에 없다. 그 결과 시중 통화가 증발해 물가가 오르게 되면 그 부담은 주로 소비자인 일반 국민이 지게 된다. 특히 그해에 임금이 고정되어 있는 봉급생활자, 임금노동자가 그렇다. 반면 이때 재고를 많이 쌓아놓은 상인이나 기업은 이득을 볼 수도 있다. 통화가 증발한 근원이 정부의 재정적자에 있느냐, 혹은 민간기업 지원을 위한 각종 정책금융에 있느냐에 따라 궁극적으로 최대 수혜자가 정해진다. 그러나 봉급생활자, 돈을 빌려준 사람은 손해를 입게 되는데, 이는 결과적으로 이들이 자기 주머니에서 세금을 내어 정부 지출이나 기업을 위한 정책금융을 지원하는 것과 같은 효과를 낸다.

환율정책도 마찬가지다. 정부가 시장에 개입해 고환율정책을 유지하면 수출기업의 이윤은 크게 늘어난다. 종래 100달러어치 팔아 10만 원 받던 것을 환율이 1300원으로 오르면 13만 원을 받기 때문이다. 반면 일상생활을 위해 각종 농산품, 쇠고기, 신발, 의류, 기름 등 수입품의 가격을 치러야 하는 대중의 지출은 그만큼 늘어난다. 이는 근본적으로 일반 대중에게서 세금을 더 걷어 수출기업에 수출보조금을 지급하는 것과 똑같은 효과가 있다. 차이점이라면 세금은 국회의 심의와 통과를 거쳐야 하고 그 과정이 국민의 눈에 쉽게 띄어 심각한 저항이 생길 수도 있다는 것이다. 반면 환율정책, 통화정책은 정부와 중앙은행의 재량에 의해 행사된다. 금리가 내린다는 것은 돈을 빌려준 사람의 수입이 돈을 빌려간 사람의 수입으로 이전되는 것과 같다. 대개 경제 전체로 볼 때 빚을 진 쪽은 정부, 공기업, 민간기업이며, 돈을 빌려준 쪽은 저축을 가지고 있는 가계, 개인인 경우가 많다. 따라서 경제적으로 볼 때, 금리를 내리면 일반 가계(순저축자)에서 세금을 내어 정부, 기업, 그리고 주택담보대출을 빌려 쓴 가계를 지원해주는 것과 비슷한 효과가 발생한다.

노무현 정부에서 종합부동산세를 신설하자 이에 대해 보수언론과 강남 주민들을 중심으로 세금폭탄이라며 큰 반발이 생기고 강남 주민들은 행정소송을 제기하며 정권 퇴진 운동을 벌이기도 했다. 2005년 신설한 종합부동산세는 과거 재산세를 일부 흡수한 것이기도 해서 종합부동산세 때문에 국민의 부담이 실제로 얼마나 증가했는지는 정확히 알 수 없으나 아마 2~3조 원도 되지 않았을 것이다. 반면 우리나라의 연간 수입량은 약 5000억 달러에 달해 환율이 1000원에서 1300원으로 오르면 약 150조의 추가 부담이 생기는데, 그 절반만 일반 대중이 수입물가 상승에 따른 부담을 진다고 해도 약 70~80조 원의 추가 부담이 생기는 것이다. 그러나 이명박 정부에서 첫 경제팀이 고환율정책을 추진하고 곧 세계 금융위기로 환율이 크게 올라 국민 부담이 늘어나도 보수언론이나 강남 주민은 별다른 불만을 제기하지 않았다. 물론 수출

기업에는 큰 이득이 되었다. 삼성전자, 현대자동차, LG전자가 세계 금융위기 이후 소니나 일본 자동차업체를 제치고 세계시장에서 약진하고 당기순이익이 급증하게 된 데에는 2008년 이후의 환율정책이 큰 기여를 했을 것이다.

노무현 대통령은 취임 직후 카드채 사태로 내수가 크게 위축되어 경제가 매우 어려웠음에도 정치권이나 참모들이 경기부양책을 권할 때마다 인위적 경기부양은 하지 않겠다는 철학을 강하게 고집했다. 임기 내내 주류 보수언론과 야당으로부터 경제를 망친 대통령이라는 비판이 가시지 않았다. 이명박 대통령은 인수위 시절부터 환율 절하를 유도하고 임기 내내 저금리 기조를 압박했다. 또한 초기에는 명시적 재정지출 확대정책을 폈고, 임기 내내 4대강 사업 추진을 위해 한국수자원공사의 부채라는 편법을 사용해 실질적으로 공공부채를 크게 늘려 경기부양책을 써왔다. 저금리·저환율 정책을 구사했으며, 이를 통해 경기부양을 하고 성장률을 높이려 했다. 이 기간에 크게 확대된 공공기관의 부채는 지금 개혁의 대상이 되고 정부가 채권을 발행해 이를 국가부채로 흡수해나가는 것이 불가피해졌다. 결과적으로 재정 건전성이 크게 후퇴했다. 이명박 정부 중반까지 정부는 종합편성채널의 허가라는 카드를 손안에 쥐고 언론의 협조를 얻어내려 했다. 종합편성채널 허가를 받기 위해 보수언론들은 이명박 정부 경제정책의 부정적 측면을 그대로 비판하지 않았다. 이는 작은 정부, 국가재정과 금융 부문 건전성을 중시하는 보수적 가치와도 괴리된 것이었다.

이 글은 노무현 대통령이 서거한 지 몇 달 지나지 않은 시점에 쓴 것이다. 노 대통령이 추구했던 인위적 경기부양의 지양, 재정 건전성에 대한 집착을 생각하며 그가 그렇게 애썼던 것이 불쌍하다는 생각이 들었다. 또 한편으로는 이명박 정부의 단기적 성장률 제고에 대한 집착과 그것의 부정적 측면에 대한 비판이나 경고 대신 이를 칭송하며 자사의 이익에 집착한 당시 일부 언론의 기조에 대해 우려하던 마음이 겹쳐 이 글 언간에 깊이 배어 있음을 느낀다. 사실 글 말미에서 이야기한 것은 세계의 일반적 현상만이 아니라, 당시 우리나라의 경제운영과 언론의 책임성, 특히 민주주의라는 이름하에 여론과 권력에 대해 강한 영향력을 행사하는 재계, 수출업계 등이 대중에게 가야 할 소득을 자기네 주머니로 가져가고자 하는 행태를 정부가 견제하지 못하고 이에 덩달아 춤추며 경제정책을 왜곡하는 것에 대해 필자가 품고 있던 우려를 나타낸 것이다.

2009

1123

# '친기업'과 '친시장'은 동의어가 아니다

경제학, 그리고 경제정책은 지금 혼돈의 시대를 겪고 있다. 1970년대 이후 경제학계에서 거의 죽어가던 케인지언 학설이 지난 1년간 화려하게 부활했다. 금융위기를 맞아 케인지언이 제시한 바대로 각국은 초팽창적 재정·통화 정책을 채택했고, 그 결과는 일단 성공적이다. 반면 신고전파 이론이 주창해온 합리적 기대, 시장의 자정 능력에 대한 신뢰, 정부 개입의 위험성, 재정·통화 정책의 한계성 등은 지금 늦가을의 해변처럼 외면당하고 있다. 인간의 마음이 원래 그렇기 때문일까? 한쪽에 발길이 쏠리면 다른 쪽은 잊히게 된다.

그러나 신고전파 이론이 쌓아온 학설이 모두 헛된 것은 아니다. 시장의 신뢰가 무너졌을 때 정부가 유동성을 공급하고 유효수요를 창출해 위기가 공황으로 발전하는 것을 막아야 한다는 케인지언의 주장도 옳지만, 어떤 정부의 재정·통화 확대 정책도 결국 장기적으로 경제를 활성화하는 데 유효하지 못하고 더 큰 비용을 초래하게 된다는 신고전파의 주장도 그른 것은 아니다. 이는 경험적 사실을 통해 검증되고 발전되어온 이론이다. 지금의 팽창정책도 장래 어떤 비용으로 다가올지 알 수 없다. 지난 2002년 '닷컴 버블' 붕괴를 저금리와 팽창적 통화정책으로 대응한 결과가 세계 금융위기로 이어진 것처럼, 출구전략을 적시에 구사하지 못하면 지금 치르지 않고 미룬 비용을 장래에 곱으로 치를 수도 있다. 거시경제정책의 장단기 효과는 다르게 나타난다. 출구전략은 성급해서도, 지연시켜서도 안 되는 어려운 과제다.

거시경제정책뿐이 아니다. 규제·감독과 같은 미시정책 또한 혼돈의 시대를 겪고 있다. 친기업pro-business과 친시장pro-market 정책이 반드시 같은 것은 아닌데도 그동안 친시장주의를 표방하면서 많은 이들이 이 둘을 동일시했다. 이것이 금융 부문에서는 각종 규제 완화 정책으로 이어지면서 기존 대형 금융기관들이 선점한 경쟁 우위를 더욱 확고히 하고 이들의 막대한 이윤 증가와 동시에 더 많은 이윤 추구를 위한 위험 투자를 부추기게 되었다. 이들이 친시장적이라고 추진한 정책이 결국 시장을 무너뜨리고 시장 참여자들에게 엄청난 손실을 안겨준 것이다.

시장의 역할은 단순히 시장에서 형성된 가격을 통해 효율적인 자원 배분을 이루는 것에 국한되지 않는다. 시장은 건강한 기업의 생태계를 제공하고 새로운 혁신과 창조가 일어날 수 있게 함으로써 경제 발전에 기여한다. 그리고 그러한 혁신은 자주 기존의 기업이 아닌 전혀 예상하지 못한 곳에서 일어난다. 마이크로소프트나 애플의 경우처럼. 만약 시장의 이런 기능이 취약해지면 결국 기존 지위를 이용해 새로운 경쟁자의 출현을 막고 다른 이들에 의해 창출된 가치와 부를 자기 주머니로 옮겨 오려는 '지대추구rent seeking' 문화가 만연하게 된다.

최근 우리나라의 경제정책도 이런 혼돈에 빠져 있지 않나 되돌아볼 필요가 있다. 출자총액제한제도의 폐지는 순환출자 확대를 통해 대기업군의 경영권 방어와 세습을 더욱 용이하게 해주었다. 최근에 법무부는 이에 더해 포이즌 필 제도를 도입해 기존 기업들의 경영권 방어를 더욱 공고히 해주려 하고 있다. 이러한 정책들은 모두 시장 발전과 투자 촉진이라는 이유로 추진되어왔다. 틀린 것은 아니나 옳지도 않다. 개별 정책들은 나름대로 이유와 장점이 있더라도 시장의 기능을 형성해나가는 데는 전체적인 정책 조합과 균형을 살펴야 한다. 경제학에서 시장이 늘 존중되는 이유는 낡고 비효율적인 경영으로 시장 지배력에 안주하려는 기업을 도태시키고 혁신을 통해 수요를 창출해내는 새로운 기업과 경쟁자들이 번성할 수 있는 역동성을 시장이 제공한다고 믿기 때문이다. 그러나 이러한 기능을 위축시키면서 기존 기업들을 보호하는 것은 친기업적 정책일지는 몰라도 친시장적 정책은 아니다.

시장은 경쟁을 통해 끊임없이 변화하고 진화하는 역동적 생태계를 제공해야 한다. 그러기 위해 경쟁은 평평하고 공정한 경쟁 질서level playing field에 기초해야 한다. 또한 시장은 시장권력의 집중을 견제하고 분산시키며 비효율적 경영에 대한 내재적 압력을 가지고 있어야 스스로의 효율성뿐 아니라 장기적으로 국가 사회의 건전한 발전에도 기여하게 된다. 최근 친기업 문화, 시장주의라는 명목으로 공정거래위원회의 역할과 목소리가 너무 위축되어 있는 것 같아 아쉽다. 경제정책에서 쏠림 현상을 경계하고 중용을 지키려는 노력은 지금도 여전히 절실한 과제로 남아 있다.

다시 보기 이명박 정부 시절 썼던 글에 후기를 달다 보니 이명박 정부의 정책에 대해 다시 비판을 하게 된다. 이명박 정부가 경제를 살리기 위해 내세운 대표적 정책이 '기업 친화적business friendly' 환경 조성이다. 이는 전 정부를 반기업적 정부라고 공격하여 국민의 지지를 얻어 집권한 정부에서 나올 수 있는 어쩌면 당연한 정책이다. 그 자체로 나쁠 것은 없다. 이명박 대통령은 당선 직후 기업 총수들과 만난 자리에서, 두바이의 지도자가 핸드폰으로 기업인들과 수시로 통화하며 그들의 애로사항을 해결해주면서 사막에 초현대식 도시를 건설했듯이, 우리 기업인들도 애로사항이 있으면 언제든 자신에게 직접 전화해도 좋다고 말했다.

원래 오늘날 경제정책에서 보수주의는 정부의 시장 개입을 줄이고 시장의 자율적 기능을 존중해야 한다는 관점을 가리킨다. 다시 말해 친시장적 관점을 가진 것이 보수주의자이며 보수정권이다. 그러나 '친기업'과 '친시장'이 반드시 같은 것은 아니다. 이 글에서 주장한 것처럼 때로 '친기업'은 기존 대기업의 시장 지배력을 더욱더 확고하게 해주어 시장의 공정경쟁과 역동성을 해치게 된다. 친기업은 어떤 기업들을 위주로 정책을 논하고 그들의 요구를 들어주는가에 따라 친시장적이 될 수도, 반시장적이 될 수도 있다. 건강한 자연 생태계처럼 새싹이 튼튼하게 자랄 수 있는 건전한 시장 생태계를 만들어주는 것이 정부의 기본적인 역할이다. 그래야 경제가 활력을 띠며 역동성을 지속하게 된다. 시장은 기업 간 경쟁이 이루어지는 곳일 뿐만 아니라 인간의 탐욕과 힘센 자의 횡포, 약자에 대한 착취가 자행될 수 있는 곳이기도 하다. 그러므로 시장은 공정한 룰과 엄격한 심판이 반드시 필요한 곳이다. 미국에서도 자본주의의 원초적 경쟁이 진행되면서 경제력 집중이 심화되고 트러스트, 기업 집단이 형성되어 시장에서 독점이 성행하면서 중소기업과 소비자에 대한 독점 기업의 횡포가 심해졌었다. 이에 대한 대응으로 '셔먼 법', '클레이튼 법'이 제정되고 사회 전반에 공정거래 질서에 대한 주의가 환기되었다. 이 과정에서 록펠러가家가 경영에서 물러나고 유니언오일이 해체되기도 했다. 최근에도 미국 연방거래위원회FTC는 마이크로소프트의 독점을 견제하기 위해 소송을 진행하고, 공정경쟁 질서를 유지하기 위해 독과점에 대해 엄격한 기준을 적용하고 있다.

반면 이명박 정부는 친기업정책을 펴겠다며 후보 캠프 시절부터 최측근에 있던 인물을 초대 공정거래위원장으로 임명했고, 임명된 분은 공정거래위원회에서 기업을 규제하기보다 기업의 애로점을 해결해주는 위원회가 되도록 노력하겠다고 밝혔다. 원래 공정거래위원회의 설립 목적은 독과점을 견제하고 기득권이나 기업의 규모를 넘어 공정한 경쟁 질서를 보장해주는 것이며, 이는 자주 기존 대기업의 행위를 규제하는 방식으로 나타난다. 이 글은 당시 이명박 정부에서 공정거래위원회의 역할이 실제로 유명무실해지는 것에 대해 우려를 표명하며 쓴 글이다.

2009

1214

# G20과 국제통화제도의 개편

지금의 국제통화제도는 제대로 기능하고 있는가? 오늘날 세계경제 환경에 적합한 제도인가? 그렇지 않다. 금융시장은 상품시장과 달리 약속과 신용credit을 사고파는 시장이다. 조그마한 신뢰의 상실에도 쉽게 붕괴한다. 반복되는 금융위기를 경험하며 각국은 이를 방지하기 위해 여러 제도적 장치를 도입했다. 중앙은행을 설립해 최종 대부자의 역할을 하게 하고, 통화를 발행하는 발권 기능을 부여했다. 또한 금융기관이 건전하게 운영될 수 있도록 감독기구와 규제의 틀을 도입했다. 오늘날 자본 흐름에서 국경은 사라지고 세계 금융시장이 하나의 시장으로 통합된 반면, 통화금융제도는 엄연히 주권국가의 국경에 한정되어 있다. 최종 대부자 역할을 할 세계 중앙은행이나 세계 금융 감독기구도 없다. 달라진 시장 현실과 달라지지 않은 제도 사이에 커다란 괴리가 생긴 것이다. 여기서 유래하는 문제들이 바로 세계 금융시장과 세계경제의 안정을 위협하는 근본적 요인이 되고 있다.

원래 제2차 세계대전 이후 출범한 브레턴우즈 체제는 그 이전에 세계가 경험한 각국의 경쟁적 화폐가치 절하를 통한 보호무역주의를 막고 세계경제의 안정적 성장을 기하기 위해 미국 달러화를 기축통화로 한 고정환율제도와 미국을 제외한 국가들의 엄격한 외환 규제를 요체로 하는 국제통화제도였다. 달러화는 일정 비율로 금과의 태환이 보장되어 실질적으로 금이 국제통화로 쓰이는 '금본위제도'와 유사한 제도였다. 이러한 체제를 유지하기 위해 IMF를 설립해 경상수지 적자로 외환 부족을 겪는 국가들에 단기 대기성차관stand-by arrangements을 제공하고 적자를 시정할 거시정책을 채택하도록 했다. 그러나 1960년대 이후 미국의 경상수지 적자가 확대되어 각국의 달러화 보유가 미 정부의 금 보유량을 넘어섬에 따라 결국 1971년 당시 닉슨 대통령은 달러화의 금 태환을 정지시키고 브레턴우즈 체제는 붕괴했다. 그 후 주요국은 변동환율제도로 이행하고 이를 '브레턴우즈II' 체제라 부르고 있다.

그런데 이 브레턴우즈II 체제는 실질적으로 '무체제non-system'나 다름없다. 영국, 미국, 유로화 지역처럼 환율 결정을 거의 전적으로 시장에 맡기고 있는 나라가 있는 반면, 중국과 같이 정부가 시장에 지속적으로 개입해 화폐가치의 저평가를 유지하여 보호무역주의를 추구하는 나라도 있다. 그러나 이를 규제할 수 있는 어떤 관할기구나 조직도 세계 금융시장에는 없다. 다른 한편으로, 신흥국이나 개도국의 입장에서는 지금과 같은 국제 금융 환경에서 외환위기로부터 스스로를 보호하려면 가능한 한 많은 외환보유액을 쌓아놓을 수밖에 없으며, 이는 결국 환율 개입과 경상수지 흑자를 추구하도록 함으로써 세계경제 불균형이 심화·지속될 수밖에 없다. 과거 일본, 독일과 같이 주요 흑자국이 선진국이었을 때는 1985년의 '플라자협정'과 같이 G7 정상회의를 통해 환율과 수지 불균형 문제를 어느 정도 조정해낼 수 있었다. 그러나 오늘날과 같이 주요 흑자국이 중국과 중동 산유국인 상황에서 G7

정상회의는 이에 무력할 수밖에 없다.

이러한 측면에서 주요 20개국G20의 출범은 세계경제의 안정적 운영을 위해 중대한 의미를 지닌다. 세계 금융위기 이후 G20은 위기 극복을 위해 일찍이 역사상 보지 못했던 국제적 정책 공조를 이루어냈다. 그러나 위기 이후의 새로운 국제 금융 질서를 세우는 데는 아직 별다른 진전을 보인 바가 없다. 세계 금융위기 이후 대공황을 막는다는 공동의 이익이 컸기 때문에 거시정책 공조는 이루어졌지만, 국제통화제도의 개편은 한쪽의 지분이 커지면 다른 쪽의 지분은 작아질 수밖에 없는 제로섬 게임의 성격을 띠고 있다. 따라서 국제통화제도의 개편은 훨씬 어려운 과제다. 그러나 G20이 위기 대응을 위해서만이 아니라 앞으로 세계 경제문제를 주관하는 협의체로 확고히 자리 잡기 위해서는 이 어려운 과제를 성공적으로 다루어나가야만 한다.

내년 11월 G20 정상회의가 서울에서 열린다. 그때쯤이면 세계는 '위기 극복'에서 '위기 후의 경제 시스템post-crisis economic system'에 대한 모색을 본격적으로 시작해야 할 것으로 보인다. 또한 의장국으로서 한국은 G20을 '위기 시 협의체'에서 '정상 시 협의체'로 전환해나가야 하는 책임을 안고 있다. 개도국에서 세계 주요 교역국으로 부상했고 동시에 외환·금융 위기와 경제 시스템 개혁을 두루 경험한 우리나라가 이를 위해 할 수 있는 역할은 적지 않다고 생각된다. 우리가 이에 적극적 리더십을 발휘한다면 아마도 새로 출현할 국제통화제도는 '브레턴우즈III'가 아닌 '서울 체제'라고 불릴 수도 있을 것이다.

다시 보기 G20 정상회의가 출범한 지도 햇수로 벌써 8년이 되었다. 미국, 영국, 캐나다, 한국, 프랑스, 멕시코, 러시아, 호주에 이어 2015년에는 터키, 2016년에는 중국이 G20 정상회의를 주관하게 되었다. 미국, 영국을 제외하고 G20 정상회의를 주관하는 나라마다 국제통화제도의 개혁을 주요 의제로 다루고자 했고, 또 다루기도 했다. 그러나 그와 관련해 실질적인 진전은 별로 없었다. 여기에는 여러 가지 이유가 있겠으나, 무엇보다 국제통화제도의 개편에는 국제적 합의가 있어야 하는데 지금 상황에서 이것이 쉽지 않다는 것을 들 수 있다.

특히 현재 미국의 달러화가 전 세계 외환보유고의 약 63%를 차지하고 전 세계 교역의 약 87%가 달러화로 결제되고 있는 상황에서 미국은 현 국제통화제도의 엄청난 수혜자다. 자국의 통화가 국제통화로 쓰이게 됨으로써 미국은 지속되는 경상수지 적자에도 불구하고 외환위기를 전혀 우려하지 않아도 되는 나라이며, 경상수지 적자 조정을 위해 긴축정책을 펴 거시경제의 조정을 할 필요도 없다. 이처럼 자국통화를 국제통화로 사용함으로써 미국이 얻는 특권을 국제 경제학자들은 '과도한 특권exorbitant privilege'이라고 부르며, 이것이 국제 금융시장의 불균형을 조장하는 한 요인이 되고 있다고 지적한다. 그러니 당연히 미국은 지금의 국제통화제도의 개편을 원하지 않는다.

그렇다고 당장 달러화를 대체할 만한 통화가 나타나기도 어렵다. 유로화는 유로존 위기에 발목이 묶여 있는 상태이고, 파운드화나 엔화는 영국과 일본의 경제력이 점점 더 축소되는 상황이라 달러를 대체하는 역할을 하기 어렵다. 중국의 위안화가 국제통화의 역할을 할 수 있으려면 앞으로 넘어야 할 산이 너무 많다. 중국 국내 금융 부문의 자율화와 개방화가 훨씬 더 진행되어야 하고, 중앙은행과 감독기구의 독립성, 정책 투명성, 신뢰성이 지금보다 뚜렷하게 나아지지 않고서는 국제적 신뢰를 필요로 하는 국제통화의 역할을 하기 어렵다. 이는 중국의 정치 시스템의 개선과도 연결되는 문제이기 때문에 긴 시간을 요할 것으로 보인다. 그렇다고 새로운 국제통화를 창출하기도 어렵다. 케인스가 제안한 이른바 '방코르Bancor'와 같은 국제통화를 창출하기 위해서는 세계 중앙은행의 설립을 필요로 하는데, 이미 유로화와 유럽중앙은행의 많은 문제점이 노출된 상황에서 세계가 이에 대한 합의를 이루기는 결코 쉽지 않을 것이다. IMF가 발행하는 특별인출권SDR을 더 많이 발행하고 더 널리 사용하자는 주장이 (특히 중국을 중심으로) 많이 제기되고 있으나, 특별인출권은 통화라고 할 수 없으며, 이는 IMF 회원국들 간 상호 결제에 사용될 수 있을 뿐이다.

또 다른 문제는 이른바 '달러의 외부효과network externality'라는 것이다. 영어가 아무런 국제법의 근거 없이 세계 공용어로 쓰이고 있는 것과 마찬가지다. 브레턴우즈 체제가 무너진 이후 달러화가 국제통화로 쓰여야 한다는 아무런 국제적 합의나 국제법의 근거 없이도 현재 달러화가 국제통화로 쓰이고 있다. 이는 시장이 달러화를 사용하는 것에 익숙해져 있기 때문이다. 원래 시장은 여러 통화를 복수로 사용하는 것보다 한 통화를 공통으로 사용하는 것이 거래비용을 줄일 수 있기 때문에 이를 선호한다. 특히 오늘날과 같이 국제 금융시장이 통합된 상황에서 시장은 동일한 룰, 동일한 수단을 원하는 경향이 강하기 때문에 현재 시장이 스스로 선택해 사용하고 있는 달러화의 주도적인 역할을 어떤 국제적 합의로 쉽게 바꾸기 어렵다는 것이다. 이는 특히 미국의 학자들이 많이 주장하고 있는 견해다.

그럼에도 국제통화제도의 개편에 대한 요구는 여전히 지속되고 있다. 2014년은 브레턴우즈 체제 출범 70주년이 되는 해였다. 2014년 6

월 상하이에서 이를 기념해 열린 국제회의에서 주요 국제경제학자들이 국제통화제도 개편을 놓고 열띤 토론을 벌이기도 했다. 필자도 이 회의에 참석했는데, 전 IMF 총재인 장 미셸 캉드쉬나 전 영국 금융감독청장인 어데어 터너 경 등 모두가 현 제도의 한계점에 대해서는 충분히 공감하고 있으나 새로운 대안에 대한 견해에는 서로 차이가 있었다. 무엇보다 현 제도는 세계 불균형global imbalance, 다시 말해 일부 국가들의 지나치게 많은 경상수지 흑자와 일부 국가의 적자를 해소할 수 있는 자동 조정 기능이 없다는 것이다. 따라서 세계 불균형이 장기간 지속되고 이것이 금융시장의 불안정성과 때로 위기를 초래하고 있다. G20과 같은 포럼에서 거시경제정책의 국제적 공조를 통해 이를 조정해가야 하나, 각국은 국제 공조보다 국내 정치 상황을 우선시할 수밖에 없어 이 또한 원활하지 않음이 증명되고 있다.

앞서 말한 상하이회의에서 한 가지 흥미로웠던 점은 IMF 역사학자인 제임스 보튼James Boughton 박사가 지적한 것이었다. 19세기 이후 국제통화제도의 개편에 대해 국제회의가 수차례 열렸지만 성공한 것은 단 한 번, 1944년 브레턴우즈 회의였다는 것이다. 그는 제2차 세계대전이 끝나가던 당시 세계에는 아무도 이의를 달기 어려운 미국이라는 절대적 파워uni-polar system가 있었고, 미국이 자국의 역사상 예외적으로 IMF, 세계은행과 같은 다자간 기구의 출범에 다른 나라의 의견을 많이 수용하는 포용적 접근inclusive approach을 했기 때문에 성공할 수 있었다고 주장했다. 그러나 지금 세계는 다극화 시대multi-polar system에 접어들고 있으며, 미국 의회가 다자간 기구에 대해 과거처럼 우호적이지 못한 상황에서 국제통화제도에 대한 어떤 국제적 합의를 찾기를 기대하기는 어렵다는 것이다.

우리나라는 2010년 G20 서울 정상회의를 성공적으로 치렀다. 서울 정상회의의 하이라이트는 '서울 개발의제Seoul Development Agenda'였다. 전후 거의 유일하게 성공적으로 개도국에서 선진국에 진입한 한국이 G20에서 개도국과 선진국의 가교 역할을 한다는 취지로 추진된 이 어젠다는 지금도 후속 조치가 진행되고 있는 G20 서울 정상회의의 브랜드라 할 수 있다. 잘 알려지지는 않았지만 국제통화제도의 개선에 대해서도 서울 정상회의는 중요한 진전을 이루었다. 그것은 IMF의 대출 프로그램을 개선하는 것이었다.

종래 IMF 대출 프로그램은 외환위기가 터지고 나서야 자금을 빌려주며 사후적으로 위기 극복을 돕는 것이었다. 그리고 위기를 겪고 있는 나라에 대해 지나치게 긴축적인 프로그램을 강요하고 실업을 양산하는 정책을 요구함으로써 신흥국이나 개도국은 최후의 순간까지 IMF에 자금 지원을 요청하는 것을 피하게 되는 소위 '낙인효과'가 존재했다. 서울 정상회의를 준비하면서는 이를 개선해보자는 취지에서 논의가 시작되었다.

이와 관련해 서울 정상회의에서 합의를 본 것은 일정 수준의 거시경제 건전성을 누리고 있는 국가에 대해서는 사전에 따로 프로그램의 협상 없이 신속히 자금을 지원할 수 있는 FCLFast Credit Line을, 그리고 이보다 거시경제의 안전성이 다소 떨어지지만 경미한 사전 심사로 자금을 지원할 수 있는 국가에 대해서는 PCLPrecautionary Credit Line을 개설해 신흥국이나 개도국이 세계 금융위기 시 해외자금의 급속한 이탈로 겪게 되는 위기에 신속히 대처할 수 있는 국제 금융 안전망을 강화하기로 한 것이었다. 이에 대해 국가들을 미인대회처럼 줄을 세워 순위를 매기는 것이 옳으냐는 비판도 있었다.

어쨌든 우리나라가 리더십을 발휘해 이러한 국제 금융의 새로운 제도를 도입한 것은 서울 정상회의에서 처음 경험한 일이라고 할 수 있다. 또한 우리나라는 2010년 G20 의장국으로서 회원국 간 어젠다를 무난히 조율하고 회의를 성공적으로 개최함으로써 우리 공무원들의 국제적 감각을 키우고 국가의 위상도 높이게 되었다.

2011

0126

# 위기의 싹 키우는 물가·성장 정책

국가기관과 행정조직의 구성과 운영은 과거 우리의 경험과 선진국의 경험을 통해 오늘날의 형태를 갖추어온 것이다. 대개 수장의 임기를 정한 기관은 이들이 정치나 정권으로부터 독립성을 가지고 단기적 성과보다 장기적 목표를 추구하는 것이 국가 발전과 지속적 성장을 위해 중요하다는 경험에서 나온 결과다. 중앙은행, 금융감독기관, 공정거래 당국 등이 이에 속한다. 이 기관들이 제대로 역할을 하기 위해서 중요한 것은 시간을 통해 쌓아온 권위와 신뢰이며, 이는 국가의 중요한 자산이 된다. 현 정부는 이보다 더 좋은 국가 경영 방식이 있다고 믿는 것 같다. 1998년 '한국은행법' 개정으로 중앙은행의 독립성이 강화되었고 이후 통화정책의 독립성이 자리를 잡아왔으나, 이번 정부 들어 한국은행의 독립성은 잘 존중되지 않고 있다. 저금리 유지를 압박하며 중앙은행의 가장 중요한 역할인 물가 안정은 대통령과 정부 부처들이 직접 나서서 관리하고 있다.

금융감독 당국의 권위는 건전성이 의문시되는 대출의 확대, 공격적

덩치 키우기 등에 대해 선제적인 제재를 일관되게 가함으로써 세워지게 된다. 이미 부실이 커져 버린 기관에 대해서는 공적자금을 동원해 구조조정을 하거나 퇴출시키는 것이 정도正道다. 상황이 다급하니 그러겠으나, 은행의 팔을 비틀어 대출을 연장시키고 부실 은행을 인수케 해 빚을 지게 된 감독 당국은 이들을 제대로 감독할 수 없다. 또한 물가 관리로 기업에 빚진 공정거래 당국은 공정거래 질서를 제대로 세우기 어렵다. 감독과 질서가 있어야 할 곳에 감독기관과 피감기관의 거래가 들어서게 된다. 부실이 커지고 시장이 흔들리면 다시 여기저기 막는 응급처방을 하고, 나중에 더 이상 감당하기 어려워지면 둑이 터지듯이 큰 위기를 맞게 된다. 우리가 1970~1980년대 해왔던 이러한 정책 운용이 그 뒤에 가져온 결과는 외환위기를 통한 막대한 비용 지출이었다.

중앙은행, 금융감독, 공정거래 당국의 수장은 원래 외롭고 시장과 정치권에 적을 만들기 쉬운 직책이다. 잔치가 무르익고 모든 사람이 즐거워할 때 술병을 치우는 역할을 해야 하기 때문이다. 쉽지 않은 역할이다. 그러나 그렇게 하지 못하면 일견 양호한 경제성적표 아래서 거품과 위기의 싹이 자라고 기업들은 덩치를 앞세워 시장 경쟁과 활력을 잠식하게 된다. 이는 훗날 국가경제와 국민에게 막대한 비용청구서로 나타나게 된다. 따라서 국가는 이들의 역할을 소중히 보호해줄 책임이 있다.

우리 경제가 OECD 회원국 중 가장 빠른 속도로 회복하게 된 데에는 정부의 발 빠른 대응과 함께 외부적 요인도 큰 기여를 했다. 경쟁국들에 비해 훨씬 크게 절하된 환율로 인한 수출 경쟁력, 중국 경제의 고성장 지속이 없었으면 그렇게 좋은 성적표를 내기 어려웠을 것이다. 더욱이 이 성적표에 지난 약 20년간 새싹을 키우듯이 길러온 시장 질서를 허문 비용은 계상되지 않았다. OECD 국가들 중 가장 팽창적인 재정, 중소기업과 가계의 건전성을 불문하고 은행들에 대한 대출의 일괄 연장 지도, 초저금리 지속, 신용보증 확대 등으로 만들어낸 결과인 것이다.

위기 시에는 어쩔 수 없었겠지만 지금도 정부는 거시정책으로 시장을 유인하려 하기보다 이를 직접 관리하려 하고 있다. 물가는 전 부처가 나서서 관리하면 되고, 성장은 목표치를 정해 고지를 점령하듯이 밀어붙이면 되는 것으로 믿는 듯하다. 아마도 이런 방식이 한두 해 동안에는 효험을 볼 수 있을 것이다. 그러나 눌린 물가는 언젠가 튀어 오르기 마련이고 앞당겨 쓴 성장은 훗날 경기침체의 골을 깊게 할 뿐이다. 덕을 보았던 환율, 중국 요인 등이 전과 같지 못하면 성장률의 하락도 받아들여야 한다. 경제에 공짜 점심이 없는 것은 바꿀 수 없는 사실이다. 지금 정부가 더 중시해야 할 일은 가계대출 증가를 억제하고 경쟁력을 상실한 중소기업, 부실 건설회사, 저축은행 등에 대한 구조조정을 촉진해 미래 성장 잠재력을 키우는 것이다.

지금과 같은 정책 운용이 지속되면 앞으로 미래 위기의 싹을 키우게 된다. 위기나 깊은 침체가 오면 가장 큰 피해를 보는 사람들은 서민이다. 정부가 정말로 서민을 위한 정책을 펴려 한다면 나중에 서민에게 부담이 돌아가지 않도록 안정적 성장을 이룰 수 있는 제도 운영과 정책 방향을 택하기를 바란다. 우리 경제가 세계 금융위기에도 불구하고 활력을 유지할 수 있었던 것은 외환위기 이후 커다란 비용을 지출하며 제대로 구조조정을 하고 시장 질서를 존중하는 정책을 유지해왔기 때문이다. 지금 문득 보니 정책과 제도 운영이 과거로 돌아와 버렸다.

다시 보기 이명박 정부는 경제대통령이라는 이미지를 구현하기 위해 성장률을 비롯한 경제적 성과를 단시일 내에 가시적으로 보여주고자 했다. 이러한 상황에서 2008년 금융위기는 매우 적극적인 경기부양책을 실시하도록 했다. 환율 절하, 금리 인하, 통화팽창 등으로 2010년 들어 물가 불안의 조짐이 보이자 정부는 금리를 인상하는 대신 대통령과 온 정부 부처가 물가 관리에 나섰다. 공정거래위원회가 담합을 조사한다며 물가를 올리는 기업들을 조사하고 지식경제부는 정유회사들에 원가를 계산해 기름값을 올리지 못하게 했다. 시장의 공정경쟁과 산업 발전을 도모해야 할 정부 부처들이 마치 물가 당국처럼 행동했다. 이에 더해, 이 글에서 지적한 것처럼 금융기관들의 건전성을 감독해야 할 금융감독 당국이 나서서 대출을 연장하기를 금융기관에 독려했다. 그리고 이미 부실 조짐을 보이던 저축은행들을 구조조정하기보다 대형 은행들에 압력을 넣어 이를 인수하도록 했다. 감독 당국이 금융기관들에 정부의 경제적 목표 달성을 위해 대출 행위에 간섭하고 그 결과 권위와 신뢰를 잃으면, 감독기관과 피감기관은 서로 주고받기식 거래를 하게 되고 금융 부문의 안전성은 저해된다. 우리나라가 개발경제 시대에 관치금융을 통해 은행들의 대출 행위에 간섭하다 보니 결국 은행의 건전성 감독을 제대로 하지 못했고, 이것이 오랫동안 축적되어 은행의 부실이 깊어졌으며, 그 결과 외환·금융위기를 맞고 결국 막대한 공적자금을 투입해 대대적인 금융 구조조정을 하게 되었다.

중앙은행도 마찬가지다. 물가 안정 목표를 독립성을 가지고 지켜내는 실적이 쌓임으로써 시장의 신뢰를 얻게 되고, 시장의 신뢰가 쌓이면 중앙은행이 설정하는 물가 안정 목표가 시장의 각종 행위에 기준 역할을 하게 된다. 예를 들어 임금 협상이나 가격 인상에 중앙은행이 제시하는 물가 목표가 일종의 닻 역할을 해 물가 안정 목표 자체가 물가 안정을 이끄는 역할을 하게 되는 것이다. 그러나 이는 중앙은행들이 오랜 실적을 통해 스스로 쌓아가는 것이며 그 자체가 중요한 사회적 자본이 된다.

우리나라는 1960년대 이후 경제개발을 국가의 최우선 과제로 삼고 성장을 지상 목표로 정책을 추진하다 보니 관치금융, 한국은행의 재무부에 대한 종속, 통화팽창으로 정부의 각종 지원정책을 뒷받침하는 소위 인플레를 통한 자금 조달inflationary financing을 하면서 고속 성장을 이루었다. 이 과정에서 재벌의 독과점을 용인하고 이들이 새로운 업종에 진출하여 문어발식 확장을 하는 것을 권장하기도 했다. 정부가 공정거래 질서에 대한 관심을 보이기 시작한 것은 1980년대에 들어서였다.

정부의 이러한 강력한 시장 개입을 통해 경제개발을 도모하는 소위 '개발국가developmental state'형 모델은 경제가 발전할수록 점점 더 그 부정적 효과가 가시화되었다. 그러나 이러한 모델에서 빠져나오기도 쉽지 않았다. 이미 재벌, 금융기관, 관료들이 이러한 모델에 대해 깊은 이해관계를 형성해 기득권을 고수하려 했기 때문이다. 또한 더욱 자율적이며 개방적인 새로운 경제운영의 틀을 도입해가려면 과거로부터 쌓여온 부실을 해결하고 새로운 규범과 질서를 세워가야 하는데, 이에 대한 저항이 만만치 않을 뿐 아니라 이를 위해서는 금융기관과 기업의 대대적인 구조조정이 요구되었기 때문이다. 결과적으로 이를 미루다가 1997년 외환위기를 맞아 막대한 비용을 들여 새로운 경제정책의 패러다임을 도입했고, 이를 약 10년간 조심스럽게 정착시켜나가고 있었다. 그런데 이명박 정부는 앞선 두 정부를 반시장적 정부, 잃어버린 10년으로 규정함에 따라 새로운 경제운영 방식을 보여줘야 했는데, 많은 부분에서 그것은 외환위기 이전, 과거 방식으로의 회귀였다.

이명박 정부는 초기의 친기업·친재벌 정책에 대한 대중의 비판이 커지자 2010년 이후 '서민경제'를 강조하면서 서민 우선 정책을 펴겠다고 했다. 이 글 말미에서는 서민 우선 정책이라며 당시 이명박 정부가 내세웠던 정책들이 위기의 싹을 키워 훗날 오히려 서민에게 더 큰 부담을 주게 될지 모른다는 것을 지적하고 있다.

2011

0312

# 경제정책 전반에 대한 재검토가 필요하다

1980년대 말 이후 우리나라의 거의 모든 사회지표가 악화되고 있다. 지난 2월 경제학 공동학술회의에서 곽승영 교수가 발표한 자료에 따르면, 최하위소득자 10%가 전체 소득에서 차지하는 비중은 2%대에 머물러 있는 반면, 최상위소득자 5%가 전체 소득에서 차지하는 비중은 1995년 32%에서 2006년 41%로 늘어났다. 인구 10만 명당 범죄 발생은 1989년의 2540건에서 2009년 4356건으로, 자살은 1985년의 10명에서 2005년 25명으로 늘어났다. 같은 기간에 선진국들의 자살률은 전반적으로 줄어들었다. 미국의 자살률은 12명에서 10명으로, 영국은 8명에서 6명으로, 독일은 18명에서 10명으로, 스웨덴은 17명에서 11명으로 줄어들었다. 지난 15년간 우리나라는 OECD 회원국 중 자살률이 최고인 나라가 되었다. 특히 55세 이후의 자살률은 다른 나라들과 비교가 되지 않을 정도로 높다. 반면 출산율은 지속적으로 떨어져 세계 최하위를 기록하고 있다. 아이 낳기가 두렵고 자살률이 제일 높은 나라, 이것이 행복한 나라인가? 이것이 우리가 지향하는 선진화인가?

우리 사회는 이 문제에 심각하게 주의를 기울여야 한다. 우리 국민이 아이를 적게 낳고 자살을 많이 하는 DNA를 타고난 것은 아니다. 결국 이런 결과가 나오게 된 것은 우리가 추진해온 정책의 소산이다. 지난 수십 년간 우리 사회가 취해온 경제·사회 정책과 우리나라의 각종 제도를 전반적으로 재검토하고 방향 전환을 모색해야 할 때다. 우리는 지금도 1960~1970년대 성장지상주의의 사고방식에 갇혀 경제정책을 추진해오고 있다. 경제성장률, 수출증가율, 경상수지 흑자 등이 정부의 최고 경제 업적으로 인식되어왔다. 상대적으로 소득 격차의 확대, 빈자들의 곤궁함에 대한 주의는 소홀했다. 우리 국민 대부분이 못살고 소득과 부가 상대적으로 균등하게 분배되었으며 친척이나 이웃 간 상부상조의 문화가 지배했던 과거에는 이러한 정책 방향이 타당했다. 그러나 이제는 그렇지 않다. 경제성장률과 1인당 국민소득은 평균의 개념이지 국민 생활 전반의 사정을 말해주는 지표는 아니다.

과거에는 성장이 곧 고용의 증가를 의미했으나, 세계화와 더불어 이 둘의 상관성은 크게 줄어들었다. 우리나라 제조업에서 10억 원의 실질 생산 증가가 1990년에는 40.8명의 일자리를 창출했으나, 2008년에는 5.5명의 일자리만을 창출했다. 미국은 지난 30년간 성장의 과실이 거의 대부분 최상위소득자 1%, 특히 0.01%에게 돌아갔고, 그들의 소득과 저축 증가가 미국 내 투자와 고용 증대로 이어지지 않았다는 연구 결과는 오늘날 성장 위주의 정책이, 그리고 우리나라가 도입해온 경제 제도와 정책이 가져오는 장기적 결과를 되돌아보게 한다.

성장뿐 아니라 고용을 극대화하기 위한 정책적 배려가 필요하다. 원래 거시경제학에서 추구하는 정책 목표도 성장이 아니라 고용의 극대화다. 또한 고용의 내용 개선에도 더 많은 주의를 기울여야 한다. 대기업과 중소기업, 정규직과 비정규직 근로자의 임금 격차가 1980년대 말 이후 지속적으로 확대되어왔다. 2008년 현재 중소기업 근로자는 대기업 근로자 임금의 약 42%, 비정규직 근로자는 정규직 근로자 임금의 절반을 받고 있다.

세계화와 더불어 대부분의 나라들이 소득 격차의 확대를 겪고 있는 것이 사실이다. 특히 영미 계통의 국가에서 이러한 현상이 두드러진다. 그러나 그러한 사회가 우리 사회만큼 각박하고 불안정한 사회가 되지는 않았다. 그만큼 사회안전망이 잘 정비되어 있고, 조세와 재정지출을 바탕으로 한 소득 재분배 효과가 크기 때문이다.

성장이 중요하지 않다는 말이 아니다. 그러나 지금과 같은 우리 사회지표의 추세가 지속된다면 장기적으로 성장도 시장경제도 지켜내기 어려워질지 모른다. 단순히 시혜적 복지를 늘리는 수준이 아니라, 우리나라의 조세와 재정지출의 구조, 거시경제정책의 목표, 공정경쟁 질서와 시장구조, 고용제도 전반에 대한 재구성을 검토해야 한다. 이는 통일 후를 대비하기 위해서도 필요하다. 민주화 이후 우리나라의 정책은 선거용 또는 민심용으로 제조되고 기득권의 영향에 압도되면서 그것이 20~30년 후 가져올 궁극적 결과에 대한 고려는 소홀했다. 이제 또 다른 선거용이 아니라 장기적 시각을 가지고 국민적 토론을 통해 새로운 정치·경제 질서를 모색해볼 때다.

다시 보기 곽승영 박사는 1960년대에 미국 캘리포니아 대학 버클리 캠퍼스에서 경제학 박사학위를 받고 이후 미 연준에서 이코노미스트로 활동하다가 워싱턴 D.C. 소재 하워드 대학 교수로 오랫동안 재직한 뛰어난 경제학자시다. 대개 한국의 경제학자들은 대학에서 정년을 마치면 연구 활동을 접고 저술이나 강연, 혹은 개인 취미에 전념하는 분이 많은데, 곽 박사는 일흔이 넘어서도 활발하게 연구 활동을 이어가셨다. 주로 생산성 추정과 관련한 모델을 세우고 계량검증분석을 많이 해오셨는데, 말년에는 철학이나 정치학, 사회학 관련 서적을 탐독하며 한국 사회의 장래에 대해서도 많은 고민을 하셨다. 필자는 1980년대와 1990년대 초에 워싱턴에서 근무하면서 곽승영 박사와 가깝게 지내게 되었다.

이 글은 2011년 2월 경제학 공동학술회의에서 곽승영 박사께서 발표하신 논문을 읽고 또 그가 3월 중순 다시 미국으로 귀국하기 전 점심식사를 함께하며 서로의 생각을 나눈 대화를 기초로 쓴 글이다. 그는 미국으로 돌아간 지 몇 주 지나지 않은 날 밤에 워싱턴 D.C. 근교 포토맥에 있는 그의 자택에서 발생한 화재로 불귀의 객이 되고 말았다.

곽승영 박사는 경제부총리와 한국은행 총재를 지내신 조순 박사와 버클리에서 같이 수학하셨다. 조순 박사께서는 언젠가 필자에게 웃으시며 곽승영 박사에 관해 말씀하시기를, 곽승영 박사께서 재학 시 시험공부를 너무 열심히 하다가 병원에 입원한 적이 있으셨는데, 지도교수가 병문안을 가서 좀 쉬면서 건강을 회복하라고 하자 "죽기 아니면 살기로 공부하겠다study or death"라고 답하셨다는 것이다. 곽승영 박사께서 평소 학문을 대하시던 태도로 보아 그 대답이 충분히 짐작되는 에피소드였다.

곽승영 박사처럼 경제학에 대한 탄탄한 연구 경력을 바탕으로 한국 사회의 여러 문제점에 대해 연구하고 후학들에게 다른 나라들과의 비교적 관점에서 가르침을 줄 수 있는 분들이 많지 않은데, 그의 갑작스러운 별세가 너무 안타깝게 느껴진다.

성장률의 극대화보다 고용을 극대화하려는 노력이 필요하다는 이 글의 제언은 지금 박근혜 정부에 들어와서 상당 부분 채택되는 것으로 보인다. 그러나 나머지 분야, 즉 조세와 재정의 소득 재분배 기능 강화, 공정경쟁 질서, 시장구조·고용구조·분배체계의 개선 등은 여전히 우리가 추구해야 할 중요한 과제로 남아 있다.

2011

0402

# 부동산 경기부양의 유혹

지난주 정부가 내놓은 부동산 대책에서는 이러지도 저러지도 못하는 정부의 좁은 입지가 보인다. 주택담보대출 규제 완화를 연장하자니 현 수준에서 가계부채가 더 늘었다가는 장래 금융 부실 위험이 커질 것이 뻔하고, 현재의 저축은행과 건설사의 부실 확대, 그리고 전세가의 추가 상승을 막기 위해서는 주택 경기를 활성화해야 하는 진퇴양난의 상황에 빠진 것이다. 어떤 쪽을 택해야 하는가? 결론은 명확하다. 부동산 경기부양이라는 쉬운 해법을 택해서는 안 된다.

전세가가 지난 2년간 지속적으로 상승하고 있다. 그 주요인은 집값이 안정되고 금리가 낮은 데 있다. 집값이 더 오르지 않을 것이라고 기대될 때에는 그 집에 투자한 기회비용을 계산하면 거의 집값만큼이나 전세금이 올라야 한다. 집값이 올라 큰 양도소득을 기대할 수 있을 때 전세가는 집값보다 훨씬 낮을 수 있다. 따라서 전세가를 내리기 위해서는 집값이 지속적으로 올라가 주어야 한다. 만약 집값이 오르다가 다시 안정되면 그때는 지금보다 더 높은 수준에서 전세가가 정해지게 된다. 지금 전세가가 빠르게 올라가는 것은 결국 그동안 집값이 너무 올랐기 때문이다. 집값이 더 이상 오르지 않으면서 지금 임대시장에서는 새로운 전세가의 균형점을 찾아가는 중이다. 또한 주택 소유자는 앞으로 점점 더 월세를 선호하게 될 것이다. 앞으로 금리가 올라가면 지금의 주택가격 수준으로 볼 때 균형점의 월세는 무주택자들의 소득수준이 감당하기 어려울 정도로 높아질 것이다. 5억 원짜리 아파트에 연리 5%라 해도 소유주의 기회비용을 고려하면 월세가 200만 원이 넘게 된다. 여기에 재산세, 수리비 등 부대비용을 더하면 월세는 이보다 더 올라가게 된다. 무주택 도시근로자가, 그것도 한참 애들을 키워야 하는 젊은 세대가 부담하기에는 너무나 벅찬 수준이다.

최근 영국의 «이코노미스트»에서 추산한 바에 따르면, 2010년 선진국의 부동산 시가총액은 국민소득의 1.9배에 달한다. 과거 10년 동안 크게 오른 가격을 반영해서다. 실러Shiller 지표를 보면, 미국의 경우 1990년대 중반까지 약 100년간 주택의 실질가격이 거의 오르지 않다가 이후 주택금융 완화로 10년간 거의 두 배로 뛰면서 세기적 금융위기를 맞게 되었다. 우리나라는 2007년 공시가격을 기준으로 볼 때 부동산 가격이 국민소득의 4.5배에 이른다. 시장가격으로 계산하면 이보다 훨씬 높을 것이다. 시중금리 등 다른 조건이 비슷하다면 우리나라 무주택 가계들이 부담해야 하는 임대비용은 소득수준에 비해 여타 선진국의 2~3배가 되는 것이다. 이것은 결코 건전한 경제, 안정된 사회라고 할 수 없다.

과거 우리나라는 부동산 경기부양을 너무 쉽게, 너무 자주 정책 수단으로 사용해왔다. 부동산 경기부양은 일거에 많은 문제를 해결해주기 때문이다. 건설사 도산, 금융권 부실 채권, 내수 침체, 실업, 성장률 등을 일시에 해결해준다. 그러나 이 모든 해결은 단기적으로 끝나고 장기적으로는 경제 활력과 사회 안정을 잃는 요인을 쌓게 된다. 우리는 '복지망국론'을 자주 이야기하지만 '부동산망국론'은 자주 이야기하지 않는다. 그러나 복지나 부동산이나 과다하면 경제 활력을 잠식하기는 마찬가지다. 그리고 둘 다 포퓰리즘이라는 동력에 의해 추진되는 것도 마찬가지다. 포퓰리즘을 부추기는 동력의 계층이 다를 뿐이다.

지난 30년간 이루어진 수입 개방에도 불구하고 그 혜택이 실질적으로 소비자에게 잘 돌아가지 않고 있다. 그 이유는 우리나라 유통시장의 독과점 구조에도 있겠으나 부동산 비용이 높아 같은 물건이라도 매장에 나올 때는 외국보다 훨씬 비싸진다는 데 있다. 벤처기업이나 중소기업도 지금과 같은 부동산 가격과 임대료 수준에서 채산성 맞는 신규 진입이 어려워지고 있다. 또한 지난 50년간 한국에서는 부동산 가격 상승으로 얻는 불로소득이 개인의 부와 소득 격차를 결정짓는 주된 요인이 되었다. 한국처럼 부동산이 가계자산의 80% 가까이를 차지하는 나라는 농업국가 외에는 찾아보기 어렵다.

부동산 시장의 침체는 경제에 많은 어려움을 불러일으킨다. 그러나 부동산 가격의 하향 안정은 장기적으로 우리에게 어떤 정책 과제보다 중요한 과제다. 이를 어떻게 조심스럽게, 위기를 초래하지 않는 방향으로 조정해나가느냐 하는 것이야말로 우리 사회의 지혜와 지식을 총동원해야 하는 문제다. 침체의 지속은 고통스럽지만 필요한 과정이다. 지금 다시 부동산 경기부양이라는 페달을 돌리려는 유혹에 빠져서는 안 된다.

다시 보기 경제가 잘 풀리지 않을 때 정책 당국은 늘 부동산 경기 부양에 대한 유혹을 느끼게 된다. 이 글에서 지적하듯이 그것이 건설사나 은행의 부실을 덜며, 나아가 자산효과에 의해 소비를 늘리고, 투자의 유인을 늘여 경기를 띄우는 가장 쉽고 확실한 길이기 때문이다. 우리나라는 과거 50년간 압축성장을 거치며 부동산 가격이 급등했다. 땅값은 국민소득이 증가하게 되면 자연히 오른다. 소득이 오르면 가장 먼저 늘어나는 수요가 의식주에 관한 것이다. 국민소득이 오르면 거주할 집에 대해 그만큼 높은 값을 감당할 수 있으며, 땅을 가진 이들은 산업 생산 활동이나 경제 발전에 기여하지 않았더라도 땅을 가지고 있는 것만으로도 자연적으로 부의 증가를 누리게 된다. 그야말로 불로소득이다. 빠르게 경제가 발전하고 도시화가 진행되는 나라에서는 이런 벼락 땅부자들이 많이 생기게 되는 것이다. 일본이나 한국같이 산악지대가 많아 집을 짓고 살 땅은 좁고 인구는 많은 나라에서, 빠른 경제 발전은 많은 부동산 졸부를 낳게 된다. 최근 중국에서도 부동산 부자들이 크게 늘고 있다. 소득과 투자가 늘면 상업지역이나 주거지역에 대한 수요는 때로 소득보다 더 빨리 늘어나 집값과 땅값의 상승 속도는 경제성장의 속도를 훨씬 앞지르게 된다. 2010년 발간된 경북대학교 이정우 교수의 『불평등의 경제학』에 따르면, 지가 상승에 의한 자본 이득의 국민총생산GDP과의 비율은 이승만 정부 시기 43.2%, 박정희 정부 시기 248.8%, 전두환 정부 시기 67.9%, 노태우 정부 시기 96.3%, 김영삼 정부 시기 -5.2%, 김대중 정부 시기 -0.6%, 노무현 정부 시기 8.4%였다고 한다.

부동산 가격의 앙등은 세대 간 부의 이전 효과를 지닌다. 부동산을 소유한 세대와 미래에 부동산을 마련해야 하는 세대 간의 이전이다. 가령, 같은 집값이 1억에서 2억으로 오르면 미래 세대, 혹은 집을 마련해야 하는 젊은 세대가 집을 가지고 있는 중년층 이상의 세대에게 1억 원의 세금을 내는 것과 같다. 우리나라와 같이 농업사회에서 산업사회로, 도시화가 빠르게 진행된 반면 연금제도가 늦게 발전한 나라에서는 부동산 가격의 앙등은 어느 면에서 집 외에 여유 부동산에 투자한 노년층에게 노후 생활의 안정을 가져다주는 역할을 하기도 한다. 그러나 이 글에서 지적했듯이 우리나라는 소득에 비해 집값이 어느 나라보다 높다. 높은 부동산 가격은 각종 사회비용으로 전가된다. 도시근로자의 주거생활비가 올라감에 따라 임금 상승 압력이 높아지고, 상가의 임대료가 올라 도소매 마진이 올라가며, 공장과 사무실을 확보하려는 기업의 투자비용이 올라가게 된다. 젊은이들이 결혼해 살 집을 마련하는 비용이 올라 결혼을 미루고 출산율이 떨어지기도 한다. 이는 모두 장기적으로 경제의 활력을 떨어뜨리는 요인이 되는 것이다.

2014년 최경환 경제팀이 들어서면서 필자가 이 글을 통해 말하고자 했던 내용은 더욱 무색해져 버렸다. 최경환 부총리는 LTV(주택담보대출비율)와 DTI(총부채상환비율)의 규제를 합리화하겠다고 했는데, 그의 뜻은 완화하자는 것이었다. '한 여름에 입던 옷을 겨울에 입고 있는 격'이라고 상황을 비유했다. 결국 종전까지 해당 규제 완화에 반대하는 입장을 고수하던 금융위원회를 눌러 완화를 받아냈다. 한 걸음 더 나아가 재건축 규제와 개발이익 환수 유예, 분양가 규제를 푸는 부동산 3법을 만들어 국회에서 통과시켰다. 서울의 부동산 가격은 다시 상승하기 시작했다. 정부가 부동산 경기를 계속 부추길 것이라는 기대와 가계부채의 빠른 증가에 기인한 것으로 보인다. 그동안 야당이 반대해오던 이 법안들이 최근에야 국회에서 통과하게 된 것을 두고 박근혜 대통령은 '불어터진 국수'로 표현했다. 불어터진 국수라도 먹고 부동산 시장이 기운을 차렸다는 이야기다. 이 표현에 대해 여야가 서로 여러 흥미로운 공방을 주고받기도 했다.

그러나 문제는 부동산 시장이 매일 한여름이 되어서는 매우 곤란하다는 것이다. 때로는 가을도 있고 겨울도 있어야 한다. 겨울을 참지 못하고 다시 부양의 군불을 지피기 시작하면 단기적으로는 경기가 활성화될지 모르나, 장기적으로는 경제의 활력을 더 떨어뜨리고, 미래 세대의 부담을 더 높이며, 가뜩이나 위험수위에 도달해 있는 가계부채를 더욱더 악화시킨다. 이는 다시 미래의 금융위기 가능성을 키우게 된다. LTV, DTI 규제를 완화할 당시 이를 완화해도 부채가 별로 늘지 않을 것이라고 정책 당국자들은 말했다. 그러나 결국 완화 이후 가계부채는 과거에 없던 속도로 빠르게 증가해왔다. 지금 우리나라의 가계저축률은 3% 수준에 그치고 있다. 가계소득을 높이지 않고 부동산값을 높여 이로 인한 자산효과로 소비를 늘리게 되면 가계 저축률은 더 떨어질 것이다. 서브프라임 주택담보대출로 위기를 맞기 직전 미국이 이와 비슷한 상황이었다.

부동산 가격이 정체되어 있는 좀 더 근본적인 원인은 소득이 정체되어 있다는 데 있다. 가계의 실질소득은 2009년 이후 정체 내지 마이너스 성장을 보이고 있고, 기업의 소득은 크게 늘었으나 국내 투자를 늘리지 않아 부동산 가격이 오르지 않고 있는 것이다. 이는 어찌 보면 가계소득에 비해 이미 집값이 너무 올랐기 때문이며, 기업들이 지금의 땅값을 주고 투자해서 이익을 남길 수 있는 사업이 별로 없기 때문이다. 다시 말해 지금은 가계소득에 대비한 부동산의 가격이 조정되어야 하는 기간이며, 이러한 시기에는 경제 운용에 어려움이 있을 수 있으나 정부와 국민이 인내할 필요도 있다. 그래야 경제가 정상적인 성장 궤도로 들어갈 수 있다. 과거와 달리 우리의 주택 보급률이 이제 103%에 달하는 상황에서, 언제까지 부동산 개발로 전 국토를 파헤치는 토건국가로 성장엔진을 돌릴 수는 없지 않겠는가.

복지정책은 주로 상대적으로 가지지 못한 계층이 요구하고 지지하는 반면, 부동산 경기부양은 상대적으로 큰 집이나 여유 부동산을 가진 계층과 건설회사, 부동산 관련 사업을 하는 계층이 요구하고 지지하는 정책이다. 아파트, 토지, 상가 등의 분양 광고는 언론사의 주된 광고 수입원이고, 그러한 광고 수입은 부동산 경기에 따라 좌우되기 때문에 언론 또한 부동산 경기부양을 부추기는 여론 형성에 앞장서는 경우가 많다. 복지 증대, 부동산 경기부양 둘 다 장기적 경제의 활력이라는 관점보다는 이러한 포퓰리즘에 빠지게 되기가 쉽다. 이를 부추기는 주체가 주로 전자는 상대적으로 소득이 적은 계층, 후자는 소득이 많은 기득권 계층과 건설기업, 언론 등으로 다를 뿐이다.

2011

0423

# 국제통화제도의 개혁

국제통화제도라고 하면 먼 세상 이야기로 들린다. 하지만 실제로는 우리의 일상생활과 밀접한 문제다. 이것이 흔들리게 되면 기업의 수출 경쟁력, 일자리, 주식시장, 대출금리, 기름값, 해외여행 경비 등이 출렁이게 된다. 이 국제통화제도가 도마 위에 올랐다. 올해 주요 20개국(G20) 의장을 맡은 프랑스는 국제통화제도 개혁을 11월 정상회의의 주요 의제로 추진하고 있다. 지난주 워싱턴 D.C.에서 열린 G20 재무장관회의의 주요 의제 중 하나도 국제통화제도의 개혁이었다.

국제통화제도는 지난 한 세기 변천을 거듭해왔다. 변하는 시대 환경과는 맞지 않는 옷을 입었기 때문이다. 원래 국제통화로는 금은 같은 귀금속이 쓰였다. 그 자체로 가치가 있기 때문에 국경을 넘어 화폐로 통용된 것이다. 제1차 세계대전까지 국제통화제도는 금본위제도였다가 양차 대전을 치르면서 각국이 군비 조달을 위해 금 보유량에 구애받지 않고 화폐를 찍어내야 할 필요성에 따라 이로부터 일탈해 법정불환지폐fiat money제도를 채택하게 되었다. 그 결과 경쟁적 환율 절하와 보호무역주의가 기승을 부려 인플레는 늘고 세계의 교역량은 줄어들었다. 전후 영미의 주도로 출범한 브레턴우즈 체제라는 국제통화제도는 실질적으로 금본위제도를 다시 도입한 것이었다. 미국 달러화를 금과 태환하는 것을 보장하고 다른 나라 화폐는 달러화에 환율을 고정시키는 제도였다. 이것도 30년을 넘기지 못하고 1971년 닉슨 대통령이 달러화의 금태환 중지를 선언함에 따라 무너졌다. 이후 각국은 다시 법정불환지폐에 의한 변동환율제도를 채택하고 있다. 그러나 브레턴우즈 체제로 설립된 IMF와 미 달러화의 국제통화로서의 기능은 지속되고 있어 이를 '브레턴우즈II'라고 부르기도 한다.

현재 국제통화제도의 문제점으로는 크게 네 가지가 지적되고 있다. 첫째, 신흥국들은 외환위기로부터 스스로를 보호하기 위해 많은 외환보유액을 쌓으려 하고 경상수지 흑자를 추구해 그 결과 세계경제의 불균형이 심화된다는 것이다. 둘째, 이러한 많은 외환보유액에 대한 수요는 주로 달러화 자산에 집중되고 있어 이를 공급하는 미국의 입장에서는 자국의 대내 및 대외 균형을 동시에 달성하기 어렵다는 것이다. 셋째, 자국의 통화가 국제통화로 사용됨에 따라 미국은 외환위기로부터 자유롭고 국제 금융시장에서 늘 최저 금리로 국채를 발행할 수 있는 특권을 누리게 되어, 경상수지 적자가 지속되는데도 방만한 재정·금융 정책을 지속하게 된다는 것이다. 넷째, 한 나라의 통화를 국제통화로 사용함으로써 전 세계가 그 나라의 재정·통화 정책의 건전성과 금융 부문의 안정성을 유지하는 능력에 의존할 수밖에 없으며, 이것이 흔들리면 국제 금융시장이 큰 혼란에 빠져들게 된다는 것이다. 세계 금융위기 이후 미국의 경제 운용에 대한 신뢰가 저하되었고, 실제로 이번 주 스탠더드앤드푸어스S&P는 사상 처음으로 미국의 신용등급 전망을 '안정적'에서 '부정적'으로 바꿨다.

그러나 이러한 문제점과 개혁의 필요성이 존재함에도 현실적 대안을 마련하기란 쉽지 않다. 우선 당분간 달러화를 대체할 만한 국제통화를 찾기 어렵다. 최근의 유럽 재정위기는 유로화가 국제통화로 부상하기에는 취약점을 안고 있음을 보여준다. 중국은 아직도 자본규제가 심해 위안화가 국제통화로 통용되기까지는 많은 시간을 요한다. 새로운 국제통화를 창출하려면 세계 중앙은행의 설립이 필요하나, 유로존에서 보는 바와 같이 재정·사회·정치 통합 없는 화폐 통합은 많은 한계가 있을 뿐 아니라 현실적으로 가능하지도 않다. 또한 이러한 개혁 논쟁의 중심에는 현상을 유지하려는 미국과 달러화 중심에서 벗어나 국제통화의 다양화를 추구하려는 유럽, 중국 등의 이해관계가 복잡하게 얽혀 있다.

따라서 당분간 이 문제는 G20을 중심으로 세계경제 불균형 해소를 위한 거시정책 공조를 강화하고 IMF의 기능을 강화하는 방향으로 해법을 찾아갈 수밖에 없을 것으로 보인다. 그러한 의미에서 G20 정상회의의 역할은 대단히 중요하다. 우리나라는 지난해 의장국으로서 현재 G20 의장단의 일원으로 활동하고 있다. 놋쇠로 만든 엽전을 사용하던 나라가 국제통화 개혁에 중요한 목소리를 낼 수 있게 된 것이다. 대외 개방도가 높은 우리로서는 국제 금융제도의 안정성이 매우 중요하다. 그러나 동시에 우리와 안보동맹 관계에 있는 나라의 통화가 국제적으로 중심통화의 역할을 지속해주는 것이 나쁘지 않다. 점진적 개편을 모색하는 입장을 취하는 것이 우리에게 최선으로 보인다.

다시 보기 원래 프랑스는 영국의 오랜 라이벌이자 앙숙 관계이기도 했다. 프랑스는 나폴레옹 이후 영국, 독일의 군사력과 경제력에 압도되어왔으나, 국민의 자존심만은 이들에 못지않은 나라다. 영국에 맞선 미국의 독립전쟁을 적극 지원했고, 미국 독립 후에는 '자유의 여신상'을 만들어 미국에 선물하기도 했다. 그러나 미국을 지배하는 계층의 중심에는 여전히 영국계가 자리하고 있다. 미국의 건국 주역인 조지 워싱턴, 토머스 제퍼슨, 벤저민 프랭클린 등이 모두 영국 출신이거나 영국에 오래 거주한 적이 있었고, 지금도 WASP White, Anglo-Saxon, Protestant가 미국의 주류 계층을 이룬다. 19세기 이후 여전히 이어지고 있는 팍스 브리타니카, 팍스 아메리카나를 주도해온 민족이 결국 영국인이라고 할 수 있다. 한때 해가 지지 않는 제국을 건설했던 영국은 지금은 다시 작은 섬나라로 쪼그라들었지만, 영국인이 가서 세운 나라인 미국, 캐나다, 호주, 뉴질랜드와 한때 영국의 식민지였던 인도, 말레이시아, 남아프리카공화국을 비롯한 수많은 영연방국가들은 영국의 제도와 관습, 언어를 사용하며 세계 질서를 주도하고 있다.

그런데 프랑스인들은 이런 세계 질서에 행복해하지 않으며 기회가 있을 때마다 이에 도전해왔다. 이미 영어가 세계 공용어로 자리 잡았는데도 국제회의에서 프랑스어를 같이 사용하기를 질기게 고집하고 있다. 브레턴우즈 체제가 무너지게 된 것은 결국 닉슨 대통령이 달러화의 금태환 중지를 선언했기 때문인데, 그렇게 할 수밖에 없었던 것은 1960년 이후 미국의 대외무역 적자 지속으로 유럽과 일본 등이 쌓게 된 달러화 보유고가 미국 재무성이 보유하던 금 보유량을 초과하게 되어 달러화의 금태환 보증을 지속하기 어려울 것이라는 기대가 형성되었고 달러화 보유를 기피하는 움직임이 시작되었기 때문이다. 역시 제일 먼저 대량의 달러화를 금으로 바꿔주기를 미국에 요구한 나라는 프랑스였다. 그리고 흔들리던 브레턴우즈 체제는 이로써 무너졌다.

2011년 프랑스가 G20 정상회의의 의장국이 되었을 때 당시 사르코지 프랑스 대통령이 제일 먼저 내건 주 의제가 국제통화제도의 개편이었다. 달러 주도의 통화제도를 개편하겠다는 것이었다. 이는 2010년 한국이 의장국이었을 때 국제통화제도의 개편을 의제로 내세우지 않고 IMF의 대출프로그램을 개선해 국제 금융의 안전망을 강화하자고 한 것과는 다른 것이었다. 미국은 지금과 같은 달러 주도 국제통화체제를 고수하려는 입장이다. 영국이 의장국이었을 때도 국제통화제도의 개혁보다는 IMF의 재원을 확충하고 세계경제와 국제 금융시장에 대한 IMF의 감시 기능을 높이자는 방향으로 논의가 진행되었다. IMF는 유럽인을 총재로 두는 전통을 아직도 고수하고 있지만 실질적으로 여전히 앵글로색슨이 지배하고 있기 때문이다.

글에서 지적한 바와 같이 현재 달러 주도 국제통화제도의 개혁은 쉽지 않은 과제다. 결국 당시 사르코지 대통령이 내건 주 의제는 용두사미가 되고 말았다. 칸 정상회의에서는 서울 정상회의에서 합의했던 IMF 대출프로그램을 조금 더 손질하는 데 그쳤다. 러시아의 푸틴 대통령도 마찬가지였다. 2013년 G20 정상회의에서도 주요 의제로 미국 주도의 세계 금융 질서에 대한 도전을 의미하는 국제통화제도의 개혁을 역시 내걸었으나, 거의 아무런 진전도 없었다. 2014년 말 호주에서 열린 G20 정상회의의 결과도 비슷했다.

2011

0625

# 중국, 세계 그리고 한반도

지난 30년 동안 중국의 연평균 성장률은 10%다. 이는 초기 30년 고속 성장기의 한국(9.7%, 1962~1991년), 대만(8.8%, 1957~1986년), 일본(8.3%, 1946~1975년)의 성장률을 앞지르는 것이다. 과거 18~19세기에 경제 도약을 시작했던 영국, 유럽, 미국의 당시 연평균 성장률은 2~4% 수준에 지나지 않았다. 중국의 연평균 성장률이 5~6%로 떨어진다고 해도 20년 후 중국은 지금 우리와 같은 1인당 국민소득 2만 달러 수준에 달하게 된다. 만약 중국 환율이 그동안 크게 절상된다면 20년이 아니라 이보다 훨씬 앞서 2만 달러 고지에 오를 것이다. 10~20년 내에 한국과 같은 규모의 경제가 약 30개 생기는 것이다.

한국이 국민소득 5000달러에서 2만 달러의 국가가 되는 과정에서 세계경제는 독자적으로 흐르며 변화해왔고, 이 변화에 맞춰 한국의 경제정책과 제도, 산업 및 수출 구조도 바뀌어왔다. 1960년대 이후의 한국이나 대만, 홍콩, 싱가포르의 고성장은 세계경제라는 거대한 호수에 인 작은 파문에 지나지 않았다. 그러나 앞으로 중국이 2만 달러 소득에 달하는 과정에서 중국과 세계는 함께 변화해가지 않으면 안 되게 되어 있다. 단순히 중국의 투자와 소비 확대에 따른 원자재 품귀, 환경오염뿐 아니라, 지금 한국의 30배 정도로 쏟아져 나오는 중국의 제품과 서비스를 세계경제가 감당해야 하는 것이다. 따라서 만약 중국이 2만 달러 소득의 국가가 되어 있다면 세계가 이에 따라 변해 있을 것이고, 세계가 그렇게 변하지 않는다면 중국은 2만 달러 소득 국가가 되지 못할 것이다.

그러면 중국은 과연 2만 달러 국가로 진입할 수 있을까? 중국인이 경영하는 대만·홍콩·싱가포르 경제는 이미 모두 이에 진입했다. 이들보다 더 우수한 인재 풀과 사회적 유산을 가진 본토 중국이 이를 못 해내리란 법이 없다. 동아시아의 유교권 국가 중 공산체제에 갇혀 있는 북한과 공산체제에 오래 갇혀 있었던 베트남을 제외하고 개방과 자유화로 들어선 모든 나라들이 선진 경제 대열로 들어섰다.

그러나 이는 앞으로 10~20년간 중국 사회 내부에서, 그리고 중국과 세계 간에 엄청난 갈등과 변화를 겪게 될 것임을 예고한다. 2만 달러 시대의 중국은 그 규모가 미국과도 비교가 되지 않는 세계 최대 경제국이 될 것이다. IMF, 세계은행을 비롯한 국제경제기구의 — 이들 기관이 그때까지 존속한다면 — 최대 주주가 될 뿐 아니라 각종 국제포럼에서 최고의 발언권을 행사하며 세계경제 질서를 주도하는 나라가 될 것이다. 그때쯤이면 위안화는 달러화와 더불어 국제통화의 지위를 굳혀가게 될 것이다. 그런 나라가 자본을 통제하고, 환율을 조작하며, 금리를 규제하고 있을 수 있겠는가. 과거 일본 경제가 2위로 부상했던 것과 앞으로 중국 경제가 1위로 부상하는 것은 차원이 다르다. 세계경제의 패권이 넘어가는 것이다.

5000달러에서 2만 달러로 성장한 지난 20~30년간 한국의 정치·경제 제도에는 커다란 변화가 있었다. 그리고 그 변화 과정이 결코 순탄치는 않았다. 민주화의 진통과 외환위기 등 격류를 타고 여기에 다다른 것이다. 어느 나라에서건 경제적 자유와 정치적 자유의 불균형이 오래 지속될 수는 없다. 개발독재는 개발에 성공하면 붕괴한다. 지난 30년간 중국의 경제적 성공은 앞으로 중국 경제를 더욱더 개방과 자유화 쪽으로 압박할 수밖에 없을 것이다. 이 과정에서 경제적 자유와 정치적 자유 간의 불균형이 심화되고, 이는 궁극적으로 양자 간의 균형을 찾으려는 힘에 부닥치게 될 것이다. 일본은 전후 점령군에 의해, 한국과 대만은 각각 1980년대 후반, 1990년대 초반에 이러한 불균형의 심화가 결국 민주화로 치닫게 했다. 중국이 국민소득 2만 달러를 달성하려면 시장경제 체제로의 이행을 가속화해야 하며, 이는 현 중국 정치체제의 불안정성 심화와 변화를 촉발할 것이다. 그리고 이는 필연적으로 북한의 변화를 촉발할 것이다.

우리는 향후 20년 내에 도래할 중국의 패권 시대를 하나의 가정이 아니라 기정사실화하고 국가 전략을 짜나가야 한다. 향후 10~20년간 중국, 세계 그리고 한반도는 또 하나의 격동의 시대를 맞게 될 것으로 보인다. 우리는 이에 대비하고 있는가? 격동의 시대를 헤쳐온 한국은 그때 어디쯤 서 있을 것인가? 이 세계사와 한반도 역사의 격류를 헤쳐갈 지도자를 배출할 수 있는 정치 시스템과 온 사회의 잠재력을 모아 세계경제 재개편에 대처할 수 있는 경제 시스템을 우리는 가지고 있는가? 이 과제에 대해 지금 우리에게 주어진 시간은 많지 않다.

다시 보기 4년 전 쓴 이 글은 지금 다시 쓰더라도 똑같은 내용을 쓰게 될, 여전히 유효한 내용을 담고 있다. 4년 전이나 지금이나 한국의 상황은 거의 변하지 않았다는 것이다. 시곗바늘은 어김없이 움직여왔고, 중국의 상대적인 위상은 점점 강해지고 있으며, 한국은 미국과 중국, 일본 등 강대국 사이에서 입지가 점점 더 좁아지고 있다.

2014년 7월 시진핑 주석의 국빈 방문은 한국이 미국과 중국, 그리고 미국과 일본을 잇는 해양세력과 대륙세력 사이의 틈새에 끼어 점점 더 어려운 선택의 기로에 서게 될 것임을 잘 보여주었다. 19세기 말 조선의 왕과 지도자들은 전략적 비전 없이 우왕좌왕하며 눈앞의 권력을 다투면서 시간을 보내다가 결국 나라를 잃게 되었다. 그리고 그것의 유산이 지금도 남북 분단이라는 민족의 큰 멍에로 남아 있다.

이 와중에 박근혜 정부 역시 한반도 전략이나 남북 관계에 대한 뚜렷한 비전 없이 소중한 시간만 낭비하고 있는 것으로 보인다. '통일대박'이라는 이야기가 툭 튀어나왔지만, 어떻게 통일대박을 기대할 수 있을지, 가만히 앉아 갑자기 통일이 우리에게 주어지기를 기다리는 것인지, 북한과의 대결적 입장을 지속해 북한이 무너지기를 바라는 '통일도박'을 하자는 것인지 아직 그 뜻을 분명히 알 수 없다. 김대중 정부 시절 시작한 남북 교류 협력의 활성화는 이명박 정부 이후 다시 창고에 갇혀 있다. 작은 경제협력도 국내 정치의 프레임, 이념 논쟁에 갇혀 지속하지 못하면서 어떻게 큰 협력, 통일의 길로 나아갈 수 있을지 답답함이 느껴진다.

한반도는 전쟁으로써는 통일될 수 없음이 한국전쟁을 통해 분명해졌고, 북한 내부의 변화는 외부와의 협력, 개방 없이 쉽게 이뤄질 수 없음이 지난 30년의 경험으로 분명해졌다. 우리가 남북 간 협력 단절과 대결로 시간을 낭비하는 사이에 북한의 대중국 의존도는 점점 심화되고, 일본은 그 틈을 비집고 들어가려 하고 있다. 같은 민족끼리 어떻게든 협력과 교류를 확대해가야만 북한의 변화도 이끌어낼 수 있고 통일의 기반도 닦을 수 있다. 설령 북한에 퍼주었다 한들 얼마나 퍼주었겠는가. 부실 저축은행 하나 구제하는 데 필요한 돈만큼이나 들었을까.

우리의 후세들이 100년 후 지금의 남북한의 관계를, 남북한 지도자의 식견과 의도를 어떻게 역사서에 평가할지 생각하며 남북 관계를 대범하게 풀어나가야 한다. 후손들에게 지금 우리가 100년 전 조선의 우리 선조들처럼 평가되지 않기를 바란다. 동북아 기류가 빠르게 변화하고 또한 그 변화의 방향이 거의 확실한 지금의 시간을 가만히 앉아서 대북 관계, 대일 관계를 냉전식 사고와 발언으로 국내 정치의 입지 이용에 허비하고 있는 것이 안타까울 뿐이다.

2011

0806

# '고령화 늪'과 집값

사람은 누구나 늙는다. 늙지 않으면 얼마나 좋을까만 자연의 섭리이니 어쩔 수 없다. 그러나 늙은 사람이 점점 많아지는 것은 근래의 현상이다. 향후 20년간 한국 경제의 가장 큰 변수 둘을 들라 하면 통일 가능성과 인구 고령화를 들 수 있지 않을까 생각된다. 전자는 언제 찾아올지 모르는 큰 불확실성을 지닌 사건인 데 비해, 후자는 그것이 매년 착착 진행되는 것이 너무나 정확한 계산으로 나올 수 있는 사건이다. 그러나 둘 다 우리 사회가 대비되어 있지 않기는 마찬가지다.

우리가 '고령화 사회의 도래'라는 말을 사회적 화두로 올리기 시작한 지는 이미 오래되었다. 실제로 우리 사회는 세계에 유래가 없는 속도로 고령화에 진입하고 있다. 기대수명의 연장과 출산율 감소가 모두 다른 나라보다 훨씬 빨랐기 때문이다. 기대수명은 이미 미국을 앞질렀고, 출산율은 세계 최하위를 기록하고 있다. 그러나 이에 대한 우리의 대비는 너무 늦고 소홀했다. 연금이나 사회복지제도의 보강이 지체되다 보니 우리나라 노인 빈곤율은 2009년 48%로 지난 20년간 세 배 가까이 증가한 것으로 추정된다. 우리나라의 자살률 또한 지난 20년간 약 세 배로 증가해 세계 최고 수준에 이르고 있는데, 그 주요인이 바로 노인 빈곤과 노인 자살이다. 65세 이상 자살률은 현재 인구 10만 명당 79명으로, 15~64세의 자살률 31명보다 두 배 이상 높고, OECD 평균 노인 자살률의 다섯 배를 넘는다.

연금제도가 잘 발달되어 있지 않은 상황에서 자식들 교육과 뒷바라지에 모든 것을 바치다 보니 노후 대비가 되어 있지 않은 데다 자식들의 부모 부양 문화가 바뀌면서 이런 현상이 생기게 된 것이다. 그나마 그동안 우리나라 가장들의 노후 대비를 도와온 것이 부동산 가격 상승이다. 부동산 가격 상승은 경제 전체적으로 보면 젊은 세대가 노후 세대를 위해 세금을 내는 것과 같다. 젊은이들이 가족을 이루고 살 집을 마련하는 데 내야 하는 비용이 느는 것이나 이들이 노인의 복지를 위해 세금을 더 많이 내는 것이나 실질적 효과는 비슷하다. 차이점은 전자의 경우 젊은 세대가 집과 부동산을 가진 사람들에 대해서만 세금을 많이 내고, 그렇지 못한 빈곤층 노후 세대들에 대해서는 전혀 세금을 내지 않는 것이다. 만약 집값을 지금보다 훨씬 떨어뜨리고 대신 젊은 세대에게 그만큼 세금을 더 많이 내게 하면 이들의 부담은 같은 반면, 이를 노인층에게 골고루 혜택이 돌아가도록 정부가 사용할 수 있을 것이다. 그뿐 아니라 부동산 가격이 내리면 기업의 투자비용, 인프라 건설비용, 사무실 및 가게 임대비용이 내려가 그만큼 장기적으로 경제 활성화도 기대할 수 있고, 젊은 세대의 내 집 마련을 앞당겨 출산율을 높일 수도 있다.

소득 대비 집값이 우리보다 높은 나라는 찾아보기 어렵다. 다음 세대에게 높은 집값과 세금을 동시에 내라고 한다면 이들의 미래 삶은 좌절을 겪게 된다. 정부는 지금 부동산 가격이 내리는 것을 막기 위해 비정상적 저금리정책을 지속하고 부동산 관련 세제를 완화하려 하고 있다. 물론 부동산 가격의 급락은 금융 부실, 경기 위축 등 단기적으로 고통스러운 문제를 초래할 수 있다. 그러나 장기적으로 부동산 가격의 하향 안정화는 미래 세대의 조세 부담 능력을 높이고 우리 경제의 활력과 안정성을 확보하는 데 꼭 필요한 일이다.

고령화 문제는 단순히 복지제도의 확충뿐 아니라 우리 사회 다방면에 걸친 제도 개혁을 통해 대비해야 한다. 정부 지출과 국민의 조세 부담을 늘리는 데만 기대지 말고 그보다 광범위한 제도 개혁을 통해 장기적으로 경제 활력을 잃지 않으면서 고령화 시대를 맞는 지혜가 필요하다. 재정, 세제, 부동산, 노동, 연금, 의료, 여성인력 정책 등에 대해 두루 개편이 이루어져야 한다. 정년 연장, 임금 피크제 확대, 보육시설 확충, 여성에 대한 '유리천장' 철폐를 서둘러야 한다.

일본 경제가 1990년대 이후 침체를 거듭하고 있는 것은 잘못된 거시경제정책과 과도한 환율 절상 등에도 기인하지만, 좀 더 근본적으로는 일본 사회가 일하지 않고 소비하지 않는 고령화에 대비한 제도 개혁을 제대로 해내지 못했기 때문이다. 그 결과 노동 공급이 빠르게 줄고 생산성 향상이 정체되면서 경제가 장기 침체의 늪에 빠지게 된 것이다. 우리 사회는 일본보다 고령화의 진행 속도가 빠르다. 7년 후면 인구가 줄어들고 15년 내에 65세 이상 인구가 전체의 20%를 넘는 초고령 사회에 진입하게 된다. 지금과 같이 있으면 우리도 장기 침체의 늪에 빠져들 것이다.

다시 보기 고령화는 한국만이 겪는 문제는 아니다. 의료 기술이 획기적으로 발달하고 피임술이 보편화된 오늘날 대부분의 국가에서 일어나는 현상이다. 세계 역사상 오늘날처럼 노인이 많은 시기는 없었다. 그러나 우리나라는 다른 어떤 나라보다도 노인 인구 비중의 증가, 즉 고령화의 속도가 빠르다. 이 글에서 지적하는 바와 같이 수명은 빠르게 늘어나는 데 비해 세계에서 가장 낮은 출산율을 기록하고 있기 때문이다. 지난 2005년 일본은 65세 이상이 총인구의 20% 이상을 차지하는 '초고령 사회'에 진입했다. 초고령 사회에 속하는 국가는 현재 일본, 독일, 이탈리아 등 3개국이다. 한국전쟁으로 베이비붐이 늦게 시작된 우리나라는 2000년에 65세 이상 인구가 7%로 고령화 사회에 진입했고, 2018년에는 65세 이상 인구가 14%를 넘어서 고령 사회로, 2026년에는 초고령 사회에 진입할 것으로 예측되고 있다. 그런데 고령화 속도는 일본과 유럽 국가들을 훨씬 앞지르고 있다.

사람도 그렇지만 국가도 인구구조가 고령화되면 활력을 잃게 된다. 우리나라도 이러한 현상이 이미 시작되었다. 단순히 노동 공급을 줄여 물리적 활력을 떨어뜨릴 뿐 아니라 고령화는 국가정책의 선택을 통해서도 활력을 떨어뜨리게 된다. 노인 투표자의 비중이 늘게 됨으로써 선거에서 점점 더 현상유지적인 정책과 보수적 정책을 선택하게 된다. 변화가 필요할 때 쉽게 변하지 못하는 나라가 되어가는 것이다.

고령화의 한 결과가 지속적 부동산 부양정책이라 볼 수 있다. 연령구조로 보면 집과 땅을 많이 보유하고 있는 계층은 주로 50대 이상인 기득권층이다. 반면 젊은 사람들은 대개 무주택자가 많다. 앞서 언급한 바와 같이 부동산 가격 앙등은 젊은 세대에서 노령 세대로 부를 이전시키는 것과 같은 효과를 낸다. 더 많이 저축하고 더 많이 빌려야 집을 살 수 있기 때문이다. 고령 사회는 부동산 가격을 유지 내지 높이려는 정책에 더 우호적이게 된다. 부동산 가격 앙등은 다시 국내 투자비용을 늘리고 기업들이 해외로 투자를 돌리게 해 국내경제의 활력을 잃게 한다.

2011

0827

## 폐렴을 감기약으로?

위기는 축적된 경제 흐름의 왜곡을 시장이 견디지 못하고 한꺼번에 털어내려는 몸부림과 같은 것이다. 시장과 정부에 근본적 구조조정과 제도의 개혁이 필요함을 파열음으로 보여주는 것이 위기다. 2008년 세계 금융위기도 그런 것이었다. 미국 경제는 자산가격 거품으로 가계소득이 감당할 수 있는 이상의 소비를 통해 호황을 누린 지 오래되었고, 가계와 금융기관의 부채는 과다한 반면 저축률은 과소했다. 그것을 지지해준 것이 이런저런 이유로 포장된 느슨한 통화정책이었고, 금융가의 로비에 포획된 정부의 금융 규제 완화였다. 시장이 이를 지속적으로 감당하지 못하고 어느 순간 터지고 만 것이다.

위기 후 미국과 유럽은 이에 대해 다시 초팽창적 거시정책의 대응으로 일관해왔다. 물론 위기 시에 심리적 공포감에 따른 지나친 경제 위축을 막기 위해 팽창적 정책은 필요하다. 그러나 결국은 경제 시스템에 대한 제도적 개혁 없이는 왜곡된 경제 흐름과 불균형을 바로잡을 수 없다. 가계와 금융기업의 과다 부채 조정, 자산 축소가 빠르게 진행되도록 해야 하나, 이에 따르는 고통을 정치권도 국민도 감내하려 하지 않았다. 집값이나 기업 가치, 과다 부채가 충분히 조정되었다고 시장이 보지 않기 때문에 초저금리하에서도 신용경색이 지속되고 있다.

생산성 향상과 소득 증가를 웃도는 과소비와 과부채로 초래된 위기는 고통과 내핍 없이는 극복하기 어렵다. 그러나 위기 후 이미 4년째로 접어들었음에도 미국과 유럽 국가들은 팽창적 거시정책을 상습적 진통제처럼 쓰고, 금융 시스템 개혁을 포함해 금융위기가 요구하는 경제의 구조조정은 제대로 하지 않았다. 하버드 대학 케네스 로고프 교수의 표현을 빌리면, 이는 폐렴에 감기약을 처방한 꼴이다. 이것이 오늘날 세계경제 불안이 지속되는 근본적 요인으로 보인다.

이는 또한 오늘날 각국의 정치와 정부의 문제 해결 능력에 대한 신뢰의 위기로도 보인다. 민주주의의 가장 큰 취약점 중 하나는 미래 세대가 투표에 참여하지 못한다는 것이다. 미래 세대에게 부담을 떠넘기고 당장의 고통을 줄이려는 해법이 시장에서 더는 먹혀들지 않게 된 것이 작금의 시장 불안 현상이다. 따라서 당분간 세계경제 전망은 결코 밝지 않다. 민간 부문의 과다 부채로 인한 위기가 재정위기로 전이되어 더 이상 마땅한 정책 수단이 없는 데다 위기 후 세계경제 회복을 견인해온 중국마저 과다 팽창정책으로 인플레를 겪으며 더 이상 팽창정책을 쓸 수 없기 때문이다. 결국 진행될 수밖에 없을 선진국들의 과다 부채와 자산 가치의 조정 과정은 세계경제의 위축을 깊고 오래 가게 만들 가능성이 크다.

우리나라도 위기 후 주로 팽창적 정책 기조에 의존한 채 구조조정은 미뤄왔다. 세계 금융위기를 가장 먼저 극복한 나라라고 자랑하지만, 이는 결국 환율의 대폭 절하, 중국의 과도한 팽창정책, 그리고 스스로의 팽창정책에 기댄 결과다. 위기를 잘 극복하는 것은 단순히 성장률을 빨리 회복하는 것이 아니다. 위기를 통해 경제의 취약한 부분을 털어내고 새살이 돋아날 공간을 마련해주는 것이 위기에 제대로 대처하는 길이다. 필요할 때는 경기 위축을 감수하고 구조조정을 해나가야 한다. 경기 위축을 피하려고 부실한 건설사나 저축은행, 취약한 중소기업의 구조조정을 마냥 미루려 해서는 안 된다. 금리를 정상화해 이들에게 필요한 구조조정이 일어나게 하고 가계부채 증가를 억제해야 한다. 부동산 시장을 부추기기보다 완만한 하향 안정이 이루어지게 해야 한다. 세계경제는 중국의 급부상과 미국의 상대적 쇠락, 70~80년 만의 침체 가능성으로 큰 불확실성을 안고 있다. 우리 경제의 펀더멘털을 다져놓지 않으면 어디로 휩쓸려 가게 될지 모른다.

장기적으로 경제 활력을 유지하기 위해서는 우리 사회에 그물망처럼 얽혀 있는 담합과 유착 관계, 도덕적 해이를 부추기는 각종 제도를 과감히 개혁해 어느 부문에서나 투명하고 공정한 경쟁 기회가 열려 있게 해야 한다. 이번 저축은행 사태는 우리의 감독 행태가 다시 외환위기 이전의 모습으로 돌아갔음을 보여준다. 감독 기능은 성장률 목표에 눌려버렸고, 적기 시정 조치는 적기에 발동하지 않았다. 감독기관의 독립성을 강화하고 피감기관과의 관행적 유착 관계를 수술하지 않고서는 건전한 감독 기능을 기대할 수 없다.

경제의 물길이 원활히 흐르게 하려면 지속적으로 도랑을 청소해야 한다. 4대강에 쌓인 모래만 파낼 것이 아니라 우리 경제의 바닥에 쌓인 찌꺼기도 퍼내야 한다. 그러지 못하면 오래가지 않아 다시 경제의 물길은 범람할 것이다.

다시 보기 리먼 사태로 세계 금융위기가 촉발된 지 만 7년이 가까워오고 있다. 미국과 영국에서 부동산 거품이 꺼지면서 부실 채권이 확대되고 금융 시스템이 불안정해지기 시작한 지는 이미 9년이 되었다. 미국과 영국 경제는 이제 회복세를 보이고 있으나, 이것이 앞으로 지속될지는 여전히 불확실하다. 유럽 경제는 아직 깊은 침체에서 헤어 나오지 못하고 있다. 2008년 금융위기 이후 미국과 세계가 초저금리와 양적완화정책을 추진해온 것에 대한 진정한 평가는 시간이 훨씬 더 지난 다음에야 가능할 것이다. 금리를 낮추기는 쉬우나 올리기는 어렵다. 그리고 금리를 정상화하는 과정에서 세계경제가 얼마나 버틸지는 지난 7~8년간 세계경제와 금융 부문이 얼마나 정상화되고 체질을 개선했는가에 달려 있을 것이다. 그러나 이에 대한 확신은 없다. 초저금리와 팽창적 통화정책으로 일단 금융위기가 대공황으로 빠져드는 것을 막는 데에는 성공한 것으로 평가된다. 그러나 경제가 저성장과 침체에서 벗어나 본격적으로 회복세로 진입하고 활력을 찾기 위해 팽창적 통화정책만으로 충분한지는 알 수 없다. 충분하다면 과거의 대공황과 장기 침체가 억울할 뿐이다.

라인하트와 로고프는 『이번엔 다르다This Time is Different』(2010)에서, 과거의 금융위기들을 연구한 결과 위기로부터 완전히 회복하는 데에는 대개 10년 정도 걸린다고 했다. 미국은 부동산 가격이 회복을 보여 위기 전 수준에 근접해가고, 영국은 거의 회복되었다고 한다. 런던 집값은 오히려 위기 전 수준을 넘어섰다고 한다. 시간이 지남에 따라 시장 심리도 회복되고 다시 돈이 돌기 시작하는 것이다. 그러나 회복세가 얼마나 튼튼한지, 또 얼마나 지속될지는 금융위기를 가져왔던 요인들을 얼마나 제대로 치유했는지에 달려 있을 것이다. 부채 비율 축소는 상당한 진전이 이루어진 것으로 보인다. 금융감독규제도 상당히 강화되었다. 그리고 이는 정해진 스케줄에 따라 앞으로 더 강화될 것이다. 그러나 진정한 시험은 앞으로 금리가 정상화되는 과정에서 겪게 될 것이다. 초저금리하에서 지속적으로 상승해 거의 매일 최고치를 경신했던 미국의 주가가 거품이 아니고 금리 상승기에도 견뎌줄지도 주요 관심사 중의 하나다.

만약 지금의 경제 회복세가 앞으로 금리와 통화정책이 정상화되는 과정에서, 그리고 그 후에도 지속된다면 화폐금융론과 거시경제이론은 새롭게 씌어야 할 것이다.

2011

1008

# 인구와 금융위기

최근 일본은행이 내놓은 한 연구 결과는 금융위기 발생이 인구구조의 변화와 밀접히 연관되어 있음을 보여준다. 일본의 경우 피부양인구 1인당 경제활동인구의 비율이 정점에 달했던 해가 1990년이었다. 부동산 버블도 그해 정점에 달했고, 이듬해인 1991년부터는 거품이 꺼지기 시작해 이것이 몇 년 뒤 심각한 금융위기로 이어졌다. 미국에서 이 비율이 정점에 달한 것은 2005~2010년인 것으로 나타났다. 미국의 부동산 버블은 2007년 이후 꺼지기 시작했고, 곧 심각한 금융위기를 맞게 되었다. 스페인과 아일랜드도 비슷한 현상을 보이고 있다. 이 비율이 정점에 달했던 해가 2005년이었으며, 그해에 이 나라들의 집값도 정점에 달했다. 그리스와 포르투갈은 이 비율이 2000년쯤 정점에 달했다. 이야기가 여기서 그쳐줬으면 좋겠는데, 이 논문의 다음 장은 중국의 경우 2015~2017년 무렵, 한국은 2010~2012년 무렵에 이 비율이 정점에 달할 것이라 말하고 있다.

이 연구가 시사하는 것처럼 인구구조 변화가 곧 집값 붕괴와 금융위기로 이어지는 것은 아니다. 그 나라의 자원부존도, 부동산 버블의 정도, 금융기관의 부동산 대출 규모, 감독규제 등에 따라 차이가 날 수 있다. 그렇지만 한국의 상황은 어느 모로 보나 우려를 갖게 한다. 자원은 없고 부동산 가격과 가계부채는 이미 소득 대비 어느 나라보다 높은 수준이다. 또한 금융위기는 대개 처음부터 대형 금융기관이 무너지며 쓰나미처럼 밀어닥치지는 않는다. 일본에서는 산요증권, 영국에서는 노던록은행 같은 작은 금융기관들이 무너지면서 서곡을 연주하는 경우가 많다. 우리나라에서는 저축은행들이?

지나친 위기감을 가져서는 안 되지만, 지금 우리의 상황이 결코 가벼이 보아 넘길 정도도 아닌 것 같다. 위기는 특히 경기가 침체되고 외부 충격이 올 때 연탄가스가 방바닥의 갈라진 틈으로 새어 올라오듯 경제의 취약한 부분을 먼저 넘어뜨리고 나아가 온 경제를 마비시킨다. 우리는 지난 2008년 세계 금융위기로 몸살을 앓을 때 과도한 처방약을 쓴 바람에, 비록 위기를 빨리 극복했다는 칭찬은 들었으나 금융 부문과 경제 전반의 체질은 더 허약해졌다. 무조건적 대출 연장으로 금융 부문의 도덕적 해이는 심해지고, 초저금리로 가계부채는 더욱 늘었으며, 치솟는 물가는 가계의 실질소득을 압박하고 있다. 재정 상황도 크게 악화되었다. 그것으로 고비를 넘어갔으면 좋겠으나, 지금 세계경제의 먹구름은 다시 짙어지고 장기 침체의 조짐을 보이고 있다. 위기의 진원지였던 미국, 유럽에 덩달아 우리도 정책 수단을 마구 소진해 정작 내부로부터 위기가 발생할 경우 써야 할 병기고에 무기가 얼마 남아 있지 않다.

이런 상황에서 정부는 정책의 틀을 '안전모드'로 전환해나가야 할 것으로 보인다. 금융 부문의 안정성과 지속 가능한 성장에 우선순위를 두어야 할 것으로 생각된다. 성장률을 조금이라도 더 올려보려고 무리한 수단을 쓰거나 부동산 경기를 부추겨 거품이 더 커지게 해서도 안 되며, 한편으로 집값이 급락하지 않도록 주택 수급을 면밀히 관리해나가야 한다. 금융감독체계를 재점검해 감독의 실효성을 높여야 한다. 지금의 금융감독체계와 관행에 문제가 많다는 것은 저축은행 사태로 여실히 드러났다. 직원 몇 명의 탓으로 돌리고 땜질식 처방으로 넘어갈 일이 아니다. 현 감독체계의 조직구도와 유인체계를 재점검하고 재정립해야 한다. 이번 정부 들어 중앙은행과 금융감독기관의 독립성은 전반적으로 후퇴했으며, 이의 부정적 영향은 이미 인플레로, 저축은행 사태로 나타나고 있다.

세계 금융위기 이후 개별 금융기관에 대한 감독강화뿐 아니라 '거시적 감독' 강화의 중요성이 강조되고 있다. 얼마 전 국회에서 '한국은행법'이 개정되어 금융 안정에 대한 책임의 일부가 한국은행에 주어졌다. 일단 좋다. 그러나 정책금리 결정이라는 단일 수단을 가진 한국은행이 물가 안정과 더불어 금융 안정이라는 복합적 책임을 어떻게 수행할 수 있을 것인가에 대한 대책도 함께 나와야 한다. 금융 안정이라는 책임이 지워지면 한국은행에 대한 정치적 입김과 압력은 더 거세지고 결국 이도 저도 제대로 지켜내지 못하는 상황이 될 수도 있다. 금융정책과 금융감독을 한군데에 몰아놓은 금융위원회의 구도도 재검토해야 한다. 감독이 정책의 뒷전으로 밀려나기 쉽기 때문이다. 금융기관 대형화 유도 등 기존의 금융시장 정책 방향에 대해서도 전반적인 재검토가 필요하다.

사람을 늙지 않게 할 수는 없다. 인구 고령화와 국내외 경제 상황 변화는 지금 복지, 금융, 거시 등 우리 경제 전반의 정책과 제도 변화를 요구하고 있다.

다시 보기

지난 글들을 읽다 보니 고령화 문제를 자주 언급하고 있다. 고령화가 정치와 경제에 미치는 영향은 실로 심대하기 때문이다. 19세기까지만 해도 이는 중요한 문제로 부각되지 않았다. 20세기 중반까지도 의술 발전과 상하수도 건설 등 생활환경 개선으로 수명 연장과 더불어 유아사망률이 줄어들면서 오히려 전체 인구구조는 젊어지게 되었다. 그러나 20세기 중·후반 이후 많은 나라에서 출산율이 떨어지면서 인구구조의 고령화가 빠르게 진전되었다. 따라서 아직도 경제학이나 사회학, 정치학에 이 고령화에 따른 제반 문제에 대한 분석은 체계가 충분히 잡혀 있지 않다. 서구에는 과거 한국과 같이 빠른 고령화를 경험한 나라가 없다.

경제 발전을 연구하는 학자들은 '인구효과demographic dividend'라는 말을 사용하는데, 이는 인구구조에서 경제활동인구의 비중이 증가함으로써 경제성장률이 자연적으로 높아지는 것을 가리킨다. 1990년대까지 한국의 고성장, 1970년대까지 일본의 고성장, 최근까지 중국의 고성장의 상당 부분은 인구효과로 설명되고 있다. 그리고 인도와 동남아의 지난 10~20년간의 빠른 성장의 상당 부분 역시 이로 설명될 수 있다는 것이다.

1970년에 우리 국민의 평균수명은 62세였다. 남자의 평균수명은 59세도 안 되었다. 1960년 통계를 보면 출산율이 6.2%로 세계 6위를 기록했다. 지금 한국의 평균수명은 80세를 넘고, 출산율은 1.1%대에 머물러 세계 최저 수준을 기록하고 있다. 다음 그래프에서 보는 바와 같이 한국은 2017년부터 경제활동인구가 줄어들고 2030년경 이후부터는 전체 인구가 줄어들게 된다. 2060년이 되면 일본과 함께 세계에서 경제활동인구 대비 노인 인구의 비율이 가장 높은 나라가 되게 되어 있다. 이것이 장래 한국 사회와 경제에 미치는 영향은 실로 넓고 깊다.

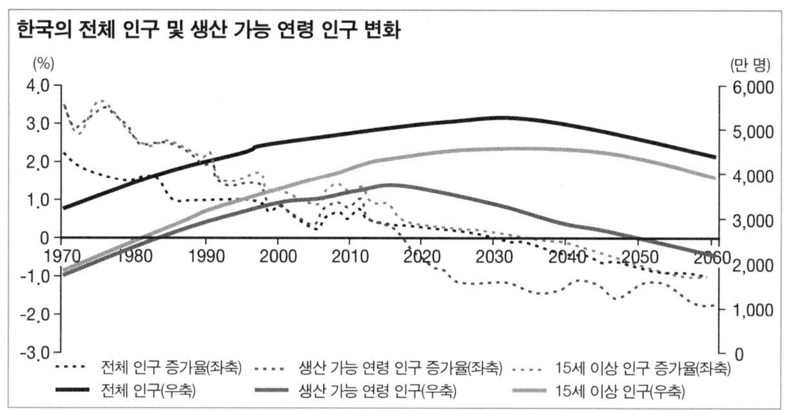

한국의 전체 인구 및 생산 가능 연령 인구 변화
(%)
(만 명)
4.0
3.0
2.0
1.0
0
-1.0
-2.0
-3.0
6,000
5,000
4,000
3,000
2,000
1,000
0
1970
1980
1990
2000
2010
2020
2030
2040
2050
2060
전체 인구 증가율(좌축)
생산 가능 연령 인구 증가율(좌축)
15세 이상 인구 증가율(좌축)
전체 인구(우축)
생산 가능 연령 인구(우축)
15세 이상 인구(우축)


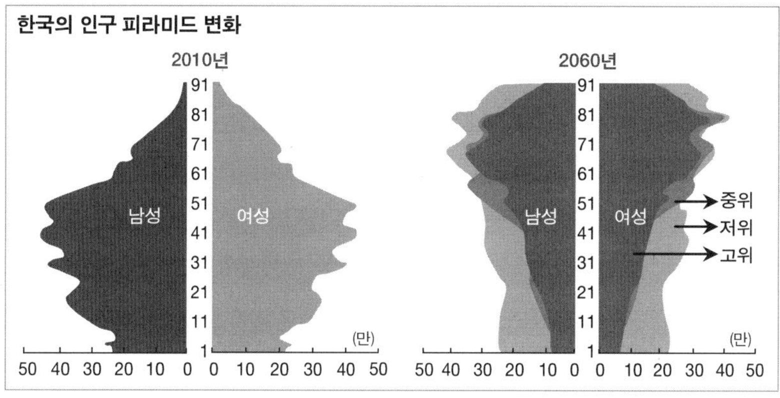

한국의 인구 피라미드 변화
2010년
2060년
91
81
71
61
51
41
31
21
11
1
남성
여성
중위
저위
고위
(만)
50 40 30 20 10 0 0 10 20 30 40 50


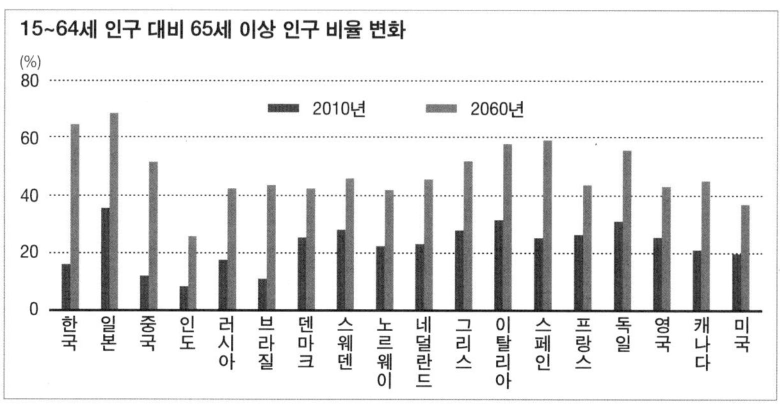

15~64세 인구 대비 65세 이상 인구 비율 변화
(%)
80
60
40
20
0
2010년
2060년
한국
일본
중국
인도
러시아
브라질
덴마크
스웨덴
노르웨이
네덜란드
그리스
이탈리아
스페인
프랑스
독일
영국
캐나다
미국

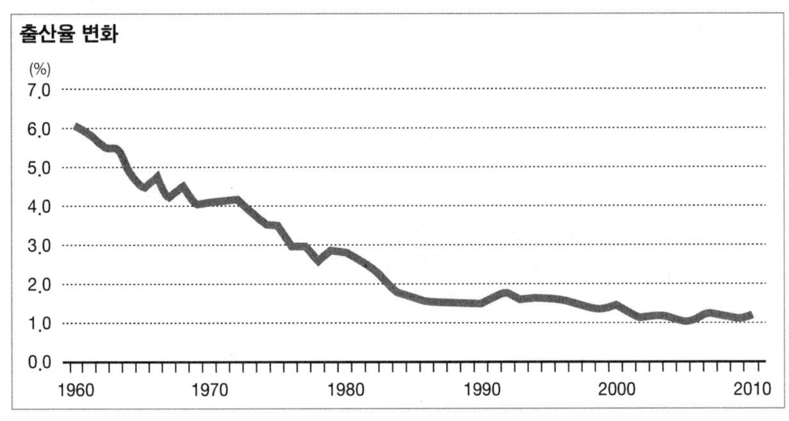


부동산에 대한 영향은 이미 나타나기 시작했다고 봐야 할 것이다. 앞에서도 이야기했듯이 인구구조가 고령화될수록 부동산 가격을 높이는 정책에 대한 지지도가 올라가고 부동산 가격이 오르는 경향이 있지만, 어느 지점을 지나면 이것이 한계에 부딪치고 부동산 가격이 하락하게 되는 것이다. 부동산 가격이 오르고 가계 빚이 늘어날수록 젊은층의 부동산 구매 여력이 따라주지 못하기 때문이다. 우리나라도 2012년 이후 부동산 가격이 조금씩 하락하다 금리 인하와 최근 정부의 부동산 경기 부양정책으로 가격이 조금씩 오르고 있다. 그러나 이것이 지속적 힘은 받지 못할 것으로 예측된다. 그 배경에는 이러한 인구구조적 요인이 자리 잡고 있다고 봐야 할 것이다.

한편으로 부동산 가격이 너무 비싸다 보니 젊은 층은 집을 구매하기 어려워 전세를 구하게 되고, 또한 집값이 오르지 않거나 앞으로 내릴 것이라는 기대감에 더 전세를 선호하게 된다. 또한 주택을 소유한 중년층 이상에서도 집값이 2002~2011년 동안에 빠르게 오르다 보니 이사를 가고 싶어도 집을 팔아 양도소득세를 내고 나면 비슷한 가격의 집을 마련할 수 없어 살던 집을 전세로 내놓고 새로 살고 싶은 곳으로 전

세를 얻어 옮기게 된다. 이러다 보니 전세 가격이 계속 오른 것이다. 결국 전세 가격이 크게 오르는 근본적인 이유는 과거 집값이 크게 올랐다는 것과 앞으로는 크게 오르지 않을 것이라는 기대가 합쳐진 것이다.

2011

1029

# 경제정책, 종과 횡의 충돌

'1%와 99%.' 낯설지 않은 구호다. 과거 전제귀족정치를 무너뜨리고 공화정으로, 자본주의를 무너뜨리고 공산주의로 변환을 가져왔던 혁명의 시기에도 비슷한 구호들이 거리를 메웠다. 이 구호가 지금 민주주의 시장경제의 중심국들 거리에서 다시 외쳐지고 있다.

서구 사회는 지난 수 세기 동안 많은 내부적 갈등을 겪으며 경제·사회 체제의 변화를 시도해왔다. 산업혁명으로 도시화가 진행되면서 지주와 농민에서 자본가와 노동자로의 계급 변화가 일어났고, 빈부 격차 확대와 도시빈민 문제가 야기됨에 따라 공산주의 혁명, 사회주의 정부가 유럽을 휩쓸었다. 불과 20여 년 전만 해도 세계는 자본주의와 공산주의 체제로 양분되어 있었다. 자본주의 국가들에서도 지난 한 세기 동안 정부 규모는 약 4배로 커졌으며, 각종 복지제도, 노동법, 공정거래법 등이 도입되었다. 오늘날 대부분 유럽 국가에서 정부 지출은 총국민소득의 40%를 넘고 있다.

세계화의 진행과 아시아 국가들의 부상은 서구에서 이러한 추세를 바꿔놓았다. 자본과 인력 흐름의 국경이 무너짐에 따라 자국 경제의 경쟁력을 유지하기 위해서는 세금을 낮추고 기업 부담을 가볍게 하는 정책을 추진할 수밖에 없게 되었으며, 그 결과 세수가 줄다 보니 복지 지출도 줄이지 않으면 안 되게 되었다. 그러나 한 번 복지 혜택에 젖은 국민들이 이를 거부하고 있는 것이 오늘날 서구가 당면한 재정위기, 정치적 갈등의 근본적 이유다. 신자유주의 정책이 가져온 소득 격차 심화와 금융위기는 이러한 정치적·사회적 갈등을 증폭시키고 있다.

우리나라의 사정은 더 복잡하다. 서구에서 수 세기에 걸쳐 일어났던 이러한 변화를 우리는 지난 반세기 동안 압축적으로 경험하고 있다. 우리 국민 스스로 토론과 새로운 제도의 정립을 통해 내부적 갈등을 여과하기 전에 또 다른 환경의 격류에 휘말려오곤 했던 것이다. 세계 경제사에 한국처럼 산업화, 민주화, 세계화를 거의 동시대에 맞물려 경험한 사회는 없었다. 그만큼 지금 우리 사회가 소화해야 할 갈등의 소재가 크고 많으며, 가치의 혼돈이 심할 수밖에 없다.

압축적 성장의 결과로 우리나라에서는 지금 국내의 발전단계적 측면에서 요구되는 정책 방향과 세계화에 따른 국제환경적 측면에서 요구되는 정책 방향이 다른 나라들에서보다 더 심하게 충돌하고 있다. 필자는 2009년 출간한 『한국의 권력구조와 경제정책』에서 이를 '종縱과 횡橫의 충돌'로 표현한 바 있다. 종적인 문제는 빠른 경제성장과 소득수준의 향상에 따라 새로이 분출하게 된 국민의 욕구를 수용해야 하는 국내적 도전을 말하고, 횡적인 문제는 현재 한국 경제가 놓여 있는 국경 없는 경쟁이라는 세계경제 환경 속에서 당면하게 되는 외부적 도전을 말한다. 이 두 가지 도전이 각기 다른 정책 방향을 요구하며 서로 충돌하는 처지에 놓여 있다는 것이 한국 경제정책이 처한 딜레마다. 종적인 측면에서는 과거 서구 사회가 그랬듯이 복지 강화와 큰 정부가 요구되며, 횡적인 측면에서는 최근 서구가 추구해온 바와 같은 감세와 작은 정부가 요구되어 이것이 서로 충돌하고 있다. 종적인 측면에서는 정책의 공정성이 요구되고, 횡적인 측면에서는 정책의 효율성이 요구된다. 이러한 충돌은 오늘날 경제정책에서 진보와 보수의 충돌로 나타나고 있다.

우리 사회는 한국전쟁을 거치고 냉전 시대의 최전선에서 북한과 대치하다 보니 그동안 진보적 관점과 요구에 대해 지나치게 방어적이고 억제하려 한 측면이 있다. 걸핏하면 색깔론으로 몰기도 했다. 그러나 우리나라의 발전단계적 측면에서 볼 때 진보적 정책에 대한 요구가 강해지는 것은 당연한 일이다. 이를 수용해나가야 한다. 우리만큼 먹고사는 나라에서 우리만큼 사회적 약자에 대한 지원에 인색했던 나라도 없다. 그러나 서구가 걸어간 복지국가의 길을 무작정 따라가려 해서도 안 된다. 지금 그들이 돌아 나오려 하는 그 길의 중간쯤 어디에서 만날 생각을 해야 한다.

경제정책과 사회제도는 진화하는 것이다. 인류가 실험해온 그 어떤 체제도 완전한 것은 없었다. 헐벗고 굶주릴 때는 성장이 최고의 목표가 되어야 하지만, 일정한 소득수준에 이르면 성장만으로는 안정되고 행복한 사회를 만들지 못한다. 지금 우리는 종과 횡, 혹은 진보와 보수를 다 끌어안고 가는 길을 택해야 한다. 자유무역협정 등 개방과 경쟁의 확대, 사회적 약자에 대한 보호 강화를 함께 추구해야 한다. 재정을 통한 소득 재분배 기능을 강화하고 공정경쟁 기반을 확립해 경제력 집중과 부에 따른 사회계급의 고착화를 억지해나가야 한다. 이를 어떻게 조화롭게 설계할 것인가 하는 것이 오늘날 우리 사회가 직면한 커다란 과제다.

다시 보기

경제정책에서의 '종과 횡의 충돌' — 이 말은 이 글에서 언급했듯이 2009년 출간한 필자의 저서 『한국의 권력구조와 경제정책』에서 처음 사용한 말이다. 필자는 영국에서 3년간 근무하면서 영국의 역사와 정치, 철학에 많은 관심을 갖게 되었다. 자본주의, 시장경제의 발상지이기도 한 영국은 사회주의, 공산주의 사상이 무르익고 발전한 곳이기도 하다. 마르크스가 조국 프로이센의 국적을 포기하고 파리, 브뤼셀, 쾰른 등을 전전하다 결국 정착한 곳이 런던이었으며, 『자본론』의 집필도 거기서 이루어졌고, 묻힌 곳도 그곳이다. 제1인터내셔널이라고 불리는 '국제노동자협회' 창립대회가 열린 곳도 런던이었다. 아내 베아트리체와 함께 런던정경대의 창설자이기도 한 시드니 웨브는 조지 버나드 쇼, 버지니아 울프, 램지 맥도널드 등과 함께 페이비언협회의 핵심 멤버였으며, 혁명이 아닌 의회를 통한 점진적인 사회주의 개혁을 주장했다. 당시 영국의 지성인들이 이 주장에 대거 동참했다. 버트런드 러셀도 한때 페이비언협회 멤버이기도 했다.

제2차 세계대전을 승리로 이끈 처칠이 대전 직후에는 애틀리가 이끄는 노동당에 패해 정권을 넘겨주었다. 애틀리 정부는 이른바 '요람에서 무덤까지'라는 구호 아래 영국을 복지국가로 바꿔놓았다. 실제로 외국인인 필자도 주거지와 가까운 동네 일반의에게 가서 등록을 하면 모든 의료서비스를 무료로 제공받을 수 있었다. 서구 사회는 산업화가 진행되고 국민소득이 증가함에 따라 빈부격차가 사회문제화되고, 이는 다시 복지와 소득 재분배에 대한 정부의 역할을 강화하게 되었다. 그러면서도 런던은 가장 개방되고 자유로운 금융 및 서비스 산업의 세계 중심지로서 많은 다국적 기업이 본사를 두고 치열하게 경쟁하는 시장경제의 전형을 유지하고 있다.

2008년 출범한 이명박 정부는 앞선 김대중·노무현 정권을 '좌파정권에 의한 잃어버린 10년'이라고 했다. 그리고 '친기업' 정책을 펴겠다며 법인세율을 낮추고 감세정책을 폈다. 이는 한편으로 성장을 위해, 국가 경쟁력 강화를 위해 필요한 일이다. 그러나 당시 정부나 여당, 보수언론들이 좌파정책이라고 비판했던 정책은 유럽의 기준으로 보면 중간이나 여전히 매우 우파적인 정책이었다. 이를 좌파정책으로 규정한 이명박 정부가 선택할 만한 좌파정책이 아닌 것은 유럽의 기준으로 보면, 혹은 세계 보편적 관점에서 보더라도 지극히 우파적인 정책의 조합밖에 남지 않게 된 것이다. 필자는 이것이 2000년대 한국 국민이 요구하는 것은 아닐 것이라고 생각했다. 미국산 쇠고기 수입 문제로 촉발된 것이기는 하나 2008년 촛불집회의 강한 저항을 받고 나자 이명박 정부는 '서민 중심', '공정사회'로 깃발을 바꿔달았다.

우리나라는 1960년대부터 경제 도약을 시작해 약 반세기 동안 세계 경제사에서 일찍이 유래를 찾아보기 어려운 소득의 빠른 성장을 이뤄냈다. 영국에서 약 2~3세기에 걸쳐 이룬 소득의 향상을 우리는 반세기 내에 이뤄낸 것이다. 2000년대 한국에서는 소득분배의 불균형이 빠르게 심화되고 있었고, 국민들 사이에는 성장지상주의에 따른 심한 경쟁의 스트레스에서 벗어나 좀 더 인간다운 삶에 대한 요구가 커지고 사회적 약자 지원에 대한 공감대가 넓어지고 있었다. 이는 빠른 산업화와 소득 증가에 따른 당연한 현상이라고 봐야 한다. 그러나 이러한 요구에 대해 일부 언론과 지식인들이 들이댄 좌파 프레임은 이에 관한 건전한 사회적 토론에 도움이 되지 않는 것이라 생각되었다.

2012년 대선에서 박근혜 후보는 '경제민주화'와 '복지정책'을 슬로건으로 내세워 당선되었다. 이는 당시 시대적 흐름을 잘 간파한 것이라 생각되었다. 그러나 2013년 대통령 취임 후에는 경제민주화라는 깃발은 내려놓고 규제 개혁, 재정·금융 팽창정책과 부동산·건설 경기 중심의 경기부양책에 집중해오고 있다. 이명박 정부는 친기업정책에서 실제 내용은 어떻든 친서민정책으로, 박근혜 정부는 경제민주화에서 경제 활성화정책으로 취임 후 정책 방향(최소한 표방하는 면에서는)의 선회가 있었던 것이다. 이는 지금 한국 경제가 처한 입지에서 이해할 수 있는 일이다. 우리 국민의 요구가 경제 활성화이면서 성장지상주의도 아니고, 복지 강화이면서 단순히 경제민주화만도 아닌 것이다. 그리고 이런 국민의 요구는 지금 한국 경제가 서 있는 지점에서 당연히 나타나는 것이며, 정치는 이를 반영해 정책의 방향을 정해갈 수밖에 없다.

그러나 이 '종과 횡의 충돌'에서 어떻게 적절한 균형점을 찾을 것이냐 하는 점에서는 여전히 우리 사회에서 충돌이 일어나고 있다. 보수층과 이에 기반을 둔 보수정당은 좀 더 오른쪽의, 진보층과 진보정당은 좀 더 왼쪽의 균형점을 원하고 있다. 그리고 이는 우리뿐만 아니라 오늘날 일정한 소득수준을 이룬 거의 모든 국가들에서 일어나고 있는 일이다.

앞으로 우리나라의 정치 지형도 이러한 바탕에서 정당 간 정권 투쟁이 지속될 것으로 보인다. 2008년 세계 금융위기는 정부의 역할과 규제 강화에 힘을 실었다. 1%와 99%의 논쟁이 가열되었고, 많은 젊은이들이 이를 지지하며 거리로 나왔다. 2014년 현재 이러한 움직임은 많이 수그러들었고, 각국 정부의 정책은 주로 경제 회복, 경제 활성화에 몰입되어 있다. 그러나 증세, 복지, 소득분배 개선에 대한 시민들의 요구가 식은 것은 아니다. 자본주의의 위기와 한계에 대한 논의는 지속될 것이다. 최근 토마 피케티 교수의 저서 『21세기 자본』(2014)이 세계적으로 선풍을 일으키며 여러 언론에서 마르크스의 『자본론』(1867~1894)보다 더 영향력 있는 저서가 될 것이라고 예측하는 것은 바로 각국 국민들이 오늘날 경제를 보는 관점, 그리고 그들이 요구하는 향후 경제정책의 방향을 반영하는 것이기도 하다.

경제와 사회제도는 끊임없이 진화해나간다. 거기에 정답이란 없다. 인간의 본성과 욕구가 그렇게 복잡하게 구성되어 있기 때문이다. 시대에 따라, 환경에 따라 요구도 변하며 갈망의 무게점이 달라지고 정책의 균형점도 변하게 된다. 그 시대, 그 사회를 살아가는 사람들의 요구를 반영하면서도 동시에 그 사회에서 태어나 살아갈 사람들의 행복과 바람도 고려해 정책을 펴나가는 것, 그것이 오늘날의 지도자들이 해나가야 할 '중용의 도리'가 아닐까 생각된다.

2012

0526

# 한국의 개발 경험 전수하려면

한국의 경제 발전은 세계 경제사에서 독특하고 중요한 자리를 차지한다. 산업화의 속도, 신산업과 전통산업의 동시적 발전, 세계적 기업의 성장, 기술혁신 등에서 거의 반세기 만에 한국과 같은 성과를 이루어낸 예는 여태껏 없었다. 따라서 한국이야말로 전후 경제발전의 가장 성공적인 사례이며, 개발 경험의 정리 및 전수라는 측면에서 가장 권위를 가지고 할 수 있는 나라다. 더구나 한국의 경제 발전과 산업화 경험은 현세대에게 체화되어 있다. 한국의 정책 담당자와 학자들이 일본이나 서구의 학자들보다도 훨씬 큰 권위를 가지고 개발도상국에 가서 조언을 할 수 있는 또 다른 이유다. 최근 한국이 공공개발원조ODA를 크게 늘리면서 한국의 개발 경험을 전수·공유하려는 이른바 '지식공유사업KSP: Knowledge Sharing Program'을 강조하고 확대하려는 노력은 이런 면에서 적절하며, 제3세계의 입장에서 필요한 것이기도 하다.

그러나 이런 노력을 기울이는 데 몇 가지 염두에 두어야 할 점이 있다. 첫째, 한국의 발전 경험을 전수할 때 정직하고 겸손해야 한다. 아직 우리 경제학자들도 무엇이 한 나라의 경제를 도약하게 하고 그 나라 국민의 에너지를 결집하며 경제적 자원의 동원을 극대화해 지속적인 고도성장을 이루게 하는지에 대해 충분히 알고 있지 못하다. 우리는 다행히 지난 반세기 동안 눈부신 성장을 이룩해왔지만, 그 근본적 동력이 된 가장 중요한 요인이 무엇이었는지에 대해서는 명쾌한 해답을 가지고 있지 않다. 경제 발전이란 단순히 정책뿐 아니라 정치, 경제, 사회, 문화, 역사, 제도와 습속, 사회의 기풍, 정치적 지도력, 인적 자원, 대외 환경 등 여러 복잡한 요인의 총합적 결과로 나타나는 것이다. 아직도 우리의 사회과학 발전 수준은 무엇이 한 국가의 흥망과 영고성쇠를 결정짓는가에 대해 단편적이고 부분적인 설명만을 내놓는 데 그친다. 따라서 국세청과 산업은행의 설립과 운영, 의료보험제도의 도입, 전력발전 등 미시적 사례의 경험 전수에 집중하는 것이 더 바람직하다. 또한 한국에서 성공한 미시적 경험도 전수받는 나라의 전반적 정치경제 환경과 제도적 기반이 왜곡되어 있으면 해당 국가에서 성공하지 못할 가능성이 있다는 것을 늘 염두에 두어야 한다.

둘째, 한국의 경제 발전을 분석·정리하는 데 당시 우리가 처한 특수한 대내외 환경에 좀 더 많은 주의를 기울일 필요가 있다. 1960년대의 자립경제와 수출입국, 1970년대의 중화학공업 육성을 위한 국민적 에너지 동원과 국가적 지원은 당시 냉전체제하에서 남북 대치 상황 및 국가안보 위협과 그에 대한 대응이라는 관점 없이는 충분히 설명되기 어렵다. 한미 안보동맹과 같은 슈퍼파워와의 동맹관계가 없었다면 개도국으로서 당시 그 많은 해외 차입과 투자 유치, 기술 이전이 쉽지 않았을 것이다. 또한 과거 우리가 고도성장기에 누렸던 세계 무역·금융 환경은 오늘날의 그것과 크게 다르다.

셋째, 우리는 국가적 자긍심이라는 관점에서 한국식 경제 발전 모델의 해외 수출 실적에 열을 올려서는 안 된다. 실적이나 자긍심보다 중요한 것은 지적 정직성과 세계적으로 받아들여질 수 있는 객관적 분석력이며, 우리의 경험을 세계 보편적 가치와 정책 수단으로 제련해내는 연구 역량이다. 이를 한류와 비교해 돌아볼 필요도 있다. 파리와 런던, 사우디아라비아에서 케이팝을 듣고 좋아하는 것은 그것이 한국 노래이기 때문이 아니다. 그곳의 젊은이들은 그것이 한국 노래인지 일본 노래인지 미국 노래인지 상관하지 않는다. 잘 훈련된 한국 가수들이 서양적이며 세계적인 음악과 율동에 맞추어 잘 부르고, 그 노래를 들으면 흥이 나고 율동을 보면 즐겁기 때문에 좋아하는 것이다. 한류라 하면서 국가의 자긍심과 한국의 문화 수출에 방점을 찍으려 하면 오히려 혐한류나 반한류를 부르게 된다. 우리가 경제 원조를 할 때에 한국식 발전모델을 수출한다는 데 지나치게 집착하면 안 되는 이유다. 한국의 경험이 외국에서도 통용되려면 한국의 경험에 대해 더욱더 객관적이고 국제비교적 관점에서의 분석이 필요하다. 그리고 그것을 우리 식대로 포장해 수출하려고만 하지 말고 외국에서 이에 대해 흥미를 갖고 연구하며 그들의 상황에 맞게 적용하려는 노력을 기울일 수 있도록 적극 지원해주는 것이 필요하다.

선부르게 포장되어 개도국 정책 담당자 사무실 뒤편 선반에 먼지와 함께 쌓일 자료를 양산하는 데 자원을 낭비하지 말고, 국내외 학자들이 한국의 경제 발전 경험에 대해 좀 더 심도 깊고 정제된 연구를 영문으로 된 책이나 논문으로도 많이 발간할 수 있도록 지원을 강화할 필요가 있다.

**다시 보기** 한국은 제2차 세계대전 후 원조를 받던 나라에서 주는 나라가 된 최초의 국가다. 이런 자랑스러운 역사를 지난 반세기 만에 이뤄냈다. 한국은 1996년에 OECD에 가입한 이후로 OECD의 다른 회원국에 비해 대외 원조 규모가 매우 작으니 그 규모를 늘리라는 압력을 국제사회로부터 지속적으로 받아왔다. 이에 한국은 작은 대외 원조 규모로 후발 개도국들을 가장 잘 도와줄 수 있는 방법은 돈을 많이 주는 것보다 우리의 발전 경험을 그 나라들에 전수하는 것이라는 관점에서, 기획재정부와 한국개발연구원KDI이 주체가 되어 개도국을 상대로 이른바 '지식공유사업'을 펼치고 있다. '물고기를 주기보다 물고기 잡는 법'을 가르쳐주겠다는 것이다.

그러나 물고기 잡는 법을 가르쳐주는 것이 쉬운 일은 아니다. 경제학이라는 학문은 어떻게 하면 경제의 성장과 발전을 이룰 것인가 하는 것을 연구하는 학문이다. 자본주의와 시장경제의 역사가 그리 길지 않듯이 경제학의 역사도 그리 길지 않다. 애덤 스미스부터 치면 250년이 채 되지 않는다. 수많은 학자들의 연구가 있었지만 아직도 경제 발전을 가능하게 하는 요인이 무엇인가에 대해서는 학자들 간에 의견이 일치하지 않는다. 한국이 전후 경제 발전에 대단한 성공을 거둔 것은 분명하지만, 사실 무엇이 성공의 결정적 요인이 되었는지는 누구도 확실히 말할 수 없다.

필자는 한국의 경제 발전 경험을 정리하는 것을 평생의 과업으로 여기고 있다. 경제학을 전공한 사람으로서, 그리고 세계은행과 IMF에서 오래 근무하면서 수많은 개도국 현장을 관찰하고 그들의 정책 수립을 지원한 경험 위에, 한국의 성공적인 경제 발전 경험을 깊이 연구해 이를 제대로 정리하여 제3세계 국가의 발전에 도움을 주고 후학들이 한국 경제를 더욱더 잘 이해할 수 있게 하는 것이 그동안 여러 혜택을 입으며 살아온 필자가 이 세상에 조금이라도 기여하고 가는 길이라고 늘 생각하고 있다. 그리고 지속적으로 이에 대해 관심을 가지고 여러 자료를 모으며 더욱 객관적인 분석을 하려고 노력해왔다. 그러나 이를 연구하고 정리하면 할수록 그 목표가 점점 멀어지는 느낌을 받고 좌절감에 빠질 때가 많다. 한국이 경제 발전에 성공한 요인이 무엇이었느냐에 대해서는 그 답이 볼수록 명료해지지 않고 오히려 복잡해지는 것을 느낀다. 대외 환경, 운運, 최초 여건, 적절한 정책, 정치 환경, 지도자의 자질과 능력, 관료 시스템과 행정제도, 언론 환경 및 여론의 움직임 등 어느 하나 영향을 미치지 않는 것이 없다.

30년 전 파키스탄 카라치의 뒷골목을 걸으면서 마주친 어린 당달봉사 소년의 모습을 지금도 잊지 않고 있다. 시에라리온의 프리타운 장터에서 고구마 몇 조각을 좌판에 놓고 얼굴에 파리 떼가 다닥다닥 달라붙은 어린 동생을 안고 앉아 있는 소녀를 보면서, 아, 이 나라에 박정희 같은 지도자가 있었으면, 하는 생각을 하기도 했다. 그러나 자료를 읽으면 읽을수록, 단순히 박정희가 아니라, 이승만의 초등교육 의무화가 없었더라면, 토지개혁이 없었더라면, 한미 안보동맹이 없었더라면, 월남전 특수가 없었더라면, 대일 청구권 자금이 없었더라면, 하는 가정의 의문과 질문이 꼬리에 꼬리를 물게 된다. 자연과학처럼 여러 물질을 차례로 넣어가며 실험을 해볼 수 있다면 좋으련만, 사회과학은 그것이 되지 않는다. 역사의 시계를 돌려 다른 인물, 다른 환경을 대입해볼 수 없는 것이다.

이 글은 우리나라가 지식공유사업을 운영하는 것을 보고 좀 더 개선시켰으면 하는 바람을 담아 쓴 글이다. 세계은행, 아시아개발은행 등이 수많은 뛰어난 학자와 전직 관료를 동원해 막대한 예산을 써가면서 지난 60년간 경제개발에 대한 연구와 토론을 하며 정립해온 결과를 토대로 정책 자문을 해왔지만, 그들의 정책 자문에 대해 국제사회는 여전히 많은 비판을 하고 있다. 이에 우리나라는 우리나라의 전직 관료와 학자들을 동원해 지식공유사업을 하고 있으나, 이를 주관하는 당국 차원에서, 그리고 기획재정부 차원에서 어떤 일관되고 종합적인 방향을 세우지 못한 채 이 사업에 참여하는 개인의 의견과 역량에 의존하고 있는 상황이다. 어떤 것이 진정한 한국의 발전 경험인지도 잘 정리되지 않은 상황에서 한국의 전직 관료들이 각자 자신의 경험에 의존하는 탓에, 원조를 받는 국가로서는 지식공유사업 담당자가 바뀌면 다른 자문을 듣게 되고, 또 한국이 이 나라에 하는 정책 조언과 저 나라에 하는 정책 조언이 다른 실정이다.

한술 밥에 배부르랴. 개발원조 경험이 일천한 우리로서는 시행착오를 겪으면서 조금씩 개선해나갈 수밖에 없다. 그래도 지금 당장 처음 단계에서부터 우리가 지켜가야 할 것은 지적 정직성이다. 모르는 것은 모른다고 하고, 그들의 환경에 우리의 경험을 대입해보는 진지성과 공감 능력이 필요하다. 처음 단계에서 지식공유사업의 신뢰성을 얻지 못하면 이 사업이 지속성을 띠기 어렵고, 여기에 들어가는 예산은 별다른 실질적 성과 없이 모래 위에 물이 스며들듯 사라질 것이라는 우려에서 이 글을 썼다.

2012

0728

# 경제민주화?

경제민주화라는 말이 우리 사회의 큰 화두로 떠올랐다. 각 진영의 대선 후보들이 모두 이를 주요 공약으로 내걸고 있다. 그러나 일반 국민은 이 말이 정확히 무엇을 뜻하는지 아직 잘 모르고 있다. 경제학을 40년 공부한 필자도 사실 그 뜻을 잘 모른다. 이 말은 과거에 이 말을 쓴 이에 따라 여러 다른 뜻을 내포해왔다. 페이비언협회의 핵심 멤버로 영국 사회주의운동의 주류를 이루고 노동당 창설의 핵심 강령을 제공한 시드니 웨브는 이 말을 통해 혁명 대신 의회 주도의 점진적 개혁으로 소비자가 생산수단을 공유하는 사회주의 경제체제를 상정해왔다. 반면 오스트리아학파 경제학자인 루트비히 폰 미제스는 소비자가 각자 자유로운 선택에 의해 시장에서 가격을 결정하는 자유시장체제를 주장하면서, 또 다른 이들은 주주뿐만 아니라 근로자, 고객, 공급자 등 이해관계자들이 함께 기업의 의사결정에 참여하는 제도를 주장하며 이 말을 써왔다.

과거 우리 사회 주요 화두로 떠올랐다 별다른 성과나 진전도 없이 사회적 에너지만 소모하고 사라진 말이 많다. '제2건국', '역사 바로 세우기', '공정사회' 등이 거기에 포함될 것 같다. 여러 이유가 있겠지만 그 말들이 무엇을 뜻하는 것인지 국민도 잘 모르고, 아마도 그것을 정책화하려 했던 사람들도 잘 몰랐기 때문이 아니었나 생각된다.

경제민주화라는 말이 이번 대선의 최대 쟁점으로 떠오른 이상 우리 국민은 도대체 이 말을 통해 정당과 대선 후보들이 구체적으로 이루고자 하는 바가 무엇인지 알 권리가 있다. 상대는 사과 맛을 이야기하는데 나는 오렌지 맛을 상상하고 있으면 거기서 의미 있는 논쟁이나 결정이 나올 수 없다. 경제민주화라는 말은 시장자유주의, 사회주의, 혹은 이해관계자 자본주의 등 어떤 체제의 추구도 위장할 수 있는 언어로 사용될 수 있기 때문이다.

이번 대선에서 경제민주화를 말하면서 나오는 쟁점은 크게 재벌 개혁과 복지 확대다. 재벌 개혁은 과거 거의 모든 정부가 들고 나왔던 문제다. 그러나 결과적으로 업종 전문화, 그룹 비서실 해체, 출자총액제한 등 여러 규제가 출현했다가 지금은 거의 모두 도로 원점으로 돌아와 있다. 그만큼 방향을 제대로 잡지 못했거나 상대의 저항이 끈질기며 조직적이었기 때문이다. 어떤 후보와 정당은 새로운 규제를 도입하기보다 재벌과 대기업이 의식을 전환해 스스로 변해야 한다고 말하고 있다. 이 말은 더욱 이해하기 어렵다. 제도와 법이 변하지 않는데 어떻게 기업의 행태가 변할 수 있다는 말인가? 기업은 시장에서 실적으로 평가받는다. 영업이익이 떨어지면 주가도 떨어지고, 신용등급도 떨어진다. 어떻게든 납품가를 낮추고 이익을 많이 올려야 시장에서 좋은 평가를 받고 싸게 자금을 끌어올 수 있으며 더 많은 투자도 할 수 있다. 대기업 행태가 바뀌려면 시장의 평가 시스템이 바뀌어야 한다. 주식시장, 신용평가, 금융감독, 나아가 소액주주의 요구 등 시장 환경 전반이 변해야 한다. 시장이 글로벌화한 상황에서는 국내뿐 아니라 전세계적으로도 같은 변화가 일어나야 한다. 이것이 가능하지도, 바람직하지도 않을진대 대기업 스스로 변해야 한다는 주장은 결국 아무것도 하지 않겠다는 것 외에 무엇을 뜻하는 것인가?

재벌에 변화를 가져오려면 구체적으로 어떤 면을 바꾸겠다는 뚜렷한 목표가 정해져야 한다. 이에 따라 관련 규제와 법이 바뀌어야 하고, 또 이것이 일관되게 추진되어야 한다. 순환출자, 기업 인수합병제도, 계열사 간 지원에 대한 감시구조 등 소유·지배 구조에 대한 정교한 제도 개편 없이 재벌의 변화를 기대할 수 없다. 법을 엄격히 적용하겠다는 것은 당연한 것이다. 이를 위해서는 '유전무죄 무전유죄'의 사법구조를 어떻게 바꿀지에 대한 방안도 나와야 한다.

복지 확대는 필요하다. 그러나 범위와 속도가 중요한 쟁점이다. 우리는 고령화로 인해 복지제도의 추가 확대 없이도 앞으로 복지지출이 빠르게 늘어나게 되어 있다. 결국 재원이 감당할 수 없는 복지 확대가 무엇인지 가려내는 것이 주요 쟁점이 되어야 한다. 복지 혜택은 늘리기는 쉬워도 거둬들이기는 지극히 어렵다는 것을 유럽의 경험이 잘 말해주고 있다. 따라서 지금 당장뿐 아니라 장기적 세수 전망, 경제성장률 등도 토론 대상이 되어야 하는 것이다.

정당과 대선 주자들은 모호한 구호 뒤에 자신의 생각을 숨기거나 혹은 아무 비전도 없음을 감추려 하지 말고, 더욱 명확한 언어와 구체적 대안으로 국민에게 다가가야 할 것이다. 5년 전 대선에서는 '친기업', '747', '줄푸세'가 주도적 화두였다. 민심과 여론은 무상한 것이다. 무엇을, 어떻게 바꾸겠다는 구체적 방안과 계획이 지금 없으면 5년 후의 자리는 지금과 다르지 않을 것이다.

다시 보기 2년이 지난 지금, 이 글에서 쓴 우려는 현실로 나타났다. '경제민주화'가 무엇을 의미하며 무엇을 하겠다는 것인지 국민도 모르고 박근혜 후보도 뚜렷한 비전을 가지고 있지 않았던 것이다.

필자는 경제학 박사학위를 받은 후 워싱턴 D.C.에 있는 세계은행 조사부 국제경제과International Economics Division 이코노미스트로 일하게 되었다. 당시 국제경제과장은 조지프 마이클 핑거라는 유명한 통상 전문 학자였는데 미국 듀크 대학 교수와 재무성 부차관보로 근무하다가 온 분이었다. 처음 출근을 하니 앞으로 1년 동안 연구할 과제를 써 내라고 했다. 앞서 금융 자유화에 관해 학위논문을 썼던 필자는 국제 금융제도의 개편과 자본시장의 개방전략에 관해 연구하겠다고 거창하게 연구계획서를 써 냈다. 그다음 날 이분이 비서를 통해 필자의 방으로 내려 보낸 필자의 연구계획서 첫 장에는 "당신 연구하겠다는 거냐, 아니면 설교하겠다는 거냐?Are you researching, or preaching?"라고 적혀 있었다. 제 잘난 줄 알고 세상 연구를 다 하고 싶어 했던 필자는 자존심이 크게 상했고 이후 텍사스 출신의 직선적인 성격의 이분과 자주 충돌하게 되었다. 그러나 시간이 지나 이분에게 진심으로 고마워하게 되었다. 둔재인 필자가 이코노미스트로 아직도 그런대로 밥을 벌어먹고 살고 있는 데에는 이분과의 만남이 큰 도움이 되었다고 믿고 있다. 이분이 햇병아리 경제학자였던 필자에게 이후 3년간 끊임없이 주입했던 것은 어떤 연구도 처음에 매우 분명하고 구체적인 계획서와 이 연구를 통해 전달하고자 하는 결과와 메시지에 대한 뚜렷한 비전을 미리 갖지 않고는 성공할 수 없다는 것이었다. 그는 자신의 오랜 연구 경험에 비춰보아 뚜렷한 비전과 로드맵 없이 시작한 연구는 방황만 하다가 별 성과 없이 끝나기 일쑤라는 것을 알고 있었고, 부하 직원이었던 내게 끊임

없이 이를 주지시켰다.

한 편의 연구논문도 이럴진대, 하물며 국가 경영에서이겠는가? 경제민주화라는 말은 분명히 정의되지 않는 모호한 말이다. 외국에서 '경제적 민주주의economic democracy'라는 표현은 쓰지만, 이를 동사화한 경제민주화economic democratization라는 말은 필자가 과문해서 들어본 적이 없다. 그 말뜻은 아마 이를 쓰는 사람에 따라 다르지 않을까 생각된다. 그런데 특히 선거나 국가 경영과 관련될 때는 그 말을 쓰는 사람이 그 말뜻을 분명히 밝혀야 한다. 그것이 재벌 개혁을 뜻하는 것인지, 소득과 부의 더욱더 공평한 분배를 뜻하는 것인지, 또는 소비자 주권 강조를 뜻하는 것인지 이 단어를 사용하는 것 자체로는 알 수 없다. 재벌 개혁을 뜻한다면 구체적으로 어떤 일정에 따라 재벌 기업의 어떤 면을, 왜 바꿀 것인지, 소득과 부의 분배를 개선하겠다면 어떤 정책 수단을 통해서 어떤 목표를 설정해 진행할 것인지를 밝히고 국민의 지지를 얻어야 한다. 하지만 그런 구체적 토의는 거의 없었다. 선거가 끝나고 경제민주화라는 말은 슬그머니 무대 뒤로 사라졌다. 이는 어찌 보면 당연한 귀결이라 할 수 있다.

그러나 경제민주화라는 말이 선거 과정에서 우리 국민에게 큰 호응을 얻은 것은 바로 우리 사회의 부와 소득분배의 악화, 그리고 재벌들의 시장에서의 독과점적 지위 남용과 경영 행태에 대한 불만 및 우려가 상당 수준에 달해 있다는 것을 의미한다. 그런 점에서 이 화두는 다음 선거에서도 다시 등장하게 될 것으로 예측된다.

2012

0908

# 경제체제, 이대로 지속될 것인가

제2차 세계대전 이후 약 30년 동안이 미국 중산층에게는 가장 좋은 시대였다고 한다. 실질소득이 매년 평균 2% 증가해 30년 만에 약 두 배가 되었다. 그러나 1970년대 중반 이후 미국 중산층의 소득은 정체되어 2010년까지 약 40년간 실질소득이 겨우 10% 증가하는 데 그쳤다.

반면 이 기간 중 상위 1%의 소득은 세 배로 증가했다. 1973년 미국 최고경영자의 평균소득은 중위소득자의 23배였으나 2010년에는 이것이 300배로 늘었다. 단순히 소득분배뿐 아니라 세대 간 계층의 이동성도 크게 악화되었다. 2년 전 영국의 «파이낸셜타임스»는 특집을 통해 '아메리칸 드림'은 이제 끝났다고 했다. 가난한 집안에 태어나면 평생을 가난하게 살 확률이 크게 높아진 것이다.

한국도 1960년대 이후 약 30년간 중산층이 빠르게 형성·발전했고 이들의 소득이 크게 증가했다. 그러나 1990년대 중반 이후 한국의 소득 격차와 계층 간 이동은 1970년대 중반 이후 미국의 패턴을 닮아가고 있다. 경제정책의 틀도 그러했다.

대개 산업혁명 후 20세기 초반까지의 자본주의를 '고전적 자본주의'라고 부른다. 대영제국이 자유주의 경제철학과 시장제도로 세계경제, 무역 질서를 주도한 시절이다. 그러나 이는 곧 공산주의 혁명과 세계 대공황의 벽에 부딪히게 된다. 1930년대 이후 서유럽뿐 아니라 미국, 일본의 경제제도는 시장, 특히 금융·외환 시장에 대한 강력한 규제와 정부 역할의 확대, 복지국가의 길을 추구했다.

국가에 따라 최고 소득세율이 70~90%를 넘나들기도 했다. 이것이 1970년대 말 이후 다시 감세, 규제 완화, 개방, 민영화 등으로 반전되어온 것이다. 마거릿 대처가 집권할 당시 영국 최고 세율은 83%, 로널드 레이건이 집권할 당시 미국 최고 세율은 70%였다.

지금 세계는 경제체제의 불안정과 경기침체의 장기화라는 두 난제를 동시에 맞고 있다. 2008년 세계 금융위기 이후 국제 공조에 의한 전대미문의 팽창적 재정, 금융정책으로 대공황은 피했지만 장기 침체는 피할 수 없게 되었다. 재정도 바닥이 드러났다. 지금 세계경제의 앞날은 매우 불투명하고 다시 회복기에 접어들기까지 어떤 경로를 밟아가게 될지 아무도 모른다.

그러나 한 가지 분명한 사실은 '경제에 공짜 점심은 없다'는 것이다. 산이 높았으니, 골이 깊거나 길 수밖에 없다. 이런 장기 침체는 앞으로 각국의 경제·사회 체제에 심대한 변화의 압력으로 작용할 것이다.

미국은 2008년 금융위기 이후 '도드-프랭크 법Dodd-Frank Wall Street Reform and Consumer Protection Act' 도입 등으로 금융 규제를 강화했다. 정치와 여론은 금융계의 부도덕성과 탐욕을 질타했다. 그러나 경기침체가 장기화하며 다시 반전이 일어나고 있다. «월스트리트저널» 등 보수적 언론은 최근 반금융계 정서, 규제 강화가 투자 심리를 위축시키고 신용경색을 장기화해 실업을 늘리고 경기회복을 지연시키고 있다며 반격에 나섰다. 영국에서도 비슷한 움직임이 일어나고 있다. 지난 4년간 일방적으로 몰리던 런던 금융계가 경기침체의 심화와 더불어 반격의 기회를 잡은 것이다.

1970년대 중반 이후의 미국 경제, 1990년대 중반 이후의 한국 경제 추세는 결코 안정적으로 지속될 수 있는 체제라고 할 수 없다. 로버트 라이시 교수는 1928년과 2007년 각각 미국의 상위 1%의 부가 전체 부의 23%에 이르면서 결국 경제·사회의 위기로 이어졌다고 분석했다. 1970년대에 이 비율은 8%로 내려갔었다.

지금의 자본주의 경제체제를 어떻게 바꿔야 할 것인지에 대해 세계는 아직 답을 가지고 있지 않다. 미국과 유럽의 정치인들은 '변화와 희망'을, 국내 정치인들은 '경제민주화'를 외치고 있지만 아직 모호한 구호에 지나지 않을 뿐이다. 한편으로 경기침체의 심화, 장기화와 더불어 금융계, 재계의 반격은 시작되고 있으며, 낯설지 않은 이 풍경을 바라보면서 어느 쪽의 힘이 앞으로 세계경제 질서의 20~30년을 주도하게 될지 몹시 궁금해진다.

경제체제, 경제정책의 틀은 결국 정치적 과정을 통해 정해진다. 오늘날과 같은 대중민주주의 제도하에서 지금의 자본주의 체제가 어떻게 변할지, 혹은 과연 변할 수 있을지 낙관하기 어렵다. 정치 지도자의 시계는 극히 짧으며 금권이 여론과 정치를 주도할 수 있다는 것을 익숙히 봐왔기 때문이다. 그러나 변하지 않았을 때 그 결말이 어떻게 될지는 비교적 쉽게 예측할 수 있다. 17~18세기 민중의 의식이 계몽되면서 영국의 귀족계급은 민중에게 특권을 양보하면서 체제를 지켰다. 그러나 프랑스의 왕과 귀족계급은 이를 거부함으로써 결국 '구체제'의 붕괴를 맞게 되었다.

다시 보기 2014년 파리경제대학의 토마 피케티 교수가 출간한 『21세기 자본』이 세상의 큰 관심을 끌고 있다. 그 책에서 내놓은 연구 결과도 이 글의 내용과 유사하다. 제1차 세계대전 이후 1970년대까지 유럽에서 상위 10%의 부가 차지하는 비중은 전체 부富의 80~90%에서 약 60~70%로 떨어졌다. 그러나 1980년대 이후, 특히 1990년대부터 다시 상위 10% 부의 비중은 빠르게 올라가고 있다. 미국은 원래 계급이 없이 시작한 나라이며 이민 온 사람들이 세운 나라다. 상속받은 부도 크지 않아 누구나 노력하면 성공할 수 있는 기회의 땅으로 여겨져 왔다. 그러나 이 기회의 땅도 1970년대 이후 유럽 국가들보다 오히려 더 소득 집중도가 높은 나라가 되었다. 2010년 현재 미국의 상위 10%는 전체 소득의 약 48%를 차지해 유럽의 상위 10%가 차지하는 비중 35%보다 훨씬 높다. 부의 집중도는 더 높다. 미국의 상위 10%는 전체 부의 70%, 유럽의 상위 10%는 전체 부의 약 63%를 차지하고 있다. 그래도 미국이 유럽과 다른 부분은 상위소득자의 임금소득분이 유럽보다 훨씬 크다는 점이다. 다시 말해 미국의 상위 부자들은 부모에게서 상속받은 부보다 월급을 많이 받은 덕분이 더 크다는 것이다. 그런 점에서 미국이 유럽보다 더 능력 위주의 사회라고 볼 수 있다.

그러나 피케티 교수는 고위 임원들의 높은 보수가 단순히 그들의 능력과 기업에 대한 기여에서 오는 것인지, 아니면 그들이 가진 지위에서 오는 보수에 대한 협상력과 운에서 오는 것인지에 대해 동시에 의문을 제기하고 있다. 나아가 지금과 같이 경제성장률이 둔화할수록 자본수익률이 경제성장률보다 더 높아지게 되고 이는 자본/생산 비율을 높여 전체 소득에서 자본소득을 늘려 그에 따라 부의 불평등도는 점점 더 심화된다는 것이다. 이것은 시장이 불완전해서가 아니라 자본시장이 효율적이면 효율적일수록 이러한 현상이 더 심화된다는 데에 문제의 본질이 있다. 따라서 피케티 교수의 제언은 소득과 부에 대한 과세의 누진율을 크게 높이는 것이며, 재정·조세정책으로 세후 소득의 불균등을 줄여가는 것이다. 그리고 그것만이 자본주의에서 부와 소득의 지속적 불평등 심화를 방지해나가는 길이라고 주장한다.

제1차 세계대전 후 1970년대까지의 세계는 인간 사회의 긴 역사로 보면 매우 특이한 기간이었다고 볼 수 있다. 세계 역사에서 이 기간처럼 경제성장률과 인구증가율이 빨랐던 기간도 없었다. 성장 속도가 빠르고 새로운 사회구성원이 빠르게 늘면서 상위 10%, 상위 1%의 소득과 부의 집중도는 빠르게 떨어졌다. 그러나 이제 그런 예외적인 시대는 끝나고 18~19세기의 분배 패턴으로 세상은 회귀하고 있다. 마르크스의 『자본론』, 페이비언 사회주의, 공산주의 사상 등이 그 시대에 출현해 결국 세상의 많은 부분에서 국가체제와 경제 시스템을 바꾸었다. 21세기의 자본주의는 어떤 길을 밟아갈 것인가?

2012

1110

# 중국은 개혁을 이뤄낼 수 있을까

제18차 중국공산당 전국대표대회가 개막되었다. 이번 대회에서 후진타오 10년 이후 중국을 이끌어갈 지도부가 결정된다. 새 지도부에는 경제·사회 개혁이라는 거대한 과제가 기다리고 있다. 중국 경제의 성장률은 과거 두 자리에서 올해 한 자리인 7%대로 주저앉을 것으로 예측되고 있다. 당장의 위축은 유럽 경제위기에서 오는 해외 수요 감소에 주로 기인하지만, 거대 중국이 오늘날 안고 있는 경제적·사회적 문제는 나라의 크기만큼 만만치 않다.

지난 30년간 눈부신 성공을 거둔 중국 성장모델의 핵심은 국가가 막대한 인센티브를 제공해 제조업 투자와 수출 증대를 자극하고 직접 자원 배분을 주도함으로써 빠른 성장을 유도하는 것이었다. 금리 규제를 통한 싼 대출, 노동운동 억제를 통한 저임금, 외환시장 개입을 통한 저환율 등으로 이런 성공을 거두었다. 그러나 이 과정에서 부패가 조장되고 예금자에게서 차입자로, 근로자에게서 기업으로, 소비자에게서 수출기업으로 엄청난 부와 소득의 이전이 일어났다. 지금 중국의 소득분배는 남미 국가들보다 악화되어 있다. 복지제도는 제대로 갖춰져 있지 않으며, 기업과 급속히 늘어나는 신흥 부자들의 조세 부담률은 매우 낮다. 부동산값이 천정부지로 치솟아 졸부들이 양산되어도 재산세, 양도소득세는 부과되지 않는다. 어찌 보면 중국은 사회주의 국가이면서 세계에서 가장 우파적인 경제정책을 추진해온 나라다.

지금 중국이 당면한 큰 과제는 이러한 성장모델을 전환해나가는 것이다. 중국 경제는 국가 주도의 양적 성장을 거듭해오면서 심각한 불균형 상태에 놓이게 되었다. 연금, 의료 등 복지제도의 미비에 따른 높은 가계 저축률, 저금리, 저임금, 저환율 등에 힘입은 막대한 기업 이윤과 기업 저축으로 국내 총저축률이 50%를 넘는 기현상을 보이고 있다. 그리고 이는 커다란 경상수지 흑자와 세계경제 불균형의 요인을 제공해왔다. 중국은 이제 내수 확대를 통해 성장동력을 찾아나가야 할 것인데, 이런 성장모델의 전환은 근본적으로 국가의 역할을 재정립할 것을 요구한다. 자원 배분에 대한 국가의 개입을 줄이고, 금리와 임금, 환율의 결정에 대해 시장의 역할을 더 넓혀야 한다. 금융과 산업이 좀 더 상업적 원리에 따라 작동할 수 있도록 국유은행, 국유기업의 소유·지배 구조를 대폭 개편해야만 그런 변화가 이뤄질 수 있다. 현재 중국의 국유은행은 전체 대출의 약 85%를 차지하고, 주요 기간산업은 모두 국유기업이 독점하고 있다. 이들이 결국 중국 경제의 자원 배분을 주도하고 있으며, 이들은 다시 공산당과 정부관료에게 장악되어 있다.

중국은 지난 30년간 매우 실용적이며 점진적인 경제개혁을 해왔다. 그러나 그동안 쉽게 딸 수 있는 과일은 대충 다 따서 먹었다. 여기서 더 나아가기 위한 중국의 경제개혁은 바로 '사회주의 체제'의 핵심을 건드리는 것이 될 수밖에 없는 단계에 이르렀다. 과거 어떤 사회주의 체제 국가도 중진국의 함정을 뛰어넘지 못했다. 주민들이 공동 소유하는 향리기업에 대한 재산권의 정립, 호구제도의 개편 등을 통해 그동안 이뤄온 성장의 과실이 골고루 돌아갈 수 있게 해야 하며, 국유기업에 대한 정부 지분을 줄이거나 민영화를 시행해나가야 한다. 국유기업은 도산의 위험이 없어 도덕적 해이에 빠지기 쉬우며, 이들에 대한 개혁 없이 경제를 자율화해나갈 경우 자원 배분 왜곡이 오히려 더 심해지고 이들의 부실화가 초래되기 쉽다. 그러나 이들의 민영화는 바로 사회주의 체제의 근간을 흔드는 것이다.

성공한 모델을 바꾸는 것은 쉬운 일이 아니다. 한국도, 일본도 이에 실패했다. 결국 위기를 맞고서야 변화가 일어났다. 30년간의 고속 성장을 이루면서 중국에는 이미 폭넓은 기득권세력이 형성되었다. 과거 개혁의 주체 세력이었던 당과 정부의 엘리트들은 이제는 세계적 기업으로 성장한 국유기업의 막대한 자산을 관리하는 권한을 향유하는 기득권세력이 되었다. 이들과 유착 관계를 형성한 민간 부문의 신흥 부자들이나 국유기업 간부들도 마찬가지다. 개혁의 필요성은 커지는데, 개혁의 저항 세력은 점점 강해진 것이다.

1979년 마거릿 대처에게 패한 제임스 캘러헌 전 영국 총리는 "약 30년을 주기로 정치 지형에는 큰 변화가 일어난다"라고 말한 적이 있다. 대처와 레이건이 주도한 신자유주의 물결이 세계경제를 주도한 지 대략 30년이 되었고, 세계 곳곳에서는 다시 경제체제의 변화를 요구하는 소리가 높다. 중국 경제 발전 30년도 이제 새로운 패러다임으로의 전환을 요구하고 있다. 중국의 경우는 이 전환이 서구와 달리 오히려 더 작은 정부, 더 큰 시장을 요구하고 있다. 그러나 기득권의 저항을 넘어서야 하는 것은 공통적 과제다. 중국의 새 지도부는 과연 이런 개혁을 끌어안을 수 있을 것인가?

다시 보기 2013년 중국의 새 지도부가 들어섰다. 10년 만의 지도자 교체다. 후진타오와 원자바오에게서 시진핑과 리커창이 바통을 넘겨받았다. 모든 나라가 그러하듯이 새 지도부가 들어서게 되면 정부 관료들은 새 지도자들의 책상 위에 올려놓을 개혁정책을 준비한다. 중국 정부의 관리들도 마찬가지다. 2012년부터 새 지도부가 내놓을 청사진들을 준비하기에 바빴다. 필자는 이들에게 외부 전문가로서 금융 부문 개혁의 자문 역할을 맡으면서 중국 경제를 깊이 들여다볼 기회를 가졌다. 자문 과정에서 필자가 가장 큰 벽에 부딪혔던 부분이 바로 중국 금융기관과 기업의 소유·지배 구조였다.

중국은 1970년대까지 사회주의 체제하에서 은행업이 제대로 발전되어 있지 않았다. 덩샤오핑 이후 경제체제 개편과 더불어 국가재정(재무부)에서 산업자금을 배분하던 곳이 공상은행으로, 농업 부문 자금을 배정하던 곳이 농업은행으로, 인프라와 주택 건설 자금을 배분하던 곳이 건설은행으로, 외환 관련 업무를 담당하던 곳이 중국은행으로 각각 독립해 발전하게 되었다. 그러나 이들은 모두 국유은행으로서 정부의 강력한 통제와 개입을 받으면서 운영되었다. 이러한 시스템은 과거 우리나라와 같이 자금을 소비가 아닌 생산적인 부문에 집중해 투자를 촉진하고 대규모 공장을 일으키는 과정에 도움이 되기도 했지만, 금융산업의 관료적 운영은 필시 자원 배분 왜곡, 부실 채권 양산, 그리고 부패를 조장하기 마련이다.

중국이 세계 최대의 제조공장, 1위 수출국, 2위 규모의 경제로 성장함에 따라 국내외로부터 금융 자유화에 대한 요구가 높아져 왔다. 과거 우리나라의 1980~1990년대와 여러모로 유사한 상황과 도전을 맞고 있다. 금리를 자유화하고, 대출에 대한 정책적 개입을 줄이며, 통화관리 방식을 직접 규제에서 간접 규제 방식으로 전환해 금융기관의 자금운용에 대한 자율권을 높여나가야 하는 과제를 안고 있다. 그러나 이러한 자율권의 확대가 과연 서구 금융시장이나 자본주의 시장체제에서와 마찬가지로 금융 부문의 효율성을 높일 수 있을 것인가에 대해 필자는 강한 의문을 가지게 되었다. 이것이 중국 금융개혁의 속도와 한계를 놓고 미국이나 유럽에서 온 외부 전문가와 필자의 의견이 크게 엇갈린 부분이었다.

우리나라가 1990년대에 경험했듯이 재벌이 망하지 않으리라는 시장의 기대가 있으면 이들의 방만한 투자를 시장이 제어하지 못한다. 금융 자유화라는 것은 정부가 금융에 대해 해오던 역할을 시장으로 이동시키는 것을 말한다. 그러나 기업과 금융기관이 국유화되어 있으면 이들의 도산 가능성이 없다고 시장은 믿게 되고, 그렇다면 이들에 대한 시장의 감시 기능이 자라지 않으며, 기업과 은행은 리스크를 무시하고 덩치 키우기에 집중하게 된다. 금리는 금융시장에서 자본의 희귀성뿐 아니라 차입자의 리스크에 대한 가격 기능을 해 자원 배분을 조절하게 되나, 이 경우 금리는 그런 기능을 제대로 하지 못하게 된다. 국유기업 투자의 리스크에 상관없이 금리만 높게 주면 대출을 확대하게 되고, 결국 금융이 자유화되면 오히려 금융 부실이 커질 가능성이 있게 된다. 여기에 중국 정부는 은행의 주인인 동시에 감독자이기도 하고 또한 금융산업 성장의 독려자 역할도 한다. 이 세 역할을 동시에 다 잘할 수는 없으며, 주인으로서 성장과 이익을 추구하면 감독이 소홀해질 수밖에 없다. 따라서 이러한 기업과 금융기관의 소유·지배 구조하에서 금융 자유화는 자원 배분의 효율성 제고라는 원래의 목적을 달성하기 어려울 뿐 아니라 오히려 금융 부문의 안정성을 더 취약하게 만드는 것이다.

그렇지만 금융 부문은 경제의 혈맥이다. 이것이 건전하고 효율적으로 작동하지 못하면 경제의 생산성과 성장도 한계를 맞는다. 이것이 바로 지금 중국 경제와 중국 지도자들이 안고 있는 가장 커다란 숙제 중의 하나라고 필자는 판단했다. 필자가 예상했던 대로 새 지도부는 당초 많은 국외자들이 기대했던 것과 달리 금융 부문의 대폭적 개혁을 선택하지 않고 지금 매우 점진적인 개혁의 길을 택하고 있다. 이에 대한 중국 국내외의 비판이 많지만 지금 중국공산당이 지배하는 국가체제를 유지하기 위해서는 어찌할 수 없는 일이라고 필자는 판단하고 있다. 중국에서 많은 이들이 중국이 중진국의 함정에 빠지는 것이 아닌지 우려하고 있는데, 사실 이를 결정하게 될 가장 중요한 요인은 바로 중국의 경제정책이 아니라 이를 주관하게 될 정치이며 정치제체다.

2012

1201

# 저성장 시대로 접어드는가

최근 한국개발연구원은 올해 우리 경제성장률이 2.2%, 내년 성장률은 3.0%에 그칠 것이라고 전망했다. 이는 얼마 전 한국은행이 하향 조정한 전망치보다 더 낮은 것이다. 지난 3분기 성장률은 전년 동기 대비 1.6%에 그쳤다. 과거에도 우리 경제가 이 같은 저성장을 기록한 적이 있으나 당시에는 오일쇼크, 외환위기, 카드사태, 글로벌 금융위기 등 뚜렷한 계기가 있었다. 하지만 지금은 결정적 계기도 없이 서서히 성장이 주저앉는 모습을 보이고 있는 상황이다. 한국 경제는 이제 저성장 시대로 들어서는 것인가?

크게 세 가지 측면에서 최근 우리 경제의 저성장을 이해할 수 있을 것 같다. 첫째, 추세적 성장률 하락이다. 우리 경제는 한창 활기차던 청장년의 시대를 지나 이미 초로의 시대로 접어들었다. 민주화 이후 노태우 시대 8.7%, 김영삼 시대 7.4%, 김대중 시대 6.0%, 노무현 시대 4.3%, 이명박 시대 3.0%라는 숫자가 이런 추세적 하락을 보여준다. 노동 공급과 투자 증가율이 점점 둔화되어 현재 우리 경제의 잠재성장률은 이미 4% 아래로 떨어져 있는 것으로 추정된다.

둘째, 순환적 요인에 의한 저성장이다. 글로벌 금융위기 이후 세계경제는 침체를 지속해왔다. 미국, 유럽에서 위기가 발생한 것은 가계와 금융기관, 국가의 부채가 과다했기 때문이다. 따라서 위기를 극복하려면 이들의 부채 감소와 대차대조표 조정이 일어나야 한다. 하지만 이것이 매우 더디게 진행되고 있다. 미국과 유럽에서 팽창적 재정·통화 정책으로만 위기를 극복하려 했지 근본적 구조조정은 외면함으로써 앞으로 상당 기간 부채 조정이 더 지속되어야 하고, 따라서 회복도 지연될 수밖에 없다. 위기 직후 세계경제를 견인했던 중국마저 최근 성장률이 크게 내려앉아 대외 의존도가 높은 우리 경제가 저성장을 면하기 어렵게 되었다.

셋째, 세계경제의 구조적 성장률 하락이다. 세계경제의 고성장 시대가 끝나가고 있다는 분석이 최근 나오고 있다. 오늘날 우리는 성장에 익숙해 있지만, 과거 세계경제는 정체를 지속했던 기간이 훨씬 길었다. 지난 약 200년간의 높은 성장세는 경제사적 관점에서 보면 오히려 예외적인 일이다. 노스웨스턴 대학의 로버트 고든 교수는 세계경제가 가장 빠른 성장을 지속하게 된 것은 제2차 세계대전 이후 약 25년간이며, 이는 19세기 초 증기기관 발명에 의한 1차 산업혁명보다 전기, 내부연소엔진의 발명, 그리고 상하수도를 실내로 끌어들인 2차 산업혁명의 효과가 시차를 두고 생활에 훨씬 더 큰 변화와 생산성 향상을 가져왔기 때문이라는 분석을 최근 내놓았다. 이에 비해 주로 정보기술IT 분야에 국한된 3차 산업혁명은 1990년대 중반 이후 약 10년간 생산성과 성장률을 반짝 높였으나 2차 산업혁명의 효과에는 훨씬 못 미친다고 한다. 그는 상하수도 없는 집에서 살 것인지, 아니면 페이스북 없이 살 것인지를 물으면서 어느 쪽이 인간 생활에 더 큰 폭의 변화를 가져왔는지 설명하고 있다. 새로운 기술혁신과 발명의 개척지가 줄어들면서 이제 세계경제의 성장세가 서서히 꺼져가고 있다는 것이다.

어쨌거나 이런 내외부적 요인에 의해 지금과 같은 저성장이 지속된다면 우리 경제가 안고 있는 양극화, 가계부채 등 내부적 문제가 점차 악화되어 결국 경제적·사회적 위기를 맞을 수 있다는 것이 지금 우리가 고민해야 하는 큰 과제다. 두 가지 측면에서 대응할 수밖에 없을 것으로 보인다.

첫째, 경제가 잠재성장률 이하로 성장하는 것을 최선을 다해 막아야 한다. 재정지출을 늘려 경기를 일단 부양할 필요가 있다. 지금 여야 대선 후보가 모두 복지지출을 늘리겠다고 하니 이것도 도움이 될 것이다. 증세를 통해 복지지출을 확대하더라도 재정 승수효과로 성장에 도움을 줄 수 있다. 보육, 간병, 의료 등 복지서비스 부문 일자리를 늘려 복지 전달체계와 소득분배를 개선하면 사회 안정에 도움이 될 것이다.

둘째, 중장기적으로 잠재성장률의 빠른 하락을 막아야 한다. 이를 위해서는 무엇보다 광범위한 제도적·구조적 개편이 필요하다. 임금체계 개선, 정년 연장과 여성의 경제활동 참여 확대를 유도해 노동 공급 하락을 막고, 교육개혁과 인적 자본에 대한 투자를 늘려 생산성을 높여야 한다. 지식기반 서비스산업의 발전을 뒷받침하기 위해서는 우리 사회의 전반적 지식수준과 사회적 합리성을 제고해야 한다. 지식은 합리성 위에서만 발전할 수 있기 때문이다.

우리 경제의 체질과 구조는 과거에 비해 크게 달라졌다. 세계경제 환경도 그렇다. 이제 경제정책도 새로운 시각으로 접근할 필요가 있다. 복지 확대를 포퓰리즘이라고만 하고 있을 수는 없다. 얼마나 성장과 분배에 도움이 되도록 설계하는지를 모색하는 것이 더 중요하다.

다시 보기

필자는 1952년생인데, 인간이 이루어온 경제·사회 발전의 역사를 돌아보며 필자의 생애는 세계 경제사에서 매우 예외적인 시기와 겹친다고 생각하곤 한다. 우선 기원후 첫 1000년간, 그러니까 1세기부터 11세기까지 세계의 연평균 경제성장률은 거의 0%에 가까웠다고 한다. 이것이 1000~1500년에는 약 0.1%, 1500~1700년에는 약 0.2%, 1700~1820년에는 약 0.5%, 1820~1913년, 그러니까 제1차 세계대전 전까지 약 100년 동안에는 약 1.5%, 1913~1950년에는 약 1.8%, 1950~2012년에는 약 3.8%의 성장률을 기록했다.

미래 성장률의 예측치는 이 글에서 소개한 바와 같이 기술의 신개척지가 줄어들고 기존 기술을 바탕으로 한 생산성 향상이 한계에 달하게 됨에 따라, 그리고 인구 증가 속도가 줄어듦에 따라 점점 내려간다고 보고 있다. 2012~2050년에는 약 3.3%, 2050~2100년에는 다시 1%대로 내려가 세계경제가 약 1.6%의 연평균 성장률을 보일 것으로 예측된다. 그때는 인구 대국 중국과 인도의 고성장 시대도 끝날 것으로 예측되기 때문이다.

필자가 앞으로 얼마나 더 살게 될지 알 수 없으나, 다음 그림에서 보는 바와 같이 필자는 인류 경제사에서 가장 높은 성장률을 기록한 시기에 한 생애를 보내게 된 것이다. 이 책을 읽는 거의 모든 독자도 마찬가지일 것이다. 그뿐만 아니라 이 시기는 약 2000년에 걸친 왕권과 전제정치 체제, 그리고 식민지에서 벗어나 대한민국이 진정한 독립국가이자 민주공화국으로서 인권과 자유가 제대로 지켜지는 나라로 바뀐 시기였다. 나아가 소득과 부의 분배가 크게 개선된 시기이기도 했다. 다시 말해 이 땅에서 나고 자란 이들의 인권과 자유가 크게 신장되었으며, 물질적 풍요로움이 빠르게 늘어났고, 소득과 부의 분배가 좀 더 균등하게 이루어져 노력에 대한 보답, 성공과 만족의 기회가 보다

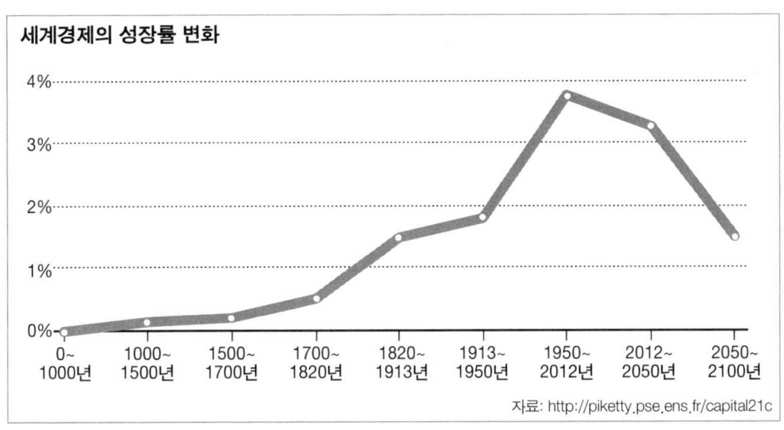


폭넓게 열린 시대였다. 나의 어떤 조상들이 살았던 생애보다도 역동적이며 행복한 시대에 태어나 한 생애를 보내게 된 것이다. 필자는 이러한 시기에 태어나 세상의 변화를 목격하고 그 속에 어우러져 살게 된 것을 하늘에 진정으로 감사한다.

이 글의 후반부에 쓴 정책 제언과 관련해 만약 지금 필자가 비슷한 주제의 글을 쓴다면 조금 다른 제언을 하지 않을까 생각된다. 정부와 여러 연구원들은 2015년 한국의 경제성장률을 대략 3.4~3.9%로 예측하고 있다. 이는 경제학자들이 추산하는 현재 우리나라의 잠재성장률에 거의 근접하거나 오히려 다소 높은 수치라 할 수 있다. 다시 말해 GDP 갭이 없어졌거나 혹은 약간의 마이너스 갭이 생긴 것이다. 이런 시기에는 재정·통화 정책을 지금보다 굳이 더 확장적 기조로 운용할 필요는 없다고 생각된다. 지금도 통화정책은 매우 완화적 기조를 유지하고 있는데, 이보다 더 팽창적 기조로 전환하도록 압력을 넣거나 재정지출과 재정적자를 더 늘려 더 높은 성장률을 추구하려 하는 것은 지금 우리 경제가 처해 있는 회복 국면의 경기순환적 지점에서 적절한 거시정책 조합이라고 볼 수 없다. 현재에 도움이 되겠으나, 미래에 경제 상황이 바뀌었을 때 새 정책 조합을 선택하려면 훨씬 많은 비용을 부담해야 한다. 이러한 회복 국면에는 구조적 취약성을 개선하기 위한 제도적·구조적 개편을 더 적극적으로 추진해 우리 경제의 잠재성장률을 더 높이기 위한 노력에 정책적 에너지를 쏟는 것이 더 적절하다는 생각을 한다.

2013

0112

# '피터팬신드롬'과 중소기업정책

새로 출범할 정부는 중소기업을 경제정책의 중심에 두겠다고 한다. 중소기업은 우리나라 고용의 88%를 차지한다. 따라서 중소기업이 발전해야 일자리가 창출되고 균형성장도 이룰 수 있다. 그러나 중소기업에 대한 지원을 늘리고 보호를 강화한다고 해서 반드시 중소기업이 육성되고 우리의 경제구조가 튼튼해지는 것은 아니다.

아마도 우리나라만큼 중소기업 지원제도가 많은 나라도 드물 것이다. 각종 지원제도가 200개도 넘는다. 신용보증 규모는 세계 최고 수준이고, 수많은 금융·세제 지원으로 지난 20년간 우리나라 전체 예산이 약 6배 증가하는 동안 중소기업 지원 관련 예산은 80배 넘게 증가했다. 중소기업이 중견기업이 되면 이런 지원의 혜택을 못 받기 때문에 기업을 쪼개거나 성장을 기피해 중소기업으로 남으려는 소위 '피터팬신드롬'이라는 병폐도 낳게 되었다.

그러나 이런 현상을 없애기 위해 다시 중견기업에도 지원을 확대하겠다는 것은 옳은 방향이라 할 수 없다. 중견기업이 대기업으로 성장하기를 기피하면 그때는 대기업에도 지원제도를 확대할 것인가? 오히려 그동안 방만하게 확대된 중소기업 지원제도를 정비해 전반적인 지원과 보호를 줄이고 지원 대상을 재조정하는 것이 더 옳은 방향이다.

우리나라 중소기업정책에는 경제정책적 측면과 사회정책적 측면이 혼재되어왔다. 대기업에 비해 약자인 중소기업을 보호·지원해야 한다는 사회적 논리가 강하게 작용했다. 그러나 그동안 국민들이 낸 막대한 세금으로 시행해온 수많은 중소기업 지원제도의 궁극적 수혜자가 누구였는지, 그리고 그것이 중소기업 발전에 어떤 효과를 가져왔는지에 대한 분석과 평가는 아직 제대로 이뤄지지 않았다. 주로 피상적 논리와 정치적 필요에 따라 정책이 추진되어온 것이다.

중소기업은 약자일지 몰라도 중소기업인은 우리 사회의 약자가 아니다. 중소기업은 거의 모두 가족이 소유·경영하고 있으며, 이들 대부분은 우리 사회에서 부유층에 속한다. 주중에 골프장을 찾는 사람들도, 자녀를 해외에 유학 보내고 해외 부동산을 구입하는 사람들도 주로 이들이다. 중소기업에 대한 국가의 지원은 고용을 지원하는 측면도 있지만, 그중 상당 부분이 중소기업 소유 가족에게 돌아간다. 특히 우리나라 중소기업은 경영 투명성이 부족하고 기업회계와 가족회계의 구분이 엄격하지 않다.

현재 우리나라 중소기업 지원책은 유망한 미래 중소기업들이 자라나는 과정에서 겪게 되는 자금과 기술, 시장 실패의 문제를 극복할 수 있도록 설립 초기 일시적으로 지원되고 있는 것이 아니라, 상당 부분이 이미 경쟁력을 상실한 중소기업의 연명을 위해 지원되고 있다. 약 320만 개에 달하는 중소사업체 중 5인 이상 중소제조기업은 11만 개 정도이며, 이들에 주로 지원제도가 집중되어왔다. 반면 양극화의 주요인이 되어온 4인 이하 영세기업과 자영업자는 시장의 처절한 생존경쟁에 놓여 있으며, 대부분 지원제도의 외곽에 놓여 있다.

우리나라 중소기업의 진입 및 퇴출 비율은 이웃 대만의 5분의 1밖에 되지 않는다. 대만은 중소기업 지원제도가 우리보다 훨씬 미약한데도 오히려 중소기업 중심 경제를 이루고 있다. 진입과 퇴출이 원활한 기업 생태계를 만들어주어야 중소기업의 경쟁력과 전반적 생산성이 향상될 수 있다. 이를 위해서는 뚜렷한 방향성도 없이 오히려 퇴출 장벽으로 작용하고 있는 현재의 보호·지원 제도를 정비해 지원의 대상을 기업으로부터 근로자의 재훈련, 고용서비스, 연구개발 투자, 산학협력 강화, 창업 지원, 대기업의 불공정 행위에 대항할 수 있는 법률서비스 지원 확대 등으로 전환할 필요가 있다.

앞으로 5년간 우리가 당면할 경제 환경은 지난 5년간의 환경과 크게 다를 것이다. 그 주요인 중 하나는 환율 수준의 변화다. 2008년 금융위기 이후 세계경제 침체가 지속되는 중에서도 그나마 우리 경제의 회복이 빨랐고 수출과 기업 이윤이 크게 증가한 주요인은 원화의 대폭적 절하였다. 그러나 앞으로 5년간 이런 여건은 반전될 것이다. 이미 시작된 엔화의 가파른 절하와 달러화의 신흥국 통화에 대한 약세로의 반전, 유로화 약세 지속은 원화의 상대적 절상을 가져올 것이다. 지난 5년간 100엔당 1300~1500원을 유지해온 환율이 1000원대 또는 그 이하로 떨어질 가능성이 크다. 이런 상황에서 단순히 중소기업에 대한 지원과 보호를 확대할 것이 아니라 중소기업과 대기업의 구조조정을 촉진하고, 이것이 원활히 진행될 수 있도록 노동시장의 유연성을 높일 필요가 있다. 새 정부가 가장 어렵게 마주치게 될 경제정책은 아마 환율정책과 노동정책일 것이다. 노동시장 유연성을 확보해야 임금 안정을 기하고 산업구조의 조정을 원활히 해 우리 경제의 경쟁력을 유지할 수 있다.

다시 보기 2013년 박근혜 정부가 출범을 준비하면서 정권인수위에서 가장 많이 논의된 정책 분야 중 하나가 중소기업 지원책이었다. 피터팬신드롬을 없애 중소기업이 중견기업으로 성장할 수 있게 하겠다며 중견기업에 대해서도 중소기업과 같은 지원책을 확대하겠다는 계획들이 당시 인수위에서 나왔다. 이 글에서 썼듯이 필자는 우리나라의 중소기업정책이 재정비되어야 한다고 오래전부터 생각해왔다. 그동안 꾸준히 확대되어온 중소기업정책이 중소기업의 건전한 발전보다는 정치적 포퓰리즘에 기반을 둔 측면이 많았기 때문이다.

중소기업정책이야말로 우리나라에서 경제적 논리보다 정치적 논리가 가장 강하게 작용해온 경제정책 분야 중 하나다. 앞서 경제민주화에 관해 쓴 글에서도 언급했듯이, 정책을 디자인할 때는 그 정책이 목표하는 바가 무엇이고 사용하는 정책 수단이 그 목표를 이루기 위해 어떤 경로를 거쳐 작용하게 될 것인지를 검토해야 하며, 정책을 시행하고 나서는 그것이 궁극적으로 그런 목표를 달성하는 데 과연 적절한 수단이었는지에 대해 사후 분석과 검증이 필요하다. 그러나 우리나라의 중소기업정책은 그러한 검증이 제대로 이뤄지지 않고 단순히 중소기업이 대기업에 비해 약자이며 고용과 기업 수의 대다수를 점한다는 이유에서 새로운 정부가 들어설 때마다 끊임없이 지원책이 확대되어왔다. 그럼에도 중소기업의 생산성은 대기업과 비교해 오히려 지속적으로 하락해왔다.

필자는 중소기업정책의 개편에 대해 『한국의 권력구조와 경제정책』에서 그 방향을 제시한 바 있다. 큰 골자는 어떤 지원책이 있는지 중소기업조차 잘 알지 못하는 현재의 수많은 지원책을 정비하고 지원 체계를 보다 단순화하며, 지원 규모 자체를 줄여나가 중소기업의 구조조정을 촉진하고 새살을 돋게 할 필요가 있다는 것이었다. 다시 말해

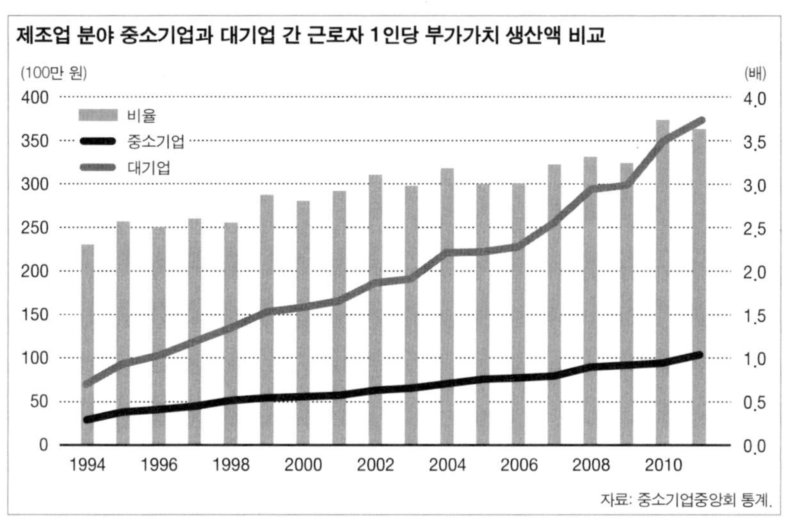


중소기업들의 진입과 퇴출을 보다 원활하게 하고, 경쟁과 혁신을 유도해 중소기업들의 경쟁력을 높이자는 것이었다. 나아가 중소기업 지원책이 기업보다는 중소기업 근로자들의 훈련과 전직, 법률서비스 지원 등 기업보다는 근로자의 생산성을 높이고 공정거래 기반을 확대하는 데 쓰이는 비중을 높여야 한다고 주장했다. 이는 이미 경쟁력을 상실한 중소기업들에 대한 지원으로 자원을 낭비하기보다 중소기업 근로자에 대한 투자를 확대해 이들이 구조조정 과정에서 새로운 기업으로 좀 더 쉽게 옮겨 갈 수 있게 하고 또한 이들이 더 나은 기술과 생산성을 가질 수 있게 하면, 이들이 어디에 가서 일하든 한국 경제의 인적 자본을 향상시킬 수 있다는 관점에서였다. 그러나 이러한 관점은 아직까지 실제 정책의 입안에서 큰 지지를 받지 못하고 있다.

박근혜 정부는 기존에 있던 중소기업 지원책의 확대뿐 아니라 창조경제의 기치 아래 벤처기업에 대한 새로운 지원책들을 계속 내놓고 있다. 많은 창조적 벤처기업들이 이러한 지원책 덕분에 생성하고 성장해 우리나라의 고용과 부가가치액을 늘려준다면 좋은 일이겠지만, 과거 지원책의 경험에 비춰볼 때 정부의 지원은 항상 지대추구 행위를 조장하고, 궁극적으로 그 예산은 낭비되기 쉽다. 만약 정부가 이런 지원책을 확대한다면 그 지원을 받는 기업들에 대해 엄격한 심사와 사후 관리가 이뤄져야 하며, 또한 정부가 그런 역량을 갖추고 있는지에 대해서도 정직한 분석이 필요하다.

이 글의 후반부에서 이야기한 환율 변화에 대해서는 당시 많은 이들이 선뜻 수긍하지 않았지만, 현재는 필자가 예측한 대로 일본 엔화와 한국 원화의 환율이 900원대 초반으로 내려가 있다. 지금 한국은 철강, 조선, 석유화확 등 전통 산업에서 이미 중국에 추월당하고 있으며 IT나 자동차와 같은 산업에서는 일본 기업의 경쟁력이 환율 변화와 더불어 되살아나고 있어 그야말로 샌드위치 상황에 놓여 있다. 환율 절상은 당장 경제에 크게 주름살을 일으키지는 않는다. 환율 절상은 국내소비자의 구매력을 높이고 물가를 하락시켜 단기적으로 소비를 진작하는 데는 도움이 되지만, 결국 기업의 이윤을 축소시키고 경쟁력을 잠식해 국내 투자를 줄이며 산업 공동화를 촉진하게 된다. 지나친 환율 절상은 시차를 두고 점점 더 경제를 골병들게 하는 무서운 힘을 가지고 있다. 과거 일본의 디플레와 잃어버린 20년을 만들어낸 주범도 과도한 환율 절상이다. 여기에 국내의 노동시장이 유연하지 못하다면 국내 산업의 구조조정이 원활하게 이뤄지기 어렵다. 이런 상황에서 거시경제정책의 조합을 적절히 구성해 대응하는 것은 국가경제의 경쟁력과 건전성 유지를 위해 매우 중요한 과제다.

2013

0223

# 통화전쟁과 한국 경제

이정식 펜실베이니아 대학 명예교수는 지난해 출간한 『21세기에 다시 보는 해방후사』라는 저서에서, 한국은 작은 나라이기 때문에 그 역사를 연구하는 것이 쉬울 것 같지만 오히려 미국과 같은 큰 나라보다 훨씬 더 어렵다고 술회했다. 한국의 정치사회 흐름은 내부적 요인보다 주위 강국들의 상황 변화로부터 더 큰 영향을 받아왔기 때문에 해방 후 한국 역사를 이해하려면 같은 시기에 한반도를 둘러싼 미국, 러시아, 일본, 중국 등의 역사를 모두 연구하지 않고서는 불가능하다는 것이다.

어찌 역사뿐이랴. 경제는 더욱 그렇다. 한국 경제의 흐름은 세계경제의 흐름을 떠나서는 이해할 수 없다. 1980년대 전반 우리나라가 물가 안정을 이룰 수 있게 된 데에는 당시 전두환 정부와 김재익 수석의 역할도 컸지만, 그보다 미 연준 이사회 의장이었던 폴 볼커의 뚝심 있는 통화긴축정책이 없었다면 미국과 전 세계적 인플레는 안정되기 어려웠을 것이고, 그 결과 한국의 안정화 정책도 성공하지 못했을 것이다. 제2차 오일쇼크와 세계경제 침체로 인한 부산과 마산 수출산업의 어려움이 가중되지 않았다면 장기집권과 유신독재에 대한 국민적 저항에도 불구하고 10·26사태는 없었을지 모른다. 일본의 부동산과 증권의 거품이 1991년 이후 꺼지면서 일본 은행들의 부실 채권이 서서히 늘고 이들이 자기자본비율을 맞추기 위해 아시아 국가들에 대한 채권을 회수하기 시작하지 않았더라면 1997년 아시아와 한국의 외환위기는 촉발되지 않았을 수도 있다. 1980년대 말 거품을 키운 일본의 금융정책이 없었다면, 그리고 일본이 저금리정책을 취해 거품을 키울 수밖에 없었던 1985년 플라자협정에 의한 엔화의 지속적 절상이 없었다면, 아마도 1997년 환란으로 인한 김대중 정부의 출범도 없었을지 모른다.

나비효과라고 하지 않는가, 나비의 작은 날갯짓이 언젠가 지구의 다른 편에서 폭풍우를 일으키게 된다는. 그런데 지금은 나비가 아니라 독수리들이 퍼덕거리며 날갯짓을 하고 있다. 아베노믹스로 불리는 일본의 새 경제정책은 불과 두 달 만에 엔화 가치를 15% 가까이 끌어내렸다. 미 연준의 버냉키 의장은 앞으로 적어도 2년간은 현재와 같은 제로 금리 수준을 유지하겠다고 선언하고 양적 팽창을 지속하고 있다. 유럽중앙은행의 드라기 총재도 비슷한 저금리·양적팽창 정책을 추진하고 있다. 가위 통화전쟁이라는 말이 나온다. 이들의 날갯짓이 동북아 대륙의 끝에 매달려 있는 한국 경제에 어떤 폭풍우를 몰고 올지 아직은 알 수 없다.

머빈 킹 총재의 뒤를 이어 오는 7월부터 영국은행의 통화정책을 맡게 될 마크 카니 현 캐나다 중앙은행 총재의 청문회가 최근 영국 의회에서 진행되면서 논객들 간 통화정책에 대한 논쟁이 격화되고 있다. 2008년 세계 금융위기 이후 미 연준과 영국은행, 그리고 유럽중앙은행은 과거 경제학 교과서에서 볼 수 없던 초저금리와 양적완화정책을 써왔다. 이러한 정책이 세계경제가 위기에서 공황으로 치닫는 것을 막았는지는 모르지만, 아직 침체에서 회복을 이뤄내지는 못하고 있다. 만약 이러한 정책이 앞으로 인플레 없이 경기회복을 주도하게 된다면 1960년대 이후 경제학계의 주류를 이뤄온 통화론자들의 이론은 모두 아궁이 속으로 들어가야 할 판이다. 일단 경기가 회복되기 시작하고 신용경색이 풀리게 되면 엄청나게 풀린 통화는 인플레를 촉발할 것이다. 과거 경험으로 볼 때 각국이 적시에 출구전략을 행사할 가능성은 크지 않다.

지금의 상황은 어찌 보면 1930년대 양차 세계대전 사이의 기간과 유사하다. 경기침체가 장기간 지속되면서 각국의 정치는 국민들의 고통을 완화하기 위해 결국 환율의 경쟁적 절하와 수입 장벽 강화로 '근린궁핍화beggar thy neighbor' 정책을 취하게 되었고, 이것이 다시 제2차 세계대전으로 이어졌다. 오늘날 정치지도자들의 입지는 그때보다 더 불안정하며, 정책은 더 근시안적이 되고 있다. 지금 개별 국가의 국내경제 사정으로 보아서는 타당해 보이는 정책들도 세계경제 전체로 볼 때는 또 다른 파국으로 이어지는 것일 수 있다. G20이 이런 구성의 오류를 제어할 수 있는 기제를 갖춘 것도 아니다.

대한해협을 건너, 태평양을 건너, 또 대서양 너머 여기저기서 퍼덕거리는 나비의 날갯짓이 이미 원화 절상이라는 기상 변화를 한반도로 몰고 오고 있다. 다음 주에 출범하는 박근혜 정부가 이룰 경제적 성과는 내부적 요인 못지않게 외부적 환경이 지배하게 될 것이다. 외부 환경의 변화에 적절히 대응하고, 또 5년 후 우리 경제가 서 있어야 할 위치에 대한 분명한 비전을 가지고 경제정책을 추진해 당선인이 약속한 국민 행복 시대를 열 수 있기를 바란다.

다시 보기 지금도 통화전쟁은 지속되고 있다. 최근에는 마리오 드라기 유럽중앙은행 총재가 양적완화를 시작해 구로다 하루히코 일본은행 총재와 함께 자국 통화의 절하를 유도해왔다. 중국도 최근 들어 예금금리와 대출금리를 내리고 지불준비율을 인하함으로써 중국식 양적완화를 시작했다고 볼 수 있다. 그 결과 달러화는 강세를 보이고 있는데, 미 연준은 경기가 회복되고 있음에도 금리 인상에 매우 신중한 입장을 고수하고 있다.

이 글을 읽으며 다시 느끼게 되는 것은 통화정책에 있어서 미 연준의 소통 능력과 예측 가능성이다. 앞으로 2년간 금리를 인상하지 않을 것이라는 시그널을 시장에 줄 당시의 미 연준 의장은 벤 버냉키였다. 2014년 1월에 버냉키가 물러나고 재닛 옐런 의장이 취임했지만, 연준은 버냉키 의장이 2013년 2월에 제시했던 '2년'을 그대로 지켜왔다. 미국의 실업률이 줄고 누가 봐도 분명한 경기회복기에 있지만 양적완화 정책은 종식시키되 적어도 2015년 봄까지는 금리를 인상하지 않겠다는 일관된 시그널을 시장에 줘왔다.

이 통화전쟁이 어떤 형태로 결말이 날지, 그때 세계경제는 어떤 모습을 하고 있을지, 또 한국 경제는 어떤 상처를 입게 되었을지 등등은 경제학자가 아니더라도 많은 사람이 궁금해하는 부분이다. 필자도 알지 못한다. 그러나 막연한 우려는 가지고 있다.

미국이 2008년 지도에도 없는 양적완화정책을 시작했을 때는 아마도 오늘날 일본, 유럽이 이와 꼭 같은 정책을 곧 따라 하리라고는 충분히 예측하지 못했는지 모르겠다. 미국은 달러가 국제통화임에도 불구하고 통화정책을 주로 자국 경제 상황에 맞추어 구사해왔다. 미 연준은 경기가 회복되면 양적완화를 중지하고 금리를 빠르게 올린다는 구상하에 전대미문의 양적완화와 제로 금리 정책을 시작했을 것이다. 그러나 막상 경기가 회복되고 금리를 올려야 할 때가 온 지금, 유럽과 일본, 중국은 미국이 했던 양적완화정책을 취하고 있어, 미국으로서는 금리를 올렸다가는 달러화 강세가 더 힘을 받고 그동안 회복되어온 미국 경제의 경쟁력이 다시 타격을 받게 될 것을 우려해야 하는 처지에 놓였다. 과거 같았으면 미국이 다른 나라 통화정책을 비판하고 압력을 넣었을지도 모르겠으나, 자기들이 한 정책이라 그럴 입장도 못 된다. 이런 이유들로 미국의 금리인상은 더 지연될 수도 있다. 어느 나라나 선뜻 출구전략을 취하지 못하고 통화전쟁은 지속되어, 결국 세계경제 전체가 다시 유동성 과잉과 위기로 치달을 수도 있다는 우려를 필자는 가끔 하고 있다.

2013

0427

# 무엇을 위한, 누구를 위한 규제 완화인가

박근혜 대통령이 투자를 촉진하기 위해 규제 완화를 직접 지시하고 나섰다. 그것도 찔끔찔끔 하지 말고 확실하게 하라고 참모들에게 주문했다. 세계시장에서 싸우는 기업이 국내에서 역차별을 받아서는 안 된다는 것이다. 당헌을 바꿔 경제민주화를 못 박고 총선과 대선에서 이를 반드시 실천하겠다고 누차 약속했던 박 대통령에게서 불과 몇 달이 지나지 않아 그동안 재계에서 늘 주장해왔던 이런 발언을 듣게 된 것이 좀 혼란스럽다. 박 대통령은 경제민주화에 대해 "어디를 내리치고 옥죄는 것이 아니다"라는 새 해석도 내놓았다.

최근 주요 언론들은 우리 경제의 저성장과 활력 상실을 연일 특집으로 내며 위기의식을 부각하고 정부의 안일한 대응을 질책해왔다. 맞다. 우리 경제의 활력이 크게 떨어졌다. 8분기 연속 0%대의 성장률이 지속되고 있다. 이명박 정부 5년간 평균 성장률도 3%가 될까 말까 한다. 한국과 일본을 제외한 동아시아 지역이 2012년 평균 성장률 7.5%를 달성해 전 세계 경제성장의 40%를 견인하고, 2013년에는 전반적인 세계경제 회복 기조에 힘입어 평균 7.8%의 성장률을 기록할 것이며, 일부 국가에서는 경기 과열 가능성마저 우려된다는 지난주 세계은행의 발표와는 너무나 대비된다.

성장률뿐이 아니다. 성장의 내용도 문제다. 최근 매킨지 보고서는 지난 20년간 한국에서 중산층 비율이 큰 폭으로 줄었으며, 대출 원금 상환을 포함하면 수입보다 지출이 많은 적자 중산층 가구가 전체 중산층의 55%에 달한다고 밝혔다. 또 대기업들은 세계시장 진출이 확대되었지만, 국내 고용에서 차지하는 비중은 오히려 18%에서 12%로 감소했다고 지적했다. 제조업에서 '고용 없는 성장'이 지속되고 있으며, 고용을 흡수해야 할 서비스 부문은 대부분 저부가가치 산업 중심인 데다 일자리를 구할 기회도 적어 생계형 자영업으로 몰리고 있다고 했다. 그리고 현재 한국의 실업률은 3.9%로 OECD 평균의 절반 수준처럼 보이지만, 통계의 사각지대에 놓인 불완전취업자 등을 반영하면 11%에 육박할 것이라고 분석했다.

규제 완화가 답인가? 어떤 규제 완화 말인가? 과거에 경제가 어려울 때마다 나왔던 것이 투자 촉진이며 규제 완화다. 김영삼 정부에서부터 우리 경제 여건에서 풀 수 있는 규제는 안 건드려본 것이 거의 없다. 그동안 재계에서 줄기차게 규제 완화를 요구해왔던 핵심은 주로 기업 소유·지배 구조 및 경영권 승계, 공정거래, 금산분리 등과 관련한 것이었다. 이명박 정부 들어 경제를 살리겠다며 그러한 규제도 철폐하거나 많이 무력화시켰다. 그렇다고 기업 투자가 크게 늘었다는 이야기는 들어보지 못했다. 세계 금융위기를 이유로 저금리, 재정팽창, 대출 자동 연장 등 온갖 부양책을 써왔지만, 정부와 가계의 부채만 늘리고 경제의 활력은 더 줄었다.

정권 출범과 더불어 재벌과 일부 언론은 연일 경제에 대해 위기의식을 불러일으키고, 경제민주화에 포격을 가하고 있다. 그러나 경제의 활력이 떨어질수록 근본적 개혁과 체질 개선이 필요하다. 추경을 통한 경기부양도 필요하고 부동산 연착륙 대책도 좋다. 그러나 그것만 가지고는 안 된다. 그러한 대책은 장기적으로는 오히려 경제 활력의 발목을 잡는 요인이 될 것이다. 이미 소득에 비해 집값이 너무 높아 대출부담으로 인한 적자 가계가 늘어나는데, 언제까지 집값 부양으로 경기를 지탱해나갈 것인가.

결국 고용제도, 공정경쟁제도, 기업 지배구조 등에 근본적 변화가 일어나야 한다. 투자와 고용을 늘리고, 비정규직·중산층 문제를 해결해나가는 데 가장 필요한 정책은 정규직의 고용 경직성을 낮추는 것이다. 순환출자에 대한 규제는 오히려 강화해야 한다. 과잉 진입이 이루어진 건설, 증권 등 여러 산업 분야에서 구조조정과 퇴출이 일어나야 하는데도, 그룹 계열사 간 지원과 순환출자는 일어나야 할 퇴출을 막고 잘되는 분야의 기술혁신과 재투자 여력을 줄이고 있다. 최근 자동차부품 제조회사인 만도가 자회사를 통해 적자를 내는 모기업인 한라건설에 순환출자를 하는 것과 같은 기업 행위를 더 잘하게 해주는 것이 규제 완화라면, 그것이 내리치고 옥죄지 않는 경제민주화라면, 규제 완화로 우리 경제가 활력을 회복하리라 기대하기는 어렵다. 정부가 아무리 창조경제를 외쳐도 이런 행위는 결국 창조적 잠재기업의 진입을 내리치고 그들의 성장을 옥죌 것이다.

과거에도 재벌은 언론을 동원해 그들에게 불리한 정부정책을 포획하려 해왔다. 재벌과 언론의 합동작전이 이번 정부에서도 시작되었다. 예상치 못한 일은 아니다. 그러나 박근혜 정부가 이렇게 쉽게, 기다렸다는 듯이 몇 번의 포격에 함몰되는 것은 의외다. 무엇을 위한, 누구를 위한 규제 완화인가? 규제 완화에 대한 새 해석도 필요하다.

다시 보기

정부의 중요한 역할 중 하나가 규제다. 물론 지나친 규제는 경제활동을 제약한다. 그러나 대부분의 규제는 그것이 규제로 존속해온 나름의 이유가 있다. 현재 남아 있는 우리나라 경제 분야의 규제는 주로 금융 부문의 안정성, 공정경쟁 기반 확보, 환경 보전, 안전 유지, 수도권 집중 방지와 지방 균형발전 등과 관련한 것들이다. 규제 완화는 그동안 역대 정부들이 모두 중점적으로 추진해온 과제다. 때로는 충분히 검토되지 않은 규제 완화가 화를 부르기도 했다. 김영삼 정부의 섣부른 단자회사들의 종합금융회사로의 진입 규제 완화가 이들의 과도한 단기 해외 차입을 가져와 외환위기의 단초를 제공하기도 했다.

역대 정부에서 규제개혁위원회를 설치·운영하면서 그 필요성이 의심되는 웬만한 규제는 모두 검토 대상이 되었고 완화되었다. 지금 남아 있는 규제들은 그 심사를 통과했거나 국민들 간 의견이 크게 갈려 정부나 국회 차원에서 처리되지 못한 것들이다. 그렇지만 기업들의 규제 완화 요구는 지속되었다. 규제를 받는 입장에서 볼 때 규제는 늘 불편하고 사업의 기회를 제약하기 때문에 이는 당연한 일이다. 그러나 그런 규제를 완화하면 우리 사회가 추구해온 가치나 목표 중 하나를 희생해야 한다. 규제는 대개 사회가 추구하는 가치를 실현하기 위해 도입되었다. 수도권 진입 규제를 완화하면 지방 균형이라는 가치를 희생해야 하고, 고도 제한을 완화하면 환경과 안전이라는 가치를 희생해야 한다. 그러나 기업은 정치와 언론에 대한 영향력을 동원해 자기에게 불편한 규제를 없애고자 많은 로비를 한다. 또한 자신들에게 유리한 규제는 강화해달라고 하기도 한다. 적대적 인수합병에 대한 방어벽 설치가 그런 것 중의 하나다.

필요 없는 규제는 당연히 없애야 한다. 때로는 공무원들이 그들의 집단이익을 위해 규제를 고수하는 경우도 있다. 그러나 규제 완화 드라이브는 궁극적으로 정치적 영향력이 큰 집단의 이익을 위해 정치적 영향력이 약하거나 침묵하는 다수의 이익을 희생시키는 방향으로 결론이 나는 경우가 많다. 규제는 국가가 침묵하는 다수의 국민을 위해, 또한 여론이나 투표에 대표되지 않는 차세대의 복지를 위해 도입하여 시행한 경우가 많다. 이런 규제들이 규제 완화 드라이브 속에 희생된다면 이는 안타까운 일이다. 규제 완화 드라이브의 최종 수혜자는 결국 정치적 영향력이 큰 집단이 되고, 규제 개혁이 진행되면서 그 과정에서 원래의 취지와 달리 결국 규제가 정치적으로 포획되게 된다. 이는 외국의 경우도 마찬가지다. MIT의 사이먼 존슨 교수는 정부 당국이 월스트리트의 규제 완화 로비에 포획된 결과로 2008년 미국 금융위기가 발생했다고 주장했다. 그리고 그는 미국의 월스트리트와 러시아의 올리가르히, 이탈리아의 마피아를 비교하면서 정부 규제의 정치적 포획을 이론적으로 분석하기도 했다. 한국의 경우에는 재벌 그룹에 의한 규제의 정치적 포획을 더 경계해야 하지 않을까 생각된다.

2013

0518

# 중앙은행의 신뢰성

지난 4월 IMF에서 내놓은 "세계경제 전망 보고서World Economic Outlook"는 주요 선진국들이 장기간 경기침체와 높은 실업률을 지속하고 있음에도 이들 나라에서 디플레 현상이 나타나지 않는 주요 이유에 대해 중앙은행의 '물가 안정 목표제inflation targeting'를 들고 있다. '물가 안정 목표제'는 1970년대 이후 세계적 인플레를 겪고 실질금리의 불안정과 금융 혁신으로 말미암아 금융 부문 간 자금 이동이 심화되어 통화 총량을 관리해 물가 안정을 기하려던 방식이 잘 먹혀들지 않게 됨에 따라 아예 물가상승률 자체를 중앙은행의 주된 목표로 설정하게 된 제도를 말한다. 1990년 뉴질랜드에서 처음 도입했고 지금은 거의 모든 선진국에서 이를 직간접적으로 도입해 운영하고 있다. 우리나라도 1997년 말 '한국은행법'을 개정하면서 도입했다.

이 보고서의 분석에 따르면 선진국들에서 시장과 국민이 중앙은행이 가능한 모든 통화정책 수단을 동원해 인플레 목표를 지킬 것이라고 믿기 때문에 매년 임금 상승이나 임대료 상승 등을 이에 맞춰 정하게 되어 물가 안정 목표제 자체가 바로 시중 물가가 이에서 크게 벗어나지 못하게 하는 닻의 역할을 해오고 있다는 것이다. 실제로 계량분석을 해보면 1995년 이후 주요국에서 소위 '필립스곡선'이 시사하는 실업률과 인플레 간 부負의 상관관계가 없어진 것으로 나타난다. 과거에는 실업률이 높아지면 소비가 줄고 경제활동이 침체되어 물가상승률이 줄거나 아예 물가가 내리는 디플레 현상이 나타나곤 했던 것이다. 대공황 때가 대표적 사례다. 이 보고서는 만약 과거에 지난 5년간처럼 높은 실업률이 지속되었다면 미국과 유럽은 지금 분명히 디플레 현상을 겪고 있을 것이고, 이에 따라 세계경제를 훨씬 깊은 침체의 늪에 빠뜨렸을 것이라고 분석했다. 디플레가 생기면 가계와 기업, 정부의 실질부채가 늘어나 소비지출이 줄고, 명목임금의 하방경직성이 높은 현실에서 실질임금이 상승해 실업이 더 크게 늘어나며, 경기침체의 골이 더 깊어지게 된다.

몇 주 전 영국 일간지 «파이낸셜타임스»의 마틴 울프 수석논설위원은 과거 독일 중앙은행 분데스방크Bundesbank가 미국 중앙은행 연방준비위원회FRB보다 물가 안정에 더 좋은 실적을 보인 것은 분데스방크가 연준보다 통화정책에서 실수를 덜 해서라기보다 독일 국민이 미국 국민보다 중앙은행을 더 신뢰했기 때문이라고 주장한 바 있다. 중앙은행이 반드시 물가를 안정시켜줄 것이라는 신뢰 자체가 결과적으로 물가 안정에 더 좋은 실적을 낳게 되었다는 것이다.

국가기관에 대한 국민의 신뢰는 그 자체로 중요한 국가의 무형자산이다. 이는 정책의 실효성을 높이고, 그 결과 경제적 성과와 국민 행복도를 높이게 된다. 그러나 이러한 자산은 하루아침에 쌓이는 것이 아니다. 오랜 시간에 걸쳐 세월의 이끼를 입으며 주변의 배려와 해당 기관 스스로의 노력으로 쌓이는 것이다.

새 정부가 경제 활성화를 위한 대책을 내놓으면서 정부와 여당, 그리고 언론으로부터 한국은행의 금리 결정에 대한 비판과 압력이 잦아졌다. 이해할 수 있는 일이다. 그러나 각국이 중앙은행의 독립성을 존중하고 이를 강조하는 것은 그것이 장기적으로 국가경제에 도움이 된다는 경험을 통해서다. 좋지 않은 일을 왜 하겠는가. 과거 분데스방크가 실수를 안 해서 신뢰를 받았던 것은 아니다. 오랜 기간에 걸친 분데스방크의 일관된 통화정책과 독립성을 유지하려는 스스로의 노력, 그리고 이를 받아들이는 주변의 인내가 시장의 신뢰를 확보하는 데 큰 요인이 되었다. 이렇게 쌓인 신뢰가 독일의 경제 부흥과 번영에 주요한 기여를 하게 된 것이다.

신뢰는 독자적 결정의 성과가 쌓여 형성된다. 중앙은행이 가용한 모든 정보와 지표를 종합해 경제의 장기적 안정을 위해 최선이라 판단되는 정책을 독자적으로 선택할 수 있도록 주변에서 배려해주고 훗날 그 결과에 대해 책임을 지게 하는 것이 옳다. 중앙은행도 일관성 있는 정책을 구사하고 예측 가능한 방법으로 시장과 소통해 스스로 신뢰성을 높여야 한다. 때때로 중앙은행의 판단이 잘못될 수도 있다. 그러나 누구도 지금 당장 그 잘잘못을 평가하기는 어렵다. 통화정책은 적어도 2~3년이 흐른 후에야 그 적절성을 제대로 평가할 수 있다.

국민경제를 위해 단기적으로 필요해 보이는 정책들이 장기적으로는 병을 깊게 할 수도 있기 때문에 각국은 중앙은행의 독립성을 인정하고 이를 존중해준다. 지금 우리에게 실물투자 확대만 필요한 것은 아니다. 중앙은행의 신뢰성이라는 무형자산에 대한 투자도 필요하다.

2013

0608

# 지식은 쓸모 있는 것인가

"2008년 세계 금융위기를 예견치 못한 것은 그래도 작은 죄다. 더 큰 죄는 2010년 이후 재정긴축으로 돌아서 경제불황을 장기화시키고 있는 것이다." 격주간지 《뉴욕서평The New York Review of Books》의 6월 6일자 판에 노벨 경제학상을 수상한 폴 크루그먼 교수가 닐 어윈이 쓴 『연금술사들The Alchemist』 등 세 권의 책에 관해 서평을 쓰면서 한 말이다. 케인스 이론을 비롯해 대공황 이후 축적된 경제학 지식이 제시하는 바에 따르면 금융위기로 경제가 심각한 불황에 진입했을 때 당연히 재정팽창정책을 지속해야 했음에도 2010년 이후 미국, 유럽에서 재정긴축으로 선회한 것에 대해 강한 비판을 제기한 것이다. 한걸음 더 나아가 그는 이렇게 묻는다. "왜 이런 일이 일어났는가?" 그의 주장을 좀 더 따라가 보자.

첫째는 실증적 분석에 기초한 경제학 이론이 제시하는 바와 달리 경제정책의 선택에서 사람들은 도덕적 판단에 기댄다는 것이다. 즉, 위기는 과거에 빚을 내 흥청망청 써댄 결과이며, 따라서 이제 허리띠를 졸라매 그 대가를 치러야 한다는 도덕적 잣대가 이런 정책을 지지하게 만들었다는 것이다. 미국에서 공화당, 영국에서 보수당으로 대표되는 이러한 보수적 도덕관념이 재정정책을 지배했기 때문이라는 것이다.

둘째는 그보다 사회엘리트층이 '자기 이익 보호'를 위해 긴축정책으로 여론과 정책을 몰고 갔다는 것이다. 크루그먼은 실제로 이 주장에 방점을 찍고 있다. 돈을 빌려주는 금융가는 재정팽창이 인플레를 유발해 채권의 실질가치가 떨어질 가능성을 우려하고, 국채를 보유한 자산가들은 재정 건전성이 유지되어야 국채의 리스크가 커지지 않기 때문에 팽창보다 긴축을 선호하게 된다. 실업이 늘고 불황이 지속되더라도 이들은 별로 고통을 느끼지 않는 것도 그런 이유에서다. 실제로 금융위기 이후 지난 4년간 미국의 상위 10%가 전체 소득 증가의 154%를 가져가 나머지 90%가 소득 감소로 불황의 고통을 짊어졌다.

2010년 라인하트와 로고프 교수가 발표한 '부채 시대의 성장'이라는 논문은 국가부채가 국내총생산GDP의 90%를 넘게 되면 경제는 저성장의 늪에 빠지게 된다는 분석을 내놓았는데, 이 논문은 계량분석 방법에 오류가 발견되어 학계에서 논란의 대상이 되어왔다. 과거 미국과 영국의 국가부채 규모와 경제성장의 관계를 분석해보면 이들이 주장하는 바와 일치하지 않는다는 것이 많은 학자의 견해다. 그러나 이 논문의 주장이 사회엘리트층이 자기 이익을 보호하는 데 필요한 긴축정책 방향과 일치함으로써 의회, 언론 등에서 실제 가치에 비해 훨씬 큰 영향력을 행사하게 되었다는 것이다. 이를 두고 크루그먼은 말한다. "지식이 세상의 긍정적 변화에 도움이 된다고 믿는 많은 이에게 이러한 현실은 깊은 우려를 자아낸다."

최근 재정정책과 관련해 세계적으로 진행되고 있는 치열한 논쟁에서 진보적 또는 케인스주의적 주장의 핵심에 서 있는 그의 말을 있는 그대로 받아들일 수는 없다. 그리고 아쉽게도 경제학적 지식은 자연과학처럼 정답이 있는 것이 아니다. 어떤 사회과학 지식에도 취약성은 있다. 그럼에도 그의 서평이 필자에게 와 닿는 것은 바로 우리 사회에서도 이러한 현상이 일어나고 있다는 생각 때문일 것이다.

경제 활력을 살리고 역동성을 회복하기 위해 필요한 것은 경제구조의 근본적 혁신과 체질 개선이다. 그리고 경제 각 분야에 치열한 경쟁을 도입하는 것이다. 경쟁 없이 경쟁력은 생기지 않는다. 극히 적은 소유지분으로도 순환출자를 통해 전 계열 기업에 대한 경영지배권을 장악하여 그룹 내에 일감을 몰아주고, 대다수 소액주주보다 총수 일가의 이익을 우선하는 오늘날 한국 기업의 경영 행태는 경제정의는 고사하고 시장경제 원리에도, 자본주의 원칙에도 부합하지 않는다. 공정한 경쟁 원칙은 노동시장에도, 자본시장에도, 경영자시장에도 도입되어야 한다. 제한 없는 순환출자에 따른 경영권 승계를 지나치게 보호하면 우리 경제의 미래에 너무나 중요한 대기업들이 최고의 전문경영인들에 의해, 시장원리에 의해 경영될 기회를 제한하게 된다.

이런 단순한 미시경제학이 제시하는 기본 원리도 실제 우리의 제도 개선에는 도움이 되지 않는 듯하다. 그리고 오늘날 우리 사회가 진전을 보지 못하고 있는 여러 개혁 과제 중 이는 하나에 지나지 않는다. 이러한 개혁 과제들에 대한 논의가 진행되면 늘 나오는 주장이 투자 위축이며 성장 저해다. 어떤 계량적 분석에도 기초하지 않는 주장이 힘을 얻고 언론과 여론의 지지를 몰아 결국 국회와 정부를 무력화시키는 과정이 되풀이되는 것을 보며 필자도 묻지 않을 수 없다. 지식은 과연 쓸모 있는 것인가?

2013

0720

# 경제부총리와 금본위제도

윈스턴 처칠은 전시에는 탁월한 총리였으나, 평시에 재무장관으로서는 성공하지 못했다. 그는 재무장관이던 1925년에 금본위제도 복귀를 결정한 것을 두고두고 후회했다고 한다. 금본위제도(1870~1914년)는 지금도 국제통화제도의 개편을 논할 때마다 학자들 사이에서 늘 회자되는 장점이 많은 제도다. 자국 통화의 가치를 금에 대한 평가로 고정하고 통화 공급을 금 보유량에 따라 결정하는 제도다. 경상수지 흑자가 커져 외국에서 금이 유입되면 자국의 통화 공급이 늘어나 물가가 올라가고 외국 상품에 비해 가격경쟁력이 떨어져 다시 흑자가 축소되는 일종의 국제수지 불균형에 대한 자동 조절 기능을 갖추고 있었다. 그러나 제1차 세계대전이 발발하자 각국은 전비를 조달하기 위해 금 보유량에 상관없이 화폐를 찍어내야 할 필요성에 따라 금본위제에서 일탈해 관리통화fiat money제도로 이행했다.

전쟁이 끝나고 영국에서는 금본위제로 복귀하는 것을 두고 논의가 일었다. 금본위제로의 복귀는 당시 영국은행 총재인 몬태규 노먼과 런던의 은행가들이 주로 주장하는 바였는데, 이들은 제1차 세계대전 후 세계 금융의 중심지가 뉴욕으로 옮겨 가자 금본위제로의 복귀야말로 파운드화에 대한 신뢰를 회복해 런던이 다시 금융 중심지 역할을 회복하는 데 절대적으로 중요한 조치라고 보았다(유재수, 『세계를 뒤흔든 경제대통령들』, 삼성경제연구소, 2013). 반면 케인스는 기고와 강연을 통해 금본위제 복귀가 가져올 경제적 재앙을 경고했다. 전쟁 전 4.86달러와 교환되던 파운드화 가치는 전후 파운드당 3.40달러로 떨어져 있어, 전전戰前의 평가를 회복해 금본위제도로 복귀하려면 상당한 통화긴축이 필요했다. 그러나 당시 영국의 경제불황은 통화긴축이 아닌 통화팽창 정책을 요구하고 있었다.

케인스는 세계대전 이후 여러 유럽 국가들이 미국에 많은 빚을 지고 있고 금의 대부분이 미국으로 이동한 상황에서 만일 영국이 파운드화를 금에 고정시키면 그 순간 파운드화는 금이 아니라 달러에 종속되고 말 것이라고 주장했다. 특히 그는 세계대전 이후 세계경제의 중심축이 이미 미국으로 옮겨 갔으며, 이러한 흐름이 일시적인 상황이 아니라는 것을 인지하고 있었다.

처칠은 통화 문제에 대해서는 비전문가였으나 비교적 빠른 시일 내에 금본위제 논란의 본질을 파악하고 이 결정에 대한 깊은 고민에 빠졌다. 그러나 결국 런던 금융가의 여론을 수용해 "대영제국의 영광을 재현하겠다"라며 1925년 금본위제로의 복귀를 선언했다. 금본위제로의 복귀는 케인스가 예측한 대로 영국 경제에 재앙적 결과를 가져왔다. 산업의 가격경쟁력을 떨어뜨려 실업이 증가하고 불황을 심화시켰다. 영광은 재현되지 않았다. 결국 영국은 1931년 금본위제를 포기하고 다시 관리통화제를 채택했다.

경제부총리제는 개발경제 시대에 경제계획의 목표를 달성하는 데 유효하게 작동한 제도였다. 그러나 이 제도를 지금 다시 부활시켰다고 해서 경제 부흥이 일어나는 것은 아니다. 경제부총리는 경제팀의 수장이 됨으로써 성장과 수출 목표를 달성하는 데 걸림돌이 되는 정책들을 사전에 조율해 국무회의에서 이에 대한 논쟁이나 수정 없이 경제정책을 신속하게 밀고 나가는 역할을 했다. 성장이 지상 목표였던 시절에 장기영, 김학렬 같은 부총리는 경제팀 내에서 노동·환경·복지·금융 담당 부처의 목소리를 눌러 제한된 자원을 성장과 산업화를 위해 몰아주는 역할을 해냈다. 부총리제도가 본격적으로 자리 잡기 시작한 박정희 대통령 시절 국무회의에서 무수정 통과된 경제 안건의 비율은 1964년 58.5%에서 1969년 91.9%로 증가했다(정정길, 『대통령의 경제리더십』, 한국경제신문사, 1994).

그러나 지금은 경제 환경이 달라졌다. 복지, 환경, 금융감독, 공정거래 등을 담당한 부처들이 제 목소리를 내야 균형적 발전이 이뤄질 수 있다. 특히 금융위원회나 공정거래위원회와 같은 부처는 독립적 정책 판단을 하라고 수장의 임기를 정해준 기관이다.

미국도 제1차 세계대전 후 금본위제로 복귀했지만, 영국보다는 덜 재앙적인 결과를 받았다. 그것은 전전보다 훨씬 절하된 평가로 달러화를 금에 연결시켰기 때문이다. 기왕에 경제부총리제를 부활시켰으니 국민들이 경제부총리에 대한 기대를 낮춰야 한다. 지금 경제부총리에게 과거 부총리의 역할을 기대하고 요구해서는 오히려 경제정책 추진의 왜곡만 낳기 쉽다.

5년 단임제 대통령을 중심으로 한 권력구조에서 정책 조정의 역할은 어차피 경제팀 인사권을 쥔 청와대에서 할 수밖에 없다. 대통령과 경제철학을 공유하는 정책실장을 청와대에 두어 소리 없이 정책을 조율하는 것이 아마도 정책 혼선을 줄일 수 있는 더 나은 방법이지 않을까 생각된다. 그리고 리더십보다 더 중요한 것은 분명한 정책의 우선순위다.

다시 보기 경제부총리제는 박정희 정부에서 생겼다가 김대중 정부에서 없어졌다. 이것이 다시 노무현 정부에서 부활했다가 이명박 정부에서 없어졌다. 박근혜 정부는 이를 다시 부활시켰다. 목적은 '경제 부흥'.

경제부총리제는 성장을 위해 국가자원을 동원하고 배분하던 성장 초기에 유효한 기여를 했다. 특히 장기영, 김학렬 부총리같이 카리스마와 추진력이 강한 부총리들은 한국의 경제 도약기에 정부 주도의 경제성장을 이루는 데 기여했다. 경제부총리를 둔 가장 큰 목적은 각 부처 장관들의 각기 다른 정책 목표 추구를 성장을 우선시하는 경제기획원의 장관으로 하여금 부총리라는 직함을 주어 이를 통괄 조정하게 하는 것이었다. 그런데 박정희 대통령 시절에도 초기에는 내각의 경제부총리에게 정책 주도권이 주어졌으나 시간이 갈수록 청와대 비서실이 경제정책의 조정과 우선순위 결정에서 주도권을 쥐게 되었다. 1969년부터 1978년까지 9년 이상 청와대 비서실장을 맡았던 김정렴 씨는 상공장관과 재무장관을 거친 경제전문가로서 공을 내세우지 않는 그의 성품 때문에 밖에 잘 드러나지 않았으나 실제로 경제사령탑 역할을 했다. 전두환 정부가 들어선 이후에는 경제부총리보다 경제수석의 이름을 기억하는 사람들이 더 많다. 김재익·사공일 경제수석이 실제로 경제팀을 막후에서 조정하고 경제정책의 방향을 결정하는 데 핵심적인 역할을 했다. 노태우 정부에서도 김종인·문희갑 수석이 내각보다 경제정책 방향의 설정과 정책 조정에서 부총리보다 더 강한 주도권을 행사했다. 김영삼 정부에서도 사정은 비슷했다. 김대중 대통령은 취임 후 외환위기의 책임을 물어 당시 예산, 세제, 금융을 모두 관장하며 막강한 권한을 행사하던 재정경제원을 분리해 기획예산처를 따로 떼어냄으로써 예산에 대한 대통령의 직접 통제를 높였고, 금융감독위원회를 신설해 금융감독 권한도 재정경제원에서 분리했다. 또한 재정경제부의 장이 경제부처의 선임 장관의 역할은 하게 했지만 그에게서 부총리라는 직명은 없애버렸다. 그리고 대통령의 내각에 대한 직접 관리가 강화되었다.

외환위기 이후 우리나라의 경제정책 패러다임은 크게 바뀌었다. 그 핵심은 시장의 개방과 자유화였다. 그리고 시장의 안정성과 건전성을 높이기 위해 금융감독기관과 중앙은행의 독립성을 존중하게 되었다. 그리고 시장에서의 공정경쟁 기반을 강화하기 위해 공정거래위원회의 역할도 강화되었다. 이러한 새 패러다임에서 과거와 같은 일사불란한 정부 주도의 성장모델에서 도입되었던 경제부총리제가 막을 내린 것은 어찌 보면 당연한 일이었다. 금융감독, 통화정책, 공정거래에 대한 감시는 성장을 가장 우선시하는 재정경제부로부터 어느 정도 독립된 상태에서 이루어져야 그 기능이 좀 더 제대로 이행될 수 있다. 이에 더해 과거에 성장제일주의에 가려 본연의 정책을 충분히 추진하지 못했던 보건복지부, 노동부, 환경부 등도 독자적인 목소리를 내어야 좀 더 균형 있는 복지국가로 성장할 수 있다. 과거에는 부총리가 경제장관회의를 소집해 경제 안건들을 거기서 대충 조율한 다음 국무회의에 올렸는데, 그렇게 한 주된 목적 중 하나가 경제장관회의를 통해 미리 복지부, 노동부 등의 목소리를 잠재우는 것이었다.

그런데 아무래도 경제 관련 부처가 각각 추구하는 정책이 국가 전체의 경제운영이라는 측면에서는 서로 충돌하는 경우가 많기 때문에 우선순위를 정하고 큰 방향을 정하는 데에는 청와대 비서실이 실제 사령탑의 역할을 해나갈 수밖에 없다. 그러나 청와대 비서실이 이런 역할을 막후에서 조용하게 하지 못하고 때로 수석이 스스로 부각되려 하면, 이는 국민들 눈에 대통령 비서진이 국무위원인 장관들보다 더 큰 힘을 발휘해 부처의 기능을 약화시키고 정책을 좌지우지하는 것으로 비치게 된다.

노무현 대통령은 청와대 참모가 내각에 개입해 정책을 좌지우지하는 폐해를 없애기 위해 경제수석을 없앴다. 그 대신에 청와대에 새로이 경제보좌관을 두어 과거에 경제수석비서관이 하던 비서의 기능을 정책수석이 맡게 하고, 경제정책에 대한 자문과 보좌 역할을 경제보좌관이 맡도록 기능을 조정했다. 그리고 정책실장을 비서실장과 같은 장관급으로 하며, 비서실장은 주로 비서 기능을, 정책실장은 주로 정책을 조율하는 기능을 맡아서 하도록 분리했다.

필자는 노무현 정부의 첫 경제보좌관으로 2년간 청와대에서 근무했다. 필자의 경험에 따르면, 대통령제하에서 경제정책의 우선순위와 방향을 정하고, 또한 경제부처 간 정책이 충돌할 때 결국 대통령이나 비서실에서 이를 조정할 수밖에 없다고 생각된다. 대통령은 경제뿐 아니라 정치, 외교, 안보, 문화 등 모든 국사를 관장하기 때문에 경제문제에만 많은 시간을 보낼 수 없으며, 다른 분야에 비해 경제 분야에 전문성을 갖기도 어렵다. 따라서 자연히 대통령을 가장 자주 대면해 보고하고 결정을 받게 되는 청와대 경제참모가 뒤에서 정책의 방향을 설정하고 조정하는 데 주도적인 역할을 하게 된다. 더구나 앞서 말했듯이 오늘날 경제운영에는 중앙은행, 금융감독, 공정거래는 상당한 독립성이 존중되어야 하고, 또한 복지, 환경, 노동에 대한 정권의 우선순위는 과거에 비해 훨씬 높아졌다. 그러나 부총리와 대통령의 경제참모 간에 서로 철학이 많이 다르거나 혹은 소통이 부족할 때, 그리고 양쪽 모두 강한 개성을 가진 경우에는 마찰음이 나게 되고 이것이 경제정책의 혼선으로 비쳐 실제로 의도된 정책 효과를 제대로 내기 어려워지는 일도 있다.

박근혜 대통령이 어떤 의도로 경제부총리제를 부활시켰는지는 알 수 없다. 그러나 기왕에 경제부총리제를 부활시켰으면 예전과 같은 경제부총리의 역할을 기대해서는 여러 왜곡만 생기기 쉽다. 국민도 마찬가지다. 경제를 중시한다는 상징적 의미로서 경제부총리를 부활시켰다고 보면 되지 않을까 싶다. 경제팀이 부총리의 파워로 일사불란하게 움직이는 것이 반드시 좋다고만 할 수 없다. 경제팀 내에서도 토론과 논쟁이 있는 것이 때로 필요하다. 일사불란하게 밀어붙이는 것이 위기 때에는 도움이 되겠지만, 평상시에는 팀 내에서의 견제와 균형도 필요하다. 지금 최경환 경제팀은 브레이크 없이 일사불란하게 단기 부양책을 밀어붙이고 있는데, 이것이 오히려 위험한 것일 수도 있다.

2013

0810

# 중국의 경제개혁

경제개혁은 경제주체 간 게임의 룰을 바꾸는 것이다. 그리고 자유화와 개방은 자원의 가격과 배분에 대한 권한을 정부에서 시장으로 이양하는 것이다. 따라서 개혁은 그 과정에서 혼란을 초래할 뿐 아니라 정부 내에서 강한 저항을 받게 된다. 경제개혁을 말할 때 자주 시장개혁을 거론하나, 기실 가장 중요한 개혁의 대상은 정부인 경우가 많다. 정부의 조직과 권력구조, 일하는 방식, 정부와 기업·금융기관과의 관계를 바꾸지 않고서는 실질적 자유화의 진전과 자원 배분의 효율화를 기하기 어렵다. 오히려 자유화가 자원 배분을 더 왜곡해 경제위기를 초래하기도 한다. 기업·금융기관에 대한 정부의 명시적 혹은 묵시적 보증이 있는 한, 시장은 상대가격이 변하는 과정에서 빠르게 사익을 추구하고 차입과 투자에 따르는 리스크를 국가와 납세자의 주머니로 전가하려는 게임에 몰입하게 된다.

중국의 새 지도부는 10월에 시작되는 당대회에서 경제개혁 조치를 발표할 것이다. 지금 중국 정부의 실무진은 이러한 개혁안을 준비하는

데 분주하다. 얼마나 중요한 개혁 조치들이 실제로 채택될지는 시진핑 주석과 리커창 총리를 비롯한 새 지도부의 의지에 달려 있다. 여러 면에서 지금 중국의 경제 상황은 1990년대 초반 한국의 상황과 유사하다. 저축 동원과 투자 확대에 의존한 성장모델은 이제 한계에 봉착한 것이다. 높은 투자율은 지속되고 있으나, 성장률은 떨어지고 있다. 국유기업과 지방정부를 중심으로 방만한 투자가 지속되고 과잉 설비가 쌓이고 있다. 그러나 지금 중국 경제에서 일어나고 있는 여러 경제적 증세의 핵심적 요인은 단순히 경제정책의 문제가 아니고 바로 국가 지배구조와 정부의 운영 방식에 있다. 국가가 금융기관의 주인이면서 동시에 감독자이고, 대기업의 소유주면서 동시에 경쟁을 촉진해야 하는 것이다. 금융감독과 시장규율이 제대로 작동할 수 없는 이러한 상황에서 자유화 폭을 넓힌다고 해서 자원 배분의 왜곡을 다스리기는 어렵다. 도산 위험이 없는 국유기업과 지방정부의 투자 리스크가 금리와 대출 결정에 제대로 반영되기 어렵고, 금융 자유화는 오히려 이들의 방만한 투자 확대를 부추길 가능성이 크다.

경제개혁은 정부 주도의 자원 배분에서 벗어나 시장 내부의 규율에 따라 자원 배분을 해나가게 하는 것이다. 그러나 중국의 시장은 자율 규제 기능에 치명적 약점을 안고 있다. 기업과 금융기관의 소유구조에 따른 도덕적 해이가 시스템 전반에 깊이 내재해 있기 때문이다. 이들을 민영화하는 것은 사회주의 체제와 국가 지배구조의 근간을 흔드는 일이다. 그렇다고 지금처럼 금융에 대한 직접 규제를 지속할 수도 없다. 이미 '그림자금융shadow banking'과 같이 규제를 회피하는 금융상품이 봇물을 이루고 정부가 이를 제대로 통제하지 못하는 상황에 이르렀다. 지난 수년 사이에 그 규모는 국내총생산GDP의 약 40%에 이를 정도로 급증했다. 중국은 지금 개혁을 할 수도, 그렇다고 안 할 수도 없는 딜레마에 빠진 것이다.

그동안 중국은 '사회주의 시장경제'라는 모호한 체제를 표방하며 공산당이 지배하는 국가체제의 근간을 흔들지는 않으면서 개혁과 개방을 추진해왔다. 그리고 이 과정에서 놀랄 만한 경제적 발전을 이뤄냈다. 그러나 여기서 더 도약하기 위해서는 국가체제를 손대지 않으면 안 되는 기로에 직면해 있다. 민영화를 이루지 않고는 더 이상 경제 효율성을 높일 수 없다. 그러나 이는 공산당의 권력 기반을 통째로 흔들게 되는 일이다.

개혁에 대한 압력은 국내외에서 점점 강해지고, 새 지도부도 개혁을 지향하고 있다. 퇴로는 이미 차단되어 있는데, 앞으로 나아가기 위한 길은 험난하기 짝이 없다. 공산당 지배 엘리트들은 그들의 권력 기반을 지키기 위해 개혁에 강하게 저항할 것이다. 한국과 일본 모두 경제 자유화와 개방 과정에서 위기를 맡게 된 것은 정부 주도 경제 발전 과정에서 고착화된 정부·기업·금융기관의 유착 관계를 적시에 깨지 못했기 때문이다. 정부가 이들에게 암묵적 보증을 제공하고, 유착 관계에 의한 감독의 실패가 시스템 위기가 자라는 것을 막지 못했기 때문이다. 중국에서는 그러한 관계가 직접 소유와 국가 지배체제로 고착화되어 있다.

경제 자유화와 정치 자유화의 궤도는 일시적 괴리를 보일 수 있으나 영구적 괴리를 가질 수는 없다. 이는 역사가 말해주는 바다. 이미 중국의 경제 자유화는 정치 자유화를 훨씬 앞서나가기 시작했다. 새 지도부가 얼마만큼 개혁을 끌어안을 수 있을지 모르지만 이러한 추세는 올해 말 이후 더욱 심화될 것이며, 이는 동아시아의 정치·경제 지평에 커다란 변화를 몰고 올 것이다.

다시 보기 이 글에서 지적했다시피 중국의 지도부는 지금 경제개혁을 놓고 진퇴양난의 도전에 봉착해 있다. 필자도 중국의 새 지도부가 이러한 도전에 어떻게 응전해나갈 것인지 매우 궁금했다. 시간이 다소 지난 지금, 이러한 도전에 대한 중국 지도부의 응전 방식은 좀 더 분명해졌다. 경제개혁은 매우 점진적으로 추진하고, 부패 척결에 강한 드라이브를 걸겠다는 것이다. 지난 약 1년 반 동안 중국 정부는 20만 명이 넘는 당원들에 대해 조사를 벌였다. 이 중에는 단순히 경고나 감봉 조치로 끝낸 경우도 있고, 사형을 선고한 경우도 있다. 일단 이러한 부패 척결 드라이브를 통해 중앙과 지방정부 관리, 국영기업체 임직원들을 바짝 긴장하게 하고 겁을 주어 시진핑 주석은 단기간에 권력을 장악하는 데 일단 성공한 것으로 보인다.

그러나 이러한 부패 척결 운동은 경제를 위축시키는 효과를 가져왔다. 공무원들은 뇌물을 받는 데 더 조심스러워졌고, 그러다 보니 종래에는 신속하게 이루어지던 인허가나 사업 승인이 지연되는 일이 잦아졌다. 한편으로 고급식당에 파리가 날고 마오타이나 우량예 같은 고급술이 안 팔리면서 술집 사정도 전과 같지 않다. 국내 여행객도 줄었다. 부패 척결 운동은 다국적기업의 중국 투자도 위축시키는 결과를 가져오고 있다. 2014년 세계적 제약회사인 글락소 스미스 클라인의 외국인 CEO가 뇌물 공여 혐의로 조사를 받고 재판에 넘겨짐에 따라 외국인 경영자들에게 중국 근무는 점점 위험한 일로 인식되고 있다. 현지 중국인 임원을 앞세워 정부 관리나 국영기업체 임원에게 뇌물을 주고 사업을 진행하려 하나, 이들도 전보다 더 조심스러워하고 있다고 한다. 경기가 위축되다 보니 자연히 금융개혁, 국유기업개혁 등 구조조정은 뒷전으로 밀리고 중앙은행은 최근 금리 인하 등으로 팽창적 통화정책 기조를 확대하고 있다.

부패 척결을 반대할 사람은 없다. 중국은 국제투명성기구Transparency International에서 발표하는 부패지수에서 최근 40점(점수가 낮을수록 부패가 심하다는 것을 의미한다)을 받아 평가 대상 177개국 중 80위를 기록했다. 물론 중국보다 더 부패한 아시아 국가도 많다. 캄보디아는 20점을 받았다. 반면 일본, 홍콩, 싱가포르는 세계에서 깨끗한 20개 나라에 포함되었다. 한국은 55점을 받아 177개국 중 46위를 기록했다. 그러나 중국의 부패 척결 운동의 진정한 동기와 목적이 무엇인지는 아직도 좀 더 관찰해봐야 알 수 있을 듯하다. 많은 이들은 부패 척결 없이 중국의 미래에 희망이 없다고 보고 시진핑의 부패 척결 드라이브에 큰 박수를 보내고 있다. 그러나 한편으로 지금의 부패 척결 드라이브가 잠재적 정적을 제거해 시진핑의 권력 기반을 공고히 하려는 정치적 포석에 불과하다며 냉소를 보내는 이들도 있다. 또한 중국 정부가 부패 척결을 명목으로 조사 대상자를 임의로 연행·구금하고 자백을 강요해 기본적 인권을 짓밟고 있다고 우려하기도 한다.

시진핑의 부패 척결 운동을 바라보는 이러한 관점 모두 나름대로 일리가 있다고 생각된다. 그런데 필자는 시진핑의 부패 척결 운동이 정치적 동기에 의한 일시적 캠페인에 그치지 않고 앞으로 중국 경제와 사회의 발전을 위한 중요한 포석이 되려면 단순히 부패 척결에 집중되어서는 안 되고 이와 더불어 중국 사회의 포괄적 보상체계의 개편과 경제 자유화 노력이 함께 이루어져야 한다고 생각하고 있다. 부패가 생기는 근본적 이유는 정부의 강한 규제와 그러한 규제로 파생되는 지대economic rent에 있다. 어떤 나라든 규제로 커다란 지대가 파생되면 반드시 지대추구 행위rent-seeking behavior가 따르게 된다. 부패한 공무원과 당원을 아무리 잡아내더라도 광범위한 정부의 경제 규제가 이어지는 한, 그것은 부패의 비옥한 토양이 된다. 금리 규제가 대표적인 것이다.

동시에 공무원에게 좀 더 현실적인 보수체계를 제공하지 않고서는 부패 척결이 사회적 정당성을 확보하기 어렵다. 결국 재수가 없거나 권력기관의 눈 밖에 난 공무원만 걸려 희생당한다는 인식이 퍼지게 되는 것이다. 싱가포르가 같은 중국인들이 경영하는 나라이지만 아시아에서 가장 부패가 없는 나라(국제투명성기구 부패지수 83)가 된 것은 공무원에게 민간기업과 비슷하거나 오히려 더 높은 보수를 주면서 부패행위에 대해서는 엄벌을 가해왔기 때문이다. 물론 공무원 숫자가 4000만 명을 넘는 중국의 사정은 싱가포르와 같은 작은 도시국가와는 다르다. 그러나 지금과 같이 일반적인 가정의 한두 주 정도의 생활비밖에 되지 않는 월급을 주는 것은 공무원에게 부패하라는 면허증을 주는 것과 마찬가지다. 중국이 과연 이런 문제까지 근본적으로 개선하며 부패 척결 드라이브를 성공할 수 있을 것인가? 그렇다면 시진핑은 모택동, 등소평과 같은 반열에 드는 지도자가 될 것이 분명하다.

2013

0831

# 전세대란, 장기적 시각으로 접근해야

전·월세 대책의 큰 딜레마는 전·월세를 안정시키기 위해서는 집값이 올라야 하나 집값이 오르면 장래 전·월세는 더 크게 올라간다는 점이다. 최근 전세금이 치솟는 근본적인 이유는 첫째로 집값이 오르지 않고, 둘째로 시중금리가 매우 낮으며, 셋째로 집값이 너무 올랐기 때문이다. 집값이 더 이상 오르지 않으면 집주인은 양도소득을 기대할 수 없어 전세금을 집값만큼 올려도 손해를 보게 된다. 재산세도 내야 하고, 집이 망가지면 수리비도 내야 하기 때문이다. 따라서 지금 시중 전세금은 새 균형점을 찾아가고 있는 중이다. 집값이 오르면 일시적으로 전세금은 안정되겠지만, 다시 집값이 안정되면 그때는 지금보다 더 높은 수준의 전세금이 형성되게 된다.

전세는 우리나라의 독특한 제도다. 과거 제도권 금융에서 돈을 빌리기 어렵고, 사채시장이 만연해 이를 통해서 고금리 수익을 얻기가 쉬웠던 시대에 정착된 제도다. 이제 금융시장이 발전해 가계대출이 쉬워지고 고수익 사채 운용이 어려워진 상황에서, 그리고 집을 사놓기만

하면 값이 오르던 시대가 지나간 상황에서 이 제도 자체의 생명력이 다하고 있는 것이 최근의 전세대란으로 나타나고 있다고 보아야 할 것이다.

그러나 월세로의 전환도 사태 해결에 도움이 되지 않는다는 데에 문제가 있다. 그 이유는 역시 집값이 너무 올랐기 때문이다. 집주인은 집값에 상응하는 금액의 시중금리에 재산세, 유지관리비를 더해 월세를 받아야 손해를 보지 않는다. 그렇다면 5억 원짜리 아파트의 월세는 적어도 150만 원 이상이 되어야 하는데, 이는 애를 키우는 젊은 부부들이 감당하기에 너무 벅찬 수준이다. 그나마 시중금리가 지금처럼 낮지 않고 앞으로 정상화되면 균형점의 월세 수준은 더 올라가게 될 것이다.

높은 집값은 우리 사회에 많은 문제를 일으키고 있다. 높은 지가를 유발해 기업의 국내 투자를 위축시킬 뿐 아니라, 젊은이들이 부모의 도움 없이는 결혼 후 보금자리를 마련하기 어려워졌다. 대개 외국의 경우 젊은 부부들은 부모 도움 없이 수년간 임대 생활과 저축을 통해 집을 마련한다. 그리고 장기주택금융을 얻어 집을 마련해 자식들을 키운다. 미국의 경우 평균 집값이 국민 1인당 소득의 4~5배에 지나지 않아 이 과정이 그리 어렵지 않다. 지난해 미국의 1인당 국민소득은 4만 7000달러가 넘는 반면, 평균 집값은 21만 달러, 즉 한화로 2억 3000만 원 정도다. 집값이 비싸다는 로스앤젤레스 지역의 평균 집값도 35만 달러 정도에 지나지 않았다. 반면 우리나라의 1인당 국민소득은 2만 달러인 데 비해 국민의 절반이 거주하는 수도권의 전용면적 84제곱미터(약 25평) 아파트 평균 가격은 3억 4800만 원이다. 1인당 소득의 15배가 넘는 셈이다. 서울시의 같은 규모 아파트 평균 가격은 4억 8000만 원이 넘고, 과천시는 7억 원이 넘는다.

전세대란의 가장 근본적인 요인이 집값이 너무 올랐기 때문인데도 매매 활성화로 집값을 부추겨 전세 문제를 해결해보겠다는 것은 일시적으로 문제를 이연시킬 뿐 장기적으로는 문제를 더욱 악화시키는 길이다. 지금의 전세대란에 대한 뾰족한 대책은 없다. 집값 안정 내지 하락이 고통스러운 과정이기는 하지만, 우리 사회가 이를 감내해야 한다. 집값 상승은 장래 집을 마련해야 하는 젊은 세대로부터 현재 집을 소유한 세대에게 소득을 이전시키는 것과 같다. 지금 젊은 세대는 국가부채 증대, 고령화에 따른 복지 부담 증대 등으로 이미 높은 미래 부담을 어깨에 지고 있다. 지금 집값의 하락을 감내하지 않으면 앞으로 우리 경제·사회의 문제는 더욱 깊어질 것이다. 다만 급격한 집값 하락은 금융 부실 등 여러 가지 문제를 초래할 수 있어 연착륙의 유도가 필요하다. 다행히 지난 몇 년간 집값은 매우 점진적인 하락 내지 정체를 보였다. 바람직한 방향으로 조정되어온 것이다.

지난 28일에 발표된 대책은 그래도 절제된 흔적이 보인다. 거래세의 인하, 공공임대주택 확대는 옳은 방향이다. 그러나 무엇보다 앞으로 경계해야 할 대책은 대출 규제를 완화하는 것이다. 우리나라의 가계부채는 이미 가처분소득 대비 세계 최고 수준이다. 그리고 우리의 경우 소득 대비 집값이 매우 높기 때문에 대출 규제 완화는 가계부채를 곧 위험수위로 치닫게 할 것이다.

부모 도움 없이는 집을 마련할 수 없다는 것은 우리 사회의 구조적 문제가 깊음을 말해준다. 이는 소득 격차를 대물림하고 계층 간 이동성을 제약하며 세대 간 또는 계층 간 갈등을 불러오는 주요 요인이 된다. 집값을 부추기는 대책으로 전세대란을 완화하려 한다면 이는 우리 사회의 문제를 더욱 깊게 하는 길이 된다. 전·월세 대책을 좀 더 장기적 시각으로 접근할 필요가 있다.

다시 보기 앞의 글에서도 말한 바와 같이 최경환 경제부총리가 2014년 7월 취임하자마자 가장 먼저 추진한 것이 LTV, DTI의 규제 완화였다. 곧이어 9월 1일에는 재건축 규제가 완화되었다. 이 글을 쓴 지 꼭 1년이 지나 일어난 일이다. 필자가 일어나지 않기를 바랐던 일이 일어난 것이다. 그럼에도 언론, 정치, 경제계는 대체로 그러한 대책을 크게 반겼다. 필자의 생각이 그른 것인가? 어쨌든 필자의 견해는 이 문제에 관한 한 소수 의견에 불과하다는 것을 다시 확인하게 되었다. 그러나 이 글에 나타난 필자의 견해는 바뀌지 않았다.

2013

1130

# 한국 경제, 구조개혁으로 활력 찾아야

선진국 경제의 회복세에 따라 수출 등 우리 경제의 지표도 최근 완만한 개선을 보이고 있다. 하지만 국내 소비와 기업 투자의 부진은 여전히 지속되고 있는 상태다. 내년도 성장률은 올해보다 높아질 것이나, 이는 어디까지나 단기적·순환적 측면의 회복에 그칠 것으로 보인다. 이미 우리 경제의 구조적 취약성이 매우 깊어진 탓에 이대로는 장기적이고 안정적인 성장을 기대하기 어렵다. 고령화만이 문제가 아니다. 소득 대비 가계부채는 세계 최고 수준으로 올라가 있고, 가계 저축률은 세계 최저 수준으로 떨어져 있다. 실질임금과 가계소득이 정체되어 있으며 더 이상 줄일 수 있는 저축도 없어 구조적으로 민간 소비가 살아나기 어려운 상태다. 2008년 이전에 4%대였던 민간 소비 증가율은 올해 들어 1.8% 수준까지 떨어졌다. 소비가 부진하니 공급을 늘릴 유인이 없고 투자 부진도 지속되고 있다.

이런 추세는 외환위기 이후 지속되었는데, 특히 지난 5년간 심화되었다. 그나마 2001~2007년 동안 연평균 3.9%로 노동생산성 증가율

(4.1%)에 근접하던 실질임금 상승률은 2008~2012년 동안에는 아예 마이너스 0.3%로 돌아서 실질임금이 감소하는 현상을 보였다. 이렇게 상당 기간 실질임금이 정체 내지 감소하는 현상은 경제개발을 시작한 1960년대 이후 처음 있는 일이다. 반면 기업 저축률은 크게 올랐다. 1990년대에 12~13%대를 기록하던 기업 저축률은 2010년 19.7%로 OECD 회원국 중 일본 다음으로 높다. 저금리와 실질임금 정체로 기업 이윤은 개선되었으나 이것이 투자로 이어지지 않았기 때문이다. 1990년대에 20%대를 기록하던 가계 저축률이 2011년 2.7%로 떨어진 것과 크게 대비된다.

경제에서 가장 중요한 가격 변수는 노동의 대가인 임금, 자본의 대가인 금리, 부동산의 대가인 지가 및 임대료, 그리고 국내 재화와 해외 재화의 상대가격인 환율이라 할 수 있다. 이러한 가격 변수의 움직임은 그 경제의 활력과 경쟁력, 소득분배를 결정한다. 따라서 이들이 적정 수준 내에서 움직이게 하는 것이 경제 운용의 기본적 과제다. 외환위기 이전 약 10년간 지나치게 가파른 임금 및 지가 상승, 두 자릿수의 고금리, 환율의 고평가로 가계의 실질소득은 빠르게 증가했으나 기업들은 부실해져 결국 위기를 맞게 되었다. 그러나 외환위기 이후, 특히 지난 5년간 이러한 상황은 완전히 역전되어 기업은 부유해졌으나 가계는 부실해졌다. 우리 경제가 다시 위기를 맞게 된다면 그때는 아마 가계발 위기가 될 것이다.

지금 우리 경제에 필요한 것은 주요 가격 변수의 재조정을 유도하는 것이다. 그러나 재조정은 이들을 결정하는 기저에 깔린 구조를 조정하지 않고는 불가능하다. 단기적 통화·재정 정책만으로는 분명한 한계가 있다. 실질임금의 정체를 개선하려면 생산성 향상뿐 아니라 고용·분배 구조의 변화를 이뤄내야 한다. 그동안 실질임금이 정체된 것은 대기업의 고용이 줄어든 반면 임금이 낮은 사회복지 분야, 고령층, 여성, 중소기업을 중심으로 고용이 늘었기 때문이다. 여기에 자영업자 증가와 이들의 소득 하락은 가계소득의 정체뿐 아니라 소득분배를 악화시켰다. 기업 이윤과 저축이 증가한 것도 일부 대기업 중심으로 이뤄졌으며, 다수 중소기업의 재무 상태는 오히려 악화되었다. 이러한 현상을 타파하기 위해서는 생산성 향상과 더불어 노동시장, 공정경쟁 질서, 분배구조 등에 전반적 변화가 일어나야 한다.

대기업 노조의 경직성을 낮추어 이들이 정규직 고용을 늘려가도록 유도하고, 대기업과 중소기업 간의 이윤 및 임금 격차를 줄여나가며, 임금체계를 개편해나가야 한다. 그리고 중소기업의 구조조정을 촉진해 이들의 생산성을 높여가야 한다. 이를 위해서는 다시 우리의 시장 생태계와 금융 부문의 변화가 이뤄져야 한다. 과거 일본의 은행원들이 자전거를 타고 중소기업을 수시로 방문하며 그들과 함께 성장해 탄탄한 중소기업 기반을 형성해온 반면, 우리 은행들은 관치하에서 대기업 대출에 치중하다가 위기 이후에는 가계대출, 소비자금융에 몰두했다. 창조경제 그리고 중소기업과 벤처기업의 발전은 금융 부문 변화 없이는 이뤄내기 어렵다.

이러한 구조조정은 적어도 5년 내지 10년간 꾸준히 추진해야 비로소 성과를 볼 수 있다. 지금과 같은 경제구조가 지속되면 활력은 더욱 떨어지고 위기의 가능성은 커진다. 여야 누구든 한국 경제호號에서 뛰어내릴 수는 없다. 그리고 앞으로 5년 뒤, 10년 뒤 어느 정당이 정권을 책임지고 있을지도 알 수 없다. 지금 서로 타협할 것은 하고 협력하면서 지혜를 짜내지 않으면 우리 경제가 당면한 어려운 구조개혁 과제들을 풀어갈 수 없다.

다시 보기 이 글을 쓴 지 1년이 더 지난 지금, 이 글을 다시 읽어보니 최근 들어 정부가 구조개혁을 강조하고 있긴 하지만 이 글에서 말한 바는 여전히 미뤄진 과제로 남아 있음을 느낀다.

창조경제를 위해 금융 부문의 변화가 일어나야 한다는 부분에 대해서 최근 정부가 금융 혁신을 강조하는 것은 고마우나, 아직까지 그 접근 방법이 금융 부문의 근본적 혁신과 변화를 유도해내기보다는 단기적이고 수치적인 성과를 내기 위해 은행의 팔을 비틀어 벤처기업에 대한 대출을 늘리는 방식에 더 열중인 것 같아 아쉬움이 있다. 그리고 지난 경제팀도 그랬지만, 지금 정부의 경제팀의 정책 방향을 총체적으로 볼 때 구조조정이 아니라, 부동산 경기 부양 등 단기 부양책에 지나치게 경도되어 있는 것도 아쉽게 보인다. 2015년 들어 경제팀은 노동개혁, 금융개혁, 교육개혁, 공공부문개혁 등 4대 구조개혁을 강조하기 시작했다. 그러나 그 내용을 보면 여전히 지난해 발표한 경제혁신 3개년 계획에서와 같이 초점이 분명치 않고 나열식 개혁 강조 수준을 크게 넘지 않고 있는 것으로 보인다.

현 경제팀과 정부가 짧은 재임 기간 내에 가시적인 경기 활성화를 이루려는 노력을 하고 있는 것은 이해가 가지만, 이에 너무 집중하는 정책이 되풀이되면 결국 우리 경제의 구조적 문제는 더 깊어질 수밖에 없다. 필자가 이 글에서 말한 과제들은 당분간 시간이 더 지나도 유효한 과제로 남아 있을 수밖에 없을 것으로 예측된다.

2013

1221

# 세계 경제구조 변화와 경제정책

출근길에 지하철역 상가에 걸려 있는 스웨터와 바지의 가격이 5900원이라고 표기된 것을 보았다. 20년 전과 비교해 훨씬 싼 값이다. 품질은 아마 더 좋아졌을 것이다. 한국은행이 집계한 생산자물가지수를 보면 TV는 8년 전 가격의 절반, 냉장고는 20년 전 가격의 절반 수준으로 떨어져 있다.

인구가 13억 명인 나라가 지난 30년 동안 평균 10%의 경제성장률을 기록해왔다. 중국은 이미 세계 2위의 경제, 세계 최대의 제조공장, 세계 최대의 수출국이 되었다. 인구 12억의 인도도, 6억의 동남아국가연합(아세안)도 지난 20년간 평균 6%대의 성장률을 기록하고 있다. 과거 유럽과 미국이 산업화할 때 보여준 연평균 2~3%의 성장률과는 비교가 되지 않는다. 영국이 1인당 소득을 배로 올리는 데는 150년이, 독일은 64년, 미국은 53년이 걸렸으나, 중국과 인도는 각각 14년, 17년밖에 걸리지 않았다. 이들이 값싼 노동력으로 제조한 물품들을 세계시장에 쏟아냄으로써 1970~1980년대까지 세계적으로 팽배해 있던 인플레에 대한 우려가 이제는 디플레에 대한 우려로 바뀌었다. 사람이 만들어낼 수 없는 금, 석유, 구리 등 자원의 가격과 배에 실어 수입할 수 없는 부동산, 서비스 가격만 크게 올랐다. 지난 20년간 세계경제는 일찍이 경제사에서 경험하지 못한 커다란 구조 변화를 겪고 있는 것이다.

변화의 속도는 어지러울 정도로 빠르다. TV가 5000만 명에게 보급되기까지는 13년, 아이팟은 4년, 인터넷은 3년, 페이스북은 1년, 트위터는 9개월이 걸릴 정도로 세계시장은 빠르게 통합되고 기술과 제품의 사이클은 짧아지고 있다. 3개월 동안 유튜브에 업로드된 영상물이 지난 100년간 미국의 ABC, NBC, CBS, CNN 방송의 콘텐츠를 다 합친 것보다 많다고 하니 앞으로 또 어떤 기록이 날마다 출현할지 궁금하다. 과거에는 지구 한쪽의 경제가 자연재해나 위기를 경험하면 다른 쪽의 경제는 풍작이나 호황을 맞았으나, 이제는 세계시장의 통합으로 경기 변화도 동조를 이루고 있다. 미국 금융위기 직후인 2009년에는 통계가 집계된 후 처음으로 전 세계 경제성장률이 마이너스를 기록했다. 동조화 때문이다. 2012년 중국의 1인당 국민소득은 세계 87위에 머물러 있으나, 만약 지금 우리와 비슷한 30위대로 올라온다면 이 나라가 앞으로 얼마나 더 많은 물품을 세계시장에 쏟아내게 될 것인가?

전 세계 인구의 약 절반을 차지하는 나라들이 급속히 산업화되면서 서구에서 발전한 전통적 거시경제학 이론들의 설명력이 약해지고 있다. 특히 금리와 실물경제 변수 간의 관계가 모호해지고 있다. 위기 이전 미국 연준이 저금리정책을 오래 지속해도 인플레 압력이 없어 소위 '골디락스'라는 최장의 경제 호황을 구가했으나, 이것이 결국 2008년 금융위기로 이어졌다. 위기 이후에는 금리를 아예 영으로 내려도 사람들이 대출을 받기는커녕 오히려 빚을 갚고 소비를 줄이고 있다. 양적 팽창을 통해 억지로 돈을 풀어도 시중에는 돈이 잘 돌지 않는다.

1970~1980년대에 있었던 높은 인플레 경험을 바탕으로 각국의 중앙은행들이 도입한 물가 안정 목표제는 이제 선진국들에서 물가를 잡기 위한 목적이 아니라 물가를 높이기 위한 목적으로 사용되고 있다.

값싼 제품들이 쏟아져 나와 시민들의 실질구매력을 높여주는 것은 오늘날 세계경제가 가져온 축복이나, 급속한 세계 경제구조 변화로 경제정책이 길을 잃고 있는 것은 저주라고 해야 할까? 지난달 IMF 경제 포럼에서 전 하버드 대학 총장 로런스 서머스는 오늘날 세계경제가 수요보다 공급이 과잉인 상황이며 저성장 · 저물가 · 저금리가 오히려 '새로운 정상new normal' 상태인 시대로 접어들어 실질균형금리 수준이 마이너스일 것이라 주장해 주목받기도 했다.

이번 주 한국은행은 우리나라 생산자물가가 14개월 연속 하락했음을, 연준은 양적완화 축소 계획을 발표했다. 이 시대의 경제정책은 많은 모험과 모색을 필요로 하는 것으로 보인다. 안개가 자욱한 새벽의 숲길처럼 지금 내딛는 발걸음이 어디로 인도할지 그 누구도 확신에 찬 목소리로 말할 수 없다. 종래의 이론과 경험은 믿을 만한 길잡이가 되지 못하고, 앞길을 예측하기에는 진행되는 변화가 너무 빠르다. 이럴 때일수록 경제정책에 대해서는 결국 유연성을 최고의 덕목으로 삼고 갈 수밖에 없다. 찰스 다윈이 그의 명저 『종의 기원』에서 내린 결론은 오늘날 경제정책의 운용에서도 유효해 보인다. "결국 살아남는 종은 가장 강한 종도, 가장 지적인 종도 아닌, 변화에 가장 유연하게 적응하는 종이다."

다시 보기 2013년부터 경제학계에서는 '새로운 정상new normal'이라는 말이 화두로 떠올랐다. 로런스 서머스가 지금 세계경제는 수요가 공급을 따라가지 못하는 공급 과잉의 시대로 들어섰고 저성장·저물가·저성장이 경제의 '새로운 정상' 상태인 시대로 들어섰으며, 따라서 이러한 경제 상황에서는 실질균형금리 수준이 마이너스일지도 모른다는 말을 한 후, 폴 크루그먼이 «뉴욕타임스»에 기고한 글에서 서머스의 말을 극찬하며 맞장구를 치고 나서면서 이 '새로운 정상'이라는 단어가 세계적으로 회자된 것이다. 주지하다시피 이 두 유명한 경제학자는 세계 금융위기 이후 팽창적 재정·금융 정책을 구사해 경제 침체의 지속을 막아야 한다고 주장하는 편에 선 대표적 학자로서, 재정 건전성을 강조하는 케네스 로고프 하버드 대학 교수나 마틴 펠트스타인 전 대통령자문회의 의장, 영국의 보수당, 미국의 공화당 정치인, 보수적 시각을 가진 언론인들과는 대립각을 세워왔다. 어찌 보면 이것은 케인지언 경제학과 통화주의 경제학 간 관점의 차이에 뿌리를 두고 있는 것이라 할 수 있다.

그러나 이러한 논의에서 언급되지 않은 부분이 있다. 바로 소득분배의 문제다. 미국에서는 1980년대 이후 소득 하위 약 90% 계층의 실질소득이 거의 정체되어왔다. 한국에서도 1990년대 중반 이후 이러한 경향이 뚜렷해지고 있다. 경제는 성장하나 그 과실이 소득 상위 1%, 10% 계층에 주로 집중되다 보니 일반 가계의 소득과 구매력은 늘어나지 않는 것이다. 경제성장이란 곧 국내총생산GDP의 증가를 말한다. 생산은 증가하되 이에 따라 늘어난 소득은 일부에 집중되다 보니 이것이 총수요 증가로 제대로 이어지지 않게 된 것이다. 부자들은 그들이 번 돈을 다 쓸 수 없고, 한계소비 성향이 큰 일반 가계들은 벌이가 늘어나지 않아 더 쓸 수 없는 형편인 것이다. 한동안 빚을 늘려 소비를 증가시켰으나, 이것이 과다 부채를 가져와 금융위기를 초래하고 이후에는 빚을 축소하려는 노력을 하다 보니 더더욱 유효수요가 줄어들게 된 것이다.

세계 금융위기는 아직 끝나지 않았다. 미국과 영국 경제가 회복세를 보이고 있지만, 유로존과 일본 경제는 아직 혼미를 거듭하고 있다. 미국과 영국 경제에 대해서도 통화정책의 정상화 과정에서 어떤 현상이 일어날지, 통화정책이 정상화의 과정을 밟고 나서도 지속적 성장을 보여줄 것인지, 혹은 통화정책의 정상화가 실기를 하지 않고 적시에 일어날 수 있을지에 대해 아무도 확실한 예측을 할 수 없다. 그야말로 세계경제 그리고 주요국의 통화정책이 일찍이 가보지 않은 길을 지난 세계 금융위기 이후 걸어가고 있기 때문이다. 따라서 아직 이런 논쟁에서 궁극적으로 누가 승자가 되고 누가 패자가 될지는 알 수 없다.

한편으로 2010년 보수당 정권이 들어서며 긴축적 재정정책과 팽창적 통화정책의 조합을 선택한 영국 언론과 보수당 의원들은 영국의 경제 회복세가 뚜렷해진 2014년 초, 보수당 정부가 재정균형을 추구해서는 경제 회복을 이룰 수 없을 것이라고 강하게 주장했던 프랑스 출신 IMF 수석 이코노미스트 올리비에 블랑샤르 전 MIT 교수에게 스스로 틀렸음을 인정하고 사과하라고 요구한 바 있다.

인간 세상의 일이란 불확실한 것이다. 한 개인사에서도 언젠가 죽을 것이라는 것 외에 미래에 확실한 것은 아무것도 없다. 세상사는 늘 불확실성으로 가득 차 있다. 그렇다 해도 세계경제의 경로가 앞으로 10년 혹은 20년 후 어떻게 될 것인가에 대한 불확실성이 오늘만큼 큰 적도 일찍이 없었을 것이다.

2014

0111

# 재균형

새해는 밝은 경제 전망과 함께 시작되었다. 아직 맑은 햇살은 아닐지라도 세계경제는 위기 이후의 오랜 침체에서 점차 구름이 걷히는 모습을 보여주고 있다. 미국, 일본, 유럽이 모두 상승 국면을 이어가고 중국도 지난해보다는 높은 성장률을 보일 것으로 예측된다. 한국 경제도 회복세로 들어선 것이 분명하다. 정부는 올해 성장률을 3.9%, 한국은행은 3.8%로 예측하고 있다. 박근혜 대통령은 신년 기자회견에서 '경제혁신 3개년 계획'을 세워 회복의 불씨를 살리고 잠재성장력을 끌어올리겠다고 말해 새해에 기대감을 더했다.

그러나 한국 경제가 단순히 경기순환적 회복세를 보이는 것이 아니라 중장기적으로 활력을 회복하려면 풀어야 할 과제가 많다. 박근혜 대통령은 비정상의 정상화, 창조경제, 내수 활성화를 세 가지 추진축으로 제시했으나, 거시경제적 측면에서 보면 경제 각 부문 간 '재균형rebalancing'을 이뤄내야 중장기적 활성화 기반이 마련될 수 있다.

대외 환경부터 보자. 이제 막 시작된 세계 경기의 상승 국면은 적어도 앞으로 3~4년 지속될 것으로 보인다. 이에 따라 지난 수년간 지속된 미국의 양적완화가 점진적으로 마감되고, 아마도 내년 초부터는 연준이 정책금리 인상을 시작할 것이다. 이미 시장금리는 오름세를 보이고 있다. 반면에 일본은 양적완화를 지속해 확실한 디플레 탈출과 엔화의 추가 하락을 유도하려고 할 것이다. 따라서 앞으로 3년간 대외환경의 큰 흐름은 해외 수요 증대, 국제금리 상승, 엔화에 대한 원화 절상으로 정리될 수 있다. 이 흐름을 잘 탈 수 있을 것인가, 아니면 이에 휩쓸릴 것인가에 따라 앞으로 3~4년 한국 경제의 성과가 정해질 것이다.

세계 금융위기 이후 미국과 유럽에서는 민간 부문의 부채 축소가 진행되어왔다. 이 때문에 경기침체가 지속되었으나, 이제 어느 정도 부채 조정이 이뤄져 조금씩 경기가 살아나고 있다. 반면에 한국은 위기 이후 부채가 지속적으로 늘어났다. 특히 가계와 공기업부채가 크게 늘어 소득 대비 가계부채 비율은 이미 세계 최고 수준으로 민간 소비의 발목을 잡고 있으며, 영업이익으로 이자도 갚지 못하는 공기업이 늘고 있다. 앞으로 시장금리가 오르게 되면 이들의 취약성은 더 커져 자칫 가계부채 위기를 맞을 수도 있다. 따라서 해외 경기가 좋아지는 향후 수년간 소득 대비 가계부채 비율을 낮추고 공기업부채도 감축시켜놓아야 이후 지속적 성장 기반을 마련할 수 있다. 그러나 이러한 조정이 진행되는 동안 민간 소비와 공기업 투자가 위축되어 총수요 부족으로 경기회복의 발목을 잡을 수 있다. 더구나 원화 절상이 수출 경쟁력을 위축시키면 세계경제가 회복세를 나타내더라도 한국 경제의 성장세는 부진할 수 있다.

따라서 관건은 가계와 공기업 부문의 부채 조정을 유도하는 동시에 경제의 총수요를 진작시키는 것이다. 이를 위해서는 민간기업과 정부 부문에서 당분간 총수요를 확대해야 한다. 특히 그동안 크게 늘려온 민간기업의 저축을 투자로 연결시키는 것이야말로 현재 우리 경제가 당면한 최대 과제다.

1997년 외환위기는 기업 부문의 과다 부채에서 비롯되었다. 외환위기 이후 기업 부문의 부채 조정이 이뤄짐에 따라 기업 투자가 크게 위축되었는데도 우리 경제가 빠른 회복을 이뤄낼 수 있었던 것은 가계 부문과 정부 부문에서 부채가 크게 늘어났기 때문이다. 그러나 지금은 가계 부문에서 부채 조정이 일어나야 하는 상황이며, 기업 부문에서 부채와 투자를 늘려주지 않으면 경제 회복세가 위축되게 된다. 기업의 투자를 유도하기 위해서는 규제혁신뿐 아니라 이들이 투자해서 이익을 낼 수 있는 거시적 환경 조성이 필요하며, 결국 경쟁적인 환율·임금·지대·금리 수준을 유지해나가야 한다. 내수산업인 서비스업의 발전도 결국 국민의 소비 여력이 늘어나야 기대할 수 있다.

이렇게 볼 때 한국의 거시경제정책은 당분간 더 완화적 기조를 유지할 필요가 있다. 경기 활성화를 위해 가장 쉬운 방법은 부동산 시장 활성화일 것이다. 그러나 이는 비정상의 정상화가 아니라 비정상의 고착화가 되기 쉽다. 이미 우리나라 부동산 가격은 소득수준에 비해 너무 높아, 이를 부추길 경우 구조적 취약성이 더욱 깊어져 중장기적으로 투자와 소비에 모두 부정적 영향을 미치게 된다. 세제의 정상화를 통한 거래 활성화는 필요하나, 가계부채를 확대시키는 금융 규제 완화는 절제할 필요가 있다. 반면에 창업뿐 아니라 기업의 인수합병M&A 시장을 크게 활성화해 취약한 대기업 및 중소기업의 구조조정을 촉진하고, 경영혁신을 유도해 생산성을 향상시키며, 이와 관련한 신규 투자를 끌어내는 것이 경제혁신과 잠재성장력 제고의 핵심적 과제가 되어야 할 것으로 보인다.

다시 보기 경제가 균형을 벗어나 오래 지속되면 위기를 맞게 된다. 위기란 현재의 상황이 더는 지속될 수 없음을 시장이 폭발음으로 보여주는 것이다. 위기 후이 각 부문은 조정을 거치게 된다.

대만 출신 노무라증권 수석 이코노미스트인 리처드 쿠는 2008년 세계 금융위기 이후 『거시경제학의 성배: 일본 대침체의 교훈The Holy Grail of Macroeconomics: Lessons from Japan's Great Recession』(2009)이라는 저서에서, 1990년대 이후 일본의 부동산과 주식시장의 버블이 붕괴한 뒤 일본 기업과 가계가 대차대조표 재구성balance sheet restructuring을 시작하면서 장기 침체를 겪게 되었는데, 이를 타산지석으로 삼아 2008년 세계 금융위기 이후 선진국들이 장기 경기침체를 막기 위해서는 이들의 정부가 매우 큰 규모의 재정확대정책을 써야 한다고 주장했다. 그리고 그는 이런 경제 전반의 대차대조표 재구성으로 초래되고 지속되는 경기침체를 '대차대조표 불황balance sheet recession'이라는 표현을 써서 설명했는데, 이 표현은 후에 학자와 언론 사이에서 자주 인용되고 있다.

기업의 과도한 투자와 과다 부채로 금융위기가 생겼을 때에는 위기 후 기업의 부채 축소deleveraging가 일어나게 되며, 부동산 버블과 같이 가계의 과다 부채로 금융위기가 발생했을 때에는 가계부채의 축소가 필요해진다. 부채 축소의 과정이 진행되면 총수요가 위축된다. 기업은 빌린 돈을 갚거나 자본을 늘려야 부채 비율이 축소되는데, 그러기 위해 기업 이윤이 쌓이더라도 투자를 하지 않고 내부에 유보하게 된다. 가계가 부채를 축소한다는 것은 소비를 적게 하고 저축을 더 많이 하게 된다는 것이다. 따라서 금리가 매우 낮아도 돈을 빌리지 않고 오히려 돈을 갚는 상황이 벌어지는 것이다. 1990년대 후반 금융위기를 겪으며 제로 금리를 유지한 일본과 2008년 금융위기 이후 제로 금리를 도입한 미국에서는 실질금리 수준이 마이너스인 상황에서도 가계와 기업이 오히려 부채를 축소했다. 이렇게 되면 자연히 소비와 투자가 위축되고 생산이 위축되며 일자리가 감소하게 되어 깊은 경기침체를 겪게 된다.

가계와 기업 부문의 대차대조표 재조정, 즉 과다한 부채를 축소해 적정한 부채 비율로 회복하는 과정은 경제가 건전성을 회복하고 다시 안정적 성장 기반을 마련하기 위해 반드시 필요하다. 그러나 이러한 과정에서 유효수요의 부족으로 디플레이션이 발생하면 명목상 부채는 축소되더라도 물가하락으로 오히려 실질부채의 규모가 커지고 경제는 깊고 장기적인 경기침체의 악순환에 빠져들게 된다. 정부 부문에서 수요를 확대해 이를 어느 정도 상쇄함으로써 과도한 경기침체와 디플레이션이 발생하는 것을 피해야 이런 '재균형'의 과정이 선순환으로 연결될 수 있다.

그러나 정부 부문이 가계와 기업 부문의 부채 축소를 상쇄할 만한 재정지출 확대를 통해 위기를 극복해나가기 위해서는 재정적자를 큰 폭으로 늘려 정부의 부채를 확대해야 하는데, 이를 위해서는 그 나라의 재정이 건전성을 유지해온 상태여야 한다. 만약 미국과 같은 기축통화국이거나 영국, 일본, 유로존과 같이 자국통화가 국제통화로 통용되는 나라가 아닌 신흥국들이 재정적자를 크게 늘려 국가부채가 확대되면 이것 자체가 해외 투자자들의 신뢰를 떨어뜨리고 자본의 유출을 가져와 더 큰 위기를 초래할 수 있다. 세계 금융위기 이후 미국은 재정적자를 늘려 민간 부문의 부채 축소 효과를 어느 정도 상쇄하려다 신용등급이 강등되었고, 영국은 오히려 건전재정 회복을 위해 긴축재정정책을 썼으며, 유럽은 재정위기로 금융위기의 악순환을 초래했다. 그 결과 이 국가들이 주로 의존하게 된 것이 통화정책을 통한 총수요 확대, 즉 양적완화정책이다.

따라서 위기가 발생했을 때 '대차대조표 재구성' 혹은 '재균형'을 이뤄 위기를 빠른 시일 내에 극복할 수 있기 위해서는 평상시에 재정정책과 통화정책을 보수적으로 운용할 필요가 있다. 위기 때 사용할 탄약을 미리 다 써버리고 병기고가 비어 있으면 그 힘든 싸움을 당해낼 수 없고, 국민들은 장기 침체로 고통을 받아야 한다. 이는 우리나라의 정책 당국자들도 늘 유념해야 할 일이라고 생각된다.

1997년 우리나라가 외환위기를 겪고 비교적 빨리 극복할 수 있었던 것은 국민총소득의 약 3분의 1에 해당하는 공적자금을 단기에 투입하면서도 국가부채가 위험 선을 넘지 않을 수 있었기 때문이다. 이는 그 전에 양호한 재정 건전성을 유지해왔던 덕분이다. 또한 우리나라는 은행과 제2금융권에 대해 가계대출을 규제하거나 이를 자제하도록 지도해왔었다. 그 결과 우리나라의 가계대출은 상당히 낮은 수준에 머물러 있었다. 1997년 외환위기는 과다한 기업부채에서 초래되었고 위기 후 기업부채의 대폭 축소조정이 이뤄졌는데, 그럼에도 경제가 디플레의 악순환에 빠지지 않고 빠른 회복을 이룰 수 있었던 것은 정부와 가계 부문에서 부채가 크게 확대되었고 당시 그럴 여력이 있었기 때문이다.

그렇다면 지금도 한국 경제는 1997년 위기 때와 같이 사용할 수 있는 정책 수단을 충분히 가지고 있는가? 지난 이명박 정부는 4대강 사업을 위해 눈에 보이는 재정적자와 국가부채 대신 일반인 눈에 잘 띄지 않는 수자원공사 등 공기업부채를 크게 확대했다. 박근혜 정부는 경기를 띄우기 위해 2015년에 재정적자 폭이 더 늘어나는 예산안을 편성했다. 그리고 한국은행에 금리를 더 내릴 것을 압박해왔다. 만약 미국의 출구전략으로 통화정책이 정상화되고 이 과정에서 파생하는 대외 충격으로 가계발 금융위기가 촉발되고 급속히 가계부채가 축소 조정되기 시작한다면 한국 경제는 장기 침체를 피하고 빠른 회복을 이룰 수 있을 것인가? 지금 현재 금리를 인하하는 것의 특별한 효과가 예상되지 않는다면 미국이 향후 금리를 인상하는 과정에서 우리도 어차피 올릴 수밖에 없게 될 때 당면할 부작용을 줄일 수 있게 미리 배려해주는 것이 좋다.

2014

0208

# 버냉키 이후의 과제

벤 버냉키 미 연준 의장이 지난주 퇴임했다. 2008년 금융위기 이후 그는 전대미문의 통화정책을 펼쳐 미국과 세계경제를 대공황의 위험에서 구해냈다고 평가받고 있다. 만약 그가 위기 당시 연준 의장을 맡고 있지 않았더라면, 또한 과감한 통화팽창정책을 펼치지 않았더라면, 창밖으로 뛰어내린 생명들이, 학업을 중단한 젊은이들이, 직장에서 거리로 쫓겨난 가장들과 파괴된 가정들이 더 많았을지도 모른다. 물론 이는 버냉키 혼자만의 공은 아니다. 연준 이사회와 집행부, 그리고 그의 정책을 지지해준 의회, 언론, 학계, 정부 모두의 합작품이다. 그러나 버냉키 의장이 신용정책과 대공황 전문가로서 쌓아놓은 탄탄한 학문적 평판과 이에 대한 대중의 신뢰가 없었더라면 그가 펼친 비전통적 통화정책은 더 많은 비판과 반대에 직면해 그만한 성과를 내기 어려웠을 것이다. 그는 닦은 연구와 학문을 바탕으로 직접 조타실의 키를 잡고 미국과 세계경제를 폭풍우 속에서 격랑이 잦아든 바다로 안전 운항을 해냄으로써 세상에 기여했으니 보람을 느끼며 그 자리를 떠났을 것이다.

그러나 그가 떠난 자리에 남은 과제는 결코 가벼워지지 않았다. 위기 극복을 위해 펼쳤던 비상한 통화정책은 이제 정상화의 길을 찾아가야 하며, 그 길이 끝날 때쯤 아마 그의 정책에 대한 진정한 평가도 가능해질 것이다. 신용이 늘어날 때 시장은 반색을 하나, 신용이 축소되고 금리가 오르면 여기저기 균열이 생기고 불편한 소리가 나기 시작한다. 이 과정을 주도하는 것은 그의 후임 재닛 옐런 의장의 몫으로 남았다. 또한 이의 파장으로 출렁거릴 신흥국 경제의 안전 운항은 이들의 정부와 중앙은행의 몫으로 남아 있다. 과거 많은 금융위기가 신용이 팽창했다 축소되는 과정에서 일어났으며, 이번 미국의 양적완화 축소 과정에서도 지구촌의 여기저기서 희생자가 발견될 것이다.

그러나 무엇보다 큰 과제는 위기를 발생시켰던 시스템의 결함이 아직 그대로 남아 있다는 것이다. 세계화와 정보화의 진전은 소득분배를 빠르게 악화시켜왔다. 미국에서는 1975년에 상위 10% 근로자의 임금이 하위 10% 근로자 임금의 약 3배였으나, 2005년에는 이것이 5배로 늘어났다. 상위 1% 가계의 소득은 1976년에 전체 소득의 8.9%였으나, 2007년에는 23.5%로 늘어났다. 컴퓨터가 단순노동을 대체하고, 중국과 신흥국들의 수출이 비숙련공의 일자리를 앗아감에 따라 이들의 소득이 정체되고 삶이 불안해진 것이다. 미국 정치는 이에 대해 근본적 대책을 강구하는 대신 쉬운 출구를 찾으려 했다. 금융 규제 완화, 신용팽창, 가계대출의 확대로 서민들의 '마이홈' 꿈을 이루게 하고, 집값 상승으로 담보 가치를 높여 더 많은 대출, 더 많은 소비를 가능케 해줌으로써 서민의 불안한 삶을 달래고 이들로부터 지지를 얻으려 했다. 그러나 그 결과는 대공황 이후 최대의 금융위기였다.

위기 이후에도 혁신과 구조조정은 없었다. 금융 규제가 일부 강화되었으나 경제의 근본적 인센티브 체계는 바뀌지 않았다. 과잉 유동성으로 발생한 위기를 더 많은 유동성 팽창으로 일단 달랬을 뿐이다. 지금 미국과 세계경제가 회복되고 있는 것은 위기로 생겨난 심리적 공황으로부터 시장과 경제주체들이 조금씩 평정과 정상을 되찾아가기 때문이다. 버냉키의 통화정책은 여기까지 기여했다. 그러나 통화정책이 혁신과 구조조정을 대신해줄 수는 없다.

세계화와 정보화의 추세는 앞으로도 진행될 것이며, 소득 격차도 계속 벌어지고 있다. 위기 이후 2012년까지 4년 동안 미국의 상위 10%는 전체 소득 증가의 154%를 가져갔으며, 나머지 90%는 실질소득 감소를 겪었다. 이를 개선하기 위해서는 무엇보다 교육 시스템 혁신을 통해 공교육의 질을 높이고 교육받을 기회를 더욱 균등하게 하는 것이 중요하다. 부모의 경제력이 자식의 교육 기회와 평생 소득에 절대적인 영향을 미치는 지금의 시스템을 개선해 본인의 성실과 재능에 따라 보상받는 시스템을 만들어야 한다. 그리고 사회 전반의 경쟁의 틀과 분배구조의 개선이 이뤄져야 한다. 그러나 이러한 시스템 혁신은 현상유지를 원하는 기득권과의 어렵고 긴 싸움을 이겨내야만 가능하며, 빠른 성과를 거두기도 어려운 일이다. 정치인, 경제주체들이 각자 지금의 인센티브 시스템하에서 택하는 최선의 선택이 사회 전체로 모아지면 위기를 키우고 경제를 병들게 하는 것이 오늘날 정치·경제 시스템의 문제다. 이러한 시스템을 개선해보려는 노력은 위기 시에만 반짝 주목받다가 경제 회복과 더불어 힘을 잃고 만다.

버냉키는 그의 통화정책으로 그 자리의 소임을 다했다. 그러나 이 시대가 당면한 자본주의, 민주주의, 세계화, 정보화의 시험은 아직 끝나지 않았다.

다시 보기 이 글은 벤 버냉키 의장의 퇴임을 맞아 소회를 정리하면서 쓴 글이다. «파이낸셜타임스», «월스트리트저널» 등 세계 언론들은 2014년 말 그의 퇴임을 맞아 그가 했던 기여에 대해 찬사를 아끼지 않았다. 그러나 그러한 찬사의 이면에 남겨진 과제를 정리해보고, 전 세계적으로 겪고 있는 민주주의와 자본주의의 결합이 가져오는 모순을 생각하며 이 글을 써보았다. 그리고 실제로 점점 더 정책의 경직성과 포퓰리즘, 사회지도층과 기득권 집단의 공공의식 부족, 근시안적·방어적 정책의 틀을 지속함으로써 일시적 부양을 위해 분배구조를 악화시키고 구조적 취약성을 심화시키는 우리나라 정치·경제 시스템에 어떤 변화가 있기를 바라면서 쓴 글이다.

2014년 10월 6일 자 영국 «파이낸셜타임스»에 마틴 울프 경제 담당 수석 논설위원이 금융위기 이후 미국, 영국, 일본, 유로존 등 주요국의 통화정책에 관해 정리한 칼럼을 실었다. 그가 양적완화정책에 대해 내린 평가는 일단 매우 긍정적이다. '주식시장의 버블을 키웠다'거나 '좀비기업들이 퇴출되지 않고 존속될 수 있게 했다'는 등 양적완화에 대한 비판도 있지만, 어쨌든 경제가 더 깊은 침체로 빠지지 않고 회복세로 돌아서는 데 기여했다는 것이다. 그리고 글의 마지막 부분에서 그는 "비상시에는 비상한 대책이 필요하다"라고 말하며 앞으로도 금융위기가 발생하면 아마 비슷한 정책을 채용하게 될 것이라고 예측했다.

얼마 전 버냉키 전 의장이 은행에서 주택담보대출 연장을 받으려다 거절당했다는 보도가 있었다. 과거에 받은 30년짜리 주책담보대출의 금리가 높아 최근 금리가 내린 대출상품으로 갈아타려다가 거절당했다는 것이다. 2014년 10월 미국 언론에 따르면 버냉키 전 의장이 시카고에서 열린 한 콘퍼런스에서 밝힌 일화다. 버냉키 전 의장이 대출 연장을 받지 못한 것은 신분상 변화 때문이었다. 미 연준 의장이라는 정규직에서 '은퇴한 비정규직'으로 신분이 바뀌었기 때문이었다. 버냉키 의장은 2014년 1월 퇴임 후 브루킹스연구소의 선임연구위원으로 나가고 있다. 그런데 이것이 풀타임 정규직이 아닌 모양이다. 미국 시중 은행들은 직업과 소득의 안정성을 대출 요건의 가장 중요한 요소로 고려한다. 실제로 미국 시중 금융기관들은 홈페이지에 "직업적인 신분이 정규직에서 다른 직종으로 바뀌면 대출이 제한된다"라고 밝히고 있다. 버냉키 전 의장은 "은행들이 주택담보대출을 해줄 때 규제 당국의 단속이나 대출 후 겪게 될 자금 환수 어려움을 들어 대출 조건을 지나치게 까다롭게 하는 것 같다"라고 볼멘소리를 했다고 한다. 그러면서 은행권의 이런 행태는 미국의 서브프라임 모기지(비우량 주택담보대출) 시장 붕괴 탓에 금융위기가 발생한 지난 2008년 이후 규제 당국이 엄격한 대출 가이드라인을 제시한 데 따른 것으로 보인다고 설명했다.

이러한 금융 환경에서도 미국은 주택담보대출에서 시작된 금융위기를 막지 못했다. 우리나라는 어떤가? 가계발 금융위기를 피할 수 있을 것인가? 지금 우리나라에서는 정부가 나서서 설령 담보가 없더라도 벤처기업에 적극적으로 대출을 해주기를 은행에 지도하고, LTV와 DTI 규제를 풀어 가계에 빚을 권장하고 있다.

2014

0301

# 분배구조 개선해야 지속성장 가능하다

남의 이야기부터 꺼내보려고 한다. 미국의 중위median 남성 근로자의 임금은 1970년대 말부터 최근까지 인플레를 감안하면 마이너스 성장을 기록하고 있다. 30여 년 전에 비해 실질임금이 줄어든 것이다. 미국의 중산층 가계에서는 남성 가장의 정체된 소득을 보완하기 위해 먼저 여성들이 일자리에 나섰다. 1970년대에는 어린아이를 가진 여성들의 24%만이 직업전선에 나섰으나, 근래에는 이 비율이 약 65%로 늘었다. 로버트 라이시 교수는 여성의 권익 신장보다는 미국 남성 가장의 소득 정체에서 그 근본 원인을 찾는다. 다음으로 미국 중산층이 소득 보완을 위해 나선 길은 일하는 시간을 늘리고 부업을 갖는 것이었다. 퇴근 후 달빛 아래 다른 일터로 옮겨 일하는 소위 '두 직장 뛰기moonlighting'가 늘어났다. 그래도 가계가 필요로 하는 소비와 구매를 충족시킬 수 없게 되자 이제는 집값이 오른 만큼 이를 담보로 추가 대출을 얻어 소비를 늘리게 되었다. 금융 규제 완화가 이를 부추기고 집값이 오름에 따라 2002~2007년 동안 약 2조~3조 달러가 대출을 통해 가계로 흘러갔다. 이것이 2008년 금융위기로 이어지자 가계 구매력을 지탱해줄 수단은 더 이상 찾기 어려워졌다.

워싱턴 D.C. 컨스티튜션 가에 있는 미 연준 이사회의 대리석 건물은 '에클리스Eccles 빌딩'으로 불린다. 1934년부터 1948년까지 연준 의장을 지낸 마리너 에클리스의 이름을 딴 것이다. 에클리스 의장은 대학 교육도 받지 못한 기업인 출신이지만, 1936년 케인스의 『일반이론General Theory』이 출간되기 이전에 이미 대공황을 극복하기 위해서는 확장적 재정·통화 정책을 펼쳐 총수요를 진작시켜야 한다고 주장하는 한편, 루스벨트 대통령의 뉴딜정책을 적극 지원해 대공황 탈출에 기여했다. 그는 전후 국제 금융 질서의 근간을 이룬 브레턴우즈 체제의 출범에도 깊이 관여했다. 1966년에 출간한 회고록 『새 시대의 손짓들Beckoning Frontiers』에서 그는 "미국 경제에서 창출된 부와 소득이 상위 부자들에게 집중되면서 대중의 구매력이 떨어져 대공황을 맞게 되었다"라고 기술했다.

라이시 교수는 지난 100년 동안 미국 상위 1%의 소득이 전체 소득의 23%를 넘은 적이 두 번 있었는데, 그것이 대공황 직전인 1928년과 2007년이었다고 설명한 바 있다. 고소득자의 평균 소비 성향은 중산층이나 저소득자보다 훨씬 낮다. 이들에게 소득이 몰린다고 해서 그만큼 소비가 창출되는 것은 아니다. 로런스 서머스를 비롯한 많은 경제학자들은 오늘날 세계경제가 공급 과잉과 수요 부족으로 말미암아 저물가, 저성장을 겪고 있다고 진단한다. 중산층, 서민의 실질임금과 가처분소득의 정체가 소비의 발목을 잡고 있는 것이 한 요인이다.

전후 1970년대까지만 해도 경제성장은 일자리와 중산층 증가, 그리고 이들의 소득 증가로 이어졌다. 이 기간에 기업들은 자가용, 세탁기, TV의 대량생산으로 일자리를 창출하고, 소득이 늘어난 가계는 이를 구매해 생산과 소득, 소비가 늘어나는 선순환을 이어갔으나, 1980년대 이후 그러한 순환 고리가 끊어졌다. 정보화와 자동화가 국내의 단순노동 일자리를 줄인 데다 세계화로 그나마 있던 일자리가 신흥국으로 이전되었기 때문이다.

미국에서 30여 년 전부터 일어나기 시작한 이런 현상이 지난 약 10년간 우리나라에서도 가속화되고 있다. 경제성장률에는 못 미치지만 그나마 2001~2007년에 연평균 3.9%로 상승하던 실질임금이 2008~2012년에는 마이너스로 돌아섰다. 성장의 과실이 가계보다 기업소득으로 더 많이 분배되어온 것이다. 지난주 통계청이 발표한 바에 따르면 2013년 실질가계소비는 마이너스 성장을 나타냈다. 가계의 실질소득이 정체되고 소비 여력이 부족한 것이 한국 경제의 지속적 성장을 위협하는 큰 요인이 되고 있다. 기업과 가계 간의 소득분배, 가계 부문 내의 소득 격차, 기업 간 이윤격차 문제를 개선하지 않고는 한국 경제가 중장기적으로 활력을 찾아가기 어렵게 되었다.

이는 좌우, 진보와 보수의 이념적 문제가 아니다. 현실 문제다. 대기업도, 고소득자도 앞으로 중산층의 소비가 늘어나지 못하면 자신의 이윤과 소득 증가를 기대하기 어렵다. 서민들도 부와 소득 집중에 대한 분노의 정치에 기댄다고 이 문제가 해결되는 것은 아니다. 오직 현실에 대한 차가운 진단과 미래를 위한 따뜻한 협력만이 해결의 실마리를 찾아줄 수 있다. 이번 주 발표된 '경제혁신 3개년 계획'에는 여성 일자리 창출, 규제 개혁, 서비스산업 활성화가 포함되었다. 그러나 좀 더 근본적으로는 분배구조의 개선을 모색하는 노력을 병행해야 한국 경제의 지속적 성장을 도모할 수 있다.

다시 보기 『21세기 자본』의 저자 토마 피케티 교수가 한국을 다녀가면서 부와 소득분배, 그리고 이를 개선할 수 있는 정책 수단에 대한 우리 사회의 관심도 고조되었다. 그가 제시한 정책 수단은 소득에 대한 누진세율을 높이고 상속세를 강화하는 것이다. 피케티 교수는 그 자신을 진보주의자라고 생각하지는 않는다. 그가 제시한 방책은 객관적 통계 분석에 따른 것이지 이념적 결론은 아니라는 것이다. 지난 300년간의 각국 소득에 대한 자료를 분석해본 결과 자본주의는 소득분배가 집중되는 내재적 성향을 가지고 있으며, 자본주의를 지켜나가기 위해서는 정부가 소득분배의 악화를 방지하기 위해 정책 수단을 찾아야 하고, 역사적으로 볼 때 재정을 통한, 즉 누진적 소득세율과 복지지출을 통한 재분배가 가장 효과적인 정책 수단이라는 것이다.

앞서도 언급했지만 우리나라의 상위 10%의 소득 집중도는 자본주의 역사가 우리보다 훨씬 오래된 영국, 프랑스, 일본보다 훨씬 높으며 선진국 중 소득 집중도가 가장 높은 나라인 미국 다음으로 높다고 최근 연구 결과를 통해 보고되고 있다. 2014년에 김낙년 교수가 발표한 연구 결과에 따르면, 또한 한국의 소득 집중도의 증가 속도는 어느 나라보다 빠르다(그림 참조).

박근혜 정부는 경제민주화와 복지 확대를 공약하고 당선되었지만, 소득분배 개선을 위한 정책의 뚜렷한 방향을 제시한 적은 없다. 물론 복지지출 확대가 소득분배 개선에 도움이 되겠지만, 증세 없는 복지를 주장하고 있어 세제라는 중요한 수단을 처음부터 포기한 상태다. 반면 중산층 확대를 주요 슬로건으로 내걸었는데, 주로 일자리 창출이라는 방법으로 이에 접근하고 있다. 최근 일자리 증가가 50대 이상 여성, 시간제 근로자 중심으로 일어나고 있어 이 역시 소득분배에 도움이 되겠

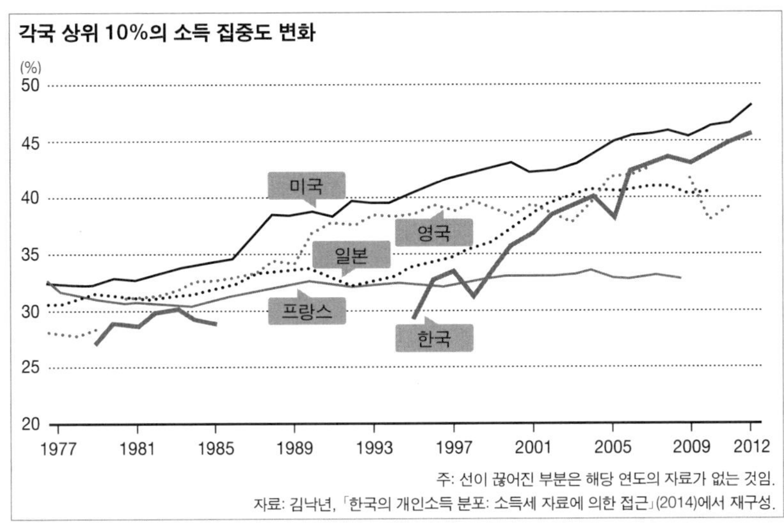


각국 상위 10%의 소득 집중도 변화

주: 선이 끊어진 부분은 해당 연도의 자료가 없는 것임.
자료: 김낙년, 「한국의 개인소득 분포: 소득세 자료에 의한 접근」(2014)에서 재구성.

으나, 근본적 접근 방법이라 할 수는 없다. 2013년 6월에 필자는 한국조세재정연구원에서 매월 발간하는 «재정포럼»의 편집진으로부터 권두 칼럼을 써달라는 요청을 받고 중산층 확대 정책과 관련해 기고를 한 적이 있다. 여기서 그 글을 소개해보고자 한다.

~

'중산층'이라는 말이 요즈음 부쩍 더 많은 주목을 받고 있다. 현 정부의 주요 경제정책 목표 중의 하나도 '중산층 70% 회복'이다. 우리가 흔히 쓰는 이 '중산층'이라는 말은 영어에서는 'middle class'로 표현되는데, 이는 원래 계급적 개념으로 사용되었다.

영국에서는 16세기 튜더 시대부터 '중간부류middle sort'로 불리는 사회집단이 대두하기 시작했다. 이들은 귀족이나 지주층으로 구성된 신사gentry 출신이 아니면서 동시에 빌린 땅에서 농사짓는 사람들(차지농)

도 아닌 부류를 지칭했고, 위로는 성공한 금융인, 대大상인, 아래로는 자영농과 수공업 장인까지를 포함했다고 한다. 산업혁명이 진행되고 자본주의가 발전하면서 18세기 말에 들어와 이 '중간부류'는 '중간계급 middle class'으로 불리기 시작했고, 당시 귀족과 지주층인 상류계급upper class, 노동계급working class과 구분되는 계급을 의미하는 말로 쓰이기 시작했다. 나아가 middle class라는 말은 단순히 소득이나 재산의 정도를 뜻하는 것이 아니라 학식, 교육의 정도, 직업적 전문성, 취향, 몸에 익힌 예의 등을 포함하는 광범위한 개념이었다고 한다.

대중민주주의의 발달과 자본주의 경제체제의 발전은 바로 middle class가 부상해 정치·경제에 대한 참여가 확대되고, 나아가 그 주역이 되면서 이루어진 것이다. 그러나 그 과정이 순탄했던 것만은 아니다. 계급 간 갈등 때문에 정치·경제 체제가 혁명으로 전복되기도 했다. 이는 역사적으로 그리 오래전에 일어난 일도 아니다.

19세기와 20세기를 지나면서 이 middle class에 대한 정의는 더욱 모호하고 복잡해지기 시작했다. 그래도 그중에서 어떤 중심적 개념을 든다면 그것은 넓은 의미에서의 '상당한 인적 자본human capital'을 갖춘 계층을 정의하는 것이라고 한다. 영국에서는 토니 블레어 전 총리가 1990년대에 노동당을 개혁하며 '신노동당New Labor'을 주창했는데, 이는 종래의 전통적 지지 기반인 노동계층뿐 아니라 주로 보수당의 전통적 지지 기반이었던 중산층의 지지를 확보해나가기 위한 노력이었다. 영국사에 대한 책들을 읽어보면 전체 인구에서 'middle class'가 차지하는 비중은 1820년 약 15%, 그리고 1850년에 이르러 20%를 조금 넘게 되었다고 한다. 2011년의 한 조사에 따르면, 영국 국민의 약 4분의 3이 스스로를 middle class로 간주했다.

미국은 원래 계급이라는 개념이 없이 출발한 국가로서 middle class

라는 말은 사회적 지위와 소득 및 부의 정도에 따라 구분되는 개념으로 지칭되어왔는데, 미국에서의 계층은 영국보다 훨씬 물질적 기반을 근거로 하는 것이었다. 그리고 중산층이 추구하는 가치와 취향, 생활 습성도 영국에서 정의되는 중산층과는 다른 바가 많았다. 예를 들어 미국에서 중산층은 대중문화에 열광하는 계층인 데에 비해, 영국의 중산층은 오히려 대중문화로부터 거리를 두고 좀 더 고전적 취향을 선호하는 계층을 말한다. 그럼에도 불구하고 미국에서도 중산층이라는 개념은 단순히 소득을 넘어 전문적 식견, 생활방식 등을 포괄하는 개념으로 쓰이고 있다.

최근 가까운 지인이 보내준 준 각국의 중산층의 정의에 대한 메모는 매우 흥미롭다. 직장인을 대상으로 한 설문조사에서 한국인들은 중산층의 정의를 ① 부채 없는 아파트 30평 이상 소유, ② 월수입 500만 원 이상, ③ 2000cc 급 이상 차량 소유, ④ 예금액 잔고 1억 원 이상 보유, ⑤ 1년에 한 차례 이상 해외여행을 다니는 것이라고 보았다. 반면 퐁피두 대통령이 '카르데 드 비Qualité de vie(삶의 질)'에서 제시한 프랑스 중산층의 기준은 ① 외국어를 하나 정도는 할 줄 알고, ② 직접 즐기는 스포츠가 있으며, ③ 다룰 줄 아는 악기가 있고, ④ 남들과는 다른 맛을 낼 수 있는 요리를 만들 수 있으며, ⑤ '불의에 대한 공분'에 의연히 참여하고, ⑥ 약자를 도우며 봉사활동을 꾸준히 하는 것이라고 한다. 한편, 옥스퍼드 대학에서 제시한 영국의 중산층 기준은 ① 페어플레이를 하고, ② 자신의 주장과 신념을 가지며, ③ 독선적으로 행동하지 않고, ④ 약자를 두둔하고 강자에 맞서며, ⑤ 불의·불평·불법에 의연히 대처하는 사람이라고 한다. 끝으로 미국의 공립학교에서 가르치는 중산층 기준은 ① 자신의 주장에 떳떳하고, ② 사회적 약자를 도우며, ③ 부정과 불법에 저항하고, ④ 테이블 위에 정기적으로 받아보는 비평지가 놓여 있을 것이라고 한다.

물론 이상의 정의들이 꼭 같은 목적을 가지고 작성되거나 정의된 것이 아닐 것이기 때문에 각국이 추구하는 중산층 개념을 직접 비교할 수 있는 잣대는 아니라고 생각된다. 그럼에도 오늘날 한국인들이 상정하는 중산층에 대한 개념이 지나치게 물질적으로 경도되어 있다고 하는 데에는 많은 사람이 동의할 것이다.

OECD는 통계 작성상의 목적을 위해 중위가구소득의 150% 이하, 50% 이상의 소득을 가진 가구를 중산층으로 분류하고 있다. 박근혜 정부가 중산층 70%의 복원을 주요 경제정책 목표로 내세우고 있는데, 여기서 중산층이란 바로 이 기준에 의거한 것으로 보인다. 우리나라 통계청의 도시가계조사에 의하면 2인 이상 가구의 가처분소득을 기준으로 이 중산층의 비중은 1990년 75.4%, 2000년 71.7%에서 2010년 67.5%로 지속적으로 떨어졌다. 이 비중을 다시 70%로 끌어올리는 것이 우리 경제와 사회에 정확히 어떤 의미를 가지게 되는지 필자는 잘 알지 못하지만, 아마도 우리 사회의 소득분배를 개선하겠다는 의지를 말하는 것이 아닌가 한다. 1990년에 비해 중산층이 아닌 사람은 24.7%에서 32.5%로 늘었는데, 그중 중위소득의 50% 미만인 하위층이 7.1%에서 12.5%로, 150% 이상인 상위층이 17.5%에서 20.0%로 늘어났다. 하위층의 증가 폭이 상위층의 증가 폭보다 두 배가 많은 셈이다.

OECD에서 정의하는 중산층 개념이 상대적 가처분소득의 분포에 기초한 것이기 때문에 어찌 보면 박근혜 정부가 지향하는 중산층 70%의 복원은 소득세율의 개편으로 쉽게 이루어질 수 있다. 다른 복잡한 경제·사회 정책이나 근본적 구조조정 정책에 기댈 것도 없이 상위층을 대상으로 한 소득세율의 누진도를 높이고 이를 통해 늘어난 세수를 하위층에게 이전소득으로 지원하는 소위 'tax cum subsidy' 정책으로 이런 통계적 목표를 쉽게 달성할 수 있다.

그러나 현 정부가 지향하는 목표가 단순히 이런 통계적 목표를 맞추는 것은 아닐 것이라 믿고 싶다. 그 속에는 우리 사회가 지향해야 할 가치, 즉 화합, 균형, 조화, 더 질 높은 삶, 건강하고 성숙한 사회 등을 지향하고 있을 것이라 기대한다. 그렇다면 이를 받쳐줄 수 있는 세제와 재정정책은 어떤 것이 있을 수 있는가? 보다 균등한 소득과 부의 분배뿐 아니라 사회구성원들이 보다 높은 인적 자본과 도덕적 가치를 추구하고, 자신의 삶에 대한 보다 높은 긍지와 존중을 가지며, 나아가 약자를 돕고 불의에 맞설 수 있는 신념을 고취할 수 있는 공공정책은 어떤 것들이 있을 수 있는가?

조세·재정정책 연구의 목표는 단순히 세수를 확보하고 공공지출의 우선순위를 정하는 것만은 아닐 것이다. 조세와 재정을 통해 어떻게 사회구성원들의 행동에 대한 유인체계를 재구성하고 바꿀 수 있을 것인가 하는 것이 조세·재정정책의 더 큰 과제일 것이라 생각해본다.

그런 뜻에서, 필자 역시 아직까지 그 근처에도 따라가 보지 못했지만, 여기에 케인스 경이 말한 '경제학자관觀'을 '조세·재정학자관'으로 바꾸어 한번 인용해보고자 한다. "훌륭한 조세·재정학자는 여러 가지 재능을 갖추어야 한다. 어느 정도는 수학자이면서 역사학자이고 정치행정가이며 철학자이기도 해야 한다. 조세·재정학자는 수학의 기호를 이해하고 이것을 말로 옮길 수 있어야 하며, 개별적인 것을 일반화하여 사고하고, 추상적인 것과 구체적인 것을 동일한 사고의 틀 속에서 다룰 수 있어야 한다. 현재를 과거의 경험에 비추어, 그리고 미래를 내다보며 연구해야 하고, 인간의 본성이나 제도의 일부라도 관심에서 벗어나게 해서는 안 된다."

«재정포럼», 2013년 6월호.

2014

0322

# 서비스업 활성화의 빛과 그림자

서비스업 발전이 우리 경제의 성장률을 높이기 위한 주요 과제로 떠오른 지 오래다. '경제혁신 3개년 계획'에서도 서비스업 발전을 위한 규제 완화가 핵심적 과제로 되어 있다. 그럼에도 불구하고 서비스업의 발전은 지지부진하다. 최근 몇 년 동안 서비스업이 우리 경제에서 차지하는 비중은 오히려 줄고 있다. 정부가 서비스업 경쟁력 향상을 강조하는 주된 이유는 우리나라 서비스업이 국내총생산GDP에서 차지하는 비중이 선진국뿐 아니라 우리와 소득수준이 비슷한 나라들에 비해 크게 낮고 생산성도 국내 제조업이나 타국과 비교해 매우 낮은 것으로 나타나기 때문이다. 통계에 따르면, 2012년 현재 우리나라 서비스업이 GDP에서 차지하는 비중은 58.2%인 반면, 미국과 일본, 유럽 국가에서는 대개 70~80%를 차지한다. 우리나라 서비스업의 노동생산성은 미국의 30%, 국내 제조업의 60% 수준에 불과하다.

서비스업의 경쟁력을 향상시키는 것은 필요하고 좋은 일이지만, 이를 위해서는 우선 우리나라 서비스업에 대한 정확한 실상과 우리가 추구하는 서비스업의 발전이 우리 경제에 궁극적으로 어떤 효과를 가져오는지, 또한 이를 위해 어떤 변화를 이뤄내야 할지에 대해 좀 더 깊이 분석해볼 필요가 있다.

우선 우리가 자주 인용하는 서비스업에 대한 통계가 서비스업의 실상을 정확히 반영하고 있는지 점검해봐야 한다. 우리나라는 다른 나라들보다 자영업자 비중이 매우 높고, 이들은 주로 도소매, 음식·숙박업 등 서비스업종에 종사하고 있다. 2012년 통계에 따르면, 도소매업과 음식·숙박업이 우리나라 GDP에서 차지하는 비중은 11%에 불과해 우리와 소득수준이 비슷한 국가들에 비해 크게 낮다. 반면 전체 취업자 수에서 차지하는 비중은 23%로 매우 높은 편이다. 이는 국내 제조업이 GDP에서 차지하는 비중이 31%인 데 반해 전체 취업자 수에서 차지하는 비중이 18%인 것과 크게 대비된다.

우리가 서비스업 생산성이 낮다고 할 때는 종사자 수에 비해 생산액(부가가치)이 낮다는 것인데, 그 이유 중 하나는 도소매, 음식·숙박업 등의 소득 파악이 제대로 되지 않는다는 데 있는 것으로 보인다. 그 결과 우리나라 서비스업의 GDP 비중과 생산성 통계는 실제보다 크게 과소평가되어 있을 수 있다. 물론 이 업종들에 종사하는 인력이 일용직 근로자가 많아 임금이 제조업에 비해 낮은 것은 사실이나 1인당 부가가치가 제조업 평균의 4분의 1밖에 되지 않는다는 것은 쉽게 납득하기 어렵다.

또한 서비스업의 경쟁력과 생산성은 구분해서 고려할 필요가 있다. 서비스의 경쟁력이라는 관점에서 보면 자영업자의 과잉으로 생존을 위한 처절한 경쟁 속에 놓여 있는 소매업, 음식업 등이 우리나라처럼 편리하고 효율적 서비스를 제공하는 나라를 찾아보기 어렵다. 밤늦은 시간에도 슬리퍼를 끌고 집에서 2~3분만 걸어가면 맥주나 라면을 얼마든지 살 수 있고, 전화만 하면 철밥통을 오토바이에 싣고 피자나 짜장면을 수분 내로 배달해주는 나라는 드물다. 어떻게 더 경쟁력을 높일 수 있겠는가? 만약 생산성을 높이겠다면 이 분야의 종사자 수에 비해 부가가치를 높여야 한다. 이는 다시 말해 투입비용에 비해 산출가치를 높이는 것이다. 그러려면 소매점의 생활물가, 음식값, 숙박료, 택배료 등 서비스 요금이 올라야 해 이것이 전반적인 임금 상승 압력, 산업의 비용 상승 요인으로 작용한다. 나아가 실질환율의 절상을 초래해 우리나라 수출 경쟁력을 낮추게 된다. 또한 소비자의 구매력을 낮추는 요인으로 작용하게 된다. 현재 구매력 평가에 의한 우리나라 1인당 소득 순위는 명목소득 순위에 비해 크게 높은데, 그 주요인 중 하나가 우리나라 서비스 가격과 생활물가가 낮다는 데 있다.

따라서 성장률을 높이기 위한 서비스업 발전을 도모할 때는 전체 서비스업에 대한 수치를 가지고 이야기하기보다 금융, 보험, 의료, 관광 등 구체적 업종과, 특히 지식기반 서비스업의 발전 대책에 초점을 맞추어야 할 것이다. 이들은 여타 산업과의 연관 효과가 크고 대외 거래에서 적자가 큰 부문이다. 이 중 금융, 보험은 우리나라가 타국에 비해 비중이 꽤 높은 편이며 규제 완화보다 오히려 제대로 된 감독이 더 요구되는 분야다.

지식기반 서비스산업의 발전을 위해서는 무엇보다 지식에 대한 투자와 우리 사회의 지식수준이 제고되어야 한다. 단순히 규제 개혁만으로 이룰 수 있는 일은 아니다. 우리 사회에서 실력과 지식에 대한 존중, 지식의 창조와 확산을 위한 열린 토론 문화, 모든 분야에서 합리성의 추구, 지적 재산에 대한 철저한 보호, 교육혁신 등 우리 사회 전반의 변화를 유도하려는 혁신 노력이 있어야 가능할 것으로 보인다.

다시 보기 역대 새로운 정부가 들어설 때마다 내건 중요 추진 과제가 바로 서비스산업의 발전이다. 그러나 필자는 이런 말을 들을 때마다 덤덤함이 느껴진다. 때로는 짜증도 난다. 서비스업의 통계 자체에 대한 검증 노력이 부족하고, 서비스업을 발전시키기 위해 어떤 노력이 필요하며 또 서비스업 발전이 궁극적으로 우리 경제와 국민 생활에 어떤 결과를 가져오게 될 것인지에 대한 검토와 분석은 별 진전을 이루지 않은 가운데 관료들이 똑같은 말을 테이프 틀듯이 새 정부가 들어서면 대통령에게 되풀이해서 보고하고 있기 때문이다. 어느 의미에서 이는 공무원들의 대통령에 대한 상투적 수법이며 직무유기라고 볼 수도 있다. 서비스산업 발전이 안 되는 이유로 규제를 지목하고, 규제 완화가 안 되는 이유로 떼쓰는 여론과 국회를 지목할 수 있기 때문이다. 그러면서 공무원들은 열심히 할 일을 다하려고 했는데 이들 때문에 경제를 활성화할 수 없다는 변명에 기댈 수 있다.

서비스산업의 발전이 중요하지 않다는 이야기가 아니다. 경제가 발전할수록 서비스산업의 비중이 커지는 경향이 있는데, 이는 국민소득이 올라갈수록 인건비가 비싸지고 제조업 경쟁력이 떨어져 자연히 서비스산업 경쟁력에 의존하는 경향이 커지기 때문이다. 서비스산업을 3차산업이라 부른다. 농수산임업, 광물 채취와 같은 1차산업에서 나온 원료의 가공으로 공산품을 만들어내는 제조업을 2차산업이라고 부르며, 1차산업과 2차산업의 유통 및 제조를 원활히 하기 위해서 존재하는 것이 3차산업이다. 한국의 서비스산업이 선진국에 비해 국민소득 통계에서 비중이 아직 크게 낮은 것은 사실이지만, 필자가 과거에 해본 추계에 따르면 그중 상당 부분은 우리나라 도소매업, 음식·숙박업의 소득 파악이 제대로 되지 않고 이들에 대한 세무행정이 취약한 데에 원인이 있다. 한국은 부가가치세를 도입하고 있지만, 실제로는 반쪽짜리 부가가치세제를 운영하고 있다. 자영업자들과 영세업자들의 장부 기장이 제대로 되지 않아 이들 중 대다수가 부가가치가 아닌 매출액에 세금을 부과하는 간이과세자로 되어 있기 때문이다. 한국은 자영업자 수가 전체 근로자의 약 30%에 달해 그 비중이 OECD에서 가장 높은 나라 중 하나다. 간이과세자는 연매출이 연 4800만 원 이하인 업자가 해당하는데, 이는 월 매출액 400만 원에 해당한다. 대개 제조업의 부가가치율은 20% 미만인데 이들 서비스업의 부가가치율이 50%라고 해도 이들의 월수입은 200만 원에 그친다. 그러나 대부분의 식당이나 가게에 가보면 종업원이 서넛은 되고 임대료도 비싼 지역에 많다.

규제 때문에 서비스업 활성화가 되지 않으니 규제를 완화해야 한다며 규제개혁위원회를 열고 끝장토론을 벌인다고도 한다. 이는 좋은 일이기도 하다. 그런데 많은 경우에는 규제를 엄격히 하고 이를 예외 없이 지키게 해야만 국민 생활의 복지가 개선된다. 안전과 의료, 환경 관련 규제가 대표적이다. 그러나 이를 위해서는 소비자들이 더 많은 비용을 내야 하고, 또한 더 많은 비용을 내게 되면 자연히 서비스업 분야의 소득과 생산성은 올라간다. 예를 들어 세월호가 정원을 지키고, 안전수칙을 지키며, 동네 이발소나 목욕탕, 음식점에서 소화장치, 식품위생 기준을 엄격히 지키도록 해 시설투자를 늘리고 운임, 목욕료, 이발료, 음식값을 이보다 더 높게 받게 하면 서비스산업의 부가가치와 생산성도 올라가게 된다. 마찬가지로 의료수가를 높이고 용역서비스의 대가를 높이며, 버스값, 짜장면값, 이발료 등을 올리면 이들 서비스의 부가가치 창출은 늘어난다. 은행도 예금이자 지급보다 대출이자를 더 많이 받아 예대마진을 높이고, 증권사는 위탁거래와 인터넷 주식거래e-trading의 수수료를 높이면 우리나라 금융산업의 부가가치는 더 올라가게 된다. 그러나 그 비용은 누가 부담하는가? 제조업과 달리 관광

등을 제외하면 서비스산업의 소비자는 거의 모두 내국인이다. 서비스업은 기본적으로 비교역재다. 수출산업을 활성화하는 것과 서비스업을 활성화하는 것의 국민경제에 대한 효과는 상당히 다른 것이다. 1·2차산업에서 창출된 소득이 3차산업의 발전을 지지하는데, 3차산업의 가격이 비싸지면, 다시 말해 부가가치 비중이 커지면 이것이 제조업의 생산비용으로 전가되어 제조업의 경쟁력은 떨어지게 된다. 그리고 생활물가가 올라가 일반 국민들의 구매력도 떨어지게 된다. 이것이 영국, 미국과 같이 서비스업이 크게 발전한 나라에서 제조업의 비중과 경쟁력이 떨어진 이유 중의 하나다.

그럼에도 서비스산업의 발전은 국민경제에 도움이 되는 경우가 많다. 교통, 금융, 자문, 음식, 숙박, 관광, 디자인 등이 경제활동을 원활하게 해주고 생활을 즐겁게 해주기 때문이다. 그러나 이러한 산업이 경쟁력을 갖는 것과 이러한 산업의 부가가치가 크다는 것은 조금 다른 차원의 문제다. 부가가치가 크다는 것은 그만큼 이용료가 비싸다는 것이며 외국인들이 와서 더 비싼 값을 내어주는 것이 아니라면 다 우리 국민의 주머니를 털어 보태야 하는 것이다. 더 비싼 서비스 가격을 감당할 수 있으려면 석유가 많이 나거나, 아니면 고부가가치 제조업 수출을 더 많이 해서 어디선가 소득이 창출되어야 한다. 그것도 아니면 미국이나 영국처럼 국제 금융센터가 될 만한 금융 인력과 경제규모, 금융 네트워크를 보유해 외국의 수요를 끌어들이거나 스위스나 스페인처럼 관광자원을 발전시켜 외국인 관광객의 소비를 이끌어내야 한다. 유럽이나 미국에 가서 보면 식당에서 물을 마시려 해도 돈을 주고 사 마시고, 전철이나 기차를 탈 때, 혹은 이발을 하러 이발소에 갔을 때도 우리보다 훨씬 비싼 비용을 내야 하는데, 그것이 다 서비스업의 마진과 부가가치를 창출한다. 그것이 또한 한국이나 중국과 같은 나라에서 명목소득보다 구매력 기준 소득이 상당 폭 높은 이유 중 하나다.

다른 문제도 지적하고 싶다. 우리가 지금보다 경쟁력을 키워야 할 분야는 서비스산업 중에서도 지식기반 서비스산업이다. 기술용역, 기업자문용역, 금융보험업, 디자인산업 등이다. 그러나 이들도 경쟁력이 중요하지 반드시 높은 이용료(부가가치와 생산성)가 중요한 것은 아니다. 우리는 한편으로 은행이 예대마진을 높여 폭리를 취한다고 정부가 대출금리를 내리게 압력을 넣으면서 한편으로는 금융산업의 생산성을 높여야 한다고 한다. 한편으로는 안전을 위해 규제를 엄수해야 한다고 하면서 다른 한편으로는 서민생활 안정을 위해 운임 등 생활물가 인상을 막아야 한다고 한다. 주유소와 같은 유통업도 마진이 크다며 알뜰주유소라는 것을 만들어냈다.

서비스산업 발전을 외칠 때는 우리가 진정으로 목표로 하는 것이 무엇인지부터 좀 더 깊이 검토할 필요가 있다. 지식기반 서비스산업의 발전을 위해서는 교육제도의 혁신을 비롯해 우리 사회가 연줄과 정실이 아닌 지식과 실력을 기반으로 경쟁하는 사회가 되도록 시스템 전반에 걸쳐 혁신을 이뤄내야 한다. 규제 완화는 몇몇 대기업의 민원을 해결해줄지 모르나, 환경·교통·안전 문제를 악화시킬 수도 있다.

조금 다른 이야기지만 이 이야기도 해두고 싶다. 얼마 전 국세청장이 경제 활성화를 위해 당분간 중소기업에 대한 세무조사를 하지 않겠다고 했다. 이번 정부는 지하경제 양성화를 주요 정책 목표로 들고 나왔다. 정부가 세무조사를 하지 않겠다는 것은 당분간 눈감아줄 테니 탈세를 알아서 하라는 면허장이나 다름없다. 우리 공무원은 정치인과 달리 자신들이 하고 있는 일이 국가경제와 사회를 위해 장기적으로 어떤 결과를 가지고 오게 될지를 더 깊이 분석하고 일해야 한다.

2014

0412

# 중국 경제의 미래

중국 경제에 대한 국내외 시장의 우려가 커지고 있다. 지난 수년간 급팽창한 그림자금융은 이미 만만찮은 부실을 드러내고 있다. 수년 전까지 10%를 웃돌던 성장률이 지난 두 해 7.7%로 떨어졌고, IMF와 중국 정부는 올해 성장률을 7.5%로 제시하고 있다. 그러나 이보다 낮은 성장률을 예측하는 학자와 기관도 많다. 지금 국제 금융시장은 신탁회사들의 부도 확대, 신용경색, 부동산 시장의 거품 붕괴, 급속한 자본 유출, 나아가 금융위기의 가능성에 대한 우려로 바짝 긴장해 있는 상태다. 중국 경제가 당면하고 있는 문제들의 깊이로 볼 때 이는 결코 놀라운 일이 아니다.

지금 중국 경제는 여러 면에서 전환기에 처해 있다. 투자 확대와 수출에 크게 의존하던 성장 모델이 한계를 맞게 됨에 따라 내수 확대, 자원 배분의 효율성, 생산성 제고를 도모하기 위한 새 성장 모델을 모색하고 고속 성장 과정에서 심화된 경제구조와 소득분배의 불균형을 조정하려 하고 있다. 새 지도부는 지난해 취임 후 이런 정책 방향을 분명히 했다. 이를 위해 금융과 노동부문의 개혁, 도시화 플랜을 추진하고 있다. 금리를 자율화하고 자본시장 개방 폭을 넓히며 2020년까지 1억 명에게 추가로 도시 거주권을 부여하는 호구제도 개편과 더불어 최저 임금도 가파르게 올리고 있다.

그러나 지금 중국 경제가 당면한 문제의 깊이는 몇몇 부문의 정책 개편을 통해 해결될 수 있는 성질의 것이 아니다. 총체적 시스템의 개혁 없이는 불가능하다. 금리 자유화로 인해 기업 부도와 경제 위축이 심화되는 것을 막기 위해서는 지금과 같이 지나치게 높은 은행의 지준율을 낮춰야 하며, 이를 위해서는 정부가 환율 개입을 자제해야 하고, 이는 다시 수출제조업과 고용의 위축을 감수해야 한다. 금융 자유화를 위해서는 그동안 금융기관들이 맡아온 정책적 지원 역할을 재정이 직접 떠안아야 하며, 이를 위해서는 그만큼 세수 증대와 세제 개혁이 필요하다. 국유기업들은 도산 위험이 거의 없어 투자와 경영이 방만해지기 쉬워 그동안 정부는 국유기업의 돈줄인 은행 대출을 관리함으로써 이들의 방만 운영을 규제해왔으나, 금융이 자유화될 경우 이들이 자본시장을 통해 얼마든지 자금 조달을 할 수 있게 되어 정부는 그 끈을 놓치게 된다. 따라서 금융 자유화는 오히려 자원 배분의 왜곡을 심화시킬 수 있어 결국 민영화 없이는 기업들의 투자규율, 재무건전성, 금융 안정을 유지할 수 없다. 그러나 국유기업은 공산당 엘리트와 가족들이 지배하고 있으며, 이 기득권을 내려놓을 경우 공산당 지배세력의 기반은 무너지게 된다.

과거 중국이 취해온 무역 개방, 가격 자유화 같은 상품시장 개혁 조치와 달리 지금 중국이 당면한 개혁 과제는 금융, 노동, 토지와 같은 요소시장의 자유화다. 이는 각 분야에 거미줄처럼 얽혀 있는 기득권을 재구성하고, 나아가 국가의 권력구조, 지배구조 개편과 맞물려 있는 심대한 과제다. 중국이 이 도전을 뛰어넘지 못하면 '중진국의 함정'에서 벗어나기 어려울 것이다. 한국도 1980년대의 민주화, 1990년대의 외환위기와 금융·기업의 대폭적 구조조정이 없었으면 이 벽을 뛰어넘기 어려웠을 것이다.

중국이 가까운 시일 내에 심각한 금융위기를 맞을 가능성은 매우 낮다. 막대한 외환보유액으로 외환위기의 가능성이 거의 없을 뿐만 아니라 시장 불안이 야기될 경우 정부가 대응할 충분한 안전망을 가지고 있다. 금융위기가 터졌을 때 대개 최후의 수단이 금융기관의 국유화인데 중국에서는 이미 주요 금융기관들이 모두 국유화되어 있다. 지방정부 채무가 지난 몇 해 동안 빠르게 늘었는데도 중국의 총정부부채는 국민총생산의 48%에 불과해 재정 여력도 충분한 편이다. 그러나 이는 축복이기도 하고 동시에 필요한 개혁을 지연시키는 저주일 수도 있다.

지금 중국의 지도부는 이런 중국 경제의 문제를 잘 이해하고 있다. 그러나 이 엄청난 개혁 과제를 추진할 구체적 비전과 전략은 보여주지 못하고 있다. 결국 눈앞에 나타난 급한 불부터 끄며 시간을 벌어나가는 '머들링 스루muddling through' 전략 외에는 보이지 않는다. 중국은 과연 이 깊은 함정을 이러한 전략으로 뛰어넘을 수 있을 것인가?

한 나라가 얼마만큼 발전할 수 있을 것인가는 그 나라가 당면하고 있는 문제의 깊이보다 그 문제를 해결할 수 있는 국가의 능력에 달려 있다. 중국인들이 경영하는 다른 세 나라, 즉 대만, 싱가포르, 홍콩은 이미 이 함정을 뛰어넘었다. 본토 중국이 못할 이유는 없다. 그러나 이 벽을 뛰어넘는 과정에서 중국은 큰 갈등과 전환기적 위축을 겪게 될 것이며 이웃과 세계경제에 커다란 충격의 여파를 가져오게 될 것이다. 북한의 변화도 이 과정에서 일어날 가능성이 크다.

다시 보기 필자는 1990년대 초부터 중국 금융 부문의 발전을 관찰하고 또 자문 역할을 맡기도 했다. 1992년 세계은행의 주요 연구 프로젝트였던 '동아시아의 기적The East Asian Miracle'(1993년에 책자로 발행)에 참여해 동아시아 국가들의 금융정책을 맡아 집필하면서 처음 중국을 방문하게 되었다. 당시 중국은 이 연구 프로젝트의 주요 대상인 8개국에 포함되어 있지 않았지만, 개방정책으로 과거 사회주의 재무부 내의 자금 배분 채널이었던 공상은행, 농업은행, 건설은행, 중국은행이 재무부로부터 독립해 상업은행으로 막 자리를 잡기 시작하던 때였다. 은행장이나 은행의 고위관리를 만나면 그들 대부분은 공산당원으로서 인민복을 입고 있었던 기억이 난다. 당시 베이징 거리 풍경은 지금과 많이 달랐다. 청조 말기의 주택과 건물이 시내 곳곳에 많이 남아 있었고, 대다수 사람들은 인민복을 입고 자전거를 타고 출퇴근하고 있었다. 가을이면 거리는 배추로 넘쳐났다.

필자가 두 번째로 중국 금융 문제에 관해 자문을 맡게 된 것은 1999부터 2002년까지였다. 당시 세계은행의 외부 전문가로서 중국 4대 국유은행의 막대한 부실을 해결하고 이 은행들의 상업화를 촉진하는 것이 주요 과제였다. 이때 1998~1999년 동안 한국의 금융 구조조정 경험이 큰 도움이 되었다. 실제로 중국은 4대 국유은행이 각각 자산관리공사(배드뱅크bad bank)를 설립해 정부의 공적자금 투입에 의해 부실 채권을 상당 부분 정리했고, 그것이 2000년대 중국 경제의 고성장에 기여했다. 세 번째로 자문에 참여한 것은 2012년부터 2013년까지로, 중국 정부에서 2012~2013년에 새로 취임하는 지도부가 추진할 금융개혁 플랜을 만드는 데 외부 조언자로 참여하게 된 것이다. 이를 통해 중국의 금융 부문뿐 아니라 중국 경제가 당면한 여러 과제를 종합적으로 보고, 또한 중국의 정부와 기관이 움직이는 구조를 자세히 들여다볼 기회를 가졌다.

중국 경제를 보면 볼수록 중국 경제가 당면한 문제의 본질이 결국 중국의 국가 지배체제와 권력구조의 문제라는 생각을 많이 하게 되었다. 우리나라가 1980년대 당면했던 통치구조와 금융 자유화의 관계, 1990년대 재벌들의 도덕적 해이와 현재 중국 국유기업의 인센티브 구조 등의 유사점은 한국인인 필자가 유럽이나 미국에서 온 외부 전문가보다 훨씬 더 그들에게 도움이 되는 조언을 제공할 수 있게 했다. 지금 중국이 당면한 금융개혁과 경제개혁의 문제는 본질적으로 정치체제의 문제다. 따라서 이에 대해서는 단순히 금융시장의 논리로 접근할 수 없으며, 결국 정치경제학적political economy 관점에서 접근할 수밖에 없다. 향후 중국 지도층이 이 문제를 어떻게 풀어가게 될지, 그 과정에서 중국 경제가 어떤 길을 걸어가게 될지 매우 궁금하다. 중국 대륙의 끝에 매달려 있는 한반도가 아마 다른 어느 나라보다 이로부터 큰 영향을 받게 될 것이다.

칼럼을 쓸 때면 늘 2200자라는 지면의 한계에 갇혀 전후좌우를 제대로 설명하지 못하곤 했는데, 이 글의 주제에 관해 2013년 세계경제연구원에서 발간하는 «IGE Brief+»에 "금융개혁과 중국의 정치경제"라는 제목으로 자세히 기술한 바 있다. 분량이 다소 많기는 하지만 독자들의 이해를 돕고자 여기서 소개해본다.

~

리커창 중국 총리는 2013년 9월 11일 하계 다보스포럼에서 중국이 금융개혁을 단행해나갈 것이라고 밝혔다. 중국 정부는 그동안 비공개로 금융개혁안을 조심스레 준비해왔다. 2012년 세계은행과 함께 "China

2030"이라는 보고서를 발표한 이후 2013년 봄 새 지도부의 출범과 더불어 정부 실무진에서 이들이 추진할 개혁정책들을 준비하면서 금융개혁을 주요 의제로 삼고 이를 심도 있게 검토해왔다. 필자도 이러한 준비 과정에 외부 전문가로 참여해 자문 역할을 해왔다. 그러나 리커창 총리 자신이 밝힌 대로 "경제체제 개혁 가운데 가장 중요한 것이 바로 금융개혁이며 금융개혁이 복잡하기 때문에 이 단계가 개혁의 가장 깊은 단계이자 가장 어려운 단계"라는 것을 중국 정부는 잘 이해하고 있다. 그리고 이러한 인식은 정당한 것이다. 가장 복잡하다는 것은 그만큼 타 분야와 깊이 얽혀 있어 기술적으로 조심스럽게 다루어야 한다는 뜻이고, 가장 어려운 단계라는 것은 그만큼 정치적·사회적·경제적 저항과 파장이 클 것이라는 것을 예견하고 하는 말이다.

사실 그가 언급한 대로 금융개혁은 경제개혁의 가장 핵심적인 부분이다. 금융은 경제의 혈맥과 같은 것이다. 중국은 지난 30여 년간 실물경제의 개혁·개방 정책을 통해 눈부신 성장을 이어왔지만, 이제 여기서 더 발전해나가기 위해서는 금융개혁이라는 어려운 과제를 피할 수 없는 지점에 이르게 된 것이다. 지난 수년간 중국은 높은 신용팽창과 투자율을 지속해왔음에도 최근 들어 경제성장률은 떨어지고 있다. 자본투자의 생산성이 떨어지고 있다는 이야기다. 이미 노동 공급 증가율이 줄어드는 상황에서 자본 배분의 효율성을 높여나가지 않으면 앞으로 성장률의 지속적 하락을 경험할 수밖에 없게 된다. 특히 은행 대출이 집중되어 있는 국유기업과 은행 대출에 대한 접근도가 낮은 중소·민간기업 간 자본 생산성에 큰 차이가 나고 있다. 이뿐 아니라 중국은 지속적인 소득과 부의 분배 악화를 경험해오고 있다. 금융에 대한 접근도 확대, 차입 기회 확대가 경제적·사회적 불균형을 완화하는 데 불가결한 요소로 보고 이를 추진하겠다는 것이다.

중국의 금융 부문은 양적 규모로 볼 때 이미 선진국의 수준에 달해 있다. 은행 저축 규모는 GDP의 150%가 넘으며 이는 독일(117%), 한국(75%)보다 훨씬 높은 수준이다. 민간 부문에 대한 여신 규모도 비슷하다. 서유럽과 캐나다, 호주의 평균보다 높은 수준이다. 이는 물론 중국의 금융 부문에서 은행이 압도적 지위를 차지하고 있기 때문이기도 하지만, 금융저축과 대출 규모에서 중국이 이미 세계 최고 수준에 이르고 있음을 보여준다. 자산 규모 면에서 세계 10대 은행 중 중국은행이 4개나 포함되어 있는 것이 이를 잘 반영한다.

그러나 질적인 측면에서 볼 때 중국 금융은 아직 후진성을 면치 못하고 있다. 금리가 규제되고 있으며, 정부가 은행의 여신 규모뿐 아니라 여신 행위에 대해서도 직접적인 개입을 지속해오고 있다. 그뿐 아니라 금융 부문의 구성에서도 아직 은행 중심으로 편성되어 있고, 비은행금융기관NBFIs과 채권시장의 발달은 미약한 편이다. 정부가 직접 금리를 규제하는 상황에서 채권시장이 발전하기 어렵고 나아가 채권이나 주식을 다루는 비은행금융기관이 발전하기 어렵기 때문이다. 그러다 보니 기업의 은행 의존도가 매우 높고, 은행 대출에 대해 정부가 개입하는 상황이 지속되면서 대출 배분의 효율성, 국유기업에 대한 대출 편향성 문제가 꾸준히 제기되어왔다. 우리가 흔히 말하는 '관치금융'이 아직도 중국의 금융 부문을 지배하고 있는 것이다.

우리나라의 경험에서 보듯이 관치금융은 경제성장을 위해 파급효과가 높은 분야, 특히 상업적 관점에서 대출을 꺼리게 되는 인프라 건설, 기간산업에 대한 투자 확대를 은행 대출을 통해 지원함으로써 경제개발 초기에 성장의 동력을 마련할 수 있는 장점이 있다. 그동안 중국의 빠른 경제 발전도 이러한 관치금융의 장점을 적극 활용했기에 가능했던 측면이 크다. 그러나 관치금융의 지속은 결국 금융시장의 효율화와 다변화를 저해하며, 경제가 발전하고 복잡해질수록 오히려 자본 배분의 비효율성을 낳게 된다. 바로 중국 경제가 이러한 과정에 봉착해 있는 것이다.

그러나 금융 자유화는 매우 복잡한 설계를 요하고 그 과정에서 예측 불가한 효과를 가져오기도 한다. 금융 부문의 변화는 경제 전반의 변화를 수반하며, 또한 금융 부문이 변할 수 있기 위해서는 실물, 재정, 외환 등 연관된 모든 분야의 변화가 동시에 일어나야 한다. 우리나라도 과거에 그랬듯이 중국의 금융 분야는 재정이 해야 할 역할을 대신 수행해오고 있는 면이 많다. 정책금융 공급뿐 아니라 경기대책도 결국 은행의 대출창구 지도를 통해 이뤄져 왔다. 2008년 세계 금융위기를 맞자 2009~2010년 정부가 은행을 독려해 인프라 건설과 지방정부 사업을 지원하며 막대한 신용팽창을 통해 고성장을 유지해온 것이 좋은 예다. 따라서 금융 자유화는 재정 부담을 증가시키게 되고 세수 확보의 문제도 야기하게 된다. 기업 부문도 마찬가지다. 특히 그동안 저금리 대출의 집중적인 혜택을 받아온 국유기업들은 금리가 자유화되고 차입비용이 올라갈 경우 지금과 같은 높은 부채, 투자 확대를 감당하기 어려울 것이다. 그만큼 기업의 경영과 재무구조도 따라서 변해주어야 한다. 그렇지 못할 때 금융 자유화는 기업 부실 증가, 금융 부실, 경제 위축과 같은 어려운 과정으로 진입할 수 있다. 금융 자유화는 경제위기를 초래할 수 있는 모험의 과정이기도 하다.

그렇다고 해서 중국이 지금 금융개혁을 미루고 있을 수 있는 처지도 아니다. 최근 수년간 중국에서는 소위 '그림자금융'이 빠르게 확대되고 있다. 부외거래off-balance sheet transaction를 통한 그림자금융은 세계 어느 나라에나 있고, 특히 미국이나 유럽에서의 규모는 상대적으로 훨씬 크다. 하지만 중국 그림자금융은 금리 규제와 높은 법정지불준비금, 그리고 정부의 여신 개입을 회피하기 위해 빠르게 확대되어왔다는 점에서 다르다. 특히 부동산 시장 거품과 지방정부 재정의 부실을 막기 위해 이들에 대한 은행의 대출을 규제하기 시작하자 소위 '자산운용상품WMP Wealth Management Product'라는 새로운 부외거래 상품을 금융기관들이 경쟁적으로 개발해 이들이 빠르게 확대되어온 것이다. 이러한 그림자금융은 금융감독의 사각지대에 놓여 있어 자산의 구성과 위험성에 대한 구체적 파악이 되지 않을 뿐 아니라 금융기관의 자산 건전성을 악화시키고 장래 부실 채권을 확대시킬 위험성을 다분히 안고 있다. 이러한 빠른 그림자금융의 확산은 결국 금리 규제, 높은 지불준비율, 그리고 직접적인 여신 규제 등에 근본적인 원인이 있기 때문에 이러한 요인을 다루지 않고는 결국 중국 금융 부문의 건전성을 확보하기 어렵게 되었다. 다시 말해, 최근 중국 금융 부문의 상황은 정부가 금융기관들을 직접 관리함으로써 금융의 안전성을 관리하려는 의도가 실질적으로 금융 부문의 안정성을 더 해칠 수 있다는 사실을 보여주고 있는 것이다.

또한 새 지도부가 추구하고 있는 '현대적이며 조화롭고 창의적인 사회modern, harmonious, and creative society'를 이루기 위해서도 금융 부문의 개혁은 불가피하다. 중국은 지난 30여 년간 빠른 경제성장을 이루었지만, 그 과정에서 심화된 빈부격차, 지역격차, 그리고 부패의 문제를 제대로 다루지 못하면 정치적·사회적 위기를 맞을 수도 있다는 것을 새 지도부는 잘 알고 있다. 또한 세계 금융위기를 맞으며 세계경제 불균형의 문제가 크게 대두되고, 수출 신장이 둔화되면서 내수 확대와 내수 주도의 경제성장을 기해야 할 필요성도 대두되었다. 이에 따라 가계의 금융 접근도를 높이고 그동안 너무 낮게 책정되어온 예금금리를 시장 균형 수준에 근접하게 함으로써 가계의 구매력을 높이는 방안을 추진할 필요도 생겼다. 또한 생산 활동 인구가 줄어들어 더 이상 투자와 노동 투입 증가에 따른 양적 성장에 의존할 수 없게 됨에 따라 다양한 금융기관과 증권시장의 발전을 통해 민간기업과 소상공인 등의 창의성을 뒷받침해 전반적인 생산성 향상을 도모해야 한다는 인식도 널리 자리 잡게 되었다. 이 모든 것을 위해 금융개혁은 피할 수 없는 선택이 되었다.

그러나 정부가 금융개혁의 필요성을 인식한다고 해서 바로 개혁과 자유화가 추진될 수 있는 것은 아니다. 중국의 금융개혁은 실로 엄청난 과제와 도전에 직면해 있다. 그 도전과 과제의 핵심은 바로 정치경제적인 것이며, 그러한 관점에서 중국의 금융개혁을 이해할 필요가 있다. 우선 중국의 현황으로 볼 때 금융 부문 개혁은 한두 개의 대책으로 이루어질 수 있는 것이 아니라 전반적이며 종합적인 접근을 요구하고 있다. 크게는 중국의 경제 시스템과 금융 부문에서의 정부의 역할부터, 작게는 금융감독기관의 개편에 이르기까지 모든 과제가 서로 깊이 연관되어 있다. 현재 중국 정부는 금융기관의 소유자이자 감독자이며 금융 부문의 룰을 정하고 심판도 하는 모순적 입장을 안고 있다. 금리 자유화, 은행의 상업성 제고, 비은행금융기관의 발전, 주식과 채권시장의 활성화, 정책금융기관의 역할 재정립, 금융감독 기능 개편 등이 그 자체로 만만한 과제가 아닐뿐더러 이 모든 정책 과제들이 서로 깊이 얽혀 있다. 정부 내에서도 이해관계가 크게 충돌하고 있다. 종합적으로 접근하지 않으면 어떤 한 분야의 실질적 진전도 이룰 수 없을 뿐 아니라 자칫 금융시장의 불안을 심화시키고 경제위기를 초래할 수도 있다.

가령 금리 자유화의 문제를 보자. 그동안 중국 정부는 거의 모든 금리를 통제해왔으나 최근에 대출금리의 하한 규제를 철폐함으로써 현재 공식적으로 남아 있는 금리 규제는 예금금리에 대한 것밖에 없다. 그러나 앞서도 언급했듯이 중국의 금융시장에서 은행의 비중이 압도적이기 때문에 예금금리의 규제는 실제적으로 거의 모든 금리를 규제하는 역할을 한다. 예를 들어 중국 국채의 약 65%, 정책금융기관 채권의 약 80%, 회사채의 약 30%를 은행들이 인수·소유하고 있다. 그리고 기업 자금 수요의 약 75%를 은행 대출이 담당하고 있다. 따라서 은행 예금금리에 대한 규제는 국채, 공공채, 회사채, 은행 대출금리 등 전반적 금리 수준을 규제하는 것과 같은 효과를 지닌다. 그뿐 아니라 국채의 금리는 공식적으로는 자율화되어 있지만 발행시장에 대한 행정적·절차적 규제로 실제로 금리가 낮게 결정되도록 규제되고 있으며, 그 결과 이러한 채권이 유통시장secondary market에서 거의 거래되지 않고 있다. 회사채 시장도 정부가 공급 물량을 직접 규제함으로써 간접적으로 금리를 규제하고 있다.

중국 금융개혁의 핵심은 예금금리 자유화와 금융기관의 상업성 제고라고 볼 수 있다. 이 기반 위에 채권과 주식시장이 발전할 수 있고, 비은행금융기관들이 성장해 금융시장의 다변화를 기할 수 있으며, 나아가 금융시장의 개방과 실질적인 위안화의 국제화를 추구할 수 있다. 그러나 금리 자유화를 위해서는 동시에 통화정책과 환율정책의 변화가 필요하다. 중국의 중앙은행(인민은행)은 그동안 주로 통화 총량 규제와 대출 규제, 그리고 지불준비율 조정을 통해 유동성 관리를 해왔다. 만약 금리 자유화가 이루어지려면 통화 당국은 간접통화 관리 방식을 통해 시중금리 수준과 유동성을 관리해나가야 한다. 즉 공개시장조작open market operation을 통해 콜금리와 같은 정책금리 목표를 관리하고 시중 유동성을 관리해나가야 한다. 이와 더불어 금리 자유화를 위한 필수적인 과정이 현재 20%를 넘는 높은 지불준비율을 낮추어나가는 것이다. 현재 중국과 같이 높은 지준율을 유지하고 있는 나라는 세네갈을 포함한 아프리카의 몇 개 국가와 브라질 정도밖에 없다. 오늘날 대부분의 국가에서 지불준비율은 0~5%에 지나지 않는다. 높은 지준율은 실제적으로 은행에 대해 조세를 부과하는 것과 같은 효과가 있다. 따라서 은행의 수익성을 악화시키며, 이를 보전하기 위해 금리 규제를 통해 높은 예대마진을 보장해주는 수밖에 없는 것이다.

중국이 이렇게 비정상적으로 높은 지준율을 부과할 수밖에 없는 이유는 막대한 외환시장 개입 때문이었다. 중국은 그동안 외환시장 개입으로 지금 약 4조 달러의 외환보유고를 쌓았는데, 이는 중국 GDP의 약 절반, 미국 GDP의 약 25%에 달하는 막대한 수준이다. 경상수지 흑자와 자본 유입에 따른 환율 절상을 막기 위해서 중앙은행이 적극적으로 외환을 매입함에 따라 통화 공급이 크게 늘고 인플레 압력이 높아져 이를 완화하기 위해 불태화정책sterilization policy을 쓸 수밖에 없었는데, 결국 중앙은행의 통화안정채권의 발행만으로는 부족해 지급준비율의 인상에 의존하게 된 것이다. 앞으로 금리를 자유화하는 동시에 기업 부실을 막고 금융시장의 안정을 기하기 위해서는 지불준비율을 크게 낮춰야 하며, 이를 위해서는 외환시장 개입 축소가 필수적이다. 이는 다시 정부가 환율의 변동성 확대를 수용해야 함을 의미한다. 그동안 중국은 수출 신장을 통해 국내 일자리를 창출하고 기업과 경제의 성장을 이루어왔으나, 금리 자유화는 이러한 성장 방식에 중요한 변화를 수용해야 가능한 것이다. 더구나 최근 들어 중국의 임금수준과 부동산값이 빠르게 오르고 있는 상황에서 위안화의 절상은 수출 경쟁력의 빠른 하락과 일자리 창출에 지장을 초래할 수 있다.

중국 금융개혁에서 또 다른 큰 난관은 바로 은행과 기업이 국유화되어 있다는 것이다. 금리 자유화의 가장 큰 목표는 시장금리에 의해 자본 배분이 결정되게 함으로써 자본 배분의 효율성을 높이자는 데에 있다. 그러나 이것이 현실적으로 가능하기 위해서는 무엇보다 금융기관들이 상업적 기반에 의해 운영되고 또한 기업들의 차입과 투자 행위가 시장원리에 의해 결정되어야 한다. 국유기업들은 소위 국가의 묵시적 보증으로 경성 예산 구속hard budget constraint에서 자유로울 뿐 아니라 방만한 차입과 투자를 지속하는 도덕적 해이에 빠지기 쉽다. 중국의 국유기업들에서 바로 이런 문제가 중요한 문제로 대두해 있다. 은행들도 국유기업이 추진하는 투자 프로젝트의 수익성을 따지기보다 국유기업이라는 것만으로 대출 결정을 하게 되고, 그 결과 금리 자유화에도 불구하고 여신 배분의 효율성 향상을 기대하기 어렵다는 것이 중국 금융자유화의 한계다. 또한 정부가 은행의 주인인 상황에서 은행의 상업적 운용과 엄격한 금융감독이 이루어지기 어렵다. 따라서 금리 자유화가 소기의 성과를 낼 수 있기 위해서는 결국 은행의 상업화, 그리고 국유기업의 민영화가 이루어져야 한다. 2005년 이후 중국 정부는 대주주로서의 지위를 지속하면서 해외 전략적 투자자에게 은행의 지분 일부를 팔고, 주식상장, 이사회 구성 개편 등 은행의 지배구조를 개선하려는 노력을 해왔지만 실질적으로 상업화에 큰 진전을 보지 못했다. 결국 민영화 없이는 상업화에 한계가 있다는 것을 보여준 것이다.

그러나 은행과 기업의 민영화는 바로 사회주의 체제의 근간을 흔드는 결정이다. 중국은 그동안 '사회주의 시장경제' 체제를 표방해왔다. 이 말이 무엇을 뜻하는지 아무도 정확히 이해하지는 못하지만, 어쨌건 이것이 중국에서 생산시설의 국유화와 공산당의 지배를 정당화해온 것이 사실이다. 중국공산당 조직위는 모든 국유은행, 국유기업의 경영진을 임명해왔으며 공산당 지배엘리트들이 이러한 요직을 차지해왔다. 국유기업, 국유은행은 바로 중국공산당의 권력 기반이며 엘리트들의 지배체제에 대한 충성을 담보하는 주요 수단이기도 하다. 따라서 민영화는 중국공산당의 권력 기반을 뿌리째 흔들 수밖에 없다. 공산당 내 엘리트, 국유기업 경영진뿐 아니라 규제를 맡아온 정부 내의 저항이 막대할 것은 말할 것도 없다.

이와 같이 중국의 금융개혁은 몇몇 정책 변화로 이루어질 수 있는 단순한 과정이 아니다. 중국의 정치·경제 체제에 심대한 변화를 가져오게 되는, 그야말로 가장 깊은 단계의 체제개혁이라고 할 수 있다. 이러한 금융개혁을 중국 정부는 과연 추진할 수 있을 것인가? 종합적이고 구조적인 접근을 하지 않으면 금융개혁은 실질적 성과를 거둘 수 없다. 반면 종합적이고 구조적인 접근을 하게 되면 중국의 지배체제와 경제 시스템의 근간이 흔들릴 수 있다. 지금 중국의 정부, 학계, 그리고 금융계 모두 금융개혁의 필요성에 대해 공감하고 이를 추진해야 한다는 결의를 보이고 있으나, 실제로 새 지도자들이 얼마만큼이나 포괄적이며 근본적인 금융개혁안을 채택할 수 있을지는 미지수다.

중국은 세계 2위의 경제이며, 구매력 기준 국민총생산에서는 2014년에 이미 미국을 앞지른 것으로 추산된다. 중국의 국유기업, 국유은행 역시 규모 면에서 세계 최대의 반열에 올라섰다. 중국의 자본시장이 언제까지나 폐쇄되어 있을 수는 없다. 국제사회에서의 힘과 주도권은 실물경제의 규모로만 이루어질 수 있는 것이 아니다. 세계 금융시장에 대한 영향력 없이 세계문제에 대해 주도권을 행사하기 어렵다. 그러나 이는 중국 금융시장의 개방과 자유화 없이는 불가능하다. 중국 지도부도 수년 전부터 위안화의 국제화를 추진하고 있다. 그러나 이것이 본격적으로 추진될 수 있으려면 국내 금리의 자유화, 환율정책의 유연화 등이 반드시 선행되어야 한다. 이러한 국내금융 자유화가 제대로 자리를 잡으려면 무엇보다 기업과 금융기관이 시장원리에 따라 운용되게 해야 하며, 그러려면 이들의 지배구조가 변해야 하고, 지배구조를 근본적으로 개선하기 위한 길은 민영화를 추구하는 것밖에 없다. 이것이 지금 금융개혁을 추진하려는 중국의 가장 큰 딜레마다.

경제체제와 정치체제는 일시적으로 상당한 간격을 가질 수 있지만 영구적으로 분리될 수는 없다. 중국은 지금 금융개혁이라는, 과거 추진해온 경제개혁보다 훨씬 어려운 도전에 직면해 있다. 중국이 진정한 금융개혁에 성공하면 국가지배체제에 대한 도전을 받게 될 것이며, 만약 지금의 국가지배체제를 유지하려면 진정한 금융개혁에는 실패하게 될 것이다. 과거 어느 사회주의 경제체제도 선진국의 문턱을 넘지는 못했다. 결국 시장경제체제에 따른 보상·유인 체계를 도입하지 않고는 효율성과 생산성, 창의성을 지속적으로 담보할 수 없었기 때문이다. 중국의 정치경제는 앞으로 어떤 경로를 밟아가게 될 것인가?

가까운 장래에 중국이 금융 부문을 근본적으로 개혁해나가기는 어려울 것으로 보인다. 그러나 중국 경제가 활력과 성장을 지속해나가기 위해 이제 금융개혁이라는 가장 핵심적 개혁을 피해 갈 수도 없게 되었다. 따라서 중국은 앞으로도 상당 기간 국내의 정치·경제 안정 문제에 매몰될 수밖에 없을 것이며 세계 문제의 전면에 주도적으로 나서기는 어려울 것으로 보인다. 중국이 세계 정치·경제·안보 문제의 중심에 나설 수 있으려면 금융개혁은 반드시 거쳐야 할 핵심적인 과정이다. 이 막중한 과제를 중국이 어떻게 대처해가느냐에 따라 중국과 세계가 걸어갈 미래 지평이 달라질 것이다. 이 과정에서 한반도도 엄청난 영향을 받게 될 것으로 보인다.

«IGE Brief+», 2013.9.25.

2014

0726

# 지도에도 없는 길

2기 경제팀은 최근 우리 경제가 당면한 어려움이 단기적이고 일시적인 요인보다는 그간 쌓인 구조적이고 복합적인 문제가 표출된 결과라고 진단했다. 가계가 활력을 잃고, 투자가 둔화되면서 기업의 성과가 가계소득으로 흘러가지 못하고 소비가 부진해 다시 기업에 투자 기회 축소로 돌아오고 있다는 것이다. 바른 진단이다. 2008년 이후 실질임금과 가계소득이 정체되어 있으며, 법인세율 인하와 저금리 등으로 기업소득은 크게 늘었으나 이것이 투자로 연결되지 않고 유보금으로 쌓여왔다. 최경환 경제부총리는 우리 경제가 해결해야 할 난제를 생각하면 새 경제팀은 '지도에도 없는 길'을 걸어가야만 할지 모른다고 했다.

'지도에도 없는 길'이 무엇을 뜻하는지는 아직 잘 알 수 없다. 새 경제팀이 그저께 경제장관회의를 통해 발표한 정책들은 주택담보대출비율LTV, 총부채상환비율DTI 규제 완화를 통한 부동산 경기부양, 확장적 재정·금융 정책, 기업 유보금에 대한 과세 방안 등이다. 부동산 경기

부양은 쉽게 경기를 띄우고자 할 때 과거 정부들이 전가의 보도처럼 꺼내든 정책이며 재정·금융 확대정책도 마찬가지다. 그런데 이것들은 오히려 오늘날 쌓인 구조적 문제의 요인을 제공한 정책들이다. 사내 유보금에 대한 과세는 고육지책으로 나온 방안으로 보이나, 이중과세일뿐더러 그 효과도 확실치 않다. 유보금이 많은 대기업일수록 외국인 투자 지분과 계열사 내부 지분이 많아 배당 증가가 얼마나 가계소득 증가와 소비 진작을 유발할지 알 수 없다. 이들이 임금을 더 올리면 중소기업과의 양극화는 심화된다. 그보다는 일정 규모 이상의 순이익을 낸 기업에 대해 한 단계 높은 법인세율을 적용해 이를 가계복지 재원으로 사용하는 방도가 더 정도에 맞는 정책으로 보인다.

새 경제팀의 진단과 처방이 일치하기 위해서는 구조적인 문제에 대한 대책이 더 나와야 하나 그렇지 못한 점이 아쉽다. 소비가 위축되어 있는 것은 가계소득이 늘지 않고 빚이 너무 많으며 노후대책이 제대로 서 있지 않기 때문이다. 기업이 투자를 늘리지 않는 것은 투자 위험이 큰 데 반해 수익성이 확실치 않기 때문이다. 제품의 사이클은 빨라지는데 국내의 고용 경직성은 높고, 임금과 지대, 규제 등이 투자에 우호적이지 못하기 때문이다. 따라서 이런 장애를 풀어가려면 노동 부문의 유연성을 높이고, 부동산 가격을 안정시키며, 규제를 합리화하고 분배구조와 연금제도를 개선해나가야 한다.

지금 우리 노동 부문은 심각한 이중구조를 보이고 있다. 대기업 정규직은 강성노조로 인해 임금이 경쟁국들에 비해 매우 높고, 기업들은 이를 비정규직 고용 확대를 통해 상쇄해왔다. 600만 명 비정규직의 존재는 분배구조의 악화를 가져왔을 뿐 아니라 전반적인 생산성을 낮추고 우리 사회의 안정성을 저해해왔다. 기업이 비정규직을 정규직으로 흡수해가도록 유도하려면 정부가 지원금을 지원하기보다 고용의 유연성을 높여줘야 한다.

새 경제팀은 겨울에 여름옷을 입고 있는 격이라며 부동산 대출 규제를 완화하려 하나, 부동산 시장에 여름이 있으면 겨울도 견뎌내야 하는 것이다. 그렇지 않으면 거품이 계속 자라 구조적 문제를 더 깊게 한다. LTV, DTI 규제 완화가 부동산 경기를 활성화하게 된다면 이는 가계부채가 더 늘었기 때문일 것이고, 가계부채가 늘지 않을 것이라면 굳이 이를 손댈 필요가 없다. 저축은행으로부터 금리가 낮은 일반은행으로 가계부채를 옮겨 오게 하는 것이 목적이라면, 앞으로 저축은행의 부실화 대책은 서 있는 것인가?

소비와 투자, 부동산 시장이 위축되어 있는 가장 큰 요인은 가계소득이 정체되어 있기 때문이다. 정부가 지적하듯이 이는 순환적이라기보다 구조적 문제에 기인하고 있다. 결국 기업과 가계, 그리고 가계 부문 내의 분배구조를 개선하고, 취약 기업의 구조조정을 통해 생산성을 높이며, 가계부채 비율의 점진적 축소를 유도해 구조적 문제를 풀어가야 한다. 구조적 대책들을 추진하면서 이들의 경기 위축 효과를 상쇄키 위해 확장적 재정금융정책을 동원하는 것은 옳은 일이다. 그러나 확장적 재정금융정책만을 동원해 경기부양을 시도하는 것은 구조적 문제를 더 키우게 된다. 조세제도, 노동시장 환경, 토지 규제를 개선하고 기업·금융 제도를 재구축해 기술혁신과 경영혁신을 자극해야 경제의 활력 회복을 도모할 수 있다. 기득권에서 나오는 지대를 낮추고 경쟁을 강화하는 방향으로 가야 한다.

2기 경제팀이 처한 입지는 매우 어렵다. 경제 활성화를 빨리 이루라는 기대는 높은데, 당면한 문제의 본질은 구조적이다. '지도에도 없는 길'이 쉬운 경기부양책이 아니라 그동안 '알고도 가지 못한 길'을 새 경제팀이 가진 정치력을 발휘해 과감히 걷게 되는 길이 되기를 바란다.

2014

0816

# 공적연금 개혁

한국인의 삶에서 노후대책은 큰 불안 요인 중의 하나다. 1960년대 초만 해도 농촌인구가 전체 인구의 약 80%를 차지했다. 농업의 기반은 땅이고, 농업사회는 대대로 한 마을에 오래 정착해 사는 것이다. 농부가 늙으면 아들이 아버지에게서 땅과 곳간의 열쇠를 물려받아 경작을 이어가고 부모가 죽을 때까지 부양하며 살아간다. 땅과 자식이 노후대책이었던 셈이다.

지난 반세기 이 땅에서 산업화가 빠르게 진행됨에 따라 농촌인구가 대거 도시로 이주하고 삶의 기반이 땅에서 공장, 회사로 바뀌면서 한국인의 삶의 형태는 빠르게 변했다. 대부분의 직장에서 55세가 정년으로 정해지고 직장을 떠날 때 퇴직금을 받고 도시에서 노후생활을 보내게 된 것이다. 1970년 당시 한국인의 평균수명은 62세, 남성의 평균수명이 58.6세였으므로 이 제도는 그런대로 합리적인 제도였다. 퇴직 후 남은 생애가 길지 않았고 시중금리가 매우 높았다. 그러나 평균수명이 80세가 넘고 금리가 지극히 낮은 지금, 퇴직금제도는 더 이상 적절한 노후대책이 되지 못한다.

독일이 연금제도를 도입한 것은 비스마르크 시대인 1889년이다. 유럽에서도 산업화와 도시화는 삶의 형태를 바꿨고 이에 대한 대책도 빨리 나온 것이다. 반면 우리나라는 1988년 국민연금이 도입되었다. 그 결과 한국의 많은 노인은 대책 없는 노후를 맞게 되었다. 이것이 한국의 노인 자살률이 OECD 회원국 평균의 네 배가 넘고 전체 자살률이 최고에 이르는 주요인이다. 오래 사는 것이 축복이 아니고 불안과 두려움의 요인이 되고 있는 것이다.

오늘날 한국 사회가 당면한 이러한 문제의 주요인은 산업화와 도시화가 너무나 빠르게 진행되고 평균수명이 연장되는 가운데 연금제도의 발전이 이를 따라주지 못한 데 있다. 서울대학교 이철희 교수의 논문에 따르면, 우리나라 장년기소득 대비 노후소득 대체율은 70세의 경우 40%로 미국의 70~80%와 비교하면 거의 절반 수준이다. OECD 국가들에서 연금의 소득 대체율은 평균 63.6%이나, 우리의 경우 사적 연금을 포함해 45~50%에 그친다. 연금이 노후생활 대책이 되지 못하고 있는 것이다. 오늘날 중년을 넘어선 가계들은 빚은 많고 소득은 늘지 않으며 노후대책은 불비하니 소비와 성장이 정체될 수밖에 없다. 그나마 소득 대체율이 높은 것이 군인연금과 공무원연금이다. 그렇지만 이들도 외국과 비교하면 높다고 할 수 없다. 30년 재직 기준으로 우리나라 공무원연금의 퇴직 시 소득 대체율은 주요 선진국보다 10% 이상씩 낮다(송인보, 「주요국 공무원의 퇴직소득보장제도」, 공무원연금관리공단, 2012).

군인·공무원 연금의 적자가 커지는 것에 대해서는 대책이 필요하다. 그러나 합리적 방향의 대책이 필요하다. 최근 윤 일병 사건, 관피아 논란으로 군이나 공무원 사회에 대한 국민적 비판이 높아졌을 때

연금 지급률을 깎아 적자를 해결하겠다는 것은 좋은 접근 방식이라 할 수 없다. 군 기강 해이와 병영 내 폭력 문제는 군 인사와 교육에 엄정함을 세우고 병영 내 문화를 근본적으로 개선하는 것으로 접근해야 한다. 관피아 문제를 제대로 해결하려면 오히려 공무원들이 재직 중이나 퇴직 후 딴눈 팔지 않도록 연금을 강화해나가는 것이 맞다.

OECD 보고서("Government at a Glance," 2011)에서는 우리나라가 공무원의 노후대책에 여전히 소홀함을 보여준다. 총급여 중 고용주(국가)의 연금 기여금이 차지하는 비중이 7.1%로 OECD 평균인 16%의 절반에도 못 미쳐 최하위권에 머물고 있다. 만약 국가와 공무원이 기여금을 늘린다면 지금의 지급률을 깎지 않고도 연금의 적자 규모를 줄일 수 있을 것이다. 지난해 공무원연금 적자 보전을 위해 1조 9000억 원의 예산을 부담했는데, 정부의 기여금을 10%로 늘리면 연 약 1조 5000억 원의 추가 예산이 들어가 결국 예산을 적자 보전에 쓰느냐 기여금 증가에 쓰느냐 하는 선택의 문제가 되는 셈이다. 이를 단순히 '혈세로 공무원연금 적자 메운다'는 관점에서 접근하면 국민들 속은 좀 시원해질지 모르나 우리 사회가 나아가야 할 장기적이며 합리적인 해법을 찾는 데에는 도움이 되지 않는다.

연금제도의 강화 없이 한국인 삶의 안정과 행복을 도모하기는 어렵다. 국민연금과의 형평성은 기업연금과 개인연금 제도의 확대, 공적연금 체계의 개편 등으로 풀어가야지 연금 지급률을 깎아 해결하려는 것은 최선의 해법으로 보기 어렵다. 유능한 인재들을 군과 정부로 끌어들여 이들이 본분의 역할에 충실케 하는 것은 국가의 기본 목표 중 하나다. 정부나 국회가 국가정책과 제도에 대해 좀 더 장기적이고 근본적인 관점에서 개선책을 찾아나가기를 기대한다.

2014

0906

# 금융위기는 다시 온다

도둑처럼 찾아오는 것이 금융위기다. 방심한 사이에 용케도 허술한 틈을 찾아 들어온다. 금융위기를 겪어보지 않은 나라는 거의 없다. 그러나 인간의 타고난 능력, 망각이 있기에 위기가 준 고통의 경험은 잊고 조금씩 방비를 내리게 된다. 그래서 금융위기는 되풀이되는 것이다. 하버드 대학의 라인하트와 로고프 교수의 공저 『이번엔 다르다』(2010)는 지난 8세기 동안 66개국의 금융위기를 연구한 결과를 담고 있다. 결론은 정책 당국자들이 매번 이번엔 다르다고 했지만 금융위기는 또 터졌다는 것이다.

1997년 외환금융위기의 주범은 기업대출이었다. 은행과 제2금융권에 당시 우리 국민총소득의 약 3분의 1에 달하는 공적자금을 투입해 부실 기업의 부채를 정리해주고 위기가 극복되었다. 5대 시중 은행이 모두 거덜 나 이들의 이름은 오늘날 금융가에서 사라졌다. 30대 재벌 중 16개 재벌이 도산해 다른 재벌 혹은 외국 기업에 인수되었다. 기업들에 대한 부채 탕감과 금융기관에 대한 공적자금 투입은 결과적으로 이들을 인수한 재벌들과 외국인 투자자들에게 그 혜택이 돌아간 셈이다. 위기 후 기업과 금융기관의 재무건전성은 크게 개선되었으나, 오늘날 한국 주요 대기업과 금융지주회사 주식 지분의 절반 이상이 외국인 주주 손에 넘어가 있다.

1997년 위기 이후 기업 투자는 크게 줄고, 은행의 대출구조도 변했다. 기업들은 위기를 통해 빚이 무섭다는 것을 절감했고, 투자 위험에 대해 좀 더 현실적인 평가를 하기 시작했다. 과거에는 많이 빌려 자산과 덩치를 키우면 대마불사로 오히려 도산 위험을 줄일 수 있었다. 정부가 관치금융을 통해 금리를 내리고, 특별융자를 줘 기업의 재무적 어려움을 구제해줬기 때문이다. 그렇게 만연한 도덕적 해이는 자본시장이 개방·자유화되고 글로벌 규준이 도입되면서 맥을 추기 어렵게 되었다. 부채 비율이 높아지면 신용등급이 떨어지고 차입금리가 높아지며 회사채 발행이 어려워져 결국 도산의 위기를 맞게 된다는 것을 기업들은 이제 경험을 통해 잘 알고 있다. 재무구조를 개선하고 낮은 부채 비율을 유지하자니 더 이상 전과 같이 방만한 투자를 해나갈 수 없는 것이다.

외환위기가 극복되고 기업대출이 줄자 은행들은 가계대출을 대폭 늘리게 되었다. 이것이 위기 이후 기업 투자는 줄고, 금융 구조조정이 대충 마무리된 2002년부터 집값이 급등하게 된 주요인이었다.

최경환 경제팀은 LTV, DTI 규제를 완화하고 금리까지 낮추면서 부동산 시장을 활성화하고 자산효과에 의한 소비 진작을 시도하고 있다. 이러한 활성화 대책에 정치와 언론, 재계, 금융계는 모두 환영 일색이다. 재벌은 대부분 건설회사를 거느리고 있다. 또한 한국의 크고 작은 건설업체는 지방과 중앙 정치인들의 주요 후원자이자 언론의 주된 광고수입원이다. 주택대출이 많은 은행은 집값이 계속 올라줘야 하고,

150조 원에 달하는 채권을 보유한 증권사들은 금리 인하로 자본이익을 원하고 있다. 총선을 1년 반 앞둔 지금 여당과 재계, 언론, 금융계의 이해가 합치하는 부분이 부동산 경기부양이며 금리 인하다.

그러나 부동산 경기 중심 경제 활성화 대책은 우리 경제의 구조적 기반을 더욱 취약하게 하고 필요한 구조조정을 지체시킨다. 과거에 성장과 개발이 빠르게 일어나고, 도시로 인구가 대거 모여들 때 형성된 건설 부문의 시공 능력은 인프라 건설과 주택 수요가 어느 정도 충족되면서 과잉 상태가 되어 있다. 1980년대까지 토건국가를 지속하다 1990년대 부동산발 금융위기를 맞고 고꾸라진 일본 경제의 전철을 밟지 않으려면 고통스럽지만 지금 조정이 필요하다.

우리보다 발전 경험이 앞선 선진국들에서는 과거 많은 위기의 경험을 통해 오늘날의 금융제도를 정착시켜왔다. 금융감독기관과 중앙은행 장長의 임기를 보장하고 이들의 정치적 독립성을 중시하게 된 것이다. 또한 관료의 신분을 보장해 이들이 단기적 정치적 이해와 여론의 압박에 휘둘리지 않고 국가 사회의 장기적 이익을 위해 일할 수 있는 여건을 제도적으로 뒷받침하고 있다. 이렇게 해도 위기라는 도둑을 완전히 막지는 못했다.

금융위기가 터지면 그 비용은 결국 납세자들이 지게 된다. 위기로 가장 피해를 보는 사람들은 서민층과 청년들이다. 그리고 정치와 언론은 그때 가면 다시 누군가를 희생양으로 찾아 매도하게 될 것이다. 국가 경제·금융 부문의 건전성을 지켜야 할 최후의 경비병은 금융감독기관과 중앙은행이다. 지금 우리나라의 가계 저축률이 세계 최저수준인 3%대로 내려와 있는데 정부는 다시 빚을 권하고 있다. 미국이 양적완화를 끝내고 금리 인상을 시작할 날도 멀지 않아 보인다. 감독기관과 중앙은행이 약해져서는 안 된다.

2014

0927

# 고성장 없이도 행복한 나라 되어야

미국 CIA가 발간하는 자료(World Factbook)를 보면 구매력 기준으로 한국의 1인당 국민소득은 2013년 7월 현재 3만 3200달러다. 구매력 기준 국민소득은 명목환율 기준 국민소득이 놓치기 쉬운 그 나라의 실제 경제·생활 수준을 보여준다. 우리보다 높은 나라는 거의 북미·유럽 국가들과 카타르, 쿠웨이트 같은 자원부국 혹은 조세피난처들이다. 아시아에서는 일본, 싱가포르, 대만이 우리보다 높다. 일본 3만 7100달러, 영국 3만 7300달러, 프랑스 3만 5700달러이며, 유럽연합의 평균은 3만 4500달러로 우리와 큰 차이가 나지 않는다. 스페인과 이탈리아는 3만 100달러, 2만 9600달러로 우리보다 낮다.

이 통계가 보여주는 대로 한국 경제는 소득이나 생활수준만 볼 때 이미 선진국 수준에 진입했거나 근접해 있다. 우리나라 국민소득 통계에서 도소매업과 음식·숙박업의 소득이 크게 과소평가되어 있는 점을 감안하면 우리의 1인당 실질소득은 더 높을 것이다. 실제로 유럽이나 미국 또는 일본에서 생활해본 사람들은 우리나라가 매우 잘살고 있다는 것을 실감하게 된다. 그렇다면 이것이 우리에게 시사하는 바는 무엇인가?

첫째, 이제 우리가 선진국 기술과 제도의 모방으로 이들을 따라잡는 성장은 거의 한계에 달했다는 것이다. 선진국에서 도입한 기술에 대규모 투자와 값싼 노동을 동원해 고성장을 이뤘던 과거 성장 방식에 더는 기댈 수 없다. 인구 고령화, 투자율 감소는 이런 한계를 더욱 뚜렷이 하고 있다. 이제 우리가 스스로 새로운 기술과 지식을 창출하고 새로운 제도를 창의적으로 발전시켜나가는 만큼의 성장을 이룰 수 있다. 이것이 빠르게 일어날 수 없다면 성장 속도도 자연히 느려질 수밖에 없다. 생산성 향상이 앞으로 성장의 주 동인이 되어야 하나 우리의 생산성 향상은 여전히 더디다. 해외에 진출해 있는 기업들의 경험을 들어보면 임금이 우리의 몇 분의 일도 안 되는 중국 공장의 생산성이 한국 공장보다 높고, 미국 공장의 생산성은 국내 공장의 두 배에 달하나 임금수준은 오히려 낮다고 한다. 지금과 같은 한국 근로자의 생산성을 가지고는 현재의 소득수준을 지켜내기도 어렵다는 이야기다. 정부와 기업에서 일하는 방식, 인사평가, 고용 및 승진제도, 임금체계를 비롯한 우리 사회 전반의 시스템을 혁신하지 않으면 더 이상 추격이 어려워진 것이다. 교육의 질을 높이고, 노동 부문을 개혁하며, 기업 구조조정을 가속화해야 한다. 숯불이 거의 다 탔는데 단기 부양책으로 풀무질만 해댄다고 불이 다시 타오르지는 않는다.

둘째, 고성장 없이도 행복한 사회를 만들어야 한다는 것이다. 우리는 지난 반세기 동안 성장지상주의로 달려왔고, 지금도 성장률에 매달려 있다. 성장이 중요하지 않다는 이야기가 아니다. 그러나 그것에 매달려 있는 동안 우리 사회는 너무 많은 것을 놓쳤다. OECD가 34개 회원국을 비교한 지표에는 한국이 노동시간 2위, 산업재해 사망률 1위,

자살률 1위, 국민행복지수 33위, 출산율은 꼴찌라고 한다. 또 미국 여론조사기관에서 조사한 '삶의 질 지수'에서는 조사 대상 135개국 중 한국이 75위를 기록했으며, 이는 필리핀(40위), 인도(71위), 이라크(73위)보다 낮음을 보여준다(«중앙일보», 2014년 9월 18일 자 사설). 왜 우리 국민은 높은 소득에도 불구하고 이렇게 힘들고 고달픈 삶을 살아야 하는가? 지금 우리나라에 절실한 것은 현재의 소득수준에서도 좀 더 행복하고 평안한 삶을 누릴 수 있도록 사회문화, 제도, 관행을 바꿔나가는 것이다. 질서와 예절, 정직과 투명, 상호 신뢰, 법 적용의 공정성과 엄중함, 공정경쟁, 이런 가치들을 우리 사회가 더욱더 존중하는 토양을 만들어가야 한다. 각자가 타고난 재능을 충분히 발휘할 수 있는 교육과 취업 기회가 주어지며, 불운이 닥쳐도 누구나 인간다운 삶을 누릴 수 있는 최소한의 복지가 제공되고, 억지보다 합리성이 더 존중되는 사회를 만들어가려는 노력이 필요하다.

우리 국민은 지금 행복에 배고프다. 우리가 과거 헝그리 정신으로 경제 도약을 이뤘듯이 이제는 '행복 헝그리' 정신으로 행복 도약을 이뤄야 한다. 우리는 쉽게 정부를 탓하나, 이는 정부만이 할 수 있는 일이 아니다. 국민이 여러 캠페인을 통해 새로운 사회 풍습과 문화의 정착을 가져오도록 열정과 노력을 쏟아부어야 한다. 정부도 이를 끌어내기 위해 각종 제도와 보상체계를 바꿔줘야 한다. 그것이 바로 국가혁신이다. 정권에 주어진 시간과 정치적 에너지를 단기 부양책에 너무 소모하지 말고, 우리 사회의 생산성과 행복 증진을 위한, 더욱 공정하고 조화로운 사회를 위한 '시스템 혁신'에 시간과 에너지를 더 쏟았으면 좋겠다.

2014

1018

# 지금 한국 경제 상황이 그리도 급박한가

흔히 금융은 경제의 혈맥이라고 한다. 자금은 있으나 어떻게 활용해야 할지 잘 모르는 쪽으로부터 자금은 없으나 활용할 아이디어와 열정이 있는 쪽으로 돈이 흐르게 함으로써 생산의 증가를 가져오고 새로운 부가가치를 창출한다. 이 과정에서 금융은 소액 저축을 모아 거액 투자자금으로, 단기예금을 장기대출로 전환해 경제 발전을 돕는다. 그러나 금융시장은 동시에 공인된 도박장이기도 하다. 과잉과 탐욕, 패닉, 위기로 점철되어온 것이 세계 금융사다. 멀쩡해 보이던 시장이 하루아침에 패닉에 휩싸이고 위기로 치달아 경제를 마비시키고 개인과 가족의 삶을 망가뜨린다. 위기를 겪었던 나라는 대부분 위기 이전의 잠재성장률을 회복하지 못하고 장기 침체를 겪으며, 추세선상의 경제성장과 국민소득을 영영 회복하지 못한 것이 과거의 경험이다.

필자는 금융 발전과 정책에 대해 지난 30여 년간 공부하고 또 직접 정책을 다루기도 했으나 솔직히 아직 금융을 잘 이해하지 못한다. 언제, 어떻게, 어떤 충격 요인이 방아쇠를 당겨 금융시장과 경제를 혼돈으로 몰아넣을지 예측하기 어렵고, 늘 새로운 위기는 과거와 다른 탈을 쓰고 오곤 한다. 지난 3월 스탠리 피셔 미 연준 부의장이 스탠퍼드 경제정책연구소SIEPR에서 일생 동안 경제정책에 뛰어난 기여를 한 인물에게 주는 상을 받고 기념 만찬에서 한 연설에 필자는 많은 공감을 하고 있다. 새로울 것은 없지만 그가 정리한 '지난 20년간의 위기로부터 배운 10가지 교훈' 중 몇 개를 소개해본다.

첫째는 건전하고 튼튼한 금융 시스템을 유지하는 것의 절대적 중요성이다. 같이 외부 충격을 받더라도 금융 시스템이 제대로 작동하는 나라와 그렇지 못한 나라의 추후 회복세는 크게 달랐다는 것이다. 둘째는 '거시건전성 감독'의 중요성이다. 개별 금융기관의 건전성뿐 아니라 전체 시스템의 건전성을 상시 점검해야 하며, 이를 위해 때로는 비전통적 규제 수단도 동원해야 한다는 것이다. 그가 이스라엘 중앙은행 총재로 있을 때 이스라엘 경제가 세계 금융위기의 와중에도 잘 버틸 수 있었던 것은 저금리 정책하에서도 부동산 거품이 일지 않도록 규제·감독 수단을 동원해 주택담보대출의 실질 비용을 올렸기 때문으로 보고 있다. 셋째는 평상시에 경제를 건전하게 운영해야 위기 시의 상황에 제대로 대처할 수 있다는 것이다. 평시에 신중하게 재정·통화 정책을 운용하고 적시에 필요한 구조조정을 해내야 경제가 충격에 빠졌을 때 대처할 수 있는 정책 수단을 가질 수 있다는 것이다.

돌아보건대 세계는 1980년대 이후 연속적인 금융위기를 경험하고 있다. 1980년대 남미의 외채위기, 1990년대 아시아의 금융위기, 2007년 이후 미국과 유럽의 금융위기가 그것이다. 금융위기는 과다 부채에서 비롯되며, 위기 이후 부채 축소deleveraging 과정에서 심한 경기 위축이 일어난다. 1980년대 남미 위기와 1990년대 아시아 위기 시에는 미국과 유럽이 신용을 팽창해 세계경제가 장기 침체에 빠지지 않았고,

2008년 세계 금융위기 후에는 미국, 유럽의 재정 확대와 중국의 대폭적 신용팽창으로 그나마 세계 공황을 막았다. 통화정책에서는 제로 금리로도 안 통해 양적완화 수단까지 동원했다. 이제 미국, 유럽의 재정 여력도 소진되었고, 통화정책도 정상화의 길을 걸어야 하는 과제를 안고 있다. 중국의 신용팽창은 중국 경제를 거품과 과잉 투자로 몰아넣어 또 다른 금융위기의 싹을 키우게 되었다. 세계경제는 과거와 같은 성장을 이어갈 연료가 소진되었으며, 침체가 장기화하고 회복세가 더딘 것이 이제 비정상이 아니라 정상이 되었다.

국내경제는 1997년 위기 이후 공적자금 투입과 국가부채 증가, 가계부채 확대로 성장 모멘텀을 이어왔다. 그것도 미진해 공기업부채 확대도 동원되었다. 이제 가계부채는 턱에 찼으며, 주요 공기업들은 과다부채로 이자도 제대로 못 갚는 지경이 되었고, 국가재정은 증세 없는 복지 확대와 경기부양으로 날로 악화되고 있다.

올해 성장률이 당초 예상보다 낮을 것으로 예측되나, 이는 주로 세월호 참사로 인한 지난 2분기의 위축에 기인하고 있다. 우리 경제는 지금 경기 사이클로 보아 상승 국면에 놓여 있다. 하반기나 내년 성장률 예측치는 우리의 잠재성장률과 비슷하거나 다소 웃도는 수준이다. 부채 조정이 일어나는 것이 아니라 오히려 지속적으로 늘고 있다. 그럼에도 현 경제팀은 LTV, DTI 등 거시건전성을 위한 규제 수단을 풀고 재정적자를 확대하며 한국은행을 압박해 역대 최저 금리로 단기 성장률 높이기에 올인하고 있다. 우리와 같이 개방되고 대외 의존도가 높은 나라는 대내외 충격에 따른 위기에 상시적으로 노출되어 있다. 위기 시에 사용할 정책 수단들을 소진할 만큼 지금 한국 경제 상황이 그리도 급박한가.

2014

1129

# 추격형 사회에서 선도형 사회로

한국은 지난 반세기 초고속 근대화를 이뤄냈다. 천시天時와 지리地利와 인화人和가 모두 갖춰졌기에 가능한 일이었다. 제2차 세계대전 후 IMF·GATT 체제가 본격적으로 가동되기 시작한 1950년대 후반부터 세계 교역이 빠르게 늘기 시작했고, 특히 1964년부터 시작된 '케네디라운드'를 통해 주요국의 관세가 약 50% 인하됨으로써 공산품의 교역 비중이 급속히 늘어났다. 1950~1998년에 세계 총생산은 6.5배 증가한 데 비해 세계 교역은 48.7배 증가했으며, 1964~1998년에 미국의 수입에서 공산품 비중은 40%에서 78%로 늘었다. 전후 독립한 식민지들이 대부분 농산물과 자원 수출에 의존하는 개발체제를 갖추고 있었던 데 비해 자원이 빈약한 한국이 수출로 성공할 수 있는 시대적 상황이 열린 것이다. 1950년대부터 초고속 성장을 이어가며 세계 2위의 산업국으로 부상하던 일본이 1960년대 들어 중화학공업을 발전시키며 노동집약적 제조가공업을 이웃 국가들에 이전시키기 시작한 것은 당시 한국이 가진 지리적 이점이 되었다. 1960~1970년에 일본의 수출에서 중화학공업 비중이 47%에서 73%로 늘고 경공업 비중이 44%에서 21%로 줄어들면서 대만과 한국에 공업화의 공간이 크게 열린 것이다.

하지만 경제는 사람이 하는 것이다. 일제강점기에 정착된 근대교육 시스템으로 기업을 경영할 수 있는 인재들이 양성되었고, 해방 후 이승만 정부에서 초등교육의 의무화와 교육 기회의 확대로 단순 제조업 기술들을 쉽게 습득할 수 있는 인력이 대량으로 배출되었다. 그 위에 군 출신 정치지도자들의 행정력, 경제 발전에 대한 강한 의지, 그리고 유능한 관료 시스템이 우리 사회의 잠재력을 결집해 대외 환경이 제공한 기회를 십분 활용함으로써, 또 곧 이어진 생산 가능 인구의 급증으로 한국 경제는 고속 성장 가도를 달리며 선진국을 빠르게 추격했다.

그러나 그러한 추격은 이제 한계점에 달했다. 우리의 산업 생산, 수출, 소득수준은 우리가 추격해온 선진국 수준에 거의 도달해 있다. 생산 가능 인구는 이제 곧 줄기 시작한다. 선진 제도와 기술의 모방, 도입으로 우리가 이룰 수 있는 추격형 성장은 더 이상 작동하기 어려우며, 스스로 제도와 기술을 창의적으로 개발하고 생산성을 높여가는 만큼의 성장이 가능하게 된 것이다. 세계의 경제와 교역은 정체 상태에 빠져 있고 우리가 처한 입지도 서서히 변해 이제 중국과 주위 신흥국들이 우리를 빠르게 추격하고 있다. 앞으로도 지금까지와 같이 빠른 속도로 고령화가 진행된다면 잠재성장률은 지속적으로 떨어질 것으로 예상된다.

지난 50년 한국 사회에 고착된 '추격형 시스템'을 이제 '선도형 시스템'으로 전환해나가지 않으면 더 이상의 국가 발전을 기대하기 어렵다. 우선 고성장 중독증에서 벗어나 안정적인 성장을 추구해나가야 한다. 구조적으로 불가능한 고성장과 지속적인 자산가치 상승을 국민이 요구하고 정치와 정부가 단기 부양책들을 남발하면, 결국 안정적 성장

경로를 벗어나 미래 위험과 부담을 가중시키게 된다. '빨리빨리'의 습관에서 벗어나 기본을 튼튼히 하는 것을 더 중시하는 풍토로 바뀌어야 한다. 바쁜 마음에는 창의적 발상이 자라기 어렵다. 질서와 규칙을 지키면 손해를 본다는 인식이 질서와 규칙을 어기면 손해를 본다는 인식으로 바뀌어 자리를 잡도록 법 적용의 일상적 엄격함과 공정함이, 그리고 이를 뒷받침할 정부의 인력과 권위가 강화되어야 한다.

결국 우리가 기댈 수밖에 없는 것은 사람과 제도다. 맹자는 천시와 지리도 인화만은 못하다고 했다. 사람과 제도의 경쟁력이 국가 경쟁력을 결정한다. 가정과 사회, 학교, 직장이 모두 교육장이다. 공동체에 대한 사명감과 예절을 갖추고 글로벌 식견과 전문성, 관용, 창의성을 갖춘 시민들을 사회가 키워내며, 제도의 합리성과 효율성을 높여야 한다. 기득권을 허무는 것, 개방과 경쟁의 확대를 두려워해서는 안 된다. 나라가 잘되려면 보수정권이 남북 간 경색된 관계를 풀어 대륙의 길을 뚫고, 진보정권이 개방을 확대해 해양의 길을 넓혀 발전 기회를 확대해나가야 한다. 그리고 진보정권, 보수정권 할 것 없이 우리 사회의 제도 혁신을 끈질기게 추진해나가야 한다.

우리 경제에 아직도 끼어 있는 부동산과 물가의 거품을 없애 젊은이들이 집 마련과 육아의 그림을 그리고 중년층이 노후에 대한 불안에서 벗어나야 정상 사회가 되고 지속적 발전 가능성이 보이게 된다. 각 분야에서 기득권과 연줄이 아니라 실력과 전문성에 의해 경쟁하는 사회로 확실히 나아갈 수 있도록 우리 사회 전반의 시스템 혁신이 필요하다. 공정경쟁 질서, 고용 및 인사평가제도, 임금체계, 정년, 연금제도, 그리고 무엇보다 이를 추진해낼 수 있는 국가 지배구조의 개편이 일어나야 고령화의 늪에 빠지지 않고 지금 우리에게 다가오고 있는 정체와 추락을 피할 수 있다.

**조윤제**
서울대학교 무역학과를 졸업하고 미국 스탠퍼드 대학교에서 경제학 박사학위를 받았다. 이후 국제통화기금(IMF)과 세계은행(World Bank) 선임 이코노미스트, 미국 조지타운 대학교 겸임 교수, 한국조세연구원 부원장, 부총리 겸 재정경제원 장관 자문관, 서강대학교 교수, 대통령 경제보좌관, 주영국 대사 등을 거쳐, 현재 서강대학교 국제대학원 교수로 재직 중이다. 저서로 『한국의 권력구조와 경제정책: 새로운 정치, 경제의 틀을 찾아서』(2009) 등이 있다.

**제자리로 돌아가라**
혼돈의 대한민국 7년의 기록 그리고 지금

지은이 조윤제
펴낸이 김종수
펴낸곳 도서출판 한울
책임편집 최규선

초판 1쇄 발행 2015년 5월 29일
초판 2쇄 발행 2015년 6월 30일

주소 413-120 경기도 파주시 광인사길 153 한울시소빌딩 3층
전화 031-955-0655
팩스 031-955-0656
홈페이지 www.hanulbooks.co.kr
등록번호 제406-2003-000051호


ISBN 978-89-460-6001-2 03300 (양장)
ISBN 978-89-460-6002-9 03300 (반양장)

※ 책값은 겉표지에 표시되어 있습니다.